日本古代国造制の研究

篠川　賢著

吉川弘文館　刊行

目次

第二編　国造制の展開……一四三

序章　国造制研究の現状と課題

はじめに

今日、国造制の問題は、単にヤマト政権の地方支配制度というだけではなく、国家形成史上の重要な研究課題として受けとめられている。国造についての研究自体は長い歴史を有するが、このような観点が明確に打ち出されたのはそれほど古いことではない。第二次大戦後の一九五一年（昭和二十六）に発表された井上光貞氏の「国造制の成立」(1)は、その意味において今日の研究の出発点（研究史上の第一の画期）をなしたものといえよう。

その後、井上氏の所論を批判した上田正昭氏の「国県制の実態とその本質」(2)などが発表され、両氏の間で、いわゆる国県論争が展開された。この論争の持つ研究史上の意義は大きく、それをめぐる形で多くの研究業績が蓄積されていったが、論争の決着はいまだについていない。

一方、一九七〇年代のはじめには、石母田正氏の『日本の古代国家』(3)と、吉田晶氏の『日本古代国家成立史論』(4)が刊行され、国造制の内部構造や、その歴史的意義についてのすぐれた見解が提示された。両書はいずれも、在地の生産関係の分析を基礎に、日本古代国家の形成過程とその特質を論じ、その中に国造制を位置づけたものであり、それまでの研究が制度の変遷のみを問題とする傾向があったことに対する反省を促したものでもあった。研究史上の第二の画期を、ここに置くことができると思う。一九七四年に出版された新野直吉氏の『研究史国造』[5]には、ちょうどこの時点までの学説史が整理されている。

石母田・吉田両氏の研究の後も、その業績を受けとめる形で着実な研究の進展がみられるが、近年注目されるのは山尾幸久氏の一連の研究である。[6]関係史料に厳密な史料批判を加えることから出発したその所論は、従来いうところの国造制（旧国造制）の存在を否定したものであり、新たな問題を投げかけた研究として検討されなければならない。

このように、国造制についての研究は、戦後著しい進展をみせたのであるが、なお見解は大きく異なり、基礎的な問題さえ未解決のままに残されている状態である。このことは、基本的には残存史料の僅少さに起因するのではあるが、[7]それに加えて、部民制・ミヤケ制・コホリ制など、国造制と切り離しては考えられない問題についても、今日多くの学説が錯綜して対立しており、この点が、問題の解決を一層困難なものにしているといえよう。

以下、本書の序章として、国造制研究の現状と課題を、井上光貞氏の所論をはじめとする戦後のおもな研究を紹介しつつ、私なりに整理しておくことにしたい。

第一節　国県制論

最初に、国県制論の問題を取りあげたいと思う。国造と県主および稲置、また国造の国（クニ）と県（アガタ・コホリ）の関係については、すでに戦前においても、太田亮氏による史料を網羅した基礎的研究や、中田薫氏による研究が行なわれていたが、[8]井上光貞氏の「国造制の成立」における見解は、およそ次のように要約されるであろう。

(1)遅くとも七世紀の初めまでには、国県制と名づけられるべき、国（クニ）を上級組織、県（アガタ）を下級組織とする、かなり整然とした地方制度が成立していた。

(2)国（クニ）が国家の行政目的のために二次的に編成された区画であるのに対し、県（アガタ）には、かつて独立の小国であった祭祀的・部族的な人的団体が国（クニ）に編入され、県（アガタ）と呼称されるにいたったものが多い。

(3)国（クニ）の長が国造、県（アガタ）の長が県主であり、稲置は県主の姓（カバネ）と考えられる。

(4)このような国県制は、大和朝廷が畿内支配のために生み出したものであり、それを全国に敷衍しようとしたのである。

(5)しかし、国県制の実情は地域によって多様であり、畿内や北九州の先進地帯で実現された典型的国県制が、全国的に整備されていたのではない。

この井上氏の国県制論に対する上田正昭氏の批判は、およそ以下のとおりである(9)。

(1)七世紀初頭以降その後半にいたるまでの史料に、国（クニ）の下級組織としての県（アガタ）や、国造の下級官としての県主のことはみられず、国県制という行政制度を認めることは、史料的に不可能である。

(2)「有二軍尼一百二十人一。猶二中国牧宰一。八十戸置二一伊尼翼一。如二今里長一也。十伊尼翼属二一軍尼一」とある『隋書』倭国伝の記事は、隋の百家一里制を念頭においた文飾豊かなものであり、国県制の存在を傍証するものではない。また、『隋書』の伊尼翼（冀）が稲置を指すにしても、稲置を県主の姓（カバネ）とみるのは誤りである。

(3)文献に現われる県（アガタ）名・県主名は継体朝以前の記事に集中しており、その地域的分布も(10)、尾張・美濃から北陸道の三国を東限とし、小林行雄氏のいうところの西方型三角縁神獣鏡や鍬形石の分布と対応しているのであり、県主制は、国造制に先行し、三世紀後半より五世紀にかけて展開したものと考えられる。

(4)したがって、国造制が盛行した六・七世紀においては、県（アガタ）は実質的な意味を失い、畿内およびその周辺に遺制をとどめたにすぎなかった。

そして、右の上田氏の批判に答えた井上氏の「国県制の存否について」(11)における再論の内容は次のとおりである。

(1)上田氏は『隋書』の記事内容を疑わしいとされるが、それは七世紀初頭の日本と隋との交渉の中で隋にもたらされた知識であり、軍尼・伊尼翼という中国にないものや、百二十・八十など独特な数字を伝えていることは、その信憑性を示すものである。

(2)『隋書』の記事は、成務紀に「国郡立二造長一。県邑置二稲置一」とあるのとよく合致し、また、孝徳紀大化元年八月庚子条の東国国司らへの詔の一節に「若有レ求レ名之人一。元非二国造。伴造。県稲置一而輙詐訴言。自二我祖時一。領二此官家一。治二是郡県一」とあるのは、当時、現実に国造とならんで「県稲置」が存在していたことを、最も確実に示す史料である。上田氏が右の記事を、「我が祖の時より」の譜第性を示すものにすぎないとされたのは、誤読であろう。

(3)したがって、遅くとも七世紀初頭、国県の二段階的地方組織がある地域に存在していたことは、依然としてこれを疑わない。

(4)ただし、稲置を県主の姓（カバネ）としたのは誤りであり、この点については、「県」には県主の県（アガタ）と稲置の県（コホリ）の二種類があったとされた中田薫氏の説に従うべきである。

(5)つまり、国造の国（クニ）の下級組織として設けられたのは稲置の県（コホリ）であり、これは郡県化の目的のために作り出された制度である。これに対して、県主の県（アガタ）は起源も古く、少なくとも七世紀には大和朝廷の直轄地として存在していた。ただ、県主の県（アガタ）も国造の国（クニ）に含まれるのであるから、この場合も国造の下に県主が存在した形にはなる。

右の井上氏の再論により、国県制をめぐる井上説と上田説の矛盾が緩和されたことは、長山泰孝氏の指摘されたとおりであろう。[12] すなわち、上田氏の論じた「県」は県主のアガタであるのに対し、井上氏の主張した国県制の「県」は稲置のコホリということになるからである。また、この段階での井上説は、国県制（国造―稲置制）の全国的な実施についても懐疑的であった。しかし、その後の井上説[13]によれば、国県制を畿内における国造―県主の形態と、東国などにおける国造―稲置の形態とにはっきりと分け、後者をほぼ全国的に実施されたものと解されているようである。したがって、国造制下の県主についての見解は、両氏の間になお大きなへだたりがあることになり、さらに、上田氏は国造のクニの下級組織として稲置のコホリが存在したことについても否定的であるから、両説は依然として厳しく対立しているといえよう。

次に、石母田正氏の『日本の古代国家』における見解をみておくことにしたい。氏はこの著書において、日本古代の基本的生産関係は、在地首長とその配下のアジア的共同体成員との人格的支配＝隷属関係にあったとし、律令国家はこれを郡司制に制度化したが、そこにおいてもなお在地首長による支配が第一次的生産関係として存在し、国家による支配は第二次的なものであったとする在地首長制論を提唱されたのである。氏は、国造制を在地首長と国家とを結ぶ結接点として位置づけ、国造には、在地首長層の支配の体制と領域がそのまま国（クニ）として編成された小国造と、国造自体も一個の首長層であると同時に、その支配領域内部に多くの自立的首長層をかかえた大国造との二つの型があったとされ、国家の成立史において重要な役割を果したのは後者であったとされる。氏の国県制論に関する見解は、およそ次のように要約されよう。[14]

(1)国造制の成立は大国造制の成立としてとらえられるべきであり、それはヤマト国家の上からの編成により、五世紀末から六世紀代に成立したものと考えられる。

(2)大国造制の成立にともなって、その国内の首長層は、あるいは小国造として、あるいは県主として、大国造のもとに編成された。

(3)県主は、大王に対して特殊な歴史的伝統を負った首長であることを特徴としているが、六世紀以降の生産力の発展と階級分化の進行によって、在地首長としての県主の自立的支配は解体していき、その結果、県主の祭祀的側面が前面に現われる一方、県主から県（アガタ）が分離する傾向が生じた。稲置の成立は、この変化と関連させて考えるべきである。

(4)つまり、一方では、『隋書』や孝徳紀大化元年八月の詔にみえる記事などから、大国造＜在地伴造――部民・ミヤケ／稲置――公戸――県（コホリ）という大国造制の構造が考えられるのであり、部民制に編成されていない「公戸」を管領するこの稲置は、大国造の内部に包摂されていた小国造・県主などの首長が、官職的な側面を強化しつつあった形態と考えることができる。

この石母田氏の見解は、多くの点で井上氏の修正説と共通しているが、井上説では国造制下の県主と稲置が並列的にとらえられているのに対し、県主（もちろん県主だけではないが）から稲置への展開が想定されているところに、大きな違いがあるといえよう。また、石母田氏が県主の成立を国造（大国造）制の成立にともなうものとされた点は、井上氏の旧説に共通するところである。

以上、国県制についての三氏の所説を紹介し、その対立点を簡単に整理してきたが、今日の研究上の問題点も、ほぼここに出そろっているように思われる。以下においては、県主制と国造制の関係の問題、国造制の内容の問題、国造制の成立・展開過程の問題、の三つに分け、そのそれぞれについて、いま少し具体的に研究上の課題を探っていくことにしたい。

第二節　県主制と国造制の関係

まず、県主制の成立の時期および契機の問題についてであるが、県主制を国造制に先行する制度とみるか、あるいは国造制の成立にともなって成立するとみるか、見解の分かれることは前節にみたとおりである。今日、一般的に承認されているのは前者であり、後者の立場をとる石母田氏も、その論拠を積極的に示されているわけではない。しかし、石母田氏の県主制論を別の角度から発展させた小林敏男氏の研究(15)もあり、簡単に論断することはできない状況である。小林氏の見解は後に紹介するが、ここではまず、上田正昭氏の見解を批判して独自に県主制の問題を追求された原島礼二氏の所説(16)からみていくことにしよう。

氏の説を要約すると、

(1)上田氏は、『古事記』『日本書紀』などにみえる県（アガタ）名・県主名が継体朝以前に集中するということから、その成立時期を五世紀以前に求められたが、この点は、史料の性格からして問題が多い。

(2)また、県（アガタ）の分布と、西方型三角縁神獣鏡や鍬形石の分布を再検討してみると、両者の間に上田氏のいわれるような相関関係は認められず、後者の分布時期からアガタの成立時期を考えることはできない。

(3)アガタの所在地のほとんどには物部氏の勢力が及んでおり、アガタの成立は、五世紀末までに有力化した物部氏の役割を媒介にしていたと推定される。

(4)畿内のアガタは五世紀から六世紀の王族の本拠に置かれているが、畿外のアガタにおいては、アガタ所在地の氏族の中に、五世紀後半から六世紀にかけて王権に反抗して敗北した伝承を持つものが多い。また、アガタ所在地の古墳も、ちょうどこの時期に規模を縮小させており、アガタの成立は、在地首長の反乱とその制圧を契機にしたと考えられる。

(5)つまり、県(アガタ)・県主制は、王権に制圧された地域や大王家の本拠の政治集団が、物部氏を介して内廷に上番・貢納させられた制度ということができ、その成立時期は、各地域の古墳規模が縮小する時期、すなわち、畿内と山陰・山陽・南海道では五世紀中葉から後半、東日本では五世紀後半から六世紀初頭、北九州では六世紀前半の磐井の反乱前後、とみることができる。

ということになろう。

右の原島氏の所説により、県主制の成立についての上田氏の見解が、そのままの形では成立し得なくなった点は、認めてよいであろう。しかし、原島説にもいくつかの問題点が含まれていたと思われる。すなわち、在地首長の反乱の制圧や、古墳の規模の縮小を、県主制の成立と結びつける必然性についての説明が不足していること、各地の古墳の年代的位置づけに不安が残ること、県(アガタ)所在地のほとんどに物部氏の勢力が及んでいたとしても、そのことから県主制を物部氏を介した制度とみるのは疑問であること、などである。

県主制の成立時期やその契機について、積極的に論じた研究はそれほど多くはないが、ほかには、吉田晶氏の見解(17)が注目されるところである。

氏は次のように述べておられる。

(1)在地首長が王権に隷属し、大王家の家政に必要な物資と労働を提供するという県主制の隷属内容は、五世紀中葉にはじまる部民制のそれと質的に同様であり、両者は平行関係にあったとみることができ、県主制の成立時期も五世紀中葉に求められる。

(2)もとより部民制と県主制とでは、前者に編成されたのが各地域の中小首長層であったのに対し、後者はその地域の最高首長層をもってあてる傾向があったこと、県（アガタ）・県主は大王の家政に直結し、大王家にのみ隷属するものであったことなど、重要な違いも存在している。

(3)部民制・県主制の成立してくる背景には、五世紀段階における在地の部族同盟的な支配関係が、同盟の権力を握る最高首長層と中小首長層との対立・矛盾の進行という形で解体しつつあったことがあげられる。

(4)すなわち、県・県主制は、大王家を中心とする畿内勢力が、五世紀代において、在地の矛盾を利用しながら全国的な支配権の拡大をはかりつつあった中で、大王家により、部民制とは区別された特別の勢力基盤として設定されたものと考えられる。

この吉田氏の見解は、県主制の内容や歴史的性格を問うことから、その成立過程を論じたものであり、説得力に富んだ内容になっていると思う。ただ、その後に発見された埼玉県稲荷山古墳出土の鉄剣銘の記事などからすると、部民制の成立時期を五世紀代に求めるのは問題であろうし(18)、部民制と県主制の隷属内容が同質であるということから、その成立時期まで同じとみる点にも疑問は持たれるであろう。また、五世紀段階での在地の支配関係を部族同盟的とする基本認識をめぐっては、もとより異論の存するところである。

県主制の成立を考えるに際して、その内容をいかに理解するかは最も重要な問題であるが、この点についても上田氏と井上氏にすぐれた研究があり(19)、県主は王権に隷属した在地首長であること、祭祀的性格が強く、大王の祭祀に深くかかわっていたこと、内廷（大王の家政）に直結し、それに必要な物資と労働を提供していたこと、などが明らかにされている。この特徴が畿外の県主にもそのまま適用できるかどうかは疑問も出されているが[20]、少なくとも畿内の県主が右の特徴を有していたことについては、異論はないといえよう。ところが、県主のアガタについては、それを在地首長としての県主の支配領域そのままとみるか、その一部とみるか、あるいは、行政区的なものとみるか、大王の御料地（直轄地）とみるか、古くから議論のあるところであり、いまだに意見の一致をみていない。

県主制の成立の時期および契機をいかに考えるかという問題は、アガタの性格の問題とあわせて、今後の研究にその解明をまたなければならないであろう。

次に、国造制下における国造と県主の関係についてみておくことにしたい。この問題では、国造と県主を行政的上下の関係とみる井上説と、国造制下の県主は遺制にすぎないとする上田説とが、きわだった対照をなしているのであるが、井上説に対しては、七世紀代の史料（七世紀代のことを述べた史料）には国造の下級官として県主が存在していたことを示すものはないとされた上田氏の批判が、依然として有効であると思う。井上氏が論じた国県制は国造―稲置制であり、国造と県主が同様な行政的上下関係にあったかどうかは、その後の井上説においても十分な説明がなされていないのである。

一方、上田説にあっても、遺制としての県主が、国造とどのような関係にあったのかは曖昧であり、そもそもこの問題については、具体的・本格的に論ぜられることが少なかった点が指摘できるであろう。大国造のもとに小国造と県主は併存し得るとされた石母田氏も、大国造制の構造からは県主を除外して考えられており、両者の関係についてはとくに論及されていないのである。ただし、石母田氏が大国造制の構造と県主とを切り離された点は示唆的であり、この問題にはじめて具体的・本格的検討を加えられた吉田晶氏の見解も、基本的には石母田説に共通するものと思われる。

吉田氏の見解は次のごとくである。(21)

(1)官僚制的な人民支配体制を樹立しようとする志向性を持っていた国造制と、部民制に共通する内容を持った県主制を、行政上の上下関係でとらえることはできない。

(2)ただし、両者が在地首長の在り方において、事実上、上下の関係にあったことは認められる。

(3)また、国造は、県主とその支配領域に対しても行政権を行使し得る存在であったから、独自に大王家の家政に直結していた県主も、その地域の行政に関する限りでは国造の支配下におかれていたと考えられる。

国造制と県主制の併存を認める限りでは、この吉田氏の見解は妥当なものと思われるが、この問題が国造制の内容の理解に直接かかわる問題であることは、いうまでもあるまい。

ところで、これまでみてきた諸氏の研究においては、諸史料にみえる「某県」を、厳密な史料的検討を行なわないままに、県主のアガタとして扱ってきた傾向があったことは、否定できないであろう。この点に批判を加えて新しい論を展開されたのが、山尾幸久氏と小林敏男氏である。

まず山尾氏は、「大化改新論序説」(上)・(下)(22)において、

(1)史料上「県」「郡」「評」などと表記されていても、それは用字の問題にすぎず、それらはすべてコホリと読まれるべきである。

(2)したがって、従来アガタの史料とされてきた「某県」には、コホリにほかならないものが多数含まれている。

(3)コホリの源流は、国造制下の農民の徭役労働によって経営される新しいタイプのミヤケにあり、そのミヤケの支配の及ぶ一定の領域が政府の行政的軍事的単位として地域区分的な意味を持ちはじめた時、コホリとして成立した。

(4)『隋書』倭国伝にみえる「伊尼翼」、東国国司らへの詔にみえる「県稲置」は、このコホリの管領者であり、国造はそれを統轄した。

といった諸点を指摘された。

これを受けて小林氏は「県・県主制の再検討」(一)・(二)[23]を発表され、「某県」の史料はヤマトの六県も含めて、すべてコホリとみるべきであり、県主とは無関係であると主張され、「県」字は天皇制イデオロギーともいうべき高度の政治性を帯びた用字であったことを詳述された。また、県主については、大王に人格的に隷属していた在地首長たる内廷トモが、自己の支配領域の一部を割いて、アガタ(大王の御料地)として献上したことにより県主に転化したとされ、その転化は、六世紀以降の国造制・コホリ制の形成過程の中で行なわれたと説かれている。

小林氏が、「某県」のすべてを県主と区別された点については、すでに反論も出されているが[24]、氏の県主論は、「県」史料を再検討した上での一つの見解として、高く評価されるべきものと思う。

そして、「県」の史料について、さらに詳細な検討を加えられたのが、山尾氏の「県の史料について」[25]である。そこでの氏の所論を要約すると、アガタの原義は崇田であり、それは本来朝廷開墾地系のミヤケを指していたが、七世紀前半には中国の郡県の「県」字と結合したアガタが成立し、その段階の県(アガタ)は、水田を主体に、それを耕作する田部の戸、および倉庫その他のミヤケを一体としたものであって、稲置により管理されていた、ということになろう。これは、氏の旧説とも異なるところがあり、その当否を簡単に論ずることはできないが、氏が、文献に現われる「県」は、アガタ・コホリのみにとどまらず、実にさまざまな意味で用いられていることを指摘された点、および、実態としてのアガタにも変遷がみられるとされた点などは、重要な問題提起として受けとめる必要があろう。今後の県(アガタ)・県主制についての研究は、まず史料上の「県」の用法を個々に検討することからはじめなければならないであろう。

なお、県（アガタ）・県主制の問題については、本書においてもその本格的検討ができなかったのであり、今後の自らの課題としなければならないが、結論的には、県主制は国造制に先行する制度であり、国造制成立後のアガタ・県主はその遺制にすぎないとする上田説が妥当であろうと考えている。

第三節　国造制の内容

次に、国造制の内容についてであるが、まず前節までに述べてきたこととの関連から、国造制下のコホリの問題を取りあげておくことにしたい。すでに明らかなように、「大化」以前のコホリの存在を認める説としては、中田薫氏・井上光貞氏・山尾幸久氏・石母田正氏・小林敏男氏らの説をあげることができるが、このほかにも、コホリが本来、渡来者集団の呼称としてはじまったことなどを指摘された米沢康氏の注目すべき研究[26]があり、近年では、鎌田元一氏が諸説を整理された上で改めて「大化」以前のコホリについて論じておられる。[27]

私もまた、本書で述べるとおり、「大化」以前のコホリの存在を認める立場に立つのであり、『隋書』の記事、孝徳紀大化元年八月庚子条の東国「国司」らへの詔の内容、さらに成務紀の記事に示される『日本書紀』編者の認識などから、国造―稲置（クニ―コホリ）制が七世紀前半に存在していたことは、これを認めなければならないと考えている。問題とすべきは、稲置のコホリが全国的に、また国造のクニの内部に、どの程度の広がりを持って存在していたのか、そしてその内容はいかなるものであったのか、という点であろう。もちろん、国造制下におけるコホリの存在を認めない説も、依然として一方における有力説として存在しているのであるが、コホリの存在を認める立場からすれば、この点が当面の課題とされなければならない。

『隋書』の記事によれば、国造—稲置（クニ—コホリ）制はきわめて整然とした地方行政組織であったことになるが、この記事には、吉田晶氏や山尾幸久氏の指摘されるように[28]、七世紀初頭の倭国の中央権力による誇張ないしは理想の反映されている可能性の高いことに注意する必要があろう。また、「稲置」の名を伝える史料がきわめて少なく、その分布が畿内およびその周辺にほぼ限られている点も重要な事実である。上田正昭氏が右の制度の存在に否定的であった理由もそこにあるのであり、平野邦雄氏は、大化元年八月の詔にみえる「県稲置」は、東国ではなく、ヤマト六県に関するものではないかとされている[29]。

しかし、大化元年八月の詔の「県稲置」は、やはり東国「国司」らに発した詔の一部としてみるべきであり、残された「稲置」史料が畿内とその周辺にほぼ限定されるからといって、東国における「県稲置」の存在を否定することはできないと思う。国造のクニの内部がすべてコホリに分割されていたというようなことは考え難いが、コホリがほぼ全国的に存在していたことは認めてよいと思うのである。

一方、コホリの内容については、それを具体的に論じた研究が少なく、いまのところ、コホリにおける戸籍の作成を強調された米沢康氏の見解や[30]、先に紹介した山尾氏の「大化改新論序説」における見解が注目されるところである。山尾説は、小林敏男氏や鎌田元一氏によっても支持されているが[31]、コホリの規模や、ミヤケ制との関連などにおいて、なお検討する余地は残されていると思う。また、コホリが国造制にともなって成立したのか、あるいは国造制成立後一定期間を経てから成立したのかという点については、ほとんど議論がなされておらず、コホリの実態究明とあわせて、今後の研究にまたなければならない。

さて、国造制の内容を考える上で、重要な史料は孝徳紀に集中するが、それらの記事内容からすれば、七世紀前半の国造が地方行政の中心的存在であり、部内に行政権・裁判権・徴税権・祭祀権などを有していたであろうことは、容易に推定されるところである。重要なのは、平野邦雄氏の指摘されるとおり[32]、それらの権限の具体的内容と、その行使の仕方を明らかにすることであろう。

新野直吉氏は、国造の職掌ということで、この点を史料に即して詳細に論述されているが[33]、この点についても、やはり石母田正氏と吉田晶氏の研究が注目されるところである。

まず石母田氏は、第一節でも述べたとおり、自ら提唱した在地首長制論に基づき、国造制（大国造）の構造を、大国造〈在地伴造―部民・ミヤケ／稲置―公戸―県（コホリ）〉[34]という二系列に分化していたとされるのであり、その内容について、さらに次のように述べられている。

(1)国造制は、部民制・ミヤケ制と不可分の関係にあるが、国造固有の行政内容はそれとは別個のものであり、そこに「国造法」の概念を設定する必要がある。

(2)「国造法」は、在地首長層の法慣行が、中央権力との関係において制度化され、転化して形成された法であり、在地首長層の人格的支配に基づくとともに、領域的支配の形態でもあった。

(3)「国造法」の内容は、国（クニ）の秩序の支柱である裁判権・刑罰権を根幹とし、軍役を含めた徭役賦課権や戸調・田租の徴収権などの徴税権を主要な内容としており、勧農をはじめとする行政権や、祭祀権もその重要な一側面であった。

(4)右の「国造法」は、部民・非部民（公戸）の区別なく、領内のすべての民戸におよんでいたと考えられる。

(5)国造（大国造）制は、律令国家のもとでは国司制に代置され、クニ内部の首長層は郡司に編成されたが、それは大国造自体が一首長にすぎず、クニ内部の他の首長層との関係が全体として組織化されていなかったからである。

石母田氏の在地首長制論にいう首長は、四・五世紀代においては前期古墳を造営し、後には郡司に編成されていったクラスの首長を指しているが、石母田氏の在地首長制論を批判的に発展させた吉田晶氏は、六・七世紀代においては、石母田氏のいう在地首長より下位の村落首長層による支配が、基本的生産関係であったとされる。吉田氏によれば、六世紀代には従来のアジア的共同体内部に家父長制的世帯共同体による個別経営が成立し（この点は石母田氏も強調されるところである）、それらの地縁的編成に基づく新しい農耕共同体が形成され、自らも個別経営の主体となり、その農耕共同体を支配するところの村落首長層が出現したとされるのであり、そして、その出現に対応するための各地域の首長的秩序の再編成が中央権力との密接な関係を持ちつつ進められ、そこに国造を頂点とした政治体制が成立した、と説かれるのである。[35] 氏の国造制の内容についての見解は、およそ次のように要約されるであろう。[36]

(1)国造制は、六世紀中葉以降に中央権力による全国的支配の体制として成立したものであり、国造は、各地域の首長的秩序の頂点に立ち、その地域における最高の地位を公的に認められた首長であった。

(2)国造が直接に階級的支配を行なったのは、国造自身が大村落首長として支配した共同体であり、公的に支配権の認められた地域（クニ）全体を直接に支配したのではなかった。

(3)国造はクニにおける最高の裁判権・祭祀権を持ち、軍事的な組織の中心に立つものでもあったが、クニ内部には県（アガタ）・ミヤケ・部などが存在し、それらはそれぞれを直接支配する首長層を通じて、中央との間に統属関係を持っていた。

(4)したがって、国造が一元的に地域支配権を掌握し、それを通じて中央の支配が各地域に及ぶという関係ではなかった。

(5)ここに、領域内の一元的支配と国司の下級官僚として位置づけられる、評・郡司制が行なわれなければならない理由があった。

(6)評は国造の管轄した地域（クニ）より全体として小規模であったが、評もまた評司を中心とする首長的秩序の存在する歴史的世界であった。

石母田氏と吉田氏とでは、六・七世紀の在地の社会構造に対する見解を異にするが、国造制の内容についての認識は、基本的には共通しているといえよう。石母田氏は、国造（大国造）のクニの内部に多くの在地首長層が存在したとされ、吉田氏においても、国造を頂点とする首長的秩序は重層的なものであり、クニの内部には後の評司を中心とする首長的秩序が存在したとされるのである。また、石母田氏が、国造の権限はクニ内部のすべての民戸に及んだとされるのに対し、吉田氏は、クニ内部のアガタ・ミヤケ・部などはそれぞれ国造を介さずに直接中央との統属関係を持ったとされるが、この点も、実態認識としてはそれほど大きな違いはないように思われる。石母田氏も、国造制下における部民制・ミヤケ制独自の支配＝収取関係の存在は認められているのであり、吉田氏も、国造の行政権が部・ミヤケに及んだことは否定されていないのである。ただし、石母田氏が稲置のコホリを国造制の構造の一系列とされるのに対し、吉田氏が国造制下における稲置のコホリの普遍的存在を否定される点は重要な違いであり、この点は、井上光貞・上田正昭両氏の間にみられた見解の相違が、そのまま未解決の問題として続いていることを示すものといえよう。

国造制の内容をめぐっては、ほかにも平野邦雄氏・八木充氏らによるすぐれた研究があるが(37)、やはり共通した理解は得られていない。

国造制の内容を明らかにするためには、アガタ・コホリ・ミヤケ・部、さらに県主・稲置など、それぞれの内容とその国造制との関係を総合的に検討する必要があるが、この点は早くから研究上の課題として指摘されてきたところであり、右の諸研究は、もちろんこうした点を念頭において行なわれたものである。最近では、狩野久氏や鎌田元一氏の研究[38]が、こうした課題に答えたものとして注目されるが、なお見解の相違は解消されておらず、今後も多くの議論を重ねていく必要があるであろう。

第四節　国造制の成立・展開過程

まず、国造制の成立時期についてであるが、『古事記』『日本書紀』はそれを成務朝のこととするが、それは、景行朝における全国平定のあとを受けて、次の成務朝で地方支配制度が整えられたとする記紀の歴史観によるものと考えられ[39]、事実の伝えとみることはできない。これまでのところ、四世紀末から五世紀初め頃に国造制の成立時期を求める新野直吉氏の説[40]、五世紀末から六世紀代とする石母田正氏の説、六世紀中葉以降とする吉田晶氏の説などが、代表的なものとしてあげられるであろうが、近年では六世紀代に求める説が有力になりつつあるといえよう。石母田・吉田両氏は、国造制成立の契機として、五世紀末以降の群集墳の造営などに示される在地の支配関係の動揺や、朝鮮半島問題をめぐっての軍事的緊張状況を重視されるのであり、たしかにこれらの点は、大勢論として支持されるべきであろう。また吉田氏は、継体朝における磐井の乱の鎮圧や、安閑紀にみえる武蔵国造笠原直使主と同族小杵との争いを、国造制の成立の問題として考えておられるが[41]、この点も支持されてよいのではないかと思う[42]。

ほかに、原島礼二氏は、各地における国造の本拠地に営まれた古墳（首長墓）と、その周辺の古墳を全国的に検討され、国造制の成立時期を西日本では六世紀後半、東日本では六世紀末から七世紀初頭に求める説を示されており[43]、前田晴人氏や平林章仁氏は、国造の任命は同時にその国（クニ）の画定をともなったものであるとされ、クニの境界の画定を職務とした坂合部（境部）がおかれた六世紀中葉以降に成立したと説かれている。(44) また原島氏や平林氏は、崇峻紀二年七月朔条に、「遣二近江臣満於東山道一使レ観二蝦夷国境一。遣二宍人臣鴈於東海道一使レ観二東方浜レ海諸国境一。遣二阿倍臣於北陸道一使レ観二越等諸国境一」とあるのを、東山・東海・北陸道地域への国造制の実施を示す記事とされているが、この点は注目されてよいと思う。国造制の成立がクニの境界の画定をともなったものであるならば、右の記事は、当然そのように解釈されてよいであろうし、もしそれが認められるならば、従来、国造制が大王権力に服属した在地首長を国造に任ずることで漸次に成立していったとみなされてきた点も、再検討されなければならないということになろう。

現在のところ私は、国造制は、磐井の乱を契機とする六世紀中葉にまず西日本を範囲としてほぼ一斉に施行され、その後半世紀ほど経過した崇峻二年（五八九）の段階で、東日本にも一挙に施行されることになったと考えているのであるが、その場合、東日本における国造制の施行時期と、八木充氏の説かれる山陽・南海道地域における凡直国造制(45)の成立時期とがほぼ対応することも、注意されるであろう。

国造制の成立時期や成立の具体的経過をめぐっては、今後さらに議論されていかなければならないが、国造制が、五世紀末以降の在地の支配関係の動揺を背景に、地方首長層の反乱を国内的契機とし、それに朝鮮半島における軍事的緊張化という国際的契機が加わり、ヤマト政権による二次的に編成された地方行政組織として成立した、という点については、今日ほぼ共通した認識が得られているように思われる。(46)

ところで、以上述べてきたところの国造（国造制）は、いわゆる旧国造（旧国造制）のことであり、この旧国造制は、「大化改新」による評制の施行にともなって廃止されることになった、とするのがこれまでの一般的な見方であった。国造は「大化」以後の七世紀後半においても存在し、また大宝律令制定後の八世紀以降においても存在するが、律令制下の国造については、それを新国造と呼び、旧国造とは区別して考えてきたのである。

たしかに八世紀以降の国造が旧国造と性格を異にすることは明らかであり、旧国造制がそのまま八世紀以降も存続した、というようなことは考え難い。ただし、七世紀後半の国造については、それを旧国造とみるか新国造とみるか、それぞれの「国造」史料ごとに議論されてきたところである。この議論は、いうまでもなく新国造制がいつ成立したのかという議論と重なるものであるが、同時にそれは、評制の成立過程をいかに理解するかという問題とも、密接に関連したものであったといえよう。

評の成立過程については、孝徳朝において全国的・全面的に成立したとする説と、孝徳朝にはじまり、その後、天智朝・天武朝と段階的に成立していったとする説とに大きく分かれるが、孝徳朝以後七世紀後半における国造の存在は、後説にとっての重要な論拠とされてきた点である。つまりその場合右の国造は、新国造ではなく旧国造とみなされるのであり、旧国造が存在する以上、その地にはいまだ評制は施行されていないはず、とされるのである。一方、七世紀後半の国造の中に、それを新国造とはみなすことのできない国造が含まれていることは確かであり、前説の立場からは、そうした国造を旧国造とみなすわけにいかないのは明らかである。そこで前説の立場から、そうした「国造」の語義・用法についての見直しがなされることになった、という経緯が指摘できるであろう。

すなわち、評制孝徳朝全面施行説の立場に立つ薗田香融氏や鎌田元一氏によって、それらの「国造」の語義が再検討され、それは、特定個人に与えられる職としての国造（旧国造）を指すのではなく、評の官人が同時に称し得るところの身分的呼称であるとする見解が示されたのである。(47) 史料上の「国造」の用法がさまざまであり、旧国造・新国造のほかにも、国造姓、国造氏、あるいは国造を出している一族全体の呼称など、多くの用法が認められることは確かである。ただ、薗田氏や鎌田氏の「国造」理解には疑問もあり、「大化」以後の「国造」の中に、職としての旧国造を指すことが含まれていることは否定できないものと思われる。

私は、評制の成立過程については孝徳朝全面施行説を妥当と考えるのであるが、そもそも、国造制（旧国造制）を評制の施行によって廃止された制度とみること自体に疑問を持つのであり、国造制は、孝徳朝における評制の施行とともに再編成されてその後も存続し、令制国（国宰制）の成立にともなって廃止が決定されたと考えるのである。令制国（国宰制）の成立過程についても多くの議論があり、共通した理解は得られていないが、天武朝の末年における国境画定事業によって令制国が成立したとする説に従うべきであると考えている。[48]

またこうした議論とは別に、七世紀後半の「国造」を考える際に重要なのは、はじめにも述べたように、最近の山尾幸久氏の一連の研究である。山尾氏は、「国造」関係史料のそれぞれに、その語義・用法についての全面的な再検討を加えられ、その上で、国造は、天武朝において初めて出現した一国範囲の国家祭祀を主宰した職であり、その職に就任できる資格を持った特定の人もまた国造といった、との説を示されたのである。[49]この山尾説は、かつての山尾説とも異なり、これまでの国造研究に根本的見直しを迫る注目すべき見解であるが、私はなお、「大化」以前からの旧国造の存在を否定することはできないと考えるのである。[50]

いずれにせよ、七世紀後半の「国造」、いいかえれば評制下の「国造」については、今後も、その実態究明の努力が続けられていかなければならないが、その際、「国造」の語義・用法に十分な検討を加えること、これまでの「新旧国造論」にとらわれない議論を展開すること、の二点が重要な点として指摘できるであろう。

一方、八世紀以降の律令制下の国造（新国造）については、早くから、旧国造とは区別される形で研究が積み重ねられてきたのであり、その性格については、一国内の祭祀を職務とした地方神祇官とでもいうべき職とする説、[51]有名無実の名誉職にすぎないとする説[52]などが、これまでの代表的な見解としてあげられるであろう。また近年では、「新旧国造論」の見直しの中から、律令制下の国造の役割をより積極的に評価しようとする研究もあり(53)、今後の議論の進展が期待されるところである。律令制下における出雲国造のあり方(これを律令制下の国造を代表するものとみるか、あるいは特殊な例外的なものとみるかも議論のあるところであるが)など、八世紀以降の国造の実態を探ることは、国造制(旧国造制)の内容を知る上でも重要なことと思われる。

以上、国県論争をはじめとし、戦後のおもな研究を紹介しつつ、国造制研究における今後の課題について整理してきたつもりである。最後にいまひとつ付け加えておきたいのは、近年大いに研究成果をあげつつあるところの、考古学の立場からの地域研究のさらなる進展と、それを踏まえた総合的な国造制論の提出ということである。国造制という中央権力によって定められた支配制度と、考古学上の史料からうかがえるところのそれぞれの地域における在地首長層の具体的動向とがどのように関連するのか、安易に両者を結びつけることのできない難しい問題であるが、文献史料の限られている状況においては、そうした方法の研究が重要な役割を果たすことは確かであろう。

本書は、ここに述べてきた課題に答えようとしたものであるが、もとよりそのすべてにわたって検討が果たせたわけではない。大方の御批正を得て、さらに検討を深めることができれば幸いと考えている。

注

(1)『史学雑誌』六〇―一一、一九五一年。
(2)『歴史学研究』二三〇、一九五九年。後に上田正昭『日本古代国家成立史の研究』青木書店、一九五九年、に収録。
(3)岩波書店、一九七一年。
(4)東京大学出版会、一九七三年。
(5)吉川弘文館、一九七四年。

(6)「国造について」(古代を考える会編『藤澤一夫先生古稀記念古文化論叢』藤澤一夫先生古稀記念論集刊行会、一九八三年)、「大化年間の国司・郡司」(『立命館文学』五三〇、一九九三年)、等。
(7) 国造関係史料をまとめたものに、佐伯有清・高嶋弘志編『国造・県主関係史料集』近藤出版社、一九八二年、がある。
(8) 太田亮『日本上代に於ける社会組織の研究』磯部甲陽堂、一九二九年。後に改訂して『全訂日本上代社会組織の研究』邦光書房、一九五五年。中田薫「我古典の『部』及び『県』に就て」(『国家学会雑誌』四七—九・一〇、一九三三年)。後に『法制史論集』第三巻、一九四三年、に収録。
(9) 上田正昭「国県制の実態とその本質」(前掲)。
(10) 小林行雄『古墳時代の研究』青木書店、一九六一年、参照。
(11)『古代文化』五—四、一九六〇年。後に井上光貞『日本古代国家の研究』岩波書店、一九六五年、に収録。
(12) 長山泰孝「猪名県と為奈真人」(『地域史研究』二—二、一九七二年)。後に長山泰孝『古代国家と王権』吉川弘文館、一九九二年、に収録。ここでは後者による。一六二〜一六六頁。
(13) 井上光貞『大化改新』(改訂版) 弘文堂、一九七〇年。同『日本の歴史3　飛鳥の朝廷』小学館、一九七四年、等。
(14) 石母田正『日本の古代国家』前掲、三六二〜三七七頁他。
(15) 小林敏男「県・県主制の再検討」(一)・(二)(『続日本紀研究』一七九〜一八〇、一八七〜一八八、一九七五年、一九七六年)。後に小林敏男『古代王権と県・県主制の研究』吉川弘文館、一九九四年、に収録。
(16) 原島礼二「県の成立とその性格」(『続日本紀研究』一六〇〜一六二、一九七二年)。後に原島礼二『日本古代王権の形成』校倉書房、一九七七年、に収録。
(17) 吉田晶『日本古代国家成立史論』前掲、第五章「県および県主」二二六〜二三四頁他。
(18) 吉田氏自身も、最近の著書において、部民制の制度としての成立は六世紀中葉以降のこととするべきであると改められている。吉田晶『吉備古代史の展開』塙書房、一九九五年、五四頁。
(19) 上田正昭「アガタ及びアガタヌシの研究」(『国学院雑誌』五四—二、一九五三年)。後に上田正昭『日本古代国家成立史の研究』前掲、に「県主と祭祀団」と改題して収録。井上光貞「カモ県主の研究」(坂本太郎博士還暦記念会編『日本古代

史論集』上巻、吉川弘文館、一九六二年)。後に井上光貞『日本古代国家の研究』前掲、に収録。
(20) 直木孝次郎『日本古代の氏族と天皇』塙書房、一九六四年、Ⅱ—五「県主と古代の天皇」二二五頁、等。
(21) 吉田晶『日本古代国家成立史論』前掲、第五章「県および県主」二三四〜二三八頁他。
(22) 『思想』五二九・五三一、一九六八年。
(23) 注(15)に同じ。
(24) 伊野部重一郎「県主と稲置管見」(『海南史学』一四、一九七六年)三四〜三五頁他。新野直吉『国造と県主』(改訂増補版)至文堂、一九八一年、二七頁他、等。
(25) 日本史論叢会編『論究日本古代史』学生社、一九七九年、所収。
(26) 米沢康「コホリの史的性格」(『芸林』六—一、一九五五年)。後に米沢康『日本古代の神話と歴史』吉川弘文館、一九九二年、に収録。
(27) 鎌田元一「評制施行の歴史的前提」(『史林』六三—四、一九八〇年)。
(28) 吉田晶『日本古代国家成立史論』前掲、第六章「凡河内直氏と国造制」二八九〜二九〇頁。山尾幸久『日本国家の形成』岩波書店、一九七七年、一二七〜一二九頁。
(29) 平野邦雄「国県制論と族長の支配形態」(『古代の日本』9、角川書店、一九七一年)一〇一〜一〇二頁。
(30) 米沢康「コホリの史的性格」(前掲)。
(31) 小林敏男『古代王権と県・県主制の研究』前掲、一〇九頁他。鎌田元一「評制施行の歴史的前提」(前掲)二〇〜二三頁他。
(32) 平野邦雄「国県制論と族長の支配形態」(前掲)一〇三頁。
(33) 新野直吉『研究史国造』前掲、一一八〜一三二頁。同『日本古代地方制度の研究』吉川弘文館、一九七四年、七九〜九四頁。同『国造と県主』(改訂増補版)前掲、一〇九〜一一八頁、等。
(34) 石母田正『日本の古代国家』前掲、三七七〜三九〇頁他。
(35) 吉田晶『日本古代国家成立史論』前掲。同『日本古代村落史序説』塙書房、一九八〇年、等。

(36) 以下の要約は、主として『日本古代村落史序説』一九六～一九八頁における、吉田氏自身の要約に基づくものである。
(37) 平野邦雄「国県制論と族長の支配形態」(前掲)。八木充「国造制の構造」(『岩波講座日本歴史』2、一九七五年)。後に八木充『日本古代政治組織の研究』塙書房、一九八六年、に収録。
(38) 狩野久「部民制・国造制」(『岩波講座日本通史』第2巻、一九九三年)。鎌田元一「部・屯倉・評」(『新版古代の日本』1、角川書店、一九九三年)。
(39) 日本古典文学大系『日本書紀』上、岩波書店、一九六七年、三一八頁頭注参照。
(40) 新野直吉『日本古代地方制度の研究』前掲、五八～六九頁、等。
(41) 吉田晶『日本古代国家成立史論』前掲、第二章「国造本紀における国造名」八六頁。同「古代国家の形成」(『岩波講座日本歴史』2、一九七五年)五一頁他、等。
(42) ただし私は、笠原直使主と小杵との争いは、安閑朝のことと解する必要はないと考えている(第一編第二章第四節参照)。
(43) 原島礼二『古代の王者と国造』教育社、一九七九年。
(44) 前田晴人「古代国家の境界祭祀とその地域性」下(『続日本紀研究』二一六、一九八一年)。同「『四方国』制の実態と性格」(『続日本紀研究』二二五、一九八三年)。平林章仁「国造制の成立について」(『龍谷史壇』八三、一九八三年)。
(45) 八木充「古代地方組織発展の一考察」(『史林』四一―五、一九五八年)。後に八木充『律令国家成立過程の研究』塙書房、一九六八年、に収録。同「凡直国造と屯倉」(『古代の地方史』2、朝倉書店、一九七七年)。後に八木充『日本古代政治組織の研究』前掲、に収録。
(46) なお、国造制を二次的に編成された行政組織とする点については、最近の狩野久氏の見解のように、これを疑問とする説も根強く存在している。狩野久「部民制・国造制」(前掲)二三一頁他。
(47) 薗田香融「国衙と土豪との政治関係」(『古代の日本』9、前掲)。後に薗田香融『日本古代財政史の研究』塙書房、一九八一年、に「律令国郡政治の成立過程」と改題して収録。鎌田元一「評の成立と国造」(『日本史研究』一七六、一九七七年)。
(48) 大町健「律令制的国郡制の特質とその成立」(『日本史研究』二〇八、一九七九年)。後に大町健『日本古代の国家と在地首長制』校倉書房、一九八六年、に収録。

(49) 注(6)に同じ。

(50) なお、北村文治氏も、山尾氏と同様、「大化」以前における国造の存在（「国造」という呼称の存在）を疑問とされている。北村文治「記紀のカバネの史料批判」（『国士館大学文学部人文学会紀要』一七、一九八五年）。同「国造という称号について」（『日本歴史』五五九、一九九四年）、等。

(51) 新野直吉『謎の国造』学生社、一九七五年、等。

(52) 植松考穆「大化改新以後の国造に就て」（早稲田大学史学会編『浮田和民博士記念史学論文集』六甲書房、一九四三年）。高嶋弘志「律令新国造についての一試論」（佐伯有清編『日本古代史論考』吉川弘文館、一九八〇年）、等。

(53) 森公章「律令制下の国造に関する初歩的考察」（『ヒストリア』一一四、一九八七年）、等。

第一編　国造制の成立

第一章　五世紀後半の政治組織

はじめに

国造制の成立時期については、近年、それを六世紀代に求める説が一般的である。しかし五世紀代、あるいはそれ以前とする説も行なわれており、共通した認識が得られているわけではない。『古事記』『日本書紀』によれば、国造の全国的設置は成務朝のこととされるが、それを史実とみることはできないとする点では、今日ほぼ異論はないといってよい。

国造制の成立時期をいつとみるかという問題は、国造制の内容に対する理解と直接かかわっているのであるが、本章では、埼玉県稲荷山古墳出土の鉄剣銘と、熊本県江田船山古墳出土の大刀銘から、五世紀後半の政治組織について考察し、そのことをとおして、間接的にではあるが当時における国造制の未成立を述べることにしたい(1)。

稲荷山古墳の鉄剣銘と江田船山古墳の大刀銘には、「ワカタケル大王」と読める同一の大王名が刻まれており、それが『古事記』に大長谷若建命、『日本書紀』に大初瀬幼武天皇と記される雄略天皇に比定されることは、まず間違いないであろう。二つの銘文には、「杖刀人」と「典曹人」という互いに対応した表記もみられるのであり、またそれぞれが、ほぼ同時期の造営と推定される東西の古墳から発見された点も注意される。両者を対比し検討することによって、ワカタケル大王（雄略）の時代、すなわち五世紀後半当時の、大王と地方豪族との関係や支配機構のあり方などについて、一定の知見が得られるはずである。そしてそれは、たとえわずかなものであったにせよ、その当時の史料から得られた知見として重要であり、記紀などの後の編纂物から得られる知見に比して、より優先して考えられなければならないであろう。

本章は、国造制の成立の問題について、記紀などにみえる国造関係記事を検討するのに先立ち、まずは右の、より優先すべき知見に基づいて考えようとしたものである。

第一節　稲荷山古墳出土の鉄剣銘

稲荷山古墳出土の鉄剣に、一一五文字からなる金象嵌銘のあることが判明したのは、一九七八年（昭和五十三）の秋であった。その銘文は、まさしく世紀の大発見といわれるにふさわしい内容を持つものであったが、最初に解読にあたられた岸俊男氏・田中稔氏・狩野久氏らによって、次のような釈文と訓読文が示されている。(2)

〔表〕

辛亥年七月中記乎獲居臣上祖名意富比垝其児（名脱カ）多加利足尼其児名弖已加利獲居其児名多加披次獲居其児名多沙鬼獲居其児名半弖比

〔裏〕

其児名加差披余其児名乎獲居臣世々為杖刀人首奉事来至今獲加多支鹵大王寺在斯鬼宮時吾左治天下令作此百練利

刀記吾奉事根原也

訓読文

辛亥の年七月中、記す。ヲワケの臣。上祖、名はオホヒコ。其の児、(名は)タカリのスクネ。其の児、名はテヨカリワケ。其の児、名は、タカヒ(ハ)シワケ。其の児、名はタサキワケ。其の児、名はハテヒ。其の児、名はカサヒ(ハ)ヨ。其の児、名はヲワケの臣。世々、杖刀人の首と為り、奉事し来り今に至る。ワカタケ(キ)ル(ロ)の大王の寺、シキの宮に在る時、吾、天下を左治し、此の百練の利刀を作らしめ、吾が奉事の根原を記す也。(傍線筆者)

まず右の釈文は、今日一般的に承認されているものであり、私もこれについて異論はない。古い時代の金石文は、いったいに文字の残存状態が悪く、判読困難な文字を多く含み、釈文も種々提出されるのがふつうであるが、稲荷山古墳の鉄剣銘の場合は、すべての文字がほぼ完全に残されており、判読に異論の生ずる余地が少ないのである。もちろんまったく異論がないというのではなく、なかでも問題とすべきは、「乎獲居臣」の「臣」字について、「臣」ではなく「直」であるとする説である。(3)「臣」とした場合は、それをカバネの「オミ」と読むか、あるいは漢語の「シン」と読むかでさらに見解は分かれるが、「直」とした場合は、カバネの「アタヒ」と読むほかはなく、「直」(アタヒ)説は、乎獲居(ヲワケ)が埼玉地方(武蔵地方)の豪族であるならば、後の武蔵国に臣姓氏族の存在は知られておらず、直姓氏族が多いということとうまく符合する。しかし、後述のとおり、「臣」をカバネとして訓読することに疑問が持たれるのであり、この点からも「臣」(シン)説が妥当と考えられる。また、「臣」字を「直」と読むこと自体に無理のある点も指摘されている。(4)

次に訓読文についてであるが、各文字の発音も含めて、訓読のしかたには異論が多い。しかしこれも、最も広く認められているのは右に掲げた岸氏らの訓読文であり、私も傍線部を除いて問題はないと考えている。

傍線部について岸氏らは、「寺」には「朝廷」の意味のあること、銘文は固有名の部分を除き五字と七字の句で構成されていることなどを理由に、「ワカタケル大王の寺」と読み、その前の「今」で区切って読まれたのであるが、[(5)]一方では、「寺」を「侍」の同義語とみて、傍線部を「奉事し来りて、今のワカタケル大王に至る。寺《はべ》りて、シキの宮に在る時」というように読む意見も多いのであり、[(6)]これについては後者の読みを妥当と考える。

その理由の第一は、「ワカタケル大王」で区切った方が漢文として自然と思われる点である。ただどちらを自然とみるかは論者の主観によるところもあり、この点が決定的論拠にならないことは認めなければならない。第二は、銘文にみえる「記」「奉事」「左治」「令作」などの動詞はすべてヲワケを主語としており、「在」も「ワカタケル大王の寺」を主語とするのではなく、「寺在」でヲワケを主語とする動詞とみた方がよいと考えられる点である。「ワカタケル大王の寺」を主語としたのでは、「大王の寺（朝廷）がシキの宮（朝廷）に在る時」という、重複した不自然な文章になってしまう点も指摘できるであろう。理由の第三は、「世々、杖刀人の首と為り」の「世々」の理解とかかわっている。

通常、この「世々」については、上祖オホヒコからヲワケにいたる八代を指すと解されているが、これは、平野邦雄氏の説かれたとおり、大王の治世の「御世御世」を指すとみるべきであろう。[(7)]江田船山古墳の大刀銘にみえる「世」の用法（これは明らかに大王の治世を指している）からしても、そのように考えるべきであると思う。とするならば、「世々、杖刀人の首と為り、奉事し来りて、今のワカタケル大王に至る」と読む方が、文意からいっても自然であるということになろう。

またこの点は、銘文全体の読み方とも直接関係するのであり、「今」で区切って読むと、銘文の書かれた辛亥年を、ワカタケル大王の世と一致させて読む必要がなくなるのに対し、右のように読むならば、辛亥年はワカタケル大王の世とみるほかはないのである。銘文全体は、右のように読んだ上で、「寺りて、シキの宮に在る時」も含め、現在形で読むのが正しいと思う。なお、傍線部について岸氏らの読みに従った場合でも、銘文全体を現在形で読んで矛盾はないのであり、事実、岸氏らはそのように訓読されている。

ところで、いずれの読み方をするにせよ、ワカタケル大王についてはこれを雄略天皇にあたるとし、辛亥年を四七一年とみるのが今日の通説である。おそらくそのとおりであり、ワカタケル大王（雄略）が『宋書』などの中国側史料にみえる倭国王武にあたることも、通説にいうとおりであろう。『日本書紀』によれば、雄略の治世は四五六年から四七九年までとされており、これをそのまま信用することはできないが、『宋書』にも、倭国王武（雄略）による四七八年（昇明二）の遣使記事があり、雄略が四七八年当時の大王であったことは確認できる。

辛亥年を、干支一巡下らせて五三一年にあてる考えもあるが、ワカタケル大王が雄略であり、銘文全体が現在形で読まれるべきであるならば、四七八年から五三一年までを同一の大王の治世と考えることに無理があろう。また、五三一年とする立場から、ワカタケル大王を欽明天皇に比定する説も出されている。(8)この説は、記紀に伝える雄略の宮が長谷朝倉宮・泊瀬朝倉宮であり、銘文の「斯鬼宮」（シキの宮）と直接結びつかないのに対し、欽明の宮は師木嶋大宮・磯城嶋金刺宮であり、シキの宮と通ずるところに強みがある。しかし、欽明の名は記紀に天国押波流岐広庭・天国排開広庭とあって、この名をワカタケルに結びつけるのは困難である。そのうえ、鉄剣の副葬されていた稲荷山古墳礫槨の年代が五世紀末から六世紀前半と推定されていることも、鉄剣が作られてから副葬されるまでの時間を考慮に入れると、辛亥年を五三一年とすることにやや無理を感じさせる。

シキの宮については、雄略の朝倉宮が広義の磯城の地に含まれることから、それを雄略の宮とみて矛盾はないとするのがふつうであるが、『古事記』の所伝に雄略と河内の志紀の地との関係を示すものがあることから、河内のシキにも雄略の宮があったとする説もある。(9) いずれにせよ、「斯鬼宮」とあることは、ワカタケル大王を雄略にあてる際の支障にはならないであろう。

なお、坂元義種氏は、四七八年に倭国王武が宋朝に遣使上表して「安東大将軍」の爵号を受けたのは、武による最初の遣使であり、『宋書』帝紀に記される四七七年(昇明元)の王名を欠く遣使は、一代前の興による遣使と考えられるとされ、ワカタケル大王を武に比定し、辛亥年を四七一年とすることに、疑問を提出されている。(10) たしかに、四七七年の遣使が興によるものであれば、ワカタケル大王＝武、辛亥年＝四七一年という等式は成り立たない。しかし、『宋書』には四七八年の遣使が武による最初の遣使と明記されているわけではなく、興によることの明記される遣使が四六二年(大明六)であり、『日本書紀』に興に比定される安康天皇の在位年数を三年という短い間と伝えていることと(『日本書紀』の年紀をそのまま信用するのではないが、安康の在位期間の短かったことは事実とみてよいと思う)を考えると、四七七年の遣使も、武による遣使とみる方がよいのではなかろうか。四七一年を武(ワカタケル大王)の治世とみることに、問題はないであろう。

次に、オホヒコからヲワケにいたる八代の系譜についてふれておくことにしたい。

まず注意されることは、この系譜がヲワケ自身の、大王に対する「奉事」の「根原」として掲げられているという点である。このような系譜が語られるためには、上祖のオホヒコをはじめとして、系譜に名を載せる人々のうち、少なくとも何人かについては、かつて王権に「奉事」した人物であったとする伝承が、当時の宮廷において成立している必要があろう。銘文のオホヒコは、記紀に孝元天皇の皇子で、崇神天皇の時代にいわゆる四道将軍の一人として北陸に遣わされたと伝えられる大毗古命・大彦命と、同一人物であるとみてよいと思われる。このことは、オホヒコ

(大彦命)が実在の人物であることを示すものではないし、記紀に伝えるままの大彦伝承が当時成立していたことを示すものでもないが、オホヒコを遠い昔に武人として大王に仕えた英雄である、とする程度の伝承は、ヲワケの時代にすでに成立していたとみなければならないであろう。

一方、記紀その他の文献にみえる後の氏族系譜によれば、大彦命を始祖とする氏族は、阿倍氏・膳氏(高橋氏)をはじめとして狭々城山氏・伊賀氏など多数存在しており、ヲワケの一族をそのうちの特定の氏族に比定できるかどうかは別として、ヲワケの一族以外にも、オホヒコを上祖とする系譜を持つ人々は、当時から存在していた可能性が高いと考えられる。上祖(始祖)の名を掲げ、それとの系譜関係によって大王(天皇)への奉仕の根源を語るという点では、銘文と後の氏族系譜はまったく一致しているのであり、銘文には氏(ウジ)の名こそ記されていないが、大王に奉仕する人々を、それぞれの系譜によって区分するということは、すでに行なわれていたとみてよいであろう。(11)

またヲワケの系譜において、上祖から五代のタサキワケまではヒコ・スクネ・ワケの称号を有しているのに対し、六代のハテヒと七代のカサヒ(ハ)ヨにはそれがみられない点も注意される。溝口睦子氏によれば、前者が類型的な尊称を持った「首長の称号的な名前」であるのに対し、後者は「個人名的な名前」であり、後の氏族系譜においても、応神天皇の頃を境に同様の変化が認められるとされており、さらには、ハテヒ以後の三代のみがヲワケ独自の系譜であり、それ以前はほかの一族との共同系譜部分ではないか、とも説かれている。(12)銘文のタカリのスクネやテヨカリワケの「カリ」が、『高橋氏文』に高橋氏(膳氏)の祖として語られる磐鹿六獦命の「獦」(カリ)に通ずること、テヨカリワケの名が『本朝皇胤紹運録』に大彦命の孫で穂積氏・安部氏ら七族の遠祖とある豊韓別命の名と酷似すること、タカヒ(ハ)シワケ・タサキワケの名がそれぞれ高橋氏・狭々城山氏のウジ名に通ずることなど、五代までの名は何らかの形で後の大彦命系の多くの氏族に関係するのであり、溝口氏の指摘は支持されるべきものと思われる。

ヲワケがほかの一族の人々とも共通する系譜を、大王への奉仕の根源として語っているということからは、その共同部分と、杖刀人という「職掌」とが関係するのではないか、との推測もまた導き出せるであろう。杖刀人とは「刀を杖つく人」の意であり、「大王の親衛隊」を指すことは通説のとおりとみてよく、この「職掌」と、上祖のオホヒコ（大彦命）が記紀に武人として語られていることとは、うまく対応している。しかし、杖刀人の「職」（ないし「地位」）にあった人々がすべてオホヒコを上祖とする系譜を有していたかどうか、あるいは逆に、オホヒコを上祖とする系譜を有した人々がすべて杖刀人の「職」に就いたかどうかは、疑問である。むしろ、大王に「奉事」する人々が、杖刀人とか典曹人というような「職」名によって区分されるようになる以前から、系譜によって王権との関係を表明することは行なわれていたとみるべきであろう。ただこのことは、系譜と大王への奉仕の「職」とが無関係であったというのではなく、特定の「職」に就くことにより、自己の系譜を架上ないし改変することはあったと考えられる。ヲワケの場合も、オホヒコからタサキワケまでの五代の系譜については、彼が杖刀人（ないしは杖刀人の首）の「職」に就くことで、はじめて架上されたと解して誤りにはなるまい。

第二節　ヲワケの臣と稲荷山古墳礫槨の被葬者

前節では、鉄剣銘自体の解釈を中心に述べてきたが、それ以上のことを考えるためには、ヲワケの臣と稲荷山古墳礫槨の被葬者との関係にふれなければならない。この点についての今日の見解は、およそ次の三説に分かれるといってよいであろう。

(1)ヲワケは中央の豪族であり、杖刀人の首であったヲワケから鉄剣を下賜された部下の杖刀人が、礫槨の被葬者である。

(2)ヲワケはワカタケル大王を「左治」した中央の豪族であったが、後に何らかの理由で東国（埼玉地方）に派遣され、その地で死去して礫槨に埋葬された。

(3)ヲワケは東国の豪族であり、中央に出仕してワカタケル大王に仕えたが、その後帰国し、死去して礫槨に埋葬された。

いずれの説を妥当とするかは難しい問題であるが、その判断にあたっては、まずは銘文の解釈から離れて、稲荷山古墳礫槨の被葬者や稲荷山古墳を含む埼玉古墳群の造営集団の性格について考えてみる必要があろう。

埼玉県教育委員会から刊行された稲荷山古墳の調査報告書[13]によると、稲荷山古墳は長方形の二重の周濠を有する墳丘全長約一二〇《メートル》の前方後円墳であり、後円部の径約六二《メートル》、高さ約一一・七《メートル》、前方部の幅約七四《メートル》を測り、前方部の高さは後円部より一《メートル》ほど低い（ただし前方部は一九三八年頃に採土工事のためほとんど破壊され、現在では輪郭だけが復元されている）。埋葬施設は、後円部から粘土槨と礫槨の二つが検出され、粘土槨の方はすでに盗掘を受け、副葬品はわずかな破片を残すのみであったが、礫槨からは、銘文入りの鉄剣をはじめ、直刀・剣・鏃・挂甲などの武器・武具類、轡・鞍金具・鈴杏葉・環鈴などの馬具類、画文帯神獣鏡・勾玉・銀環・帯金具などの装身具類が発見された。礫槨の年代については、報告書では六世紀前半と推定されているが、五世紀末に遡る可能性も否定できないようである[14]。

粘土槨と礫槨は、いずれも墳頂部からややはずれた位置にあり、墳丘が主としてどちらの被葬者のために築造されたのか、あるいはほかに埋葬主体が存在するのか、この点不明確ではあるが、稲荷山古墳が埼玉古墳群を造営していった集団の歴代首長墓の一基であることは確かであり、礫槨の被葬者は、たとえ礫槨が主たる埋葬施設ではなかったにせよ、首長その人かその一族の一人であったとみて誤りないであろう。また、稲荷山古墳の全長一二〇メートルという規模は、この時期の古墳としては、関東地方だけではなく全国的にみて有数の規模を誇るものであり、この点は、礫槨の被葬者の地位・勢力を推し量る上で注意されてよい。

稲荷山古墳を含む埼玉古墳群は、利根川と荒川に挟まれた低台地上に位置し、かつては九基の前方後円墳と三〇基以上の円墳とで構成されていたが、現在では稲荷山古墳以下、二子山古墳（全長約一三五メートル）・鉄砲山古墳（同一一二メートル）・将軍山古墳（同一〇一・五メートル）・中の山古墳（同七九メートル）・瓦塚古墳（同七四・五メートル）・奥の山古墳（同六六・五メートル）・愛宕山古墳（同五三メートル）の八基の前方後円墳と、大型円墳である丸墓山古墳とが残されている。全長一〇〇メートルをこえる前方後円墳は四基存在し、丸墓山古墳も直径約一〇〇メートルを測る全国最大規模の円墳である。

このうち、将軍山古墳については一八九四年（明治二十七）の発掘で、横穴式石室内部から鏡、玉類、馬具・武具・武器類、銅鋺、須恵器など多量の副葬品が発見され、六世紀末から七世紀初め頃の築造と推定されている。稲荷山古墳と将軍山古墳以外に、埋葬施設の内容の知られている古墳は存在しないが、墳丘および周濠の形態、各古墳の位置関係、出土した埴輪などから、一〇〇メートルをこす四基の大型前方後円墳については、稲荷山古墳→二子山古墳→鉄砲山古墳→将軍山古墳の順序で築造されたと考えられている。また丸墓山古墳は、かつては稲荷山古墳より古く位置づける見方が強かったが、墳丘から採集された円筒埴輪片から、稲荷山古墳と二子山古墳の間の築造とみるのが妥当のようである。(15)

ようするに稲荷山古墳は、埼玉古墳群中の最初の首長墓とみなされるのであり、また周辺の古墳群をみても、稲荷山古墳に先立つ時期の同系列と考えられる首長墓の存在は知られておらず、稲荷山古墳の被葬者は、この地域における新興の首長層とみることができよう。そして埼玉古墳群の造営されていった五世紀末から六世紀前半以降には、周辺にも多くの古墳群が造営されるようになるが、それらの古墳群を造営した集団は、その規模からみて、いずれも埼玉古墳群の集団と従属的な関係を結んでいたと推定されるのである。

六世紀代に入ると、首長墓と目される古墳の規模は全国的に縮小してくるのであるが、関東地方においては依然として大型の首長墓が造営されていく。しかしその中にあっても、埼玉古墳群ほど数多くの大型古墳が集中するのはめずらしく、この古墳群を造営した集団が、在地において大きな勢力を有していたことは確かである。『日本書紀』の安閑天皇元年（五三四）閏十二月条には、武蔵国造笠原直使主と同族小杵とが国造の職（地位）を争ったという有名な記事が載せられているが、埼玉古墳群の南方数キロメートルほどのところに現在でも笠原の地名が残されており、武蔵国造であった笠原直一族と、埼玉古墳群の造営集団とを結びつけて考えて、まず間違いはないであろう。

さて、ヲワケの臣と、右にみてきた稲荷山古墳礫槨の被葬者との関係であるが、結論からいうならば、私は先に掲げた三説のうちの(3)説を妥当と考えている。ヲワケが銘文の主人公であり、その銘を刻んだ鉄剣を作らせた人物であることには疑う余地がなく、その銘文入りの鉄剣が関東地方（東国）の古墳から出土した以上、(3)説のようにヲワケ＝礫槨被葬者＝東国豪族と解するのが、まずは最も自然な解釈であるといえよう。ただ、ヲワケを東国の豪族とみるには、若干ためらいを感じさせるような内容も、銘文には含まれているのである。

第一に、ヲワケが杖刀人の首として天下を左治したと書かれている点である。「左治天下」とあることから、文字どおりに大王に次ぐ地位にあったと解する必要はないであろうが、(16)それを単なる「田舎者」の揚言とみるのも正しくないであろう。(17)また「杖刀人首」とあるからには、ヲワケは杖刀人（大王の親衛隊）全体の長であったか、あるいはそれを構成する部隊の長であったかのいずれかであろうが、「左治天下」という表現からすれば、全体の長とみる方が自然である。ワカタケル大王の宮廷でそれほどの地位を有していた人物を、はたして東国の出身者とみることができるのか、この点が疑問とされるのである。しかし、地方の豪族が当時の宮廷において有力な地位を占めることがなかったということは、何ら証明されたことではなく、この点を理由に、ヲワケを東国の豪族ではないとするのは早計であろう。先に述べた稲荷山古墳の規模からすると、その被葬者が生前中央に出仕し、「左治天下」の意識を持ったとしても、別に不自然には思われないのである。

第二に、オホヒコを上祖とする系譜が、中央豪族である阿倍氏や膳氏の系譜に対応しているという点があげられる。たしかに、阿倍氏・膳氏が天皇近侍氏族的性格を有し、また東国とも関係の深い氏族であることは[18]、杖刀人の首として大王に近侍したヲワケを後の阿倍氏ないし膳氏の人物とみて、そのヲワケが部下の東国出身者に鉄剣を下賜したと考えるのに都合がよい。しかし、オホヒコの後裔と称する氏族は、阿倍氏・膳氏といった中央の豪族だけではなく、佐伯有清氏の指摘されるとおり[19]武蔵地方の豪族の中にも存在するとみられるのであり、ヲワケを後の阿倍氏・膳氏の人物に限定して考えることはできない。また先に述べたように、上祖オホヒコからタサキワケまでの系譜は、ヲワケがもとから称していたのではなく、杖刀人の首として「奉事」したことにより架上された系譜である可能性も考えられるのである。八代の系譜は、けっしてヲワケが地方豪族であることを否定するものではなく、むしろ、ヲワケ独自の系譜と考えられるヲワケの前の二代が、ワケの称号を持たないのは、稲荷山古墳の被葬者が新興の首長層と考えられることと、対応しているように思われる。

ただ、ヲワケを稲荷山古墳礫槨の被葬者と考え、埼玉古墳群を造営した集団の首長層と武蔵国造を結びつけて考えた場合、ヲワケがオホヒコ（大彦命）を祖とする系譜を称しているのに対し、武蔵国造は、『古事記』『日本書紀』や『先代旧事本紀』巻十「国造本紀」に、天菩比命（天穂日命）を祖とすると伝えられている点が問題になるであろう。この点についてははっきりした解答を与えることはできないが、埼玉古墳群を造営した集団の首長層は、後に自己の系譜を大彦系から天穂日系に変えた可能性もあるであろうし、また後に大彦系を称する一族と、天穂日系を称する一族とに分かれたということも考えられるであろう。あるいはまた、武蔵国造の職（地位）が、オホヒコを祖とする埼玉古墳群造営集団の首長層（笠原直一族）から、ほかの一族（天穂日命を祖と称する一族）に移った可能性も否定できないであろう。記紀などに伝える武蔵国造の系譜と、ヲワケの系譜が一致しないからといって、ヲワケを武蔵地方の豪族と考えられない、ということにはならないと思う。

第三に、ヲワケの臣の「臣」を「オミ」と訓読し、カバネないしそれに通ずる称号と解するならば、史料上、後の武蔵地方に臣姓豪族の存在が確認できないという点があげられる（この点は⑵説にとっても説明を要する点である）。しかし、この「臣」については、岸氏らの指摘もあるとおり[20]、ヒコ・スクネ・ワケなどの称号がすべて「比垝」「足尼」「獲居」というように漢字の音を借りて表記されていることから、「オミ」のみが訓で表記されるというのは不自然であり、「シン」と音読するのが正しいと考えられる。そしてそうであるならば、この点は何ら問題にはならないのである。

このように、ヲワケの臣を東国の豪族と考えて、そこに問題はないといえるのであるが、逆に中央の豪族と考えた場合は、⑴説・⑵説ともに大きな問題があるように思われる。⑴説にとっては、ヲワケが鉄剣を下賜したとする点がそれである。銘文入りの鉄剣は、ヲワケにとって大王への「奉事」の「根原」を記した特別の意味を持つ剣であり、またそれは、ヲワケが所持する限りにおいて意味を持つものである。そうした鉄剣を、ヲワケが他人の手に渡すということは、およそ考え難いのではなかろうか。しかも、鉄剣が作られた年代（四七一年）と、古墳に副葬された年代（五世紀末から六世紀前半）とを比較すると、作られてまもない時期に下賜したとみなければならず、一層その可能性は少ないといってよいであろう。

また、(2)説にとって問題となるのは、稲荷山古墳をはじめとする埼玉古墳群の諸古墳が、畿内の古墳とは異なる在地性豊かな特徴を有しているという点である。たとえば、稲荷山古墳が長方形の二重の周濠を有し、中堤の西側に造り出しを設ける、などといった特徴を持つのがそれであり、二子山古墳・鉄砲山古墳・瓦塚古墳も同様の形態と推定されている。もし、ヲワケが中央から派遣された人物であったならば、そのヲワケを埋葬した古墳は、おそらく右のような、畿内（中央）の古墳にみられない特徴を持った古墳にはならなかったはずである。稲荷山古墳にはじまる埼玉古墳群の造営集団は、やはり、もとからの在地の集団であったとみるべきであろう。

以上述べてきたとおり、ヲワケの臣＝稲荷山古墳礫槨の被葬者＝東国の豪族、と解するのが妥当であるとするならば、そのことから、銘文の持つ意味についてさらに進展させて考えることができるが、それは、江田船山古墳出土の大刀銘との対比の上で行なうことにしたい。

第三節　江田船山古墳出土の大刀銘

江田船山古墳出土の大刀には、銀象嵌による七五文字が刻まれていたのであるが、この銘文は稲荷山古墳の鉄剣銘ほどには文字の残存状態がよくなく、不明な文字も多い。今それを、最近行なわれた東京国立博物館による保存修理の報告書(21)に従って掲げると、次のとおりである。

台〔治〕天下獲□□□鹵大王世、奉事典曹人名无□(利カ)弖、八月中、用大鐵釜、并四尺廷刀、八十練、□(九カ)十振、三寸上好□(刊カ)刀、
服此刀者、長壽、子孫洋々、得□恩也、不失其所統、作刀者名伊太□(和カ)、書者張安也

判読困難な文字を多く含む冒頭の部分については、稲荷山古墳の鉄剣銘の発見される以前は、「治天下獲宮弥都歯

大王」(「獲《たじひ》宮に天下治ろしめす弥都歯大王」) と読み、『古事記』に蝮之水歯別命、『日本書紀』に多遅比瑞歯別天皇と記される反正天皇に比定する考えが、最も有力な説であった。しかし当時から、「獲」を「蝮」とすることへの疑問や、「歯」は「鹵」ではないかとする意見も出されていたのであり、稲荷山古墳の鉄剣銘に「獲加多支鹵大王」の表記のあることが知られるに及び、「獲□□□歯大王」も「獲加多支鹵大王」と読むべきであるとする説が一般的となった。両者の銘文には、「治天下」「奉事」という同一の表記がみえるほか、「杖刀人」と「典曹人」「七月中」と「八月中」「百練」と「八十練」など共通した表記も多く、そのように考えて間違いないと思われる。

大刀銘の中には意味のよくわからない語句も含まれているが、銘文全体は、およそ次のような意味であろう。

天下治ろしめす獲加多支鹵《ワカタケル》大王の世。奉事の典曹人、名は无利弖《ムリテ》が、八月中に、大鉄釜、幷びに四尺の廷刀を用いて、八十練、九十振した(よく精練を重ねて鍛えた)三寸上好の刊刀である。此の刀を服する者は、長寿にして、子孫は洋々と□恩を得ることができる。統ぶる所も失わない。刀を作った者の名は伊太和《イタワ》であり、書いた者(銘を書いた者)は張安である。

銘文中、最も注目できるのは、ムリテが典曹人としてワカタケル大王に「奉事」したという点であろう。この点は、ヲワケが杖刀人の首としてワカタケル大王に「奉事」したことと、まさしく対応している。典曹人の「典」には、「ふみ」「のり」などの意味のほか、「つかさどる」という動詞の意味があり、「杖刀人」が「刀を杖つく人」の意であるならば、「典曹人」は「曹を典る人」の意ということになろう。律令官制にみえる「典鑰」「典膳」などの「典」も同じ用法であり、『日本書紀』雄略天皇八年二月条にみえる「典馬」(ウマカヒ)も同様である。そして「曹」は、「つかさ」「役所」の意味であるから、「典曹人」は「役所をつかさどる人」の意となり、きわめて一般的な名称であることが指摘できる。ただし「典」の字義からすると、それは「役所の文書をつかさどる人」という、いわば「文官」を指すとみるのが妥当であろう。

中国古代の官制において、「曹」のつく官司は、『後漢書』『宋書』の百官志に、東曹・西曹・法曹・兵曹・賊曹など、個々の職掌を持った多数の官司がみえているが、そこに「典曹」の官名を見出すことはできない。ただ『三国志』蜀志の呂乂伝に、「典曹都尉」の官職名のみえることが指摘されており、[22]呂乂伝には、蜀の劉備が塩鉄の利を較するために塩府校尉を置き、その塩府校尉の職にあった王連の請により、呂乂らが典曹都尉の職に就いたと記されている。また『後漢書』百官志の「大尉」の項に、「令史及御属二十三人。(中略)閤下令史、主閤下威儀事。記室令史、主上章表報書記。門令史、主府門。其余令史、各典曹文書」とあるのは、「曹の文書を典る」の意であり、「典曹」という熟語ではないが、典曹人を「文官」の意に解する上で参考になるであろう。蜀志呂乂伝の「典曹都尉」も、おそらくは塩府の文書をつかさどる職であったと考えられる。[23]

「典曹人」という表現は、「杖刀人」が大王に直属する「武官」を指すのに対し、「文官」として大王に「奉事」する人々を指す総称とでもいうべき表現とみられるのであり、「典曹人」「杖刀人」ともに、特殊な限定された職掌を思わせる名称ではないことに、注目しておきたい。

大刀銘の解釈上、いまひとつ重要な問題は、ここでも典曹人ムリテと江田船山古墳の被葬者との関係である。江田船山古墳は、熊本県の北部を流れる菊池川中流域左岸の洪積台地上に位置する前方後円墳であり、ほかに数基の前方後円墳・円墳・墳形不明の古墳とから、清原古墳群を構成している。その発掘は古く、一八七三年(明治六)に地元の村人の手によって行なわれ、その際に、銀象嵌銘大刀をはじめとする直刀・剣・鉾・鏃・衝角付冑・短甲などの武器・武具類、神人車馬画像鏡・画文帯神獣鏡などの鏡、勾玉・管玉・耳飾・冠帽・帯金具などの装身具類、轡・輪鐙などの馬具類、須恵器など、非常に多くのすぐれた副葬品が発見された。主体部は、後円部に埋納された横口式家形石棺であり、石棺の西側短辺に設けられた横口の前方には、棺身と同じ幅で両側に板石が立てられ、羨道のような構造をなしている。また墳丘は、早くから周囲が削られていたため、全長四六㍍前後の前方後円墳とみられてきたが、近年の調査によって、盾形の周濠を有し、墳丘全長約六二㍍、後円部径約四一㍍、前方部幅約四〇㍍、周濠も含めると全長約七七㍍を測ることが明らかにされた(24)。築造年代については、横口式家形石棺への埋葬が一回のみであったのか、あるいは追葬が行なわれたのかによって、その年代観が異なってくるが、おおよそ五世紀後半から六世紀初頭の間に求められている。

江田船山古墳を含む清原古墳群には、ほかに全長約四七㍍の塚坊主古墳と、全長約五三㍍の虚空蔵塚古墳の二基の前方後円墳が残されており、塚坊主古墳は、横穴式石室内部に三角文のある家形石棺を納める古墳であり、江田船山古墳よりも後の築造と考えられている。またすでに墳丘の消滅した古墳の中には、京塚古墳のように舟形石棺を埋葬施設としたことの知られるものがあり、京塚古墳の円筒埴輪は江田船山古墳より先行する時期のものとみられている(25)。清原古墳群の内容や、周辺の古墳群との関係については不明の点が多いが、江田船山古墳の被葬者が、菊池川中流域を本拠とした有力な集団の、歴代首長層の一人であったことは確かであろう。

さて、銘文全体の意味からすれば、銘文入り大刀を作らせた人物はムリテであり、銘文中の「此の刀を服する者」というのもムリテ自身にほかならず、大刀銘には、ムリテの長寿と子孫の繁栄、およびその統治権の安泰の願いが込められている、と解するのが妥当であろう。したがってこの大刀も、ムリテから他人の手に渡されるような性格のものではなく、ヲワケの場合と同様、ムリテ本人を江田船山古墳の被葬者とみるのがよいと考えられる。

銘文入り大刀を、ワカタケル大王からムリテに下賜された大刀とみる説(26)もあるが、亀井正道氏によれば、江田船山古墳の副葬品には、銘文入り大刀のほかに、それと同一作者または同一工房によって製作されたと考えられる二口の直刀が含まれており、銘文入り大刀が下賜されたものであるならば、ほかの二口も同時に下賜されたとみなければならず、下賜説には疑問があるとされている。[27] 右に述べた銘文自体の意味からしても、作刀の主体は、ワカタケル大王ではなくムリテと考えるべきであろう。

また、近年発見された千葉県市原市稲荷台一号墳出土の「王賜」銘鉄剣の存在からも、江田船山古墳の大刀を下賜刀とする説に疑点が指摘できると思う。「王賜」銘鉄剣は次のように解読されているが、[28]

〔表〕王賜□□敬□（安カ）

〔裏〕　此廷□□□□

この鉄剣は、平川南氏の説かれるとおり、[29]「畿内」の王（大王）から稲荷台一号墳の被葬者に下賜されたもの、とみるのが最も自然な解釈であろう。つまり、大王からの下賜刀であったならば、その銘は、右の「王賜」銘鉄剣のようにそのことを直接に示す表現になったと考えられるのであり、江田船山古墳の大刀銘のような、ムリテを主人公とする銘にはならなかったとみられるのである。

江田船山古墳の大刀銘は、九州地方の豪族であったムリテが、中央に出仕し、典曹人としてワカタケル大王に「奉事」し、その後帰国し、死去して江田船山古墳に埋葬された、ということを物語っているのであろう。

第四節　杖刀人と典曹人

以上、稲荷山古墳と江田船山古墳の二つの刀剣銘について述べてきたが、このことからまず第一に、五世紀後半のワカタケル大王の時代には、関東から九州に及ぶ範囲の地方豪族が、自ら中央に出仕し、大王に奉仕する体制の成立していたことが推定できる。『日本書紀』継体天皇二十一年六月甲午条には、王権に叛旗を翻した筑紫君磐井が、任那に遣わされた近江毛野臣の軍をさえぎって、「今為二使者一。昔為二吾伴一。摩レ肩触レ肘共レ器同レ食。安得率爾為レ使俾三レ余自二伏儞前一」と揚言したと伝えられているが、この伝承においても、地方の大豪族であった磐井自身が、中央に出仕した経歴の持主であったとされている。

吉田晶氏は、ヲワケを埼玉地方を本拠とする首長層とみた上で、そのヲワケが天下を「左治」したとあることに注目し、五世紀代には、各地の有力首長層が大王の「左治集団」として編成されつつあり、その首長層は、大王と直接的な忠誠関係を結ぶことによって、宮廷において重きをなしたのではないか、と説かれている[30]。長山泰孝氏も、右の吉田氏の見解を妥当であるとし、さらに『日本書紀』に記す外交使節や軍事指揮官の名に、五世紀代では地方豪族の名が多く見出せる点などを指摘されている[31]。ヲワケが金象嵌の鉄剣を中央の工房で作らせることができた点（銘文全体が現在形で読まれるべきことは先に述べたが、そうであるならば、鉄剣が中央で製作されたことは銘文から明らかである）を考えても、中央におけるヲワケ（地方豪族）の地位の高かったことがうかがえるであろう。

また、ムリテが大刀銘に、大王への「奉事」を記すとともに、自らの統治権の安泰を願っていることからは、当時の大王権力が、地方豪族の在地における支配権に直接介入するようなものではなかったことが推定されるであろう。ワカタケル大王（武）の宋朝への上表文に、「東征二毛人一五十五国。西服二衆夷一六十六国。渡平二海北一九十五国」とあることからも、五世紀後半の大王権力はほぼ全国に及んでいたとみてよいであろうが、当時の地方豪族にとって、中央に出仕し大王に直接「奉事」するということは、在地における自己の支配権の維持・強化にもつながったのであろう。

ただし一方では、ヲワケやムリテが大王に「奉事」する地位にあったことも重要な事実であり、ヲワケが「臣」を称している点も注意される。先に述べたように、ヲワケの臣の「臣」は「シン」と音読されるべきものと考えられるのであるが、この「臣《シン》」を単なる謙称とみるのも、「臣」がヲワケの後にあることからして不自然であろう。純然たる謙称であるならば、「臣乎獲居」と、「臣」が前にこなければならない。

この「臣」には、大王に「奉事」する人々のうち、特定の者のみに許された称号、という性格もあったのではなかろうか。杖刀人の首であるヲワケが「臣」を称しているのに対し、単に典曹人とあるムリテはそれを称していないのである。もちろん「臣」は、大王に対する「臣下」の意を表わす一般的な呼称であり、王権への従属のあり方によって区別して与えられるカバネとは異なるが、ヒコ・スクネ・ワケのような、本来王権への従属を意味しない称号とも明らかに異なっている。大王を含めて、中央・地方の豪族がひとしくワケを称していた段階(32)から、大王以外の諸豪族が大王に従属し、やがて大王から種々のカバネを与えられるようになる、ちょうどその過渡期に現われたのが、「乎獲居臣《シン》」という呼称方法ではなかったかと思う。

また、ワカタケル大王の時代には、大王のもとに出仕した地方豪族を、杖刀人あるいは典曹人として、職掌によって組織するということも、すでに行なわれていたのである。そこには、杖刀人の首―杖刀人という指揮・命令系統も存在していたことが明らかである。ただここで注意したいことは、杖刀人・典曹人の名称から推測される職掌は、さほど分化されたものとは考えられないという点である。つまりその名称は、大王に「奉事」する人々を、「武官」(杖刀人)と「文官」(典曹人)の二種類に分けたにすぎないと思われるような名称であって、たとえほかにも「某人」が存在していたとしても、当時の組織が、いまだ簡素な形態であったことは確実であろう。

ワカタケル大王のもとに、杖刀人・典曹人などとして組織されたのは、ヲワケやムリテのような地方豪族に限られていたのではなく、畿内の中小豪族や渡来人なども含まれていたと推定されるが、大王の直属下に、王権を支える簡素な組織が形成されたばかり、というのが、当時の政治組織の実態ではなかったかと思うのである。

そして、もしそうであったとするならば、当然その段階においては、国造制は未成立であったということになろう。国造制の内容をどのように理解するにせよ、国造にヤマト政権の地方官という性格を認めるのであれば、右のような政治組織の中で、それがすでに成立していたと考えるのは困難である。なお、先に埼玉古墳群の造営集団と、武蔵国造であった笠原直一族とを結びつけて考えてよいと述べたが、いうまでもなくそのことは、埼玉古墳群の造営が開始された時、すなわち稲荷山古墳が造営されたその時から、すでに武蔵国造が存在していたということではない。むしろ、後には武蔵国造職を世襲した一族の人物であるヲワケが、自らを顕彰した銘文において、何ら国造のことにふれていないのは、逆に、その当時における国造制の未成立を示すものと解釈されるのである。

注

(1) いわゆる「旧国造(制)」の存在を否定し、国造制の成立時期を七世紀後半とする山尾幸久氏の説もある(山尾幸久「国造について」〔古代を考える会編『藤澤一夫先生古稀記念古文化論叢』藤澤一夫先生古稀記念論集刊行会、一九八三年〕。同「大化年間の国司・郡司」〔『立命館文学』五三〇、一九九三年〕)が、山尾氏の説については次章以下で取りあげていくことにし、本章では、国造制の成立を五世紀代ないしそれ以前に求める説を問題としたい。

(2) 埼玉県教育委員会『稲荷山古墳出土鉄剣金象嵌銘概報』一九七九年、一二頁。

(3) 佐伯有清『日本古代氏族の研究』吉川弘文館、一九八五年、第三「武蔵の古代豪族と稲荷山鉄剣銘」八八～九〇頁。

(4) 藤澤一夫「埼玉の古代墳墓稲荷山鉄剣の金象嵌銘」(『古代研究』一六、一九七九年)七六～七七頁。小川良祐「埼玉県行田市稲荷山古墳出土辛亥銘金象嵌鉄剣の象嵌について」(『考古学雑誌』六五―二、一九七九年)一〇六～一〇七頁、等。

(5) 埼玉県教育委員会『稲荷山古墳出土鉄剣金象嵌銘概報』前掲、一六頁。

(6) 藤澤一夫「埼玉の古代墳墓稲荷山鉄剣の金象嵌銘」(前掲)九〇頁。宮崎市定『謎の七支刀』中央公論社、一九八三年、一三四〜一三六頁、等。
(7) 平野邦雄『大化前代政治過程の研究』吉川弘文館、一九八五年、第一編第四章「五世紀末の政治情勢」一〇九〜一一二頁。
(8) 関和彦「稲荷山古墳出土鉄剣銘と継体・欽明朝の内乱」(『共立女子第二高等学校研究論集』一、一九七九年)。池上巌「獲加多支鹵大王=雄略天皇説への疑問」(『東アジアの古代文化』一九、一九七九年)。白崎昭一郎「斯鬼宮考」(『東アジアの古代文化』二〇、一九七九年)、等。
(9)『週刊新潮』一九七八年一〇月一二日号における青木和夫氏の発言。門脇禎二「まず地域史から考える」(『歴史と人物』八九、一九七九年)、等。
(10) 坂元義種「倭の五王の時代」(『歴史と人物』八九、一九七九年)一一九頁。
(11) 溝口睦子『日本古代氏族系譜の成立』第一法規出版、一九八二年、三六四〜三八四頁。吉田孝『律令国家と古代の社会』岩波書店、一九八三年、Ⅲ「律令時代の氏族・家族・集落」一二八〜一三一頁、等参照。
(12) 溝口睦子『日本古代氏族系譜の成立』前掲、三六七〜三八二頁。
(13) 埼玉県教育委員会『埼玉稲荷山古墳』一九八〇年。
(14) 白石太一郎「年代決定論(二)」(『岩波講座日本考古学』1、岩波書店、一九八五年)二三〇〜二三一頁他参照。
(15) 杉山晋作「有銘鉄剣にみる東国豪族とヤマト王権」(『新版古代の日本』8、角川書店、一九九二年)一七三頁他参照。
(16) 銘文は、ヲワケが自己を顕彰する目的をもって書いたことが明らかであり、そこに多少の誇張があっても不思議ではない。
(17) 吉田晶「稲荷山古墳出土鉄剣銘に関する一考察」(井上薫教授退官記念会編『日本古代の国家と宗教』下巻、吉川弘文館、一九八〇年)一六〜二〇頁他参照。
(18) 志田諄一『古代氏族の性格と伝承』雄山閣、一九七一年、第二章二「阿倍臣」。日野昭『日本古代氏族伝承の研究』続篇、永田文昌堂、一九八二年、第五部第五章「膳氏の伝承の性格」、等参照。
(19) 佐伯有清『日本古代氏族の研究』前掲、八一〜八七頁。
(20) 埼玉県教育委員会『稲荷山古墳出土鉄剣金象嵌銘概報』前掲、一四頁。
(21) 東京国立博物館『江田船山古墳出土国宝銀象嵌銘大刀』吉川弘文館、一九九三年。

(22) 岡本健一「杖刀人と典曹人」(『古事記の証明』毎日新聞社、一九七九年)二二四〜二二五頁。
(23) 佐伯有清「雄略朝の歴史的位置」(佐伯有清編『古代を考える雄略天皇とその時代』吉川弘文館、一九八八年)二一頁他参照。
(24) 熊本県文化財保護協会『江田船山古墳』一九八六年、一三〜一五頁他。
(25) 江田船山古墳編集委員会『江田船山古墳』熊本県玉名郡菊水町、一九八〇年、三四〜三六頁参照。
(26) 川口勝康「瑞刃刀と大王号の成立」(井上光貞博士還暦記念会編『古代史論叢』上巻、吉川弘文館、一九七八年)。
(27) 亀井正道「船山古墳と銀象嵌大刀」(『MUSEUM』三四〇、一九七九年)一四〜一五頁。
(28) 市原市教育委員会・財団法人市原市文化財センター『「王賜」銘鉄剣概報』一九八八年。
(29) 同右、二三〜二五頁。
(30) 吉田晶「稲荷山古墳出土鉄剣銘に関する一考察」(前掲)一六〜二〇頁他。
(31) 長山泰孝『古代国家と王権』吉川弘文館、一九九二年、Ⅱ—一「前期大和政権の支配体制」六〇〜七三頁他。
(32) 佐伯有清『日本古代の政治と社会』吉川弘文館、一九七〇年、第一「日本古代の別(和気)とその実態」参照。なお、ワケについては、次章の第一節で改めて検討する。

第二章　記紀の国造関係記事の検討

はじめに

国造制の成立の問題に限らず、ひろく「大化以前の国造」について考察する上で、最も豊富な材料を提供してくれるのは、やはり『古事記』と『日本書紀』である。(1) そこには、景行朝の皇子分封説話や成務朝の国造設置記事など、国造一般についてふれた記事がいくつかみえるほか、「某国造」と、具体的国造名を載せる記事もかなりの数にのぼる。しかし、それらの記事の多くがそのまま事実の記録と認められないものであることはいうまでもなく、また「某国造」と名がみえていても、それだけでそれが「大化以前の国造」の実例と判断するわけにもいかないのである。

本章では、記紀の国造関係記事を逐一取りあげ、それぞれの史料性を中心に検討を加えることによって、国造制の成立の問題を考える上での一つの前提を得ることにしたい。なお、『日本書紀』の孝徳紀以降の国造関係記事については、本書の第二編で検討しており、ここでは一応「大化以前の国造」にかかわる記事ということで、皇極紀までの記事を取りあげることとする。

第一節　景行朝の皇子分封説話

はじめに、景行朝の皇子分封説話を検討するが、記紀の当該部分を引用すると、次のとおりである。

『古事記』景行天皇段

（前略）凡此大帯日子天皇之御子等。所レ録廿一王。不二入記一五十九王。幷八十王之中。若帯日子命与二倭建命一。亦五百木之入日子命一此三王。負二太子之名一。自レ其余七十七王者。悉別二賜国国之国造。亦和気。及稲置。県主一也。

（後略）

『日本書紀』景行天皇四年二月甲子条

（前略）夫天皇之男女。前後幷八十子。然除二日本武尊。稚足彦天皇。五百城入彦皇子一之外。七十余子。皆封二国郡一。各如二其国一。故当二今時一。謂二諸国之別一者。即其別王之苗裔焉。

『古事記』では、景行天皇の七十七子を「国国之国造。亦和気。及稲置。県主」に別け賜うたとあり、ここでは国造・和気・稲置・県主のそれぞれが、地方の管掌者の地位ないし職を意味するものとしてあげられているように思われる。また、右の表現からすれば、国造・和気と稲置・県主との間には、上下ないし大小の差があるものと意識されているとみることもできよう。一方『日本書紀』では、景行天皇の七十余子を国郡に封じて如《ゆ》かしめたが、「当二今時一謂二諸国之別一」のはその苗裔であるとあり、ここでは国造・稲置・県主の名はあげられておらず、「諸国之別」についても、それが地方の管掌者であるという認識は示されていないように思う。「封二国郡一」という表現はあるが、それは景行の七十余子についてのことであり、直接「諸国之別」にかかる表現ではない。

さて、この二つの説話を比べた場合、今日、『古事記』の方を本来の所伝に近いと考えるのが一般的なようである。たとえば、日本古典文学大系本『日本書紀』上、の頭注には、「『封二国郡一』は漢文的な文飾で、記に国造・和気・稲置・県主としたとあるのが本来の所伝であろう」とある。(2)

しかし、こうした見方には疑問が持たれる。たしかに『日本書紀』の方に漢文的文飾が強くみられるのであるが、これは何もこの記事に限ったことではなく、記紀全体を比べた場合の特徴なのであって、この点だけから『古事記』の記事の方が本来の所伝に近いとすることはできないと思う。両者に共通するのはワケ（「和気」「別」）だけであり、本来の所伝には国造・稲置・県主も含まれていたが、『日本書紀』ではそれが欠落した、と考えるよりは、むしろ、ワケのみについて語られていた本来の所伝に、『古事記』で国造・稲置・県主が加えられた、と考える方が自然であろう。そもそも『古事記』では、成務天皇段にも国造・県主を定めたという記事（この記事については次節で検討）がみえるのであり、ここで「悉別二賜国国之国造。亦和気。及稲置。県主一」とあるのは、『古事記』自体の矛盾といわなければならず、この点からも、『古事記』の方が本来の所伝に近いとはいえないと思う。また、「稲置」「県主」を称する氏で、その出自を景行天皇に求めているものがほとんどみられない、(3)ということも参考になるであろう。

したがって、『古事記』の方の記事には国造の名がみえるのであるが、それは本来の所伝にはなかったものと考えられるのであり、『古事記』のこの記事から国造についてうかがえることといえば、『古事記』撰者の国造観のみということになろう。

そしてそれは、国造は稲置・県主と同様地方の管掌者であるが、稲置・県主よりは上位に位置づけられる、といったところであろうか。もちろんこのことは、『古事記』の他の国造関係記事と合わせて考えなければならないが、右の記事に限るならば、一応そのようにいえると思う。

一方、『日本書紀』の記事については、そこに国造の名はみえないのであるが、それが本来の所伝に近いものであるならば、その記事を検討しておくことは、国造について考える上でも無駄にはならないであろう。

まず、日本古典文学大系本『日本書紀』上、の補注には次のように述べられている。

景行天皇の皇子・皇女八十子のうち、七十余子がみな国郡に封ぜられ、その別王の苗裔が諸国の別となったという景行紀の所伝は、天皇の九州・東国への巡幸説話、日本武尊の熊襲・蝦夷征討説話とあいまって、皇室による全国支配が景行朝に確立したことを具体的な表徴をもって示そうとして作られたものであり、またワケと称する氏族の称号の由来を、それによって説明しようとしたものと考えられる。従ってワケを名にもつ景行天皇の諸皇子も、これら氏族の系譜を皇室に結びつけるために生みだされたもので、本来の帝紀・旧辞には存在しなかったものと考えられる。(4)

これが今日の一般的理解であろうし、私もまた、現『日本書紀』の記事についていうならば、そのように理解すべきであると考えている。先の引用で省略した部分には、景行の皇子について、「武国凝別皇子。是伊予国御村別之始祖也」、「国乳別皇子。是水沼別之始祖也」、「豊戸別皇子。是火国別之始祖也」などと書かれており、「諸国之別」がこの御村別・水沼別・火国別などの「ワケと称する氏族」を指し、「別王」が武国凝別皇子・国乳別皇子・豊戸別皇子などの「ワケを名にもつ景行天皇の諸皇子」を指していることは明らかであろう。ただ、記紀の記事に共通するワケのみについて語られていた本来の所伝があったとするならば、その所伝における「ワケ」も、右にいう「ワケと称する氏族」に限定されていたかどうかは、検討の余地があると思う。

本来の所伝がどのようなものであったか、もとより明らかにはできないのであるが、とりあえず記紀の記述に共通する部分から、それぞれに筆録される前段階の所伝を想定するならば、次のようになるであろう。

オホタラシヒコオシロワケ（景行）天皇の八十子のうち、ヤマトタケル・ワカタラシヒコ（成務）・イホキイリヒコの三子を除くすべての皇子は、各地方に分封された。

→ それが「国国之和気」である。（記）

→ 今の「諸国之別」は、その分封された皇子の苗裔である。（紀）

もちろん、これに先立つより本来的な所伝があったはずであるが、まずは右のように想定できる所伝におけるワケ（「和気」「別」）の意味を考えてみたい。

ワケについてはすでに佐伯有清氏の詳細な研究(5)があり、佐伯氏は、諸史料にみえるワケを、人名の一部としてのワケ、カバネとしてのワケ、氏族名としてのワケなどに整理し、検討された上で、次のように結論を述べられている。

> 「別」（和気）とは、元来、五世紀中葉以前の大和国家の勢力圏下における諸首長の有した称号であって、天皇をはじめ、皇族、地方豪族が、ひとしくこれを称していた。したがって、大化前代における国造や県主などのような古い大和朝廷の官職名ではなかったということになる。それが人名につけてよばれていた年代は、四世紀から五世紀にかけてであったが、やがて天皇権力の伸張とともに、天皇は、「別」とは別に、五世紀中葉以降、「大王」とも称するようになり、超越的な権力体となっていき、また国家機構が整備されるにつれて、カバネ的身分秩序も形成され、「おおきみ」とは区別された「きみ」のカバネを、いわゆる皇別の氏族とならんで、「別」を称して、古くからそれぞれの地方に君臨していた地方豪族にも賜与するようになった。「別」と国造とに密接な関係があるのも当然とうなずくことができよう。
>
> 一方、かつて地方豪族の称していた「別」の称号は、やがて「公（君）」姓とは別にカバネ化するようにもなり、また「公（君）」姓が固定するにともなって、カバネとしての存在を失い、あるものは多く「公（君）」姓へと転

じ、また氏の名と化するものもでてきた。「別」が氏族名化するのは、六世紀の後半ないし七世紀以降のことであったと思われる。(6)

この佐伯氏の見解に従うならば、右の所伝のワケは、(1)本来の称号としてのワケを称する諸地域の首長、(2)カバネとしてのワケを称する諸地域の豪族、(3)ワケを氏の名とする氏族、の三通りのうちのいずれかということになるであろう。そして(1)の場合は、当時の中央の王権が及ぶ範囲内のすべての首長という意になり、(2)・(3)の場合は、王権の及ぶ範囲のうちの一部分の豪族（氏族）の意になることは明らかであると思う。

ところで、右のような所伝の持つ本質的意義、ないしそうした所伝を作り上げた中央権力の意図を考えてみると、それは、それぞれの地域において現実に一定の支配を行なっている、あるいは行なっていた諸首長（諸豪族）の、そのすべてが「皇室」（大王家）の系譜を引くものである、とする点にあったと考えられる。『古事記』がワケだけでなく国造・稲置・県主のすべてをあげているのはその点をよく示すものであろうし、景行の八十子（多数の子）の三子を除くすべてが分封されたとあることにも、全国各地の諸首長を意識した所伝であることが示されているといえよう。とするならば、当然右の所伝のワケは、(1)の意味に解すべきことになるであろう。つまり、現『日本書紀』の記事にいう「諸国之別」は、日本古典文学大系本の補注にいうとおり「ワケと称する氏族」を指すとみるべきであるが、その記事のもとになった所伝における「ワケ」は、本来の称号としてのワケを称する諸地域の首長（王権の及ぶ範囲内のすべての首長）の意に解すべきである、と考えるのである。

もちろんこのように述べるのは、佐伯氏の所説を妥当とした上でのことであるが、佐伯説に対しては、無視することのできない異説も提示されている。(7)なかでも問題とすべきは、「ワケ」の語義は「わかれ」（本家に対する分家の意味）であり、ワケを称する首長は、実際に王家から分かれたか、あるいはそのように主張し認定された首長に限られるの

であって、王権の及ぶ範囲内のすべての首長がワケを称したのではない、とする説であろう。(8)

しかし、ワケに関して右のような皇子分封の所伝が語られていること自体、逆にいえば、かつてワケが諸地域のすべての首長を指す呼称であったことを示しているといえるのではなかろうか。また「ワケ」の語義についても、必ずしも大王（大王家）からの「わかれ」とのみ解する必要はなく、大王も含めて諸地域の首長がともに何かを「わかちあう」、その「ワケ」と解することも可能なのである。佐伯氏の説を卓見と評価された井上光貞氏は、ワケは、血をわかちあう、もしくは統治権をわかちあうの意のワケであり、後の大王を含む各地域の王が称したところの、彼らによって形成された連合体（「諸王共同体」）のメンバーシップを示す身分呼称であった、とされ、さらにワケの身分呼称と前方後円墳の造営とが関連することを指摘されている。(9)以下、この井上氏の指摘を受けて、ワケに関して現在の私の考えるところを述べておくことにしたい。

まず、日本列島の各地に形成された政治的集団の首長が、そのはじめから自然発生的にワケの称号を称したのでないことは確かであろう。『魏志』倭人伝には、対馬国・一大（支）国の「官（大官）」名として「卑狗（ヒコ）」の表記がみえ、狗奴国の「官」も「狗古智卑狗」といったとあり、稲荷山古墳出土の鉄剣銘にも、銘文の主人公である「乎獲居臣（ヲワケの臣）」の上祖（始祖）は「意富比垝（オホヒコ）」と書かれてある。また記紀・風土記などの人名・神名をみても、「ヒコ」（そして「ヒメ」）というのが、より本来的な首長に付された呼称であったと考えられる。したがって、各地の首長がワケを称するようになったのは、何らかの契機によるものとみなければならないが、その契機となったのが前方後円墳の成立ではなかったかと思うのである。

前方後円墳の成立が、近畿地方から北九州地方にわたる各地域の有力首長の間に、政治的連合の成立したことを意味することは、一般にいわれるところであり、さらには、首長霊・祖霊の継承祭祀の場としての側面も持つ首長墓の造営を、前方後円墳の造営という共通した、画一性の高い形式で行なうということは、首長間に擬制的な同族関係が結ばれたことを示すものである、とも説かれている(10)。前方後円墳の成立にともない、その造営者たる各地域の有力首長が、同族関係を「わかちあう」という意味で「ワケ」の称号を使うようになった、という可能性は高いのではなかろうか(11)。

もしこのことが認められるならば、記紀において、ワケを称する最初の天皇として伝えられるのが景行（オホタラシヒコオシロワケ）であり、その景行にかけて「国国之和気」「諸国之別」を説明する皇子分封説話が語られているということは、改めて注意されるであろう。オシロワケの名については、「オシはすべて力あるものの尊称。シロは、知る・領（し）る意の古い名詞形。オシシロが約ってオシロ」とされており(13)、ワケを称する各地域の首長の連合体の、初代盟主として伝えるにふさわしい名であることが指摘できよう。オシロワケを実在した人物と主張するのではないが、連合政権の段階における初代盟主としての伝えから、さらに発展して、オシロワケを初代の天皇（大王）とする伝えが、記紀以前のある時期に存在していた可能性が考えられるのではないかと思う。この点に関しては、景行の宮が纏向の日代宮と伝えられていることも注意されるところである。

日代宮については、『古事記』の雄略天皇段に、「纏向ノ　日代ノ宮は　朝日ノ　日照る宮　夕日ノ　日駆ケる宮（後略）(14)」という「天語歌」（天語部によって伝承された宮廷寿歌）が載せられており、日代宮が宮廷寿歌において、他とは区別されて特に称えられる宮であったことが知られるが、このことからは、かつて日代宮が最初の宮として伝承されていたことがあったのではないか、との推測も導かれるであろう。「ヒシロの宮」の「ヒ」は日嗣のヒであろうし、「シロ」はオシロワケのシロと同様統治するの意であろうから、この宮の名は、「天皇の統治する宮」という一般的な呼称とみられるのであり、現実に存在した宮というよりは伝承上の宮名とみた方がよいであろうが、纏向というのは奈良盆地の東南部を指す現実に存在した地名であり、そこは、いうまでもなく初期の最大規模の前方後円墳が集中して営まれている地域である。纒向の日代宮は、ワケを称する首長連合の初代盟主の宮として伝承されるにふさわしい宮ということができるのであり、オシロワケとヒシロの宮との結びつきは、本来的なものであったと考えられる。

ようするに、記紀以前のある時期において、初代の天皇（大王）を纒向のヒシロの宮で天下を統治したオシロワケとする伝えが存在し、その伝えは、前方後円墳の成立とともに各地の有力首長の連合体が成立し、それらの首長は連合体のメンバーシップを示す称号としてワケを称するようになった、という事実を背景として生まれた伝えであった、と考えるのである。とするならば、各地のワケがオシロワケから分かれたとする伝えも、もともと右の伝えと一体のものとして成立したと考えてよいであろう。そしてそのような伝え（おそらくそれが「本来の所伝」と推定されるが）の成立した時期については、その内容から判断して、すでに大王権力の超越化が進んでいる一方、いまだ各地の首長がワケを称していたことの意味が忘れ去られていない段階、とみるのが妥当であろう。先に引用した佐伯氏の見解に従って実年代を与えるならば、五世紀後半を中心とした時期ということになろう。辛亥の年（四七一）に刻まれた稲荷山古墳出土の鉄剣銘において、ヲワケの臣がワケの呼称を有すると同時に、ワカタケル大王への従属を示す「臣《シン》」を称しているのは、まさしく右の段階と対応していると考えられるのであり、佐伯氏の想定された年代観は当を得たものであったといえるであろう[15]。

以上、ワケについて憶測を重ねてきたが、それを国造制の問題に引きつけていうならば、各地の首長が本来の称号としてのワケを称していた段階では、いまだ国造制は成立していなかったと考えられる、ということになろう。このことは、第一章において、稲荷山古墳出土の鉄剣銘と江田船山古墳出土の大刀銘の検討をとおして、ワカタケル大王の時代における国造制の未成立を指摘したことからして当然であり、またこれから本書で述べていくように、国造がふつう考えられている以上に官僚的性格の強いものであることからしても当然なのであるが、記紀の認識においても、国造制の成立したのは、景行朝の皇子分封の後の成務朝のこととされているのである。

第二節　成務朝の国造設置記事

『古事記』の成務天皇段には、

若帯日子天皇。坐二近淡海之志賀高穴穂宮一。治二天下一也。（中略）故建内宿禰為二大臣一。定二賜大国小国之国造一。亦定二賜国国之堺。及大県小県之県主一也。（後略）

とあり、『日本書紀』の成務天皇四年・五年条にも、それに対応する次の記事がみえる。

四年春二月丙寅朔。詔之曰。我先皇大足彦天皇。聡明神武。膺レ籙受レ図。治レ天順レ人。撥レ賊反レ正。徳侔二覆燾一。道協二造化一。是以。普天率土莫レ不二王臣一。稟気懐霊。何非レ得レ処。今朕嗣践二宝祚一。夙夜兢惕。然黎元蠢爾。不レ悛二野心一。是国郡無二君長一。県邑無二首渠一者焉。自レ今以後。国郡立レ長。県邑置レ首。即取二当国之幹了者一任二其国郡之首長一。是為二中区之蕃屏一也。

五年秋九月。令二諸国一。以国郡立二造長一。県邑置二稲置一。並賜二楯矛一以為レ表。則隔二山河一而分二国県一。随二阡陌一以定二邑里一。因以二東西一為二日縦一。南北為二日横一。山陽曰二影面一。山陰曰二背面一。是以百姓安レ居。天下無レ事焉。

まず、『日本書紀』の方の記事は、漢文的文飾が著しいこと、漢籍から直接引用した語句や表現も多くみえること、[16]「賜二楯矛一以為レ表」とあるのは天智天皇三年（六六四）のいわゆる甲子の宣と共通するものであることなど、後世的要素が多く、『日本書紀』編纂段階において現在のような形に書き上げられたものであることは間違いあるまい。とくに四年条は、五年条を導くために作り上げた記事との感が強く、編者のまったくの作文と考えてよいであろう。ただし、これらの記事に書かれている内容それ自体についても、そのすべてが編纂時の産物であるかといえば、そう単純にはいいきれないのである。

そこで注意されるのは、『日本書紀』と『古事記』との間には、内容上重要な違いが存在すると同時に、一致する部分もまた存在しているという点である。すなわち、『日本書紀』では国造と稲置を同時に設置し、それぞれの行政区画を定めたとあるのに対し、『古事記』では大国・小国の国造を定め、その境界を設定すると同時に、大県・小県の県主を定めたとしているのである。(17)

両者の記事内容にこのような大きな違いがあるということは、記紀編纂段階において、『日本書紀』あるいは『古事記』どちらか一方の記事内容そのままを伝えるような原史料は存在していなかったことを示すものであろうし、稲置・県主の設置やそれと国造の関係などについて、当時の貴族層の間に共通した認識が存在していなかったことも示しているであろう。もし、そのような原史料ないしは共通認識が存在していたならば、現在の記紀にみられるような内容上の違いはなかったはずである。つまり、『日本書紀』の記事にせよ、『古事記』の記事にせよ、いずれもそれぞれの編者が、編纂時におけるそれぞれの認識に基づいて作り上げた記事と考えざるを得ないのである。

しかし、両者の記事内容で共通する部分、すなわち成務朝において国造を置き、そのクニの境界を定めた、ということについては、そうした内容を伝える何らかの史料が存在していた可能性が否定できないし、そうではないにしても、国造についての右の認識が、記紀編纂時以前からの共通認識として存在していた可能性は高いといえよう。『古事記』の記事を注意して読むと、「大県小県之県主」が「大国小国之国造」と併記されるのではなく、「国国之堺」と併記されるという奇妙な表現になっていることに気付くのであり、これは「大県小県之県主」があとから付け加えられたための表現と解せるのではなかろうか。また『日本書紀』でも、四年条の「自㆑今以後。国郡立㆑長。県邑置㆑首。即取㆘当国之幹了者㆒任㆗其国郡之首長㆖」という表現からすれば、「国郡之首長」すなわち国造の方が強く意識されているといってよいように思われる。新野直吉氏は、成務記・紀の記述は国造のことを本旨としているとされ、「『記』『紀』の史料となったものは、『帝紀』であるにしろ、『旧辞』であるにしろ、諸家の家伝であるにしろ、ここではまず国制の編成について語っていたものと認められる。あるいはそれだけであったかもしれない」と推定されているが、[18]そのとおりではないかと思う。

このように、記紀に共通するところの国造についての記述は、記紀編纂時以前からすでにそうした内容の伝えが存在していた可能性が高いと考えられるのであるが、その場合、その内容については、(1)国造の設置は成務朝であったということと、(2)国造の設置はそのクニの境界の設定をともなうものであったということとの、二つに分けて考えることができるであろう。

(1)については、成務天皇の実在が疑わしく、歴代の一人に加えられたのが七世紀前半以降と推定されるのであれば、[19]当然それ以降に成立した伝えということになろう。そして国造の設置がその成務天皇にかけられているのは、景行朝において全国平定（ヤマトタケルの熊襲・蝦夷征討、景行天皇の九州・東国巡幸など）がなされたとしたのを受けて、次の成務朝に全国支配の制度が整えられたことを示そうとしたもの、[20]とみられるのであり、この点を事実の伝えとするわけにはいかないであろう。

しかし(2)については、(1)の伝えが成立する以前から存在していたことも考えられるのであり、事実に基づく伝えである可能性は否定できないと思う。もちろんこのことは、可能性を積み重ねた上での推測にすぎないのであって、一方では成務記・紀の国造についての記述が、それぞれの編者のまったくの作文であるということも、完全には否定できない。ただその場合も、記紀編者が、国造の設置はその管掌範囲の設定をともなうものであった、という共通した認識を有していたことだけは認められるのであり、その認識自体も十分注意されなければならないであろう。

『常陸国風土記』の多珂郡条には、

古老曰。斯我高穴穂宮大八洲照臨天皇之世。以二建御狭日命一。任二多珂国造一。（中略）建御狭日命。当二所レ遣時一。以二久慈堺之助河一。為二道前一。（去レ郡西南三十里今猶称二道前里一。）陸奥国石城郡苦麻之村。為二道後一。（後略）

とあり、ここにも国造の任命はそのクニの境界の設定をともなうものであったとする風土記編者の認識がうかがえるのである。

国造が一定の地域（クニ）を管掌範囲としていたことは、「クニノミヤツコ」という名[21]からして明らかであり、『続日本紀』延暦十年（七九一）九月丙子条に記す凡直千継らの言上に、「千継等先。星直。訳語田朝庭御世。継二国造之業一。管二所部之堺一。（後略）」とあることにも、そのことはよく示されている。また、右の『常陸国風土記』の記事によれば、多珂のクニと久慈のクニとの境が助河であったとされており、クニとクニとは互いにその境を接していたということになる。同じく『常陸国風土記』の香島郡条には、

古老曰。難波長柄豊前大朝馭宇天皇之世。己酉年。大乙上中臣□子。大乙下中臣部兎子等。請二惣領高向大夫一。割二下総国海上国造部内軽野以南一里。那賀国造部内寒田以北五里一。別置二神郡一。（後略）

とあるが、この記事からも、国造はそれぞれ管掌する「部内」（クニ）を持ち、そのクニは隣接して存在していたことがうかがえるであろう。

国造のクニが、中央権力によって二次的に設定された行政区としての性格を持つということは、つとに井上光貞氏の指摘されたところであり[22]、国造をはじめて任命するにあたっては、当然その管掌範囲（クニ）の設定も行なわれた

ものと考えられるのである。[23] (2)の所伝の内容（もしくはそこに示される記紀編者の認識）は、事実に基づくものとみなしてよいと思われる。

また、『日本書紀』（成務紀）の五年条では、国造と稲置の同時設置が述べられているのであるが、この点にも一定の事実が反映されているとみてよいのではなかろうか。

『隋書』倭国伝には、

有二軍尼一百二十人一。猶二中国牧宰一。八十戸置二一伊尼翼一。如二今里長一也。十伊尼翼属二一軍尼一。

とあるが、ここにいう「軍尼」は「クニ」で国造を指し、「伊尼翼」は「伊尼冀」（「イナキ」）の誤りで稲置を指すとみるのがふつうである。[24]「伊尼翼」については、これを強いて「伊尼冀」の誤りとしなくとも、そのままで稲置（イナキ）の音を写したものと考えてよいかと思うが、それはともかく、この『隋書』の記事が信頼できるものならば、七世紀初頭の倭国においては、国造―稲置の二段階の地方行政組織が存在していたことになるであろう。

もっとも、この記事の信憑性について論の分かれるのは周知のとおりであり、上田正昭氏によれば、この記事は隋の百家一里制を念頭において記述された文飾豊かなものであり、その信憑性は疑わしいとされている。[25] しかし、井上光貞氏が指摘されるとおり、[26] 倭国伝における一二〇人の軍尼、一軍尼に一〇伊尼翼、一伊尼翼に八〇戸という記述は、「五百家為レ郷正一人。百家為レ里長一人」（『隋書』高祖帝紀開皇九年二月条）という隋の百家一里制とは著しく異なっており、「軍尼」「伊尼翼」といった倭国の言葉の音を写したとしか考えられない語があることや、百二十、八十といった独特の数字を伝えていることなどから考えても、単なる机上の産物とすることはできないと思う。右の倭国伝の記述が、遣隋使の報告に基づいたものか、あるいは来日した隋使の報告に基づいたものか、さらにはその両者によるものかは不明とせざるを得ないが、『隋書』は唐の貞観十年（六三六）の成立であるから、いずれにしても、右の記事が七世紀初め頃の倭国と中国との交渉の中で、中国にもたらされた情報に基づいて記述されたものであることは確かであろう。

ただし、『隋書』の記事内容に、七世紀初め頃の倭国の中央権力による国制の整備を誇示するための誇張が含まれている可能性は否定できないのであり(27)、八〇戸—一伊尼翼（稲置）、一〇伊尼翼（稲置）—一軍尼（国造）というような整然とした地方行政組織が存在していたかどうかは疑問としなければなるまい。また、そのような整然とした組織ではなかったとしても、それが全国的に存在していたかどうかについても疑問が持たれるかもしれない。しかし、孝徳紀大化元年（六四五）八月庚子条の東国「国司」らへの詔の中には、

第1表　稲置の分布

	稲置名	分布（国名）	出典
(1)	闘鶏稲置	大和	『日本書紀』仁徳天皇六十二年是歳条
(2)	稲城壬生公	山城	『新撰姓氏録』左京皇別下
(3)	須知之稲置	伊賀	『古事記』安寧天皇段
(4)	那婆理之稲置	伊賀	『古事記』安寧天皇段
(5)	三野之稲置	伊賀	『古事記』安寧天皇段
(6)	稲置代首	伊賀	「伊賀国阿拝郡柘殖郷舎宅墾田売買券」天平感宝元年六月二十四日
(7)	稲木	伊勢	「伊勢国大国荘司解案」治暦四年二月二十八日
(8)	田子之稲置	尾張	『日本書紀』景行天皇二十七年十月己酉条
(9)	乳近之稲置	尾張	『日本書紀』景行天皇二十七年十月己酉条
(10)	蒲生稲寸	近江	『古事記』神代、天安河之宇気比段
(11)	稲木	美濃	「御野国本簀郡栗栖太里戸籍」大宝二年
(12)	印伎部	但馬	「奉写一切経所解」天平宝字五年二月二十二日
(13)	漆沼稲置	出雲	「出雲国大税賑給歴名帳」天平十一年
(14)	稲置部	出雲	「出雲国大税賑給歴名帳」天平十一年
(15)	印支部	出雲	「出雲国大税賑給歴名帳」天平十一年
(16)	因支首	讃岐	『日本三代実録』貞観八年十月戊戌条
(17)	葦井之稲置	不明	『古事記』懿徳天皇段
(18)	稲木之別	不明	『古事記』垂仁天皇段

若有二求レ名之人一。元非二国造。伴造。県稲置一而輙詐訴言。自二我祖時一。領二此官家一。治二是郡県一。汝等国司。不レ得三随レ詐便牒二於朝一。審得二実状一而後可レ申。

とあり、この記事によれば、七世紀中頃の段階では、東国にも「官家」を領し「郡県」を治める国造・稲置が存在していたことになるのである。[28] したがって、『隋書』倭国伝にいうような整然とした組織であったかどうかは別として、少なくとも七世紀前半においては、国造―稲置という地方行政組織がほぼ全国的に存在していたことは事実とみてよいと思われる。ただこのような見解をとった場合、常に問題とされるのは、史料上の稲置の分布が畿内およびその周辺部にほぼ限られているという点である。しかし、残された史料から知られる稲置の具体例は、第1表に示したとおり全部で二〇例にみたないのであり、[29] こうしたわずかな残存例から、実際に設置された稲置の設置範囲が限られていたと判断するのは危険であろう。また稲置の具体例としてあげられるものの多くは、「地名＋稲置」を姓とする例であるが、[30] 稲置の職（ないし地位）に就いていた人物を出していた一族が、すべて「地名＋稲置」を姓としたとも限らないのであり、残存史料の僅少さから、稲置の全国的設置を否定することはできないと思う。

国造と稲置の設置を述べている成務紀五年条の記事は、右に述べてきた国造―稲置の地方行政組織が存在していたということを示す何らかの記録、ないしは記憶が残されており、それに基づいて記述されたものと考えてよいであろう。そしてまた、そのような成務紀の記述自体も、『隋書』倭国伝や東国「国司」らへの詔の記述と同様、国造―稲置の地方行政組織が存在していたことを語る一つの史料であることはいうまでもあるまい。なお成務紀五年条では、国造と稲置が同時に設置されたことになっているが、この点は他の史料からはうかがうことができず、この点までも事実の反映とみてよいかどうかは疑問である。むしろ、先に述べたように、記紀の記述のもとになった伝えとして、国造についてのみ語った伝えがあったとするならば、両者は別々の段階に成立したとみた方がよいのかもしれない。

一方、成務紀四年条には、「取㆓当国之幹了者㆒任㆓其国郡之首長㆒」という記述がみえるが、この点は、国造に任ぜられたのが実際に在地の首長であったことの反映とみてよいのではなかろうか。この部分は『日本書紀』編者のまったくの作文と考えられる部分であるが、この場合は、そうした作文を行なった編者の認識の中に事実が反映されていると考えられるのである。

以上本節では、成務記・紀の記述をとおして、国造の設置がその管掌範囲（クニ）の設定をともなうものであったこと、少なくとも七世紀前半の頃には国造─稲置の地方行政組織がほぼ全国的に存在していたことなどを述べた。いずれも、すべての国造関係記事を検討した上でなければ最終的には主張できないのであるが、それは随時行なっていくこととし、次には記紀の系譜記事にみえる「某国造」について検討することにしたい。

第三節　系譜記事の国造

記紀に「某国造」と具体的に国造名がみえるのは、その多くが系譜記事、ないしはそれに準ずる「某国造之祖某」とある記事においてである。最初に、それらの記事を『古事記』と『日本書紀』とを対比させる形で示しておくことにしよう（「某国造」はゴチックとする）。

『古　事　記』

①　○神代、天安河之宇気比段

天菩比命之子。建比良鳥命。此**出雲国造**。**无耶志国造**。**上菟上国造**。**下菟上国造**。**伊自牟国造**。津嶋県直。**遠江国造**等之祖也。次天津日子根命者。**凡川内国造**。額田部湯坐連。**茨木国造**。倭田中直。**山代国造**。**馬来田国造**。**道尻岐閇国造**。**周芳国造**。倭淹知造。高市県主。蒲生稲寸。三枝部造等之祖也。

『日　本　書　紀』

○神代（瑞珠盟約）本文

天穂日命。是出雲臣。土師連等祖也。次天津彦根命。是凡川内直。山代直等祖也。

○神代（宝鏡開始）第三の一書

天穂日命。此出雲臣。**武蔵国造**。土師連等遠祖也。

次天津彦根命。此**茨城国造**。額田部連等遠祖也。

② ○神武天皇段

致二豊国宇沙一之時。其土人。名宇沙都比古。宇沙都比売。此十字以レ音。二人。作二足一騰宮一而。献二大御饗一。

③ ○神武天皇段

故尓指二渡槁機一。引二入其御船一。即賜レ名号二槁根津日子一。此者**倭国造**等之祖。

④ ○神武天皇段

神八井耳命者。意富臣。小子部連。坂合部連。火君。大分君。阿蘇君。筑紫三家連。雀部臣。雀部造。小長谷造。都祁直。**伊余国造**。**科野国造**。**道奥石城国造**。**常道仲国造**。**長狭国造**。伊勢船木直。尾張丹羽臣。嶋田臣等之祖也。

⑤ ○孝昭天皇段

天押帯日子命者。春日臣。大宅臣。粟田臣。小野臣。柿本臣。壱比韋臣。大坂臣。阿那臣。多紀臣。羽栗臣。知多臣。牟耶臣。都怒山臣。伊勢飯高君。壱師君。**近淡海国造**之祖也。

⑥ ○孝元天皇段

比古布都押之信命。娶二尾張連等之祖。意富那毗之妹。

○神武天皇即位前紀甲寅年十月辛酉条

行至二筑紫国菟狭一。菟狭者地名也。此云二宇佐一。時有二**菟狭国造**祖号曰二菟狭津彦。菟狭津媛一。乃於二菟狭川上一。造二一柱騰宮一。而奉レ饗焉。

○神武天皇即位前紀甲寅年十月辛酉条

天皇勅授二漁人椎檣末一令レ執而牽二納於皇舟一。以為二海導者一。乃特賜レ名為二椎根津彦一。椎。此云二辞毗一。此即倭直部始祖也。

○綏靖天皇即位前紀

於レ是神八井耳命懣然自服。譲二於神渟名川耳尊一曰。吾是乃兄。而儒弱不レ能二致果一。今汝特挺神武。自誅二元悪一。宜哉乎。汝之光二臨天位一以承二皇祖之業一。吾当下為二汝輔一之奉中典神祇上者。是即多臣之始祖也。

○孝昭天皇六十八年正月庚子条

天足彦国押人命。此和珥臣等始祖也。

○孝元天皇七年二月丁卯条

彦太忍信命。是武内宿禰之祖父也。

⑦ 葛城之高千那毗売一。那毗二字以レ音。生子。味師内宿禰。此者山代内臣之祖也。又娶二**木国造**之祖。宇豆比古之妹。山下影日売一。生子。建内宿禰。

○景行天皇三年二月朔条

則娶二紀直遠祖菟道彦之女影媛一。生二武内宿禰一。

○孝元天皇七年二月丁卯条

大彦命。是阿倍臣。膳臣。阿閇臣。狭狭城山君。**筑紫国造**。**越国造**。伊賀臣。凡七族之始祖也。

⑧ ○開化天皇段

沙本毗古王者。日下部連。**甲斐国造**之祖。

⑨ ○開化天皇段

神大根王者。三野国之**本巣国造**。長幡部連之祖。

⑩ ○開化天皇段

大多牟坂王。多牟二字以レ音。此者**多遅摩国造**之祖也。

⑪ ○垂仁天皇段

故到レ於二出雲一。拝二訖大神一。還上之時。肥河之中。作二黒巣橋一。仕二奉仮宮一而坐。尓**出雲国造**之祖。名岐比佐都美。餝二青葉山一而。立二其河下一。将レ献二大御食一之時。其御子詔言。是於二河下一。如二青葉山一者。見レ山非レ山。

⑫ ○景行天皇段

神櫛王者。木国之酒部阿比古。宇陀酒部之祖。

○景行天皇四年二月甲子条

次妃五十河媛。生二神櫛皇子。稲背入彦皇子一。其兄

⑬ ○景行天皇段
豊国別王者。**日向国造**之祖。

⑭ ○景行天皇段
於レ是天皇。聞二看-定**三野国造**之祖。大根王之女。名兄比売。弟比売二嬢子。其容姿麗美二而。遣二其御子大碓命一以喚上。

⑮ ○景行天皇段（倭建命東征）
故到二尾張国一。入二-坐**尾張国造**之祖。美夜受比売之家一。乃雖レ思レ将レ婚。亦思二還上之時将レ婚。期定而幸二于東国一。

⑯ ○景行天皇段
此倭建命。娶二伊玖米天皇之女。布多遅能伊理毗売命一。自レ布下八字以レ音。生御子。帯中津日子命。一柱。又娶二其入レ海弟橘比売命一。生御子。若建王。一柱。又娶二**近淡海之安国造**之祖。意富多牟和気之女。布多遅比売一。生御子。

神櫛皇子。是**讃岐国造**之始祖也。弟稲背入彦皇子。是播磨別之始祖也。

○景行天皇十三年五月条
於レ是。其国有二佳人一。曰二御刀媛一。御刀。此云二弥波迦志一。則召為レ妃。生二豊国別皇子一。是**日向国造**之始祖也。

○景行天皇四年二月是月条
天皇聞二**美濃国造**。名神骨之女。兄名兄遠子。弟名弟遠子。並有二国色一。則遣二大碓命一。使レ察二其婦女之容姿一。

○景行天皇四十年是歳条
日本武尊更還二於尾張一。即娶二尾張氏之女宮簀媛一。而淹留踰レ月。

稲依別王。一柱。

⑰ 〇仁徳天皇十六年七月朔条

天皇以ニ宮人桑田玖賀媛一。示ニ近習舎人等一曰。朕欲レ愛ニ是婦女一。苦ニ皇后之妬一不レ能レ合。以経ニ多年一。何徒妨ニ其盛年一乎。仍以レ歌問之曰。瀰儺曾虚赴。於瀰能烏苔咩烏。多例揶始儺播務。於レ是**播磨国造**祖速待独進之。歌曰。瀰箇始報。破利摩波揶摩智。以播区娜輸。伽之古倶等望。阿例揶始儺破務。

⑱ 〇履中天皇六年二月朔条

喚ニ鯽魚磯別王之女太姫郎姫。高鶴郎姫一納ニ於後宮一並為レ嬪。於レ是二嬪恒歎之曰。悲哉。吾兄王何処去耶。天皇聞ニ其歎一而問之曰。汝何歎息也。対曰。妾兄鷲住王。為レ人強レ力軽捷。由レ是独馳ニ越八尋屋一而遊行。既経ニ多日一不レ得ニ面言一。故歎耳。天皇悦ニ其強力一以喚之。不ニ参来一。亦重レ使而召。猶不ニ参来一。恒居ニ於住吉邑一。自レ是以後。廃以不レ求。是**讃岐国造**。阿波国脚咋別。凡二族之始祖也。

まず、このうちの純粋な系譜記事（①③④⑤⑦⑧⑨⑩⑫⑬⑱）からみていくことにするが、ここで問題にしたいのは、これらの記事にみえる「某国造」の語義・用法である。従来は、これらを「大化」以前からのいわゆる「旧国造」を指すと漠然とみなされてきたことが多かったようであるが、山尾幸久氏が主張されるように[31]、こうした見解には再検討の必要があると思われる。山尾氏は、八世紀初頭における「国造」の語には、「国における役職としての国造の司」と、その国造に任命される資格を認められた「郡における資格としての国造の人」の二義があり[32]、記紀の系譜記事などにみえる「某国造」は、「天武・持統朝に漸次国造と認められ、大宝二年に最終的に確定した資格としての国造」であるとされている[33]。系譜記事の「某国造」が、そのまま「旧国造」の実例ではないことは、たしかに山尾氏の説かれるとおりと考えるが、なお見解を異にする点も多く[34]、以下私なりに検討を加えていくことにしたい。

第一に指摘できる点は、右の「某国造」は特定個人に与えられる官職、ないしは地位としての「某国造」そのものを指すのではなく、一族全体を指す呼称であるという点である。この点は、系譜記事という性格からして当然のことと思われるが、さらに、⑦の『日本書紀』に「是阿倍臣。膳臣。阿閇臣。狭狭城山君。筑紫国造。越国造。伊賀臣。凡七族之始祖也」とあることや、⑱の『日本書紀』に「是讃岐国造。阿波国脚咋別。凡二族之始祖也」とあることからも明らかであろう。

しかし、「某国造」の原義は、記紀における他の用例からみても、やはりふつう考えられているとおりに、一定地域の管掌者たる特定個人に与えられる官職、ないしは地位を意味すると考えるのが妥当であろう。たとえば、安閑紀元年閏十二月是月条には、

（前略）武蔵国造笠原直使主与二同族小杵一相二争国造一。使主。小杵。皆名也。経レ年難レ決也。小杵性阻有レ逆。心高無レ順。密就求二援於上毛野君小熊一而謀レ殺二使主一。使主覚之走出。詣レ京言二状朝廷一。臨レ断以二使主一為二国造一。（後略）

という著名な記事がみえるが、これなどは明らかに「国造」を一族全体の呼称としてではなく、特定個人に与えられ

る官職、ないし地位を意味する語として用いているのである。したがって、系譜記事の「某国造」は、本来の意味から一族全体の呼称に転化したもの、あるいは本来の「某国造」とは一応別個のもの、というように考えざるを得ないが、その場合の語義・用法としては、次の三通りが考えられるであろう。

(1)本来の意味での「某国造」を出している一族全体の呼称。

(2)姓としての「某国造」(いわゆる国造姓)。[35][36]

(3)大宝二年(七〇二)に定められた国造氏。[37]

国造姓は、大宝二年の美濃国肩県郡肩々里の戸籍に、国造大庭をはじめ「国造」を姓とする人名が多くみえることから、そのころにはすでに成立していたものと考えられ、和銅五年(七一二)完成の『古事記』や、養老四年(七二〇)完成の『日本書紀』の系譜記事に、この国造姓の一族の系譜が記されていたとして何ら不思議ではない。またこの点は、大宝二年に定められた国造氏についても同様である。そして、この三通りのほかには、「某国造」で一族全体を指すような「国造」の用法は存在しないといってよいであろう。[38]

以下、記紀の系譜記事の「某国造」が、右の三通りのうちのどの用法に該当するのか(あるいはいく通りかの用法が含まれている場合も考えられるが)を検討していくことにするが、その際、あらかじめ『古事記』と『日本書紀』とを分けて考える必要があると思う。両者の系譜記事を比べてみると、『古事記』の方が圧倒的に多くの「某国造」を載せているのであり、しかも、『日本書紀』で「出雲臣」「凡川内直」「山代直」(以上①)、「倭直」(③)と記しているのを、『古事記』では、それぞれ「出雲国造」「凡川内国造」「山代国造」「倭国造」としている例も認められる(その逆の例は存在しない)のであって、『古事記』と『日本書紀』とでは、「某国造」の用法が異なっている可能性が考えられるからである。

そこでまず、『日本書紀』の方の系譜記事（①⑦⑫⑬⑱）の「某国造」についてみていくことにするが、ここで注意されるのは、これらの「某国造」とともにあげられている一族の名の中に、天武朝の改賜姓以前の呼称がみえることである。すなわち、①一書の「土師連」「額田部連」は、天武十三年（六八四）十二月にそれぞれ宿禰に、⑦の「阿倍臣」「膳臣」「阿閇臣」「伊賀臣」は、同年十一月にそれぞれ朝臣に改賜姓されているのである。もっとも、これらの一族の中には、たとえば①一書の「土師連」や、⑦の「膳臣」のように、それぞれ天武十三年に「土師宿禰」「膳朝臣」に改賜姓された後も、なお一方で、「土師連」や「膳臣」を称する人々が存在している例も含まれている。(39)しかしこれらの場合は、一族の本宗とでもいうべき部分（ないしは中央に居住する部分）が、それぞれ天武十三年に「土師宿禰」「膳朝臣」に改賜姓されたとするべきであり、その後もそのまま「土師連」「膳臣」を称したのは、その時の改賜姓にもれた部分とみられるであろう。『日本書紀』の系譜記事において、改賜姓された本宗とでもいうべき部分の記事を載せずに、旧姓のまま残された部分のそれを載せるとは考え難く、やはりこれらの場合も、天武十三年以前の呼称と考えて差し支えあるまい。しかも、①一書についていえば、この一書が成立した段階で、「武蔵国造」「茨城国造」の名が、「土師連」や「額田部連」とともに記載されたとするのが妥当であり、一書そのものが天武朝の改賜姓以前に成立していたものと考えられるのである。また⑦についても、「是阿倍臣。膳臣。阿閇臣。狭狭城山君。筑紫国造。越国造。伊賀臣。凡七族之始祖也」という表現からすれば、この七族の名が同時に筆録されたと考えるのが自然であろう。

ようするに、これらの系譜記事（①一書、⑦）は、天武十三年以前の成立と考えられるのであり、そこにみえる「某国造」の呼称も、当然それ以前のものということになるのである。とするならば、それらの「某国造」が、大宝二年に定められた国造氏でないことは明らかであろう。

また、⑫についても、「讃岐国造」とともにあげられている「播磨別」は、『新撰姓氏録』右京皇別下佐伯直条に、

景行天皇皇子稲背入彦命之後也。男御諸別命。稚足彦天皇〈諡成務。〉御代。中二分針間国一給レ之。仍号二針間別一。男阿良都命〈一名伊許自別。〉誉田天皇為レ定二国界一。車駕巡幸。到二針間国神崎郡瓦村東崗上一。（中略）伊許自別命以レ状復奏。天皇詔曰。宜二汝為レ君治レ之。即賜二氏針間別佐伯直一。〈佐伯者所謂氏姓也。直者謂レ君也。〉爾後至二庚午年一。脱二落針間別三字一。偏為二佐伯直一。

とあることからすれば、この伝承のすべてを信ずることができないにしても、「播磨別」（「針間別」）が、庚午年（六七〇）以前の呼称であることは、まず間違いないといってよいであろう。したがって、いっしょに記されている「讃岐国造」も同様に考えるのが自然であり、やはり国造氏ではないと思われる。なお、⑬・⑱については、これを具体的に考察する史料に欠けるが、①一書・⑦・⑫の例からみて、おそらくは同じに考えてよいであろう。

次に、これらの「某国造」を国造姓と考えることができるかという点であるが、結論からいえば、そのように解するのも無理であると思う。他の史料によって知られる「某国造」の姓は、

額田国造。飛驒国造。針間国造。仲県国造。因幡国造。多褹後国造。伊豆国造伊豆直。千葉国造大私部直。海上国造他田日奉（部）直。

の九例であるが[40]、『日本書紀』の系譜記事にみえる「某国造」（「武蔵国造」「茨城国造」「筑紫国造」「越国造」「讃岐国造」「日向国造」）で、右の国造姓と一致するものは一つもなく、他の史料から、これらの「某国造」が国造姓であることを裏付けることができないという問題点がまず存在する。また、国造姓は早くとも庚午年籍以降に定められたと考えられているが[41]、先に述べたように、⑫の「讃岐国造」の呼称はそれ以前のものと考えられるのであり、この点も問題点としてあげられるであろう。さらに、これらの「某国造」を国造姓とみるならば、それを称する一族は、原則とし

第2表　『日本書紀』の系譜記事にみえる「某国造」とその姓

国造	姓	出典
武蔵国造	笠原直	『日本書紀』安閑天皇元年閏十二月是月条
茨城国造	壬生連	『常陸国風土記』行方郡条
筑紫国造	筑紫君	『日本書紀』継体天皇二十一年～二十二年条（『古事記』継体天皇段・『筑後国風土記』逸文）
越国造	不明（あるいは道君か）	『日本書紀』欽明天皇三十一年四月～五月条
讃岐国造	紗抜大押直（讃岐凡直） 佐伯直	『続日本紀』延暦十年九月丙子条 『日本三代実録』貞観三年十一月辛巳条
日向国造	不明	

て本来の意味での「某国造」を出している（あるいは出していた）一族と考えるのがふつうであろうが、第2表に示したように、本来の意味でのこれらの「某国造」の中には、他の姓を称する人物が任ぜられていたことを示す史料も存在するのである。もとより、史料の信憑性の疑わしいものもあり、また針間国造を出していたと考えられる「佐伯直」(42)と、国造姓である「針間国造」とが併存する例もあって(43)、はっきりしないのであるが、このことも疑問点の一つにはあげられると思う。断言はできないが、これらの諸点からみて、『日本書紀』の系譜記事の「某国造」が国造姓である可能性は、ほとんどないといってよいのではないだろうか。

とするならば、これらの「某国造」の語義・用法については、本来の意味での「某国造」を出している一族全体の呼称と考えるのが最も妥当ということになるであろう(44)。そしてこの点が認められるならば、いうまでもないことではあるが、『日本書紀』の系譜記事に「某国造」の名がみえるということは、本来の意味でのその「某国造」が実在したことを示すとみてよいわけである。また、本来は特定個人に与えられた官職、ないしは地位である「某国造」が、一族全体の呼称として用いられているということは、その一族が代々国造を出す一族として固定していなければならず、一般にいわれているところの国造の世襲性は、この点からも主張できるということになろう。

さて、次には、『古事記』の方の系譜記事（①③④⑤⑧⑨⑩⑬）にみえる「某国造」について検討したい。

まず、これらの「某国造」を国造姓とすることができるかという点であるが、先にも指摘したとおり、『古事記』に記される「出雲国造」「凡川内国造」「山代国造」「倭国造」が、『日本書紀』では、それぞれ「出雲臣」「凡川内直」「山代直」「倭直」とされている点が注意される。これらが、それぞれ同一の一族を指していることは明らかであり、これらの一族の姓が、『日本書紀』に記すところの「出雲臣」「凡川内直」「山代直」「倭直」であることもまた明らかであろう。したがって、少なくともこれらの「某国造」については、それが国造姓でないことは確実であるといえるのであり、『古事記』の系譜記事にみえる他の「某国造」についても、それらの中に、先に掲げた国造姓と一致するものが一つもない点などを参考にするならば、おそらく同様に考えてよいのではなかろうか。

次に、国造氏とすることができるかという点であるが、『古事記』の系譜記事においても、「某国造」とともにあげられている一族の名の中に、天武朝の改賜姓以前の呼称がみえることは『日本書紀』と同様である[45]。それでは、『古事記』の「某国造」も、『日本書紀』の場合と同様に国造氏ではないといえるかといえば、それには疑問があると思う。なぜならば、『古事記』の系譜記事は、①に端的に示されているとおり、『日本書紀』の本文や、一書に記載されているような系譜記事を、種々寄せ集めて（さらには新たに付け加えて）記述されたものと考えられるのであり、天武十二年に連に改賜姓された「高市県主」や「三枝部造」を含むからといって、いっしょに記されている「某国造」についても、その系譜上の所伝が天武十二年以前に筆録されていたとは限らないからである。また、先にも述べたように、『古事記』と『日本書紀』とでは、「某国造」の用法が異なっている可能性のあることも注意されてよい。

そして、何よりも問題となるのは、『古事記』の系譜記事の「某国造」が、国造姓でも国造氏でもないとするならば、それは『日本書紀』の場合で考えたように、本来の意味での「某国造」を世襲している（あるいはしていた）一族を指すと考えるほかはないのであるが、『古事記』の「某国造」の中には、本来の意味でのその「某国造」の存在が認められない例が含まれているという点である。いまここで、そのすべてにわたって明らかにすることはできないが、①の「道尻岐閇国造」と④の「道奥石城国造」は、その例とみなしてよいと考えられる。以下やや煩雑にはなるが、そのように考える理由を述べておくことにしたい。

まず、前節で引用した『常陸国風土記』多珂郡条の冒頭の記載によれば、多珂国造の管掌範囲（多珂のクニ）は、「久慈堺之助河」（現在の日立市助川を遺称地とする）[46]から「石城郡苦麻之村」（現在の福島県双葉郡大熊町熊を遺称地とする）[47]に至る地域であったとされており、続いて記載される多珂・石城二郡（評）分置の記事からも、後の多珂郡（養老二年には多珂郡からさらに菊多郡が分割される）[48]と石城郡を合わせた地域が多珂のクニであったことが知られるが、もし「道尻岐閇国造」や「道奥石城国造」が本来の意味での実在した国造であったならば、これらの国造の管掌範囲はいずれも右の多珂のクニの中に含まれてしまうのである。[49]私はこの点を矛盾と考えるのであり、この矛盾を解消するためには、「道尻岐閇国造」「道奥石城国造」を、本来の意味での国造としては実在しなかった「国造」と解するのが最も妥当と考えるのである。

ただし、この点に関しては、当然次のような異なった解釈も存在するものと思われる。一つは、「道尻岐閇国造」や「道奥石城国造」は、かつては実在した国造であったが、多珂・石城二評分置の段階以前に、すでに多珂国造のもとに吸収併合されていたとする解釈であり、[50]いま一つは、「大国造」のもとに「小国造」が編成されていたとする石母田正氏の見解[51]に従い、「多珂国造」を「大国造」、「道尻岐閇国造」「道奥石城国造」を「小国造」とみなす解釈である。[52]

しかし、前者についていえば、『常陸国風土記』多珂郡条の冒頭部分の記述からは、成務朝に国造が設置されたそのはじめから、助川から熊に至る地域が多珂国造の管掌範囲であったという認識が認められるのであり、多珂・石城二評分置の記事からも、かつて「道尻岐閇国造」や「道奥石城国造」が実在したような形跡は一切うかがうことができないのである。また、「道尻岐閇国造」や「道奥石城国造」が多珂・石城二評の分置された七世紀中葉以前に、すでに消滅してしまっていたならば、それを世襲していた一族についての系譜を『古事記』でとくに取りあげるということも考えにくいと思う。

一方、後者の解釈に対しても、『常陸国風土記』の記載からは、「道尻岐閇国造」や「道奥石城国造」の存在をうかがうことができないという批判があてはまると思うが、この解釈に対しては、「大国造」のもとに「小国造」が編成されていたとする石母田氏の見解そのものに、いくつかの疑問点が持たれるのである。

まず第一には、「大国造」と「小国造」の区別を、その国造の帯びる地名が、令制下の国名に一致するか、あるいは郡・郷名に一致するかで判断されている点であるが、山尾幸久氏の指摘されるとおり[53]、令制下の国や郡・郷の範囲と、その名を帯びている国造のクニの範囲とは必ずしも一致するものではないということに注意しなければならないと思う。つまり、ある令制国の名を帯びる国造と、その令制国に属する郡・郷名を帯びる国造とが併存するからといって、前者の国造のクニが、後者の国造のクニをその内部含んでいたとは限らないのであり、国造の帯びる地名から、「大国造」と「小国造」の区別や、その統属関係を考えることはできないと思うのである[54]。たとえば、令制下の大和国の範囲は、かつての葛城国造のクニにほぼ相当すると考えられる葛上郡・葛下郡を含んでいるのであるが、その大和国の範囲と、かつての倭（大倭）国造のクニとが一致するものでないことは、すでに直木孝次郎氏によって説かれているとおりであろう[55]。

第二には、これも山尾氏の指摘されるところであるが[56]、令制下の国名を帯びる国造（「大国造」）と、その国の郡・郷名を帯びる国造（「小国造」）とが併存する場合でも、それらが統属関係にあったことを思わせるような史料は存在しないという点である。もっとも石母田氏は、「大国造」と「小国造」との統属関係を「行政的な上下関係として理解」してはならず、「実体は首長層の同族的または地域的結合体にほかならなかった」とされるのであるが[57]、いずれにせよ、この点についての石母田氏の見解が直接の史料的裏付けを持ったものでないことは指摘できるであろう。また、「大国造」と「小国造」の統属関係が存在したとするならば、なぜ両者が同じ「国造」の名で呼ばれたのかという単純な疑問も持たれるのである。国造の管掌範囲に広狭があったことは当然であろうが[58]、一方のクニが他方のクニの中に含まれるというようなことはなかったとみるのが自然であろう。

以上のように、「道尻岐閇国造」や「道奥石城国造」を実在の国造とした場合に考えられる解釈は、いずれもその成立が困難と思われるのであり、やはりこれらの「某国造」は、本来の国造としては実在しなかったと考えるのが妥当であるといえよう。

とするならば、それにもかかわらず『古事記』の系譜記事にこれらの「某国造」一族の名がみえるということは、これらの一族が、本来の意味での国造を出していた一族ではなかったものの、大宝二年（七〇二）の国造氏の認定にあたって、国造氏の中に加えられた一族（あるいは大宝二年以後『古事記』が完成する和銅五年＝七一二年までの間に国造氏に追認された一族）であったから、と考えるほかはないのではあるまいか[59]。

国造氏については第二編第五章で取りあげるが、いま私見を結論的にのみ述べるならば、国造氏とは、大宝元年制定の大宝令において旧来の国造一族の郡領への優先任用が規定されたため、それを受けて翌大宝二年、その国造一族を公的に認定したものと考えるのである。したがって、国造氏の認定にあたっては、郡領への優先任用を求めて、実際には国造を出していなかったにもかかわらず、国造氏に認定されようとする動きをみせた一族も当然出てきたことが想定されるのである。また、そうした動きとは別に、中央政府の側で意図的に国造一族以外からも国造氏を認定したというようなこともあったかもしれない。いずれにせよ、国造氏の中に実際の国造一族以外が含まれていても不思議はないのであり、(60)右に述べてきた「道尻岐閇国造」や「道奥石城国造」は、その具体例と考えられるのである。

ところで、『古事記』の系譜記事にみえる「某国造」のすべてが国造氏を指しているかどうかは、右の二例からだけではわからないが、ほかにも、しばしば取りあげているところの「出雲国造」「凡川内国造」「山代国造」「倭国造」などは、国造氏を指しているといってよいと思う。なぜならば、これらの一族については、国造氏に認定された一族であるがゆえに、本来の系譜記事であれば『日本書紀』のように「出雲臣」「凡川内直」「山代直」「倭直」と記されるべきであるのを、『古事記』ではそれぞれ「某国造」と、国造氏の系譜としてそれを載せていると考えられるからである。(61)『日本書紀』の系譜記事では六例しかあげられていない「某国造」が、『古事記』では二三例もあげられている点も、『古事記』が記紀の共通資料として残されていた系譜資料の中から、国造氏のそれを多く採用した結果と解せるのではなかろうか。(62)

いずれも決定的な論拠とはいい難いが、これらを合わせて考えるならば、『古事記』の系譜記事にみえる「某国造」のすべてが国造氏を指している可能性はかなり高いといえるであろう。また、たとえそうではないにしても、その中に国造氏を指している例が含まれていることだけは確かと考えられるのであり、『古事記』の系譜記事に「某国造」の名がみえるからといって、そのすべてが本来の意味での「某国造」の実在を示しているとは限らないのである。

以上、記紀の系譜記事（純粋な系譜記事）にみえる「某国造」の語義・用法について考察してきたが、その結果を要約すれば次のとおりである。

(1)『日本書紀』の系譜記事にみえる「某国造」は、特定個人に与えられる官職ないし地位としての「某国造」（本来の意味での「某国造」）そのものではないが、それを出している一族全体を指す呼称であり、国造姓や国造氏を指しているのではない。

(2)したがって、『日本書紀』の系譜記事に「某国造」の名がみえるということは、本来の意味での「某国造」の実在を示すといってよく、(1)の点からはさらに、国造が世襲性の強いものであったこと、「某国造」の語には「某国造」一族全体の呼称という用法も存在したこと、などが導き出せる。

(3)一方、『古事記』の系譜記事にみえる「某国造」は、(そのすべてがそうとは断言できないが)大宝二年に定められた国造氏(あるいはその後に追認された国造氏)を指すものと考えられ、その中には、実際には国造を出していなかった一族も含まれている。

(4)したがって、『古事記』の系譜記事にみえる「某国造」は、そのすべてが本来の意味での「某国造」の実在を示すものとは限らない。

なお、ここでいま一つだけ述べておきたい点は、履中朝にかけて記された⑱の『日本書紀』の系譜記事の存在から、この段階ではいまだ国造制は成立していなかったと考えられるという点である。⑱の記事では、履中朝の人物として描かれている鷲住王が、「是讃岐国造。阿波国脚咋別。凡二族之始祖也」とされているのであるから、この段階では「讃岐国造」はまだ現われていないとみるのが自然であろう。もちろん⑱の記事が事実の伝えであるとは考え難いのであるが、そうした記事が履中朝にかけて載せられているということは、履中朝はいまだ国造制の成立以前である、という認識が存在していたことを示すものといえよう。一方、『日本書紀』(および『古事記』)が国造制の成立を成務朝としているのはいうまでもなく、前節で述べたとおり、そこには、景行朝において全国平定がなされたとしたのを受けて、次の成務朝に全国支配の制度が整えられたことを示そうとした作為が存在することも、一般に認められているとおりであろう。すなわち、⑱の記事にみられるそれとは異なった認識は、そうした作為が徹底せずに露呈されたものとみてよく、その認識にこそ事実が反映されている可能性が高いと考えられるのである。

さて、次には、純粋な系譜記事以外の、「某国造之祖某」といったそれに準ずる記事（⑥⑪⑭⑮⑯の『古事記』、②⑰の『日本書紀』）にみえる「某国造」について検討しておきたい。

まず、②の『日本書紀』と、⑪の『古事記』にみえる「某国造」であるが、これらはいずれも、饗を設けて天皇や皇族を迎えた地方首長を「某国造」の祖としたものである。すなわち、②の『日本書紀』では、「東征」の途中筑紫国の菟狭にいたった神武天皇に、一柱騰宮を造って饗を奉った菟狭津彦《ウサツヒコ》・菟狭津媛《ウサツヒメ》を「菟狭国造祖」としており、⑪の『古事記』では、垂仁天皇の子品牟都和気命（本牟智和気）が出雲にいたった時、それを迎えて大御食を献じた岐比《キヒ》佐都美《サツミ》を「出雲国造之祖」としているのである。②の『日本書紀』については、『古事記』にも同じ内容の説話が載せられているが、そこでは単に「其土人。名宇沙都比古《ウサツヒコ》。宇沙都比売《ウサツヒメ》」とあるだけであり、ウサツヒコ・ウサツヒメを「菟狭国造祖」としたのは、『日本書紀』編者の付会と考えてよいであろう。したがって、この場合の「菟狭国造」は、その用法については、先に『日本書紀』の系譜記事でみたとおり「菟狭国造」を世襲している一族の意で用いているのであろうが、それはあくまで編者の認識において「菟狭国造」が実在したとされていることを示しているにすぎず、実際に「菟狭国造」が存在していたかどうかは、この記事からだけではわからないのである。ただ、記紀に共通するこの説話において、ウサツヒコ・ウサツヒメが饗を奉ったとあるのは、彼らの服属を意味するものと思われ(63)、服属した在地首長を「国造」の祖としているところに、『日本書紀』編者の国造観をうかがうことはできるであろう。

また、⑪の『古事記』については、『日本書紀』に対応する記事がなく、キヒサツミの名も他にみえない(64)ことから、キヒサツミを「出雲国造之祖」としたのが『古事記』の付会であるのか、あるいは以前からの伝承に基づくのか、またその「出雲国造」がいかなる意味で用いられているのかなど、不明とせざるを得ないが、キヒサツミが服属した在地首長として描かれているのは②の『日本書紀』と同様である。

次に、⑥・⑭・⑮・⑯の『古事記』にみえる「某国造」であるが、これらはいずれも、天皇・皇族と婚姻関係を結んだ女性ないしはその父・兄を、「某国造」の祖としたものである。ここで注意したいのは、⑥の『古事記』で「木国造之祖宇豆比古」、⑮の『古事記』で「尾張国造之祖美夜受比売」とあるのを、『日本書紀』では、それぞれ「紀直遠祖菟道彦」「尾張氏之女宮簀媛」としている点である。つまり、先にみた系譜記事で、『日本書紀』に「出雲臣」等々とあったのを、『古事記』ではそれぞれ「出雲国造」等々としていたのと同じことが、ここでもみられるのである。おそらくこの場合も、「紀直」や「尾張氏」（尾張連）が国造氏に認定されたため、『古事記』では、それらを「木国造」「尾張国造」と記したものと思われる。なお、⑭の『古事記』で「三野国造之祖大根王」とあるのを、『日本書紀』では「美濃国造名神骨」としており、この段階ですでに「美濃国造」が存在していたような表現になっていることも問題になろうが、この場合は、『古事記』の方が本来の所伝の表現を正しく伝えているとみてよく、『日本書紀』編者の杜撰というべきであろう。

最後に、⑰の『日本書紀』にみえる「播磨国造」であるが、これは、仁徳天皇が宮人の桑田玖賀媛を近習の舎人たちに示して、「瀰儺曾虚赴《ミナソコフ》。於瀰能鳥苔咩鳥《オミノヲトメヲ》。多例揶始儺播務《タレヤシナハム》」と歌を以って問うたのに対して、「瀰箇始報《ミカシホ》。破利摩《ハリマ》波揶摩智《ハヤマチ》。以播区娜輪《イハクダス》。伽之古倶等望《カシコクトモ》。阿例揶始儺破務《アレヤシナハム》」と歌で答えた「破利摩波揶摩智」（播磨速待）を、「播磨国造祖」としたものである。

それに続く仁徳紀の記述によれば、そこで仁徳天皇は玖賀媛を播磨速待に賜うたが、玖賀媛が速待の妻になることを承諾しないので、天皇は速待の志を遂げさせようとして玖賀媛を速待に副えて桑田に送り返したが、その途中で玖賀媛は発病し死んでしまったとある。玖賀媛にまつわるこの物語は、残されていた歌謡に基づいて作りあげられたものと考えられるが、播磨速待を近習の舎人の一人とし、それを「播磨国造祖」としている点は注目されてよい。新野直吉氏は、この仁徳紀の記事を、「相当多くの国造たちが朝廷に勤番した経歴の持主であったらしいこと」を示す史料の一つとされているが、(65)右のような歌物語が作られる背景には、そうした認識が中央貴族層の間に存在していなければならないのは確かであろう。ただ新野氏は、この記事を、国造の職掌の一つに中央への出仕があったことを示す史料ともされているが、(66)この記事は近習の舎人であった速待を「播磨国造祖」としているだけであり、現に国造の職ないし地位に就いている人物が中央に出仕していたことを直接に示す史料とはいえないように思われる。(67)また、こうした物語が作られた背景に存在する中央貴族層の認識においても、国造の経歴としての中央出仕のことがうかがえるだけであり、国造の職掌としての中央出仕はうかがえないのではなかろうか。もちろんこうした点については、他の史料とも合わせて考えなければならないのであるが、右の記事に関してはそのようにいえると思う。

なお、ここでいま一つ付け加えておきたい点は、仁徳朝の記事においても、「播磨国造祖」という表現がとられているという点である。先に⑱の『日本書紀』の系譜記事から、履中朝においては、いまだ国造制は成立していなかったと考えられることを述べたが、この仁徳紀の記事もそれと同様に考えてよいであろう。

第四節　その他の国造関係記事

これまで、景行朝の皇子分封説話、成務朝の国造設置記事、さらに系譜記事およびそれに準ずる記事にみえる「某国造」について考察してきた。ここでは記紀におけるその他の国造関係記事（ただし『日本書紀』の場合は皇極紀まで）

について検討を加えたい。

最初に『古事記』の方からみていくことにするが、残された国造関係記事は次の三つである。いずれも『日本書紀』に対応する記事があり、合わせて掲げておくことにしたい。

(1)　崇神天皇段

御真木入日子印恵命。坐二師木水垣宮一。治二天下一也。此天皇。娶二木国造名荒河刀弁之女一。（刀弁二字以レ音。）遠津年魚目目微比売一。生御子。豊木入日子命。（後略）

○『日本書紀』崇神天皇元年二月丙寅条

（前略）又妃紀伊国荒河戸畔女遠津年魚眼眼妙媛。生二豊城入彦命。豊鍬入姫命一。（後略）

(2)　景行天皇段（倭建命東征）

（前略）故爾到二相武国一之時。其国造詐白。於二此野中一有二大沼一。住二是沼中一之神。甚道速振神也。於レ是看二行其神一。入二坐其野一。爾其国造火着二其野一。故知レ見レ欺而。解二開其姨倭比売命之所レ給嚢口一而見者。火打有二其裏一。於レ是先以二其御刀一苅二撥草一。以二其火打一而。打二出火一。着二向火一而。焼退還出。皆二切一滅其国造等一。即着レ火焼。故於レ今謂二焼津一也。（後略）

○『日本書紀』景行天皇四十年是歳条

日本武尊初至二駿河一。其処賊陽従之。欺曰。是野也麋鹿甚多。気如二朝霧一。是如二茂林一。臨而応レ狩。日本武尊信二其言一。入二野中一而覓レ獣。賊有二殺レ王之情一。（王謂二日本武尊一也。）放二火一焼其野一。王知レ被レ欺。則以レ燧出レ火之。向焼而得レ免。（中略）王曰。殆被レ欺。則悉焚二其賊衆一而滅之。故号二其処一曰二焼津一。（後略）

(3)　景行天皇段（倭建命東征）

（前略）即自二其国一越三出甲斐二。坐二酒折宮一之時。歌曰。邇比婆理。都久波袁須疑弖。伊久用加泥都流。爾其御火焼之老人。続二御歌一以歌曰。迦賀那倍弖。用邇波許許能用。比邇波登袁加袁。是以誉二其老人一即給二東国造一也。
（後略）

○『日本書紀』景行天皇四十年是歳条

（前略）自二日高見国一還之。西南歴二常陸一。至二甲斐国一。居二于酒折宮一。時挙レ燭而進食。是夜。以レ歌之問二侍者一曰。珥比麼利。莵玖波塢須擬氏。異玖用伽禰莵流。諸侍者不レ能二答言一。時有二秉燭者一。続二王歌之末一而歌曰。伽餓奈倍氏。用珥波虚虚能用。比珥波苔塢伽塢。即美二秉燭人之聡一而敦賞。（後略）

まず(1)についてであるが、ここでは「木国造名荒河刀弁《アラカハトベ》」とあり、崇神朝において、すでに国造が存在していた表現になっているが、『日本書紀』では単に「紀伊国荒河戸畔《アラカハトベ》」としており、アラカハトベを「木国造」としたのは、おそらく『古事記』の付会であろう。アラカハトベは、薗田香融氏が指摘されるとおり、紀伊のアラカハ地方（後の紀伊国那賀郡荒川郷を中心とする地域）を本拠とする在地首長を指す普通名詞と考えられる[68]。それに対して木国造（紀伊国造）に任ぜられたのは、もともと紀伊国名草郡の地域を本拠としていた首長と考えられるのであり[69]、この点からも「木国造」というのが『古事記』の付会である可能性は高いといえよう。ちなみに、『紀伊国造系図』にもアラカハトベの名は載せられていないのである。したがってここでは、アラカハトベという在地首長を「国造」としているところに『古事記』の国造観がうかがえるにすぎないのであるが、アラカハトベの女《むすめ》と崇神との婚姻を伝えている以上、アラカハトベは服属した在地首長とみなされているのであろう。この点は、先にみた⑥・⑭・⑮・⑯の『古事記』も同様である。新野直吉氏は、記紀や『風土記』にみえる国造関係の伝承記事からは、「国造は順服している者」という国造観がうかがえると強調されているが[70]、この記事もその一つにあげてよいと思う。

次に(2)であるが、これは、ヤマトタケルが相武国にいたった時、欺いて彼を野の中に導き入れ、火をつけて焼こうとしたところ、逆に討たれて焼かれてしまった、という人物を「国造」としたものである。この説話は、「焼津」という地名の起源説話にもなっており[71]、もちろん史実の伝えではなく、ここでも『古事記』の国造観がうかがえるにすぎないのであるが、一見ここの「国造」は、『日本書紀』で「其処賊」としているように、服属していない（征伐すべき）在地首長を指しているようにもとれるであろう。新野氏もこの記事については、

これは既に国造であったものが尊を迎えて叛逆した話であるよりも、一応表面的には服していたものの、まだ安定して服属し、国造としての立場を持つまでには至っていない在地豪族の抵抗の物語であることの方が妥当である。

と述べられている[72]。しかし、ここの「国造」は、けっしてはじめからヤマトタケルの征伐の対象として描かれているのではなく、むしろ簡単にヤマトタケルを欺ける存在、ヤマトタケルの側からみれば安心してその言葉を信用できる存在として描かれているように思われる。ここでも、「国造は順服している者」という認識が認められるとしてよいのではなかろうか。

次に(3)についてであるが、これは、ヤマトタケルが甲斐の酒折宮で「邇比婆理《ニヒバリ》。都久波袁須疑弖《ツクハヲスギテ》。伊久用加泥都流《イクヨカネツル》」と歌ったのを受けて、「御火焼之老人」が「迦賀那倍弖《カガナベテ》。用邇波許許能用《ヨニハココノヨ》。比邇波登袁加袁《ヒニハトヲカヲ》」と続けたのを誉めて、その老人を「東国造」に任じたというものである。『日本書紀』では、この「御火焼之老人」を「秉燭者」「秉燭人」としており、「即美㆓秉燭人之聡㆒而敦賞」と記すだけであって、彼を「東国造」に任じたという記事はもちろんみえない。ここの記紀の記述の原形になる物語が記紀編纂時以前から存在していた可能性は高いと思うが、「御火焼之老人」を「東国造」に任じたというのは、明らかに『古事記』の創作であろう。

また、「東国造」そのものについても、すでに指摘されているとおり(73)、実際には存在しなかった国造とみるべきであろう。ただ『古事記』がこのような創作を行なうためには、国造というのが中央権力（ヤマトタケル）によって任命されるものであり、しかも特定の個人（「御火焼之老人」）がそれに任ぜられるものであるという認識が存在していなければならないと思う。「東国造」がまったくの『古事記』の創作であるならば、かえってそこには純粋な形での『古事記』の国造観が示されているのではないだろうか。そしてこのような国造観は、成務朝の国造設置記事など、これまでみてきた国造関係記事からも、また次にみていく『日本書紀』の関係記事からも、共通してうかがうことができるものであり、そうした共通の国造観を記紀編者がいだいたのは、やはり事実国造がそういう存在であったからと考えるのが妥当であろう。

以上、『古事記』における三つの国造関係記事について、そこにみえる「某国造」「国造」は、いずれも『古事記』の付会ないし創作と考えられること、しかしそこからうかがえる国造観は、事実に基づいて形成されたものである可能性が高いことの二点を述べた。

次には、『日本書紀』の方の関係記事について検討していきたい。取りあげるべき記事は全部で一九ヵ所であるが、そのうち景行天皇四年二月是月条の「美濃国造」の記事（前節⑭の『日本書紀』）については、先にふれたので省略することとし、他の一八ヵ所の記事について順次みていくことにしたい。

(1) 神武天皇二年二月乙巳条

天皇定レ功行レ賞。（中略）以二珍彦一為二倭国造一。珍彦。此云二于砮毗故一。又給二弟猾猛田邑一。因為二猛田県主一。是菟田主水部遠祖也。
弟磯城名黒速。為二磯城県主一。復以二剣根者一。為二葛城国造一。（後略）

(2) 景行天皇十二年十二月丁酉条

議レ討二熊襲一。於レ是。天皇詔二群卿一曰。（中略）時有二一臣一進曰。熊襲梟帥有二二女一。兄曰二市乾鹿文一。乾。此云レ賦。弟曰二市鹿文一。容既端正。心且雄武。宜下示二重幣一以撝中納麾下上。因以伺二其消息一。犯二不意之処一。則曾不レ血レ刃。賊必自敗。天皇詔。可也。於レ是。示レ幣欺二其二女一而納二幕下一。天皇則通二市乾鹿文一而陽寵。時市乾鹿文奏二于天皇一曰。無レ愁二熊襲之不一レ服。妾有二良謀一。即令レ従二一二兵於己一。而返レ家。以多設二醇酒一。令レ飲二己父一。乃酔而寐之。市乾鹿文密断二父弦一。爰従兵一人進殺二熊襲梟帥一。天皇則悪二其不孝之甚一而誅二市乾鹿文一。仍以二弟市鹿文一賜二於火国造一。

これらはいずれも国造の任命記事になっており、(1)の神武による大和平定後の「倭国造」「葛城国造」の任命といい、(2)の景行によるクマソタケル討伐後の「火国造」の任命といい、その記事の性格からして事実と考えられないことは明らかであろう。(1)も(2)も『古事記』に対応する記事がなく、おそらくは『日本書紀』編者の創作と思われるが、その創作からは、先に『古事記』の(3)でみたのと同様、国造は中央権力によって特定の個人が任命されるもの、という国造観をうかがうことはできるであろう。またここでは、平定した地域には国造が置かれるものともされているようであるが、『日本書紀』においては、成務朝の全国的な国造設置以前にも、早く平定された地域には国造が置かれていたと認識されているのかもしれない。国造制がほぼ全国一斉に実施されたのか、あるいはまた順次拡大されていったのかは、一つの大きな問題であるが、この点については後に改めて考えることにしたい。

(3)　允恭天皇二年二月己酉条

立二忍坂大中姫一。為二皇后一。（中略）初皇后随レ母在レ家。独遊二苑中一。時闘鶏国造従二傍径一行之。乗レ馬而莅レ籬謂二皇后一嘲之曰。能作レ園乎。汝者也。汝。此云二那鼻苔一也。且曰。圧乞戸母。其蘭一茎焉。（中略）是後。皇后登祚之年。覓二乗レ馬乞レ蘭者一。而数二昔日之罪一。以欲レ殺。爰乞レ蘭者顙搶レ地叩頭曰。臣之罪実当二万死一。然当二其日一不レ知二貴者一。

於レ是。皇后赦二死刑一。貶二其姓一謂二稲置一。

これは、かつて忍坂大中姫に無礼を働いた「闘鶏国造」が、皇后となった彼女によって「稲置」に貶姓されたという話であるが、一般にはこの記事の存在から「闘鶏国造」を実在した国造とみなされているようである。しかし、この記事に先立つ仁徳紀六十二年是歳条には闘鶏の氷室の起源説話が載せられており、そこにはすでに「闘鶏稲置大山主」の名がみえているのであって、これによれば「闘鶏国造」が「稲置」に貶姓される以前から「闘鶏稲置」が存在していたことになるのである。つまり、「闘鶏稲置」がもとは「闘鶏国造」を称していたというこの記事の内容には疑問が持たれるのであり、当然「闘鶏国造」の実在そのものも疑問視されなければならないと思う。

また、ここでは「国造」も「稲置」もカバネとして扱われているが、「国造」の原義が特定個人に与えられる官職ないし地位と考えられることは先に述べたとおりであり、一方、その国造がほかに直・臣・君などのカバネを有していたこともまず間違いのないところであろう(74)。したがって、「国造」の語そのものにもとからカバネとしての意味があったとは考えられず、「国造」がカバネとしても扱われるようになるのは、おそらく国造姓が成立した後のことではないかと思う。姓としての「某国造」が現われた後であれば、その「某国造」姓における「国造」が、「某直」「某臣」「某君」姓などにおける「直」「臣」「君」などとの対比から、やがてそれらと同様のカバネとしても認識されるようになるのは、むしろ当然のことと考えられるのである。とするならば、この記事は、国造姓が現われてから後、すなわち早くとも庚午年籍の作成以降に作られた話ということになるのであり、この点からも記事内容の信憑性が疑われるであろう(75)。

ただ、この説話において国造と稲置(国造姓と稲置姓)とが上下の関係にあると認識されている点は注意されてよく、この点は、先にみたように七世紀前半頃の事実に基づく認識といってよいのではないだろうか。

(4)　允恭天皇四年九月戊申条

詔曰。群卿百寮及諸国造等皆各言。或帝皇之裔。或異之天降。然三才顕分以来。多歴二万歳一。是以一氏蕃息。更為二万姓一。難レ知二其実一。故諸氏姓人等。沐浴斎戒。各為二盟神探湯一。則於二味橿丘之辞禍戸碑一。坐二探湯瓮一而引二諸人一令レ赴曰。得レ実則全。偽者必害。〔盟レ神探レ湯。此云二区訶陀智一。或埿納レ釜煮沸攘レ手探二湯埿一。或焼二斧火色一置二于掌一。〕於レ是諸人各著二木綿手繦一而赴レ釜探湯。則得レ実者自全。不レ得レ実者皆傷。是以故詐者愕然之。予退無レ進。自レ是之後。氏姓自定。更無二詐人一。

これは、氏姓の乱れを盟神探湯によって正したという著名な記事であり、『古事記』の允恭天皇段にも、「於レ是天皇。愁二天下氏氏名名人等之氏姓忤過一而。於二味白檮之言八十禍津日前一。居二玖訶瓮一而。〔玖訶二字以レ音。〕定二賜天下之八十友緒氏姓一也」と、それに対応する記事がみえている。また『新撰姓氏録』序文や『弘仁私記』序の注などにも同じ話が載せられているが、それらはいずれも『古事記』と同様の簡単な記述になっており、「国造」の語がみえるのは『日本書紀』においてのみである。允恭朝において氏姓を正したという内容の伝えは、おそらく記紀の共通資料となった「帝紀」「旧辞」などにも収められていたのであろうが、この場合、『古事記』の方が本来の伝えに近い形であることは、その文体・表現からも推測されるところである。したがって、たとえそれが事実の伝えであったとしても、「群卿百寮及諸国造等皆各言……」というのが『日本書紀』の作文と考えられる以上、この記事から允恭朝における国造の存在を主張することができないのは明らかであろう。

(5)　允恭天皇十一年三月丙午条

（前略）先レ是衣通郎姫居二于藤原宮一。時天皇詔二大伴室屋連一曰。朕頃得二美麗嬢子一。是皇后母弟也。朕心異愛之。冀其名欲レ伝二于後葉一奈何。室屋連依レ勅而奏可。則科二諸国造等一。為二衣通郎姫一定二藤原部一。

これは、衣通郎姫のために諸国造らに命じて藤原部（いわゆる「御名代」の部）を定めたというものであるが、『古事記』には、これに該当する記事は載せられていない。『古事記』にも「衣通郎女」の名はみえるが、『日本書紀』ではそれを允恭の皇后忍坂大中姫の妹とするのに対し、『古事記』では允恭と忍坂之大中津比売（忍坂大中姫）との子である軽大郎女の別名としている。また、『古事記』では忍坂之大中津比売の妹として『日本書紀』にはみえない田井中比売の名を載せ、その「御名代」として河部を定めたという記事がみえている。記紀にみられるこうした伝承上の相違は、衣通郎姫のために藤原部を定めたという内容の伝えが、本来の「帝紀」「旧辞」などにはなかったことを示すものと考えられ、右の記事が『日本書紀』編者によって作りあげられた可能性は高いといえよう。

したがって、「科二諸国造等一」という部分も編者の作文と思われるが、ただそうした作文を行なうためには、やはりそれなりの根拠は存在していたはずであり、右の記事から国造が「御名代」の部の設置にかかわっていたことを推測するのは可能であると思う。「御名代」の部の設置が始まったのは、六世紀以降とみるのが妥当と考えるが[76]、それはともかく、国造が先に述べたようにその管掌範囲の設定をともなってはじめて置かれたものであるならば、国造制成立後に設けられた「御名代」の部については、むしろそれが国造の手を通して設置されたと考えるのが自然であろう。従来も、この記事を一つの論拠に、国造が部の設置やその管理にあたっていた点が推定されてきたのであるが、次の雄略紀の記事も国造と部の関係を示す記事である。

(6)　雄略天皇二年十月丙子条

（前略）皇太后知二斯詔情一。奉レ慰二天皇一曰。群臣不レ悟下陛下因二遊猟場一置二宍人部一降中問群臣上。群臣嘿然。理且難レ対。今貢未レ晩。以レ我為レ初。膳臣長野能作二宍膾一。願以レ此貢。天皇跪礼而受曰。善哉。鄙人所レ云。貴レ相二知心一。此之謂也。皇太后視二天皇悦一歓喜盈レ懐。更欲レ貢レ人曰。我之厨人菟田御戸部。真鋒田高天。以二此二人一請将加貢。為二宍人部一。自レ兹以後大倭国造吾子籠宿禰。貢二狭穂子鳥別一為二宍人部一。臣連伴造国造又随続貢。

これは、宍人部設置の起源を述べたものであるが、やはり『古事記』には該当する記事がみえない。日野昭氏によれば、右の記事は、宍人部の貢上を㈠膳臣長野、㈡菟田御戸部・真鋒田高天、㈢狭穂子鳥別、㈣「臣連伴造国造又随続貢」という四段の文章構成で記しており、『日本書紀』編者がそれまでに存在した宍人部に関する伝承をまとめて構作したものであろうとされている。(77)これは従うべき見解と考えるが、㈢の狭穂子鳥別を貢じたという吾子籠を「大倭国造吾子籠宿禰」としたのは、編者の潤色ではないかと思う。大倭国造吾子籠宿禰（倭直吾子籠）は、『日本書紀』によれば仁徳即位前紀、同六十二年五月条、履中即位前紀、允恭七年十二月朔条、そしてこの雄略二年十月丙子条と、七代、少なくとも一五〇年ほどにわたって活躍が伝えられる人物であり、長寿者として著名な武内宿禰と同様実在の人物とは考えられないが、(78)吾子籠が国造とされているのはこの雄略紀の記事だけであり、ほかはすべて「倭直吾子籠」とされているのである。

また、「大倭国造」とあるが、「倭」が「大倭」と記されるようになるのは、天武紀十二年九月丙戌条に「倭直」が連を賜姓されたとあり、同十四年六月甲午条に「大倭連」が忌寸を賜わったとあることからすれば、この頃からのことと考えられ、この点からも吾子籠を「大倭国造」としたのが『日本書紀』編者の潤色であると推定されるであろう。

そして㈣の「臣連伴造国造又随続貢」というのも、「臣連伴造国造」が孝徳紀前後に多くみえる慣用句であり、しかも、この場合は「上文の『群臣』を言い換えたもの」(79)にすぎないのであるならば、やはり本来の伝承にあった表現とは考えられず、『日本書紀』編者の潤色とみなしてよいであろう。ようするに、宍人部貢上の起源を語ったこの伝承は、本来は国造と無関係のものであったと考えられるのである。したがって、この記事からは、雄略朝における国造の存在を考えることができないのはもちろん、国造が宍人部の貢上にあたったということを直接にうかがうこともできないのである。
しかし、先に(5)でみたように、『日本書紀』編者が右のような潤色をほどこした背景には、おそらく国造が宍人部の貢上に関係していたという事実が存在していたものと思われる。ただ、右の記事が宍人部の貢上を四段の文章で述べているということは、それが一度に設置されたのではなく、何段階かにわたって拡充されていったことを推測させるものであり、宍人部の貢上がそのはじめから国造によって行なわれたとは考え難いのである。つまり、最初に宍人部が置かれた時(80)にはいまだ国造制は成立していなかったが、国造制成立後に新たに設定された宍人部については、国造の手を通して貢上された、という状況が考えられるのではないだろうか。

国造制と部民制がいかなる関係にあったか、この点についての私見は第三編第一章で述べるが、部称が成立し各地に部（べ）集団が設置されるようになった時期はともかく、朝廷の職務分掌の組織としての部（トモ）の制度が国造制に先立って成立していたことは間違いないと考えられるのであり(81)、個々の部の設定を、その当初から国造の存在を前提として考える必要はないであろう。

(7) 雄略天皇七年八月条

官者吉備弓削部虚空取急帰ㇾ家。吉備下道臣前津屋或本云。国造吉備臣山。留ヨ使虚空一。経ㇾ月不ㇾ肯ヨ聴上二京都一。天皇遣二身毛君丈夫一召焉。虚空被ㇾ召来言。前津屋以二小女一為二天皇人一。以二大女一為二己人一。競令二相闘一。見二幼女勝一。即抜ㇾ刀而殺。復以二小雄鶏一呼為二天皇鶏一。抜ㇾ毛剪ㇾ翼。以二大雄鶏一呼為二己鶏一。著二鈴金距一。競令ㇾ闘之。見二禿鶏勝一。亦抜ㇾ刀而殺。天皇聞二是語一。遣二物部兵士卅人一。誅ヨ殺前津屋并族七十人一。

これは、『日本書紀』に三種記される有名な吉備氏の反乱伝承の一つであるが、この記事をそのまま事実の伝えとすることができないのは、その説話的性格からして明らかであろう。ただ「或本云」と異伝の存在が記されていることとからも、まったくの編者の作文とは考えられず、おそらくは『日本書紀』編纂段階にすでに存在していたいくつかの伝承をもとに、編者が書きあげたものと考えられる。ここではその反乱伝承の主人公である吉備下道臣前津屋が「或本云。国造吉備臣山」とされているのであるが、この「国造吉備臣山」なる人物が、もともと雄略朝の人物として伝えられていたかどうかは不明であり、この記事からも、雄略朝における国造の存在を主張することはできないと思う。(82)

(8)　顕宗天皇二年三月上巳条

幸二後苑一曲水宴。是時喜集二公卿大夫。臣連。国造。伴造一為レ宴。群臣頻称二万歳一。

これは、三月三日の曲水宴に国造も参加したというものであるが、曲水宴については、『日本書紀』ではこの顕宗紀にだけ元年、二年、三年と毎年行なわれたことが記されるのであり、ほかには持統紀五年三月甲戌（三日）条に「宴二公卿於西庁一」と、それらしき行事があったことを記すのみである。この頃に実際に曲水宴が行なわれたとは考え難く、この記事は、『日本書紀』編者が顕宗紀の体裁を整えるために作りあげたものとみてまず間違いあるまい。なお新野直吉氏は、この記事によっても国造の中央出仕が推察できるとされているが(83)、右の「公卿大夫臣連国造伴造」は単に群臣を示す慣用句として借用されているにすぎず、この記事からは、そのような推察さえもできないのではなかろうか。

(9)　継体天皇二十一年～二十二年条

廿一年夏六月壬辰朔甲午。近江毛野臣率二衆六万一。欲下往二任那一為二復‐興‐建新羅所レ破南加羅。喙己呑二而合中任那上。於レ是筑紫国造磐井陰謨二叛逆一。猶予経レ年。恐二事難レ成。恒伺二間隙一。新羅知レ是。密行二貨賂于磐井所一。而勧レ防二遏毛野臣軍一。於レ是磐井掩二拠火豊二国一。勿レ使レ修レ職。外邀二海路一誘二致高麗。百済。新羅。任那等国年貢職船一。

内遮下遣二任那一毛野臣軍上。乱語揚言曰。今為レ使者。昔為二吾伴一。摩レ肩触レ肘共レ器同レ食。安得率爾為レ使俾三レ余自二伏儞前一。遂戦而不レ受。（中略）廿二年冬十一月甲寅朔甲子。大将軍物部大連麁鹿火親与二賊帥磐井一交二戦於筑紫御井郡一。旗鼓相望。埃塵相接。決二機両陣之間一不レ避二万死之地一。遂斬二磐井一。果定二彊場一。十二月。筑紫君葛子恐二坐レ父誅一。献二糟屋屯倉一。求レ贖二死罪一。

これは、有名な磐井の乱を記したものであり、『古事記』や『筑後国風土記』逸文などにもこの乱についての記事は載せられている。乱の経過については『日本書紀』が最も詳しく、その記述に潤色が著しいことはすでに指摘されている(84)とおりであろうが、乱そのものは事実とみなしてよいであろう。この磐井の乱については多くの研究が積み重ねられており、評価もまたさまざまであるが、国造制の成立とのかかわりでいえば、乱後にはじめてこの地域に国造制が実施されたとする見解が、吉田晶・前田晴人・平林章仁各氏によって提出されている(85)。『日本書紀』は磐井を「筑紫国造磐井」と記しているが（ただしそれは一ヵ所だけであり、他は単に「磐井」あるいは「筑紫磐井」と記し、子の葛子については「筑紫君葛子」と記している）、『古事記』や『筑後国風土記』では「竺紫君石井」「筑紫君磐井」とあって、磐井を「国造」としたのは『日本書紀』編者の付会である可能性が高いとしなければなるまい。そして右の記事に、「遂斬二磐井一。果定二彊場一」とあるのが注意されるのであり、国造制の実施がクニの境界の画定をともなうものであったならば、この記述は、乱後にこの地域に国造制が実施されたことを示すものとみられるのである。

なお、右の記事には、磐井が近江毛野臣に対して「今為レ使者。昔為二吾伴一。摩レ肩触レ肘共レ器同レ食。安得率爾為レ使俾三レ余自二伏儞前一」といったとあるが、このことから、磐井が中央に出仕した経歴の持主であるとされていることは明らかであろう。右の部分は、おそらく『日本書紀』編者の創作になる部分と思われるが、その磐井を『日本書紀』では国造としているのであり、ここにも前節でみた⑰の「播磨国造祖速待」の記事と同様の国造観がうかがえるといってよいであろう。こうした国造観は、郡領子弟→兵衛出仕→郡司任用という八世紀における郡司任用の一般的あり方[86]からもたらされたものとも考えられようが、逆に、中央出仕の経歴を持つ者から国造が任命されたというのが事実であり、そうした国造の任命のあり方が郡領の任用にも踏襲されていったということも十分考えられるのである。

⑽　安閑天皇元年四月朔条

内膳卿膳臣大麻呂。奉レ勅。遣レ使求二珠伊甚一。伊甚国造等詣レ京遅晩。踰レ時不レ進。膳臣大麻呂大怒収二縛国造等一。推二問所由一。国造稚子直等恐懼。逃二匿後宮内寝一。春日皇后不レ知二直入一。驚駭而顚。慚愧無レ已。稚子直等兼坐二闌入罪一。当二科重一。謹専為二皇后一献二伊甚屯倉一。請レ贖二闌入之罪一。因定二伊甚屯倉一。今分為レ郡属二上総国一。

これは、伊甚屯倉の起源を語ったものであるが、『日本三代実録』貞観九年四月己丑条に「上総国夷灊郡人春部直黒主売」という名がみえており、春日皇后（春日山田皇女）にちなんで伊甚（夷灊）に春日部とその屯倉（伊甚屯倉）が置かれたのは、事実とみてよいであろう[87]。しかし、だからといって右の記事のすべてが事実ということにならないのはいうまでもあるまい。右の記事が説話的色彩を強く帯びていることは、それを一読すれば明らかと思われるが、それが『日本書紀』編者のまったくの創作であるのか、あるいは以前から存在していた所伝に基づくものなのかは、はっきりしない。おそらく後者ではないかと思うが、その場合も、膳臣大麻呂が「内膳卿」とされていることなどからすれば、そこに編者の潤色があることは確かであろう。したがって、稚子直を「国造」とし、「伊甚国造」をこの説話に登場させたのも、編者の潤色である可能性は否定できないと思う。右の記事からは、安閑朝における「伊甚国造」の存在を主張することができないのはもとより、「伊甚国造」そのものの実在を考えるのも危険なのではあるまいか。

ただし、右の記事の「国造」が編者の潤色であったにせよ、中央への珠の貢進が国造の責任とされ、国造自らが中央に詣でて貢進するものとされていること、国造が贖罪のために屯倉を献上したとされていることなどに、編者の国造観が示されていることは認めてよいであろう。また右の記事では、伊甚屯倉が「今分為レ郡属二上総国一」とあることも、屯倉（ミヤケ）と郡（コホリ）の関係を考える上で注目できるのであるが、この点については第三編第一章で改めて取りあげることにしたい。

⑾　安閑天皇元年閏十二月是月条

（前略）武蔵国造笠原直使主与二同族小杵一相二争国造一。使主。小杵。皆名也。経レ年難レ決也。小杵性阻有レ逆。心高無レ順。密就求二援於上毛野君小熊一而謀レ殺二使主一。使主覚之走出。詣レ京言二状朝庭一。臨レ断以二使主一為二国造一。而誅二小杵一。国造使主悚憙交レ懐。不レ能二黙已一。謹為二国家一奉レ置二横渟。橘花。多氷。倉樔。四処屯倉一。

これは、武蔵国造の職（地位）をめぐる笠原直使主と同族小杵との争いを述べた有名な記事であるが、これが横渟・橘花・多氷（末カ）・倉樔の四つの屯倉の起源説話にもなっている点は、先の⑽と同様である。したがってこの記事も、四屯倉の起源を説明するために『日本書紀』編者が作りあげた可能性がないわけではないが、その内容から判断して、何らかの所伝に基づく記事と考える方が妥当であろう。そこでこの記事がおおむね事実を伝えていると考えた場合であるが、これが、すでに武蔵国造であった笠原直使主と同族の小杵との争いを述べているのではなく、「臨レ断以二使主一為二国造一」とあることからすれば、この争いによってはじめて使主が国造に任命されたことを述べているのは明らかであろう。したがってその場合は、この争いが、武蔵地方にはじめて国造制を実施しようとした際に起った争いである可能性は高いと思われる。[88] ただし、『日本書紀』の屯倉設置記事の配置には、一定の方針に基づいた作為の存在することが指摘されており、[89] 右の記事がはたして最初から安閑朝のものとして伝えられていたかどうかは疑わしいとしなければなるまい。[90] この記事からも、安閑朝における国造（武蔵国造）の存在は確認できないのである。[91]

⑿　欽明天皇十五年十二月条

（前略）余昌遂見㆓囲繞㆒。欲㆑出不㆑得。士卒遑駭不㆑知㆑所㆑図。有㆓能射人筑紫国造㆒。進而彎㆑弓占擬。射㆓落新羅騎卒最勇壮者㆒。発㆑箭之利通㆓所㆑乗鞍前後橋㆒。及㆓其被甲領会㆒也。復続発㆑箭如㆑雨。彌厲不㆑懈。射㆓却囲軍㆒。由㆑是余昌及諸将等得㆘従㆓間道㆒逃帰㆖。余昌讃㆔国造射㆓却囲軍㆒。尊而名曰㆓鞍橋君㆒。鞍橋。此云㆓矩羅膩㆒。（後略）

⒀　欽明天皇二十三年七月是月条

（前略）新羅闘将曰。将軍河辺臣今欲㆑降矣。乃進㆑軍逆戦。尽㆑鋭遄攻破之。前鋒所㆑傷甚衆。倭国造手彦自知㆑難㆑救。棄㆑軍遁逃。新羅闘将手持㆓鉤戟㆒。追至㆓城洫㆒。運㆑戟撃之。手彦因騎㆓駿馬㆒超㆓渡城洫㆒。僅以㆑身免。闘将臨㆓城洫㆒而歎曰。久須尼自利。此新羅語未㆑詳也。（後略）

これらはいずれも、朝鮮半島派遣軍の中にあった国造についてのエピソードを語った記事である。⑿の欽明十五年（五五四）十二月条の全体の要旨は、内臣（有至臣）に率いられた倭国軍が、百済王（聖明王）の子余昌とともに新羅と戦ったが敗北し、その戦いの中で聖明王も殺害されたというものである。これに対応する記事は『三国史記』にもみえており、「新羅本紀」真興王十五年（五五四）七月条には、百済王明穠（聖明王）が加良とともに新羅を攻めてきたが、逆に大勝をおさめて百済王も殺害したとあり、「百済本紀」聖王（聖明王）三十二年（五五四）七月条にも、王自ら新羅を攻めたが、逆に敗れて殺害されたとある。『三国史記』では、この戦いに倭国軍が加わったとは書かれておらず、また『日本書紀』が十二月とするのを七月としている点でも違いはあるが、五五四年に百済と新羅が戦い、その中で聖明王が戦死したということは事実とみてよいであろう。

そしてまた、『日本書紀』のこの欽明十五年十二月条の記事がいくつかの所伝に基づいて記述されたものであることは、そこに「一本云」と異伝が載せられている（右の引用では省略した部分に載せられている）ことから明らかであり、右の戦いに倭国軍が百済側として参加したことも、事実とみてよいのではないだろうか。朝鮮側史料にそれが記載されていないのは、吉田晶氏のいわれるように倭国の出兵が小規模なものであったからかもしれない。[92]

一方、⒀の欽明二十三年（五六二）七月条は、同年正月条に記す新羅による「任那官家」の滅亡を受けての出兵記事であるが、ここでも結局新羅に敗れたことが記されており、それに対応する記事が『三国史記』「新羅本紀」真興王二十三年（五六二）七月条にみえている。そこでは、百済が辺境に侵入してきたので王は兵を出してこれを防いだとあり（同じことは「百済本紀」にも威徳王八年＝五六一年七月のこととして記されている）、やはり倭国軍のことは書かれていないが、『日本書紀』によればこの時の倭国軍の進入路は百済からとされており、この場合も、倭国軍が百済の一支隊として右の戦闘に加わっていた[93]蓋然性は高いものと思われる。

問題は、⑿・⒀に引用した部分の信憑性であるが、倭国軍の出兵が事実と考えられるならば、この部分の内容を疑う理由も見出し難いのではあるまいか。⑿の筑紫国造の話には、かなりの誇張が含まれていることは確かであろうが、余昌が筑紫国造をほめて「鞍橋君」と名付けたというような点は、『日本書紀』編者の作文とは考えられないであろう。また⒀は、倭国造手彦が敵前逃亡したという話であるが、それを追った新羅の闘将が逃したのを歎いて「久須尼自利」といったなどという点も、やはり作文とは考え難いと思う。五五四年、五六二年の朝鮮半島派遣軍の中に、筑紫国造、倭国造手彦がいたことは、おそらく事実とみてよいであろう。

⒁ 敏達天皇十二年条

秋七月丁酉朔。詔曰。属二我先考天皇之世一。新羅滅二内官家之国一。（天国排開広庭天皇廿三年任那為二新羅一所レ滅。故云三新羅滅二我内官家一也。）先考天皇謀レ復二任那一。不レ果而崩。不レ成二其志一。是以朕当下奉レ助二神謀一復中興任那上。今在二百済一火葦北国造阿利斯登子。達率日羅賢而有レ勇。故朕欲下与二其人一相計上。乃遣三紀国造押勝与二吉備海部直羽嶋一喚二於百済一。

冬十月。紀国造押勝等還レ自二百済一。復三命於朝二曰。百済国主奉三惜日羅二不二肯聴上一。
是歳。復遣二吉備海部直羽嶋一召二日羅於百済一。（中略）於レ是百済国主怖三畏天朝二不二敢違レ勅。奉レ遣以二日羅一。恩率徳爾。余怒。哥奴知。参官。柁師徳率次干徳。水手等若干人。日羅等行三到吉備児嶋屯倉一。朝庭遣二大伴糠手子連一而慰労焉。復遣二大夫等於難波館一使レ訪二日羅一。是時日羅被レ甲乗レ馬到二門底下一。乃進二庁前一進退跪拝歎恨而曰。於二檜隈宮御寓天皇之世一。我君大伴金村大連奉三為国家一使二於海表一火葦北国造刑部靫部阿利斯登之子。臣達率日羅。聞二天皇召一恐畏来朝。乃解二其甲一奉二於天皇一。乃営二館於阿斗桑市一使レ住二日羅一。供給随レ欲。復遣下二阿倍目臣。物部贄子連。大伴糠手子連一而問中国政於日羅上。日羅対言。天皇所三以治二天下政一。要須レ護三養黎民一。何遽興レ兵翻将二失滅一。故今令二議者一仕三奉朝列一。臣連。二造。二造者。国造。伴造也。下及二百姓一。悉皆饒富令レ無レ所レ乏。（後略）

この敏達十二年（五八三）条は、日羅についての長文の記事であり、豊富な内容を含んでいるが、右に引用したのは、「国造」の語がみえる部分だけである。全体の要旨をごく簡単に述べるならば、任那復興を計るため百済に滞在していた日羅が招喚されたが、日羅は百済に不利な献策を行なったため、ともに百済から遣わされた徳爾らによって殺害された、ということになろう。

まずこの記事の信憑性についてであるが、これが『日本書紀』編者の作文でないことは、ここに多くの個人名が登場することや、記事内容が具体性を帯びていることなどから明らかであろう。とくに日羅とともに百済から遣わされた人々の表記（「恩率徳爾。余怒。哥奴知。参官。柁師徳率次干徳」）は、具体性を帯びると同時に官名・人名に錯誤があるとみられる[94]が、こうした表記をそのまま載せているところに、かえって原史料に基づく記事であることが示されているようにも思われる。

そこで第一に注目できる点は、日羅が自らを「檜隈宮御寓天皇」（宣化天皇）の時に朝鮮半島に遣わされた「火葦北国造刑部靫部阿利斯登」の子だと述べている点である。この点から、宣化朝において火葦北国造が存在し、かつその国造が朝鮮半島に派遣されたこと、また「刑部靫部阿利斯登」の名からすれば、彼は靫負として中央に出仕した経歴の持主であったらしいことなどがうかがえるが、これらはすべて事実とみなして差し支えないものと思う。

第二には、同じく日羅の言葉の中に、「臣連。二造」という表記のみえる点が注意されるであろう。ここで「臣連伴造国造」（あるいは「臣連国造伴造」）とせずに、「二造者。国造。伴造也」という注記をわざわざ載せていることは、日羅の言を伝える原史料が残されており、その原史料の表記に忠実に従ったためと解せるのではあるまいか。とするならば、この頃にはすでに国造が一般的な存在になっていたと推察され、群臣を指す「臣連伴造国造」（「臣連国造伴造」）という慣用句も、この頃から実際に使用されるようになったと考えてよいように思う。

第三には、日羅の招喚のため最初に遣わされた人物として、紀国造押勝の名がみえる点である。押勝は『紀伊国造系図』に「忍勝」と記される人物であり、その実在は確かと考えられるが、彼が朝鮮半島に遣わされたことも、右の火葦北国造阿利斯登の例に照らして、疑う必要はないであろう。

先の⑿・⒀の記事と合わせて考えるならば、六世紀後半の段階には、筑紫・倭・火葦北・紀など畿内以西の地域においては、すでに国造制が成立していたと考えてよいのではないだろうか。[95]

⒂　推古天皇十年二月朔条

来目皇子為㆘撃㆓新羅㆒将軍㆖。授㆓諸神部及国造。伴造等。并軍衆二万五千人㆒。

これも⑿・⒀と同様に、国造が朝鮮半島派遣軍に加わっていたことを示す記事であるが、来目皇子を将軍とするこの新羅征討軍は、『日本書紀』の同年四月条・六月条によれば、筑紫に赴いただけで征討は果たさなかったとある。『肥前国風土記』三根郡条にも二ヵ所にわたってこの新羅征討のことがみえており、「軍衆二万五千人」というのは誇張かもしれないが、この記事の信憑性は認めてよいと思われる。なお、ここで国造が伴造よりも先に記されていることは、征討軍の構成において国造が中心となっていたことを示すものとも考えられよう。

⒃　推古天皇十二年四月戊辰条

皇太子親肇作二憲法十七条一。（中略）十二曰。国司。国造。勿レ斂二百姓一。国非二二君一。民無二両主一。率土兆民以レ王為レ主。所レ任官司。皆是王臣。何敢与レ公賦二斂百姓一。（後略）

この「憲法十七条」の信憑性をめぐって多くの議論のあることは周知のとおりであり、とくにここに引用した部分は、「国司」の語がみえることから、それを後世の述作と解する場合の一つの論拠とされてきた部分である。たしかに「国司」の表記は推古朝当時のものとは考えられず(96)、「憲法十七条」に『日本書紀』編者の手が加えられていることは認めなければならないであろうが、現在の私は、その内容については推古朝段階のものとみてよいと考えている(97)。それはともかく、右に引用した部分において、国造は明らかに地方行政官として扱われているのであり、この点は、それがいつの段階の文章であったにせよ注意されるところである。

⒄　推古天皇二十八年是歳条

皇太子。嶋大臣共議之録二天皇記及国記。臣連伴造国造百八十部幷公民等本記一。

⒅　皇極天皇四年六月戊申条

（前略）中大兄即入二法興寺一為レ城而備。凡諸皇子。諸王。諸卿大夫。臣連。伴造。国造。悉皆随侍。（後略）

これらはいずれも、「臣連伴造国造」という慣用句として「国造」の語のみえる記事である。この慣用句自体は、先に述べたように、この頃にはすでに成立していた可能性が高いと考えられるが、これらの場合は、『日本書紀』編者の潤色とみた方がよいと思う。⒄については、皇極紀四年六月己酉条に「蘇我臣蝦夷等臨レ誅。悉焼二天皇記。国記。

珍宝二」とあることから、「天皇記」「国記」の編纂は事実と認められようが、(98)「臣連伴造国造百八十部幷公民等本記」については不明である。また⒅は、宮中で蘇我入鹿を殺害した中大兄皇子が、蝦夷に備えて法興寺に入った時のこととして記されているのであり、ここの文章に、いかに多くの人々が中大兄に随ったかを示そうとした『日本書紀』編者の潤色があることは、「悉皆」という表現がとられていることにも明らかであろう。(99)

以上、本章では、記紀の国造関係記事(『日本書紀』の場合は皇極紀まで)について、四節に分けて逐一検討を加えてきた。いきおい議論が先行し、推論を重ねる部分も多くなったが、個々の記事の史料性については、特定の先入観にとらわれることなく評価するよう努めてきたつもりである。記紀の関係記事のみを取りあげたきわめて不十分なものではあるが、ここにおいて、国造制の成立過程の問題を考える上での一つの前提は得られたのではないかと思う。

注

(1) ほかに「国造」に関するまとまった史料としては、『先代旧事本紀』巻十「国造本紀」があげられる。そこに記される国造名と国造系譜は「大化以前の国造」を考える上での材料として使用できると考えているが、「国造本紀」の史料性については、第三編第四章を参照。
(2) 坂本太郎他校注『日本書紀』上(日本古典文学大系)岩波書店、一九六七年、二八六頁頭注一七。
(3) 太田亮『全訂日本上代社会組織の研究』邦光書房、一九五五年、六九四、七一六〜七一七頁。新野直吉『国造と県主』(改訂増補版)至文堂、一九八一年、九一〜九五頁、等参照。
(4) 坂本太郎他校注『日本書紀』上(日本古典文学大系)前掲、五九六頁補注7—九。
(5) 佐伯有清『日本古代の政治と社会』吉川弘文館、一九七〇年、第一「日本古代の別(和気)とその実態」。
(6) 同右、五六〜五七頁。
(7) 上田正昭『日本古代国家論究』塙書房、一九六八年、Ⅰ—第一「倭王権の成立」、Ⅰ—第二「倭国の政治形態」。山尾幸久

「日本古代王権の成立過程について」下（『立命館文学』二九八、一九七〇年）。泉谷康夫「服属伝承の研究」（『日本書紀研究』第四冊、塙書房、一九七〇年）、等。

（8）山尾幸久「日本古代王権の成立過程について」下（前掲）六六～七八頁。

（9）井上光貞「序論にかえて――カバネ・位階・官職――」（『東アジア世界における日本古代史講座』6、学生社、一九八二年）一三頁。

（10）近藤義郎『前方後円墳の時代』岩波書店、一九八三年、一九八～二一〇頁他。

（11）井上光貞氏は、ワケの呼称を五世紀頃の前方後円墳の造営と関連するとされた（注（9）に同じ）が、前方後円墳成立当初からの呼称とみてよいように思う。

（12）景行の「オホタラシヒコオシロワケ」の名のうち、「オホタラシヒコ」については、成務の「ワカタラシヒコ」、仲哀の「タラシナカツヒコ」などとともに、天皇（大王）が現実に「タラシヒコ」を称していた七世紀前半（舒明はオキナガタラシヒヒロヌカ、皇極・斉明はアメトヨタカライカシヒタラシヒメの諡号を有し、『隋書』倭国伝にも「倭王姓阿毎。字多利思比孤。号阿輩鶏弥」とある）以降に付けられたものと考えられる（水野祐『増訂日本古代王朝史論序説』小宮山書店、一九五四年、第三章「諡号考」一二八～一二九頁他参照）が、「オシロワケ」の部分については、それ以前から伝えられていた名と考えて不自然ではない（井上光貞『日本国家の起源』岩波書店、一九六〇年、一六九～一七八頁参照）。

（13）坂本太郎他校注『日本書紀』上（日本古典文学大系）前掲、二八二頁頭注一。

（14）訓読は、青木和夫他校注『古事記』（日本思想大系）岩波書店、一九八二年、による。

（15）なお、ワケについて本文で述べたように理解するのであれば、稲荷山古墳出土の鉄剣銘と同じく「ワカタケル大王」の名を刻む江田船山古墳出土の大刀銘において、銘文の主人公であり江田船山古墳の被葬者であったと考えられる「无《ム》利《リ》弖《テ》」（ムリテをこのように解することについては本編第一章参照）が、ワケを称していない点が問題とされるかもしれない。しかし、ワケというのはあくまで称号であって、個人名を記す場合、必ず付さなければならないというものではなかったと思う。ムリテの場合は、ワケが省略されている可能性を考えてよいのではなかろうか。また、ワカタケル大王の時代（五世紀後半）には、すでに各地の首長とは区別される超越的な権力体としての大王の地位が形成されつつあったと考えられるのであり（本編第一章参照）、各地の首長にとって、かつてのような連合政権階段におけるメンバーシップを示すワケの称号を称する意味が低下しつつあった、という状況も考慮されなければならないであろう。五世紀後半の在地首長であるムリテが、銘文においてワケを称していないことは、ワケについて本文のように理解する際の障害にはならないと思う。

(16) 坂本太郎他校注『日本書紀』上（日本古典文学大系）前掲、三一七〜三一八頁頭注参照。

(17) 『日本書紀』の当該条に「国造」という語はみえないが、五年条に「国郡立㆓造長㆒」とあるのが国造の設置を指すことは一般にいわれているとおりであろう。「造長」の「造」は国造の「造」であるに違いなく、ここで「造長」といった奇妙な表現がとられたのは、四年条で「国郡無㆓君長㆒」とか「任㆓其国郡之首長㆒」とかいう表現を使ったのと対応させるためであったと考えられる。

(18) 新野直吉『研究史国造』吉川弘文館、一九七四年、六五頁。

(19) 注(12)参照。

(20) 坂本太郎他校注『日本書紀』上（日本古典文学大系）前掲、三一八頁頭注六。

(21) 国造を「クニノミヤツコ」と読むことについては、新野直吉『研究史国造』前掲、五五〜五九頁参照。

(22) 井上光貞「国造制の成立」（『史学雑誌』六〇―一一、一九五一年）二〜一〇頁他。

(23) この点は、すでに前田晴人・平林章仁各氏の説かれているところである。前田晴人「古代国家の境界祭祀とその地域性」下（『続日本紀研究』二一六、一九八一年）。平林章仁「国造制の成立について」（『龍谷史壇』八三、一九八三年）。

(24) 「軍尼」が中央から派遣される牧宰に比定されていることから、「軍尼」を国造とすることに対しては疑問も提出されている。山尾幸久「国造について」（古代を考える会編『藤澤一夫先生古稀記念古文化論叢』藤澤一夫先生古稀記念論集刊行会、一九八三年）一九六頁、等。しかし、「猶㆓中国牧宰㆒」としたのはあくまでも『隋書』の判断であり、そこには誤解の可能性もあろうし、地方長官という共通性をいっただけであるかもしれないのである。したがって、『隋書』の判断を絶対視し、「軍尼」が実際にも中央派遣官であったとする必要はないと思う。

また、藤間生大氏は、ここに「軍尼」（クニ）とのみあって「クニノミヤツコ」とないのは、クニはあっても国造（クニノミヤツコ）はまだ存在していなかったからとされる（藤間生大「国造制についての一考察」〔遠藤元男博士還暦記念会編『日本古代史論叢』同会、一九七〇年〕九五頁他）が、七世紀初頭の段階では、すでに国造（クニノヤツコ）の呼称は成立していたと考えられるのであり（本章第四節および次章第一節参照）、一方『隋書』では「軍尼」を明らかに人の概念として用いているのであるから、やはり通説に従うのが妥当であろう。

（25）上田正昭『日本古代国家成立史の研究』青木書店、一九五九年、Ⅱ—第一「国県制の実態とその本質」一三〇頁。

（26）井上光貞『日本古代国家の研究』岩波書店、一九六五年、第Ⅱ部第一章所収「国県制の存否について」三〇九〜三一〇頁。

（27）吉田晶『日本古代国家成立史論』東京大学出版会、一九七三年、第六章「凡河内直氏と国造制」二八九〜二九〇頁。山尾幸久『日本国家の形成』岩波書店、一九七七年、一二七〜一二九頁、等参照。

（28）なお、平野邦雄氏は、東国「国司」らへの詔にみえる「県稲置」は、東国ではなく、同時に使者（ミコトモチ）の遣わされた「倭国六県」に関するものと解釈できるとされている（平野邦雄「国県制論と族長の支配形態」『古代の日本』9、角川書店、一九七一年）一〇一〜一〇二頁。同『大化前代政治過程の研究』吉川弘文館、一九八五年、二六六〜二六七頁）が、孝徳紀に載せられる他の東国「国司」らへの詔も合わせた全体の文脈から考えて、やはりそのように解釈するのは無理ではないかと思う。東国「国司」らへの詔については第二編第一章で検討するが、私は、本文に引用した「県稲置」を含む部分は、確かに東国の「国司」に対するものであり、その内容も信頼できると考えている。

（29）第1表は、青木和夫他校注『古事記』（日本思想大系）前掲、四〇二〜四〇三頁補注「稲置」を参照して作成したものである。ただし、⑵稲城壬生君、⑺稲木、⑾稲木、⒅稲木之別については、原島礼二氏の指摘されるとおり、稲置の「置」が甲類の音の「キ」であるのに対し、「城」「木」は乙類の「キ」であり、稲置の例から除外して考えた方がよいのかもしれない。原島礼二『日本古代王権の形成』校倉書房、一九七七年、第一部第二章「県主と稲置」一五五〜一五六頁。

（30）稲置の具体例の中に、本来の職（ないし地位）としての稲置を指す明確な例はないといってよいであろう。

（31）山尾幸久『日本国家の形成』前掲、一一六〜一三二頁。同「国造について」（前掲）。同「大化年間の国司・郡司」（『立命館文学』五三〇、一九九三年）七八〜一一二頁、等。

（32）山尾幸久「国造について」（前掲）二〇四頁。

（33）同右、二一七頁。

（34）山尾氏は、いわゆる「大化以前の国造」「旧国造制」の存在を否定されるのであり（注（31）山尾論文参照）、この点が通説および私見との最大の相異点である。山尾氏の説については、以後の本書で随時取りあげていくことにしたい。

(35) ここでいう姓は、加藤晃氏に従い「人名から個人名を除いた部分の名称」として用いることにする。加藤晃「我が国における姓の成立について」（坂本太郎博士古稀記念会編『続日本古代史論集』上巻、吉川弘文館、一九七二年）参照。

(36) 野村忠夫『奈良朝の政治と藤原氏』吉川弘文館、一九九五年、Ⅲ―一「国造姓についての一試論」参照。

(37) 『続日本紀』大宝二年四月庚戌条に「詔定二諸国国造之氏一。其名具二国造記一」とある。本書で国造氏という場合は、すべてこの時に認定された「国造之氏」（あるいはそれ以降に追認された国造氏もあったかもしれないが）を指すことにし、単に国造一族という意味で国造氏の語を使用することはしない。

(38) なお、カバネとしての「国造」の用法も想定しなければならないとの見方もあるかもしれないが、それは国造姓に含めて考えてよいであろう。後述のとおり、「国造」がカバネとしても認識されるようになるのは国造姓が成立した後のことと考えられるのであり、国造姓以外の「某国造」の「国造」が、実際にカバネとして用いられたことはなかったと思う。

(39) 『新撰姓氏録』摂津国神別、和泉国神別には「土師連」の名がみえ、同和泉国皇別には「膳臣」の名がみえている。また、天武十三年以降「土師連」「膳臣」を称する具体的人物名もかなり知られている。竹内理三他編『日本古代人名辞典』吉川弘文館、参照。

(40) 野村忠夫『奈良朝の政治と藤原氏』前掲、Ⅲ―一「国造姓についての一試論」参照。なお、単に「国造」を姓とする例は、『新撰姓氏録』摂津国神別に「国造」があげられているのをはじめとして、摂津国・近江国・美濃国・播磨国・因幡国などに認められる。佐伯有清『新撰姓氏録の研究』考証篇第四、吉川弘文館、一九八二年、一六三〜一六七頁参照。また、伊豆国造伊豆直以下の三例は、純粋な「某国造」姓とはいえないが、「某国造」を含む複姓として一応掲げておくことにした。

(41) 野村忠夫『奈良朝の政治と藤原氏』前掲、一七三頁。米田雄介「国造氏と新国造の成立」（『続日本紀研究』一六二、一九七二年）二〜三頁。

(42) 先に本文で引用した『新撰姓氏録』右京皇別下佐伯直条を参照。なお、そこには佐伯直がかつて国造を出していた一族であると直接記されているわけではないが、「御諸別命。稚足彦天皇諡成務。御代。中二分針間国一給レ之。仍号二針間別一」とあるのは、記紀における成務朝の国造設置記事によるものと思われ、「針間別」（後の佐伯直）が国造を出していた一族と認識されていることは確かであろう。

(43)　ただし、「国造本紀」には「針間国造」と「針間鴨国造」との二つがあげられていること、『新撰姓氏録』では佐伯直の祖の御諸別が針間国を中分して給わったとあること、「針間国造」姓を称する人物は播磨国賀茂郡既多寺の知識としてみえること、などを考え合わせると、佐伯直一族は「針間国造」を出していた一族、「針間国造」姓の一族は「針間鴨国造」を出していた一族、というように考えた方がよいのかもしれない。

(44)　なお、鎌田元一氏も「国造は特定の族長個人を限って与えられた官職的称号とのみ解する必要はなく、彼によって代表される一族全体にかかる身分的称号であったと理解すればよい」とされている（鎌田元一「評の成立と国造」〔『日本史研究』一七六、一九七七年〕六一頁）が、鎌田氏の場合は、「某国造」一族の個々人が、それぞれ身分的称号として「某国造」を称したという理解であり、その点に疑問がある。「某国造」の原義は、あくまで特定個人に与えられる官職、ないし地位としての「某国造」にあるのであって、「某国造」なる人物に代表される一族全体を指して「某国造」と呼ぶことはあっても、その一族内の個々人を指すのにすべて「某国造」を冠して呼ぶというようなことはなかったと思う。そもそも、鎌田氏が右のような見解を導き出されたのは、『常陸国風土記』の建郡（評）記事にみえる「多珂国造石城直美夜部」「茨城国造小乙下壬生連麿」「那珂国造大建壬生直夫子」らを国造その人と解したのでは建評記事全体がよく理解できない、とされてのことであるが、第二編第三章、第三編第二章で述べるとおり、彼らを国造その人と解して何ら支障はないと考えられるのである。

(45)　①の「高市県主」は天武十二年（六八三）十月に連、①の「三枝部造」・④の「小長谷造」は同年九月に連、④の「意富臣」・⑤の「春日臣」「大宅臣」「粟田臣」「小野臣」「柿本臣」「壱比韋臣」は天武十三年十一月に朝臣、④の「小子部連」・⑧の「日下部連」は同年十二月に宿禰にそれぞれ改賜姓されている。なお、天武十三年十二月には「境部連」も宿禰に、同年十一月には「雀部臣」も朝臣に改賜姓されているが、これらはそれぞれ④の「坂合部連」「雀部臣」とは別系と考えられる。青木和夫他校注『古事記』（日本思想大系）前掲、三七二〜三七三頁補注42参照。

(46)　秋本吉郎校注『風土記』（日本古典文学大系）岩波書店、一九五八年、八八〜八九頁頭注参照。

(47)　同右、八九頁頭注参照。

(48)　『続日本紀』養老二年（七一八）五月乙未条参照。

(49) この点について詳しくは、第三編第二章を参照。
(50) 吉田晶『日本古代国家成立史論』前掲、第二章「国造本紀における国造名」にこのような見解がみられる。
(51) 石母田正『日本の古代国家』岩波書店、一九七一年、三六五～三六六、三七三～三七五頁参照。
(52) もっとも、石母田正氏をはじめ「大国造」「小国造」を区別する立場からは、一般に、令制下の国名を帯びる国造を「大国造」、郡名・郷名を帯びる国造を「小国造」とされているのであり、郡名（郷名でもある）を帯びる「多珂国造」は、「大国造」とは考えられていないようである。しかし、「道尻岐閇国造」や「道奥石城国造」を本来の国造として実在したものと考えるならば、それらの国造のクニは多珂のクニの中に含まれるのであり、「大国造」と「小国造」の統属関係を想定する立場からすれば、当然「多珂国造」は「大国造」ということになるであろう。
(53) 山尾幸久『日本国家の形成』前掲、一一七～一一八頁。
(54) その上、国造の帯びている地名の中には、令制下の国名だけでなく郡・郷名とも同時に一致している例がかなり含まれているのであり、それらの国造の場合は、「大国造」か「小国造」かの判断がそもそも困難なのである。
(55) 直木孝次郎『飛鳥奈良時代の研究』塙書房、一九七五年、V－二「〝やまと〟の範囲について」四九六～五〇二頁。
(56) 山尾幸久『日本国家の形成』前掲、一一八～一一九頁。
(57) 石母田正『日本の古代国家』前掲、三七四頁。
(58) 前節で検討した『古事記』の成務天皇段に「定₂賜大国小国之国造₁」とあるのは、国造の管掌範囲（クニ）に広狭があったことによる表現と解すべきであり、いわゆる「大国造」と「小国造」とが存在していたことを示すものではあるまい。
(59) そして、このことが認められるならば、「国造本紀」に名のみえる「道奥菊多国造」「道口岐閇国造」「石城国造」なども同様に考えてよいことになろう。「石城国造」は『古事記』の「道奥石城国造」と同一であろうし、「道口岐閇国造」も「道尻岐閇国造」と同一である可能性が強く（第三編第二章参照）、「道奥菊多国造」を含めて、これらの「国造」を実在したものとするならば、そのクニは、いずれも多珂国造のクニの中に含まれてしまうからである。なお、「道口岐閇国造」と「道尻岐閇国造」とが別個のものであったとしても、そのように解する場合は、「道口岐閇国造」を令制下の常陸国多珂郡道口郷を本拠とする国造と考えるのがふつうであり、やはりそのクニは多珂国造のクニの中に含まれるのである。したがって私は、「国造本紀」の国造も国造氏を指すと考えているのであるが、この点については第三編第四章で改めて取りあげることにしたい。

(60) ただし、国造氏を認定する際に原則とされたのは、やはり実際に国造を出していた一族であったと考えられるのであり、国造一族以外で国造氏に認定された例は、それほど多くはなかったとみるべきであろう。

(61) ただし、『古事記』の系譜記事においては、国造氏に認定された一族のすべてが「某国造」として載せられているのではないようである。というのは、④の「火君」「大分君」「阿蘇君」（おそらくこれらは実際の国造一族と考えられる）など、国造氏に認定されたと推定される一族でも、そのまま「火君」「大分君」「阿蘇君」と記している例が存在するからである。

(62) 記紀の系譜記事と「国造本紀」の国造系譜とを比較検討してみると、記紀の共通資料として残されていた系譜資料の中に、大宝二年の国造氏の認定に際して各国造一族から提出された系譜（本系帳のようなもの）があったと推定されるのであり（第三編第四章参照）、『古事記』はそれを多く採用したものと考えられる。

(63) 青木和夫他校注『古事記』（日本思想大系）前掲、一一七頁頭注参照。

(64) ただし、岐比佐都美《キヒサツミ》は、『出雲国造系図』にみえる来日田維穂命にあたるという指摘もある。佐伯有清・高嶋弘志編『国造・県主関係史料集』近藤出版社、一九八二年、一八〇頁補注(149)。高嶋弘志「ホムツワケ伝承の成立とキヒサツミ」（佐伯有清先生古稀記念会編『日本古代の伝承と東アジア』吉川弘文館、一九九五年）一四七～一四九頁、等。

(65) 新野直吉『日本古代地方制度の研究』吉川弘文館、一九七四年、八八頁。

(66) 同右、八八～八九頁。

(67) 新野氏は、『研究史国造』前掲、の中で「播磨国造祖速待」という表現は、「『現在の播磨国造の祖先で、彼も国造であった速待』という意味にもとれる」（一二七頁）と述べておられるが、記紀における他の用例からみて、そのように解するのはおそらく無理であろう。

(68) 薗田香融『日本古代の貴族と地方豪族』塙書房、一九九二年、所収「岩橋千塚と紀国造」二〇四頁。

(69) 同右、二〇九～二一〇頁他参照。

(70) 新野直吉『研究史国造』前掲、一四三～一四六頁。

(71) この点、『古事記』がこの説話の舞台を相武国としているのは、令制下の相模国の範囲で考えるならば矛盾ということになろう。『日本書紀』では駿河でのこととしている。

(72) 新野直吉『研究史国造』前掲、一四四頁。

(73) 吉田晶『日本古代国家成立史論』前掲、第二章「国造本紀における国造名」八七頁。

(74) 国造とそのカバネの問題については、次章で取りあげる。

(75) なお、『延喜式』臨時祭式座摩条には、「凡座摩巫。取二都下国造氏童女七歳已上者一充レ之。若及二嫁時一。申二弁官一充替」とあり、宮中の座摩社の巫を出していた都下国造氏の存在が知られるが、この都下国造氏と「闘鶏国造」(闘鶏稲置)との関係については、これを別氏とする見解(吉田晶『日本古代国家成立史論』前掲、第二章「国造本紀における国造名」九七頁注(11))も、同氏の可能性が強いとする見解(佐伯有清・高嶋弘志編『国造・県主関係史料集』前掲、一九四頁補注(230))もあってはっきりしないが、もし同氏であるならば、闘鶏稲置一族が後に国造氏(都下国造氏)に認定される際、かつて国造であったと詐称したようなことがあり、それがこの允恭紀の説話に反映されているといったことも考えられるかもしれない。

(76) 津田左右吉『日本上代史の研究』岩波書店、一九四七年、第一篇「上代の部の研究」、等参照。

(77) 日野昭『日本古代氏族伝承の研究』続篇、永田文昌堂、一九八二年、第五部第五章「膳氏の伝承の性格」三七八〜三七九頁。

(78) 志田諄一『古代氏族の性格と伝承』雄山閣、一九七一年、第五章二「倭直」。楢崎千城「倭氏考」(『日本書紀研究』第八冊、一九七五年)、等参照。

(79) 坂本太郎他校注『日本書紀』上(日本古典文学大系)前掲、四六五頁頭注二〇。

(80) 直木孝次郎氏の研究(同『日本古代国家の構造』青木書店、一九五八年、第Ⅱ部二「人制の研究」)によれば、「人制」は六世紀代に発達した制度であり、その中の宍人の制は六世紀中葉に成立したものとされている(二〇九〜二一一頁他)。しかし、稲荷山古墳出土鉄剣銘の「杖刀人」、江田船山古墳出土大刀銘の「典曹人」などの存在からすれば、宍人を含めて「人制」の成立した時期は、もう少しさかのぼらせて考えてよいように思う。

(81)　なお、部民制全般についての私見の概要は、第三編第一章の付論で述べる。
(82)　なお、吉備地方における国造制についての私見は、第三編第三章参照。
(83)　新野直吉『日本古代地方制度の研究』前掲、八八頁。
(84)　坂本太郎『日本古代史の基礎的研究』上、東京大学出版会、一九六四年、所収「継体紀の史料批判」二四六〜二四七頁。
(85)　吉田晶「古代国家の形成」(『岩波講座日本歴史』2、岩波書店、一九七五年)五一頁他。前田晴人「古代国家の境界祭祀とその地域性」下(前掲)二五〜二六頁。平林章仁「国造制の成立について」(前掲)一八〜二〇頁。
(86)　今泉隆雄「八世紀郡領の任用と出自」(『史学雑誌』八一—一二、一九七二年)参照。
(87)　坂本太郎他校注『日本書紀』下(日本古典文学大系)岩波書店、一九六五年、五四八頁補注18—三参照。
(88)　吉田晶『日本古代国家成立史論』前掲、第二章「国造本紀における国造名」八五〜八六頁注(36)。平林章仁「国造制の成立について」(前掲)二〇頁、等参照。
(89)　原島礼二『日本古代王権の形成』前掲、第三部「屯倉の成立とその意義」。
(90)　この点は平林章仁氏も指摘されるところである。平林章仁「国造制の成立について」(前掲)二〇頁。
(91)　なお、旧著(『国造制の成立と展開』吉川弘文館、一九八五年)においてこのように述べたことに対して、最近、森田悌氏から、具体的な内容をともなうこの安閑紀の武蔵国造についての記事は、その信憑性を否定しなければならない理由はなく、安閑朝における武蔵国造の存在も認めてよい、との御指摘をうけた。森田悌『古代東国と大和政権』新人物往来社、一九九二年、三九〜四一頁。また森田氏は、『日本書紀』の屯倉設置記事の配置を編者の作為とする原島礼二氏の説についても、数字の恣意的操作であるとして批判されている。同、七七〜八一頁。たしかに、この安閑紀の記事の信憑性を否定する決定的な理由は存在しないといわなければならないであろうが、森田氏の原島説批判もなお十分なものとは思われず、安閑朝に屯倉設置記事が集中して載せられているのは、事実の伝えに基づくものではなく、『日本書紀』編者の認識によるものである可能性は、依然として高いと考える。この記事からは安閑朝における武蔵国造の存在を確認できない、という点は主張できると思う。
(92)　吉田晶「古代国家の形成」(前掲)五八〜六一頁参照。

(93) 同右。
(94) 坂本太郎他校注『日本書紀』下（日本古典文学大系）前掲、一四三頁頭注二三参照。
(95) なお、旧著（前掲）でこのように述べたことに対して、山尾幸久氏は、⑿の「筑紫国造」、⒀の「倭国造」、⒁の「火葦北国造」「紀国造」もまた、その当時の用語ではなく、某国造の祖先の意味で使われているとされる。山尾幸久「大化年間の国司・郡司」（前掲）九一〜九七頁。たしかに、⑿⒀⒁（欽明紀・敏達紀）の「某国造」を、その当時の用語とみるべき確証があるわけではない。ただ、⑿⒀⒁の国造関係記事の記事内容が、それ以前の記事に比べて信憑性の高いものであることは認められるであろう。
(96) 薗田香融『日本古代財政史の研究』塙書房、一九八一年、第八章「律令国郡政治の成立過程」三二六〜三二七頁。直木孝次郎「大宝令前官制についての二、三の考察」（井上光貞博士還暦記念会編『古代史論叢』中巻、吉川弘文館、一九七八年）一一七〜一一九頁、等参照。
(97) 坂本太郎『聖徳太子』吉川弘文館、一九七九年、八二〜九九頁、等参照。
(98) ただし、「天皇記」「国記」という書名まで当時のものとして認めようとするものではない。
(99) 皇極紀の叙述に、その全体を通して蘇我入鹿の殺害を正当化しようとする意図が認められることは、改めて述べるまでもあるまい。

第三章　国造制の成立過程

はじめに

前章では、記紀の国造関係記事（『日本書紀』は皇極紀まで）を取りあげ、各記事の信憑性や、それぞれにおける「国造」「某国造」の語義・用法などについて検討を加えてきた。本章では、その結果を踏まえ、国造制の成立時期、施行過程、成立の契機などの問題を考えていくことにしたい。

国造制の成立過程については、ヤマト政権に服属した地方豪族を国造に任じていくことで、漸次に成立・拡大していった、との見方が、いまだに広く認められるようである。しかし、そのように考えなければならない説得力を持った論拠は、ほとんど示されていないように思う。後述のとおり私は、国造制は広範囲にわたって一斉に施行された制度と考えるのであるが、そのように考えた場合、一般にいわれるところの「国造（制）の地域的多様性」をいかに説明するか、という問題が生じてくるであろう。「国造（制）の地域的多様性」は、国造のカバネの多様性とその地域的偏差を理由に説かれることが多く、本章では、その点との関連で、国造のカバネについても言及することにしたい。(1)

第一節　成立時期

最初に国造制の成立時期についてであるが、まずは前章の検討結果の中から、それにかかわる点を列挙しておくことにしよう。

(1) 諸地域の首長が本来の称号としてのワケを称していた段階（おそらく五世紀後半頃まで）では、いまだ国造制は成立していなかったと推定される[2]。

(2) 記紀が国造制の成立を成務朝のこととしているのは、記紀編者の作為（ないしは七世紀前半以降の中央権力による作為）によるものと考えられる。

(3) 七世紀の前半において、国造―稲置の地方行政組織が存在していたことは、『隋書』の記事からもほぼ間違いなく、それ以前に国造制は成立していたと考えられる。

(4) 仁徳紀十六年七月朔条に「播磨国造祖速待」とあること、履中紀六年二月朔条に「是讃岐国造。阿波国脚咋別。凡二族之始祖也」という系譜記事が載せられていることから、仁徳朝・履中朝の段階（実年代を与えるならばおそらく四世紀末から五世紀初め頃）では、国造制は未成立であったことがうかがえる。

(5) 継体朝以前における「国造」「某国造」の存在を伝える記紀の記事は、いずれも編者の創作ないし潤色と考えられ（雄略紀七年八月条の「或本」にみえる「国造吉備臣山」は、編者の創作・潤色ではないにせよ、雄略朝の人物かどうか確認できない）、これらの記事から、それぞれの時期における国造の存在を主張することはできない。

(6) 継体紀二十一年〜二十二年条に記される「筑紫国造磐井」の乱は、乱自体は事実と考えられるが、磐井を「筑紫国造」としたのは『日本書紀』編者の潤色である可能性が強く、乱後にこの地域に国造制が施行されたとみるのが妥当である。

(7) 安閑紀元年四月条にみえる「伊甚国造稚子直」、同年閏十二月条にみえる「武蔵国造笠原直使主」（これらはいずれも東国の国造であるが）も、安閑朝における実在した国造と確定することはできない。

(8) 欽明紀十五年（五五四）条の「筑紫国造」、同二十三年条の「倭国造手彦」、敏達紀十二年（五八三）条の「紀国造押勝」、およびそこから知られる宣化朝における「火葦北国造刑部靫部阿利斯登」は、いずれもその当時の実在の国造と考えられ、六世紀後半には、少なくとも畿内以西の地域においては国造制が成立していたものと推定される。

これらの諸点からすれば、国造制の成立時期は、磐井の乱を画期とした乱後の六世紀中葉に求めるのが最も妥当であることは、改めて述べるまでもあるまい。ただ右の諸点は、ほとんどが記紀の関係記事それ自体の検討から得られた結果であって、そのようにいうためには、さらに説明を要する他の史料も残されている。

その中でも、最も問題となるのは、『釈日本紀』巻十三所引の「上宮記」一云の文章であろう。

上宮記曰。一云。凡牟都和希王娶㆓洷俣那加都比古女子名弟比売麻和加《稚野毛二派皇子母》㆒。生児若野毛二俣王。娶㆓母々恩(思カ)己麻和加《大郎子》中比売《以下四人母》㆒。生児大郎子。一名意富々等王。妹践坂大中比弥王。弟田宮中比弥。弟布遅波良己等布斯郎女四人也。此意富々等王娶㆓中斯知命《乎非王母》㆒。生児乎非王。娶㆓牟義都国造名伊自牟良君女子名久留比売命《彦主人王母》㆒。生児汙斯王。娶㆘伊久牟尼利比古大王児伊波都久和希。児伊波智和希。児伊波己里和気。児麻和加(加和カ)介。児阿加波智君。児乎波智君。娶㆓余奴臣祖名阿那尒比弥《都奴牟斯君并振媛母》㆒。生児都奴牟斯君。妹布利比弥命㆖也。汙斯王坐㆓弥乎国高嶋宮㆒時。聞㆓此布利比売命甚美《継体天皇母》女㆒。遣㆑人召㆔上自㆓三国坂井県㆒而娶所㆑生。伊波礼宮治㆓天下㆒乎富等大公王也。（後略）

（引用は黛弘道氏の訂正に従った(3)）

これによれば、乎富等大公王（継体天皇）の父方の祖母の父が、「牟義都国造名伊自牟良君」と記されており、継体の三世代前にすでに国造が存在していたことになるのである。しかし、ここの「牟義都国造」については、「上宮記」一云が成立した段階での追記ということも考えられるのではあるまいか。また、継体の母方の祖母が「余奴臣祖名阿那尓比弥」と記されていることからすれば、「牟義都国造名伊自牟良君」も、本来は「牟義都国造祖名伊自牟良君」とあった可能性も否定できないと思う。いずれにせよ、この史料からは、「上宮記」一云が成立した段階での牟義都国造の存在しか確認できないのではないだろうか。

ただし、それはそれとして重要な意味を持つものといわなければなるまい。黛弘道氏によれば、「上宮記」一云の成立年代は「大化」以前にさかのぼるとされており、この史料によって「大化」以前における国造の存在が確認できるからである。黛氏は、「上宮記」の用字法（仮名遣い）と、推古朝遺文、『古事記』、藤原宮址出土木簡などのそれとを詳しく比較検討され、「上宮記」の用字法は藤原宮址出土木簡よりも古く、推古朝遺文に近いことを明らかにされたのであり、「上宮記」に引く一云は、当然その「上宮記」よりも古く、「大化」以前の成立と推定してよいとされたのである(4)。黛氏のこの見解は一般に承認されているところであり、私もまた従うべき見解と考えている(5)。

次に、『日本三代実録』貞観三年（八六一）十一月辛巳条の記事も問題となろう。

（前略）先レ是。正三位行中納言兼民部卿皇太后宮大夫伴宿禰善男奏言。書博士正六位下佐伯直豊雄款云。先祖大伴健日連公。景行天皇御世。随二倭武命一。平二定東国一。功勲蓋レ世。賜二讃岐国一。以為二私宅一。健日連公之子。健持大連公子。室屋大連公之第一男。御物宿禰之胤。倭胡連公。允恭天皇御世。始任二讃岐国造一。倭胡連公。是豊雄等之別祖也。孝徳天皇御世。国造之号。永従二停止一。同族玄蕃頭従五位下佐伯宿禰真持。正六位上佐伯宿禰正雄等。既貫二京兆一。賜二姓宿禰一。（中略）豊雄又以二彫虫之小芸一。忝二学館之末員一。顧二望往時一。悲歎良多。准二正雄等之例一。特蒙二改姓改居一。善男等謹検二家記一。事不二憑虚一。従レ之。

ここにみえる佐伯直豊雄の款状によれば、豊雄らの別祖である倭胡連公が允恭天皇の時代にはじめて讃岐国造に任ぜられたというのであり、六世紀中葉に国造制の成立を求める私見に反するのである。しかし、九世紀半ば過ぎの時期における改姓改居を願った款状の内容が、はたしてどれほどの信憑性を持つものか疑問であろう。「景行天皇御世。随二倭武命一。……」というのは、記紀に基づく創作である可能性が強いし、「孝徳天皇御世。国造之号。永従二停止二」というのも、第二編第二章で述べるとおり事実に合わない。それに、そもそも大伴氏の人物を佐伯直の別祖としていることと自体、九世紀以降の述作と考えられるのである。(6) また、讃岐国造については『続日本紀』延暦十年（七九一）九月丙子条にも、

讃岐国寒川郡人正六位上凡直千継等言。千継等先。星直。訳語田朝庭御世。継二国造之業一。管二所部之堺一。於レ是因レ官命レ氏、賜二紗抜大押直之姓一。而庚午年之籍、改二大押字一。仍注二凡直一。是以星直之裔。或為二讃岐直一。或為二凡直一。方今　聖朝。仁均二雲雨一。恵及二昆蚑一。当二此明時一。冀照二覆瓫一。請因二先祖之業一。賜二讃岐公之姓一。　勅。千継等戸廿一烟依レ請賜レ之。

とあるが、ここにみえる凡直千継らの言では、「訳語田朝庭御世」（敏達朝）に千継らの先である星直が国造の業を継いだとされているのである。これが事実の伝えであるならば、敏達朝以前にすでに讃岐国造は存在していたことになるが、この凡直千継らの言と佐伯直豊雄の款状の内容とは矛盾していると考えられるのであり、(7) この点からも款状の信憑性は疑われるであろう。

ただし八木充氏は、山陽・南海地域に分布する凡直を称する国造は、六世紀後半に後次的に編成されたものであり、

いくつかの「小国造」を統合した広範囲を管轄した国造であったとされ、(8)讃岐国造に関するこの二つの所伝については、「地域首長としての西部の国造またはその一族が佐伯直となったのち、東部の讃岐凡直が国造につき、西部地方をも包括する、より広領域を管轄する地方官の地位にあった」(9)ことを示すとされている。凡直千継らの言によれば、それまで星直を名乗っていた人物が、敏達朝に国造の業を継ぎ所部の堺を管したため、その官にちなんで「紗抜大押直」(讃岐凡直)の姓を賜わったというのであるから、凡直を称する国造が二次的に編成された国造である可能性はたしかに高いと思われる。ただ、その国造制の再編にあたって、凡直国造の管轄内に組み込まれた他の国造(この場合でいえば讃岐西部の国造佐伯直)が、その後もそのまま国造(「小国造」)として存続したというのであれば、前章で述べたとおり、その見解には賛成することができない。

讃岐凡直が二次的に編成された国造であったとしても、そのことから、佐伯直豊雄の款状の内容を事実とみなすわけにはいかないであろう。佐伯直が孝徳朝まで国造であったとする点は、それでもなお凡直千継らの言と矛盾すると考えられるからである。允恭朝にはじめて国造に任ぜられたとする点は、伝承の独自性をうかがわせるものではあるが、この点についても、允恭紀に国造関係記事が多く載せられていることからの創作と考えられないことはあるまい。

なお、右の二つの史料のほかにも、『風土記』や系図類などには、六世紀中葉以前における国造の存在を伝える記事が残されてはいるが、(10)それらがいずれも信憑性に欠けるものであることは、ここで一つ一つ掲げて述べるまでもないと思う。

以上のことは、国造制成立の時期が六世紀中葉に求められる点を何ら積極的に示すものではないが、ここではそのように考えて史料的障害のないことを述べたつもりである。

第二節　施行過程

前節の(8)に掲げたように、六世紀後半の段階では、畿内以西の地域（西日本）にはすでに国造制が成立していたと推定されるのであるが、その頃の東日本においては国造の存在が確認できないのである。そして、この点に関連して注目できるのは、崇峻紀二年（五八九）七月朔条の次の記事である。

遣㆓近江臣満於東山道㆒使㆑観㆓蝦夷国境㆒。遣㆓宍人臣鴈於東海道㆒使㆑観㆓東方浜㆑海諸国境㆒。遣㆓阿倍臣於北陸道㆒使㆑観㆓越等諸国境㆒。

前章で述べたように、国造制の成立がそのクニの境界の画定をともなうものであったとするならば、この記事は、すでに原島礼二氏・平林章仁氏らによって説かれているとおり[11]、「東山道」「東海道」「北陸道」地域における国造制の施行を示す記事と考えられるのである。ただこのように主張するためには、なおいくつかの点についての説明が必要であろう。

まず第一には、右の記事の信憑性の問題である。しかしこれについて、今日とりたてて疑問とする説は行なわれていないようである。かつて津田左右吉氏は右の記事を虚構とされた[12]のであるが、それに対しては坂本太郎氏の批判があり、坂本氏は、使者の名に疑わしいところはなく、この頃東国への関心が高まってきたとして不審はないとされ、津田氏があげられた論拠はいずれも説得力に欠けることを述べられている[13]。「東山道」「東海道」「北陸道」という表記は、令制下の知識による可能性が高いが、それらを掲げる右の順序は、令制下において通常掲げられる順序（東海↓東山↓北陸）とは異なっており、この点からは、かえって右の記事が何らかのよるべき史料に基づいた記事であることが推測されるのである。崇峻二年（はっきりこの年に限定できないまでもこの頃）(14)に、東国（および越《コシ》）に対して「国境」を「観」るための使者が派遣されたことは、事実とみてよいと思う。

そこで次には、「国境」を「観」るということが、国造のクニの画定を意味するのか、という問題があげられるであろう。これに関して参考になるのは、孝徳紀大化二年八月癸酉条に載る「国司」発遣の詔の次の文章である。

宜下観二国々壃堺一。或書。或図。持来奉上示。国県之名来時将定。

これは、その時に発遣された「国司」（および国造）に対して、その任務の一つを命じた部分であるが、ここで「国々壃堺」を「観」るということが、「国県」を定めることに通ずる行為として位置づけられていることは明らかであろう。(15)これに準じて考えるならば、「国境」を「観」る＝国境の画定＝国（クニ）の制定と解することに、それほど無理はないと思う。そもそも、「国境」を「観」るということを、単に、すでに存在している国境を見るという意味に解したのでは、崇峻紀二年条の記事自体がほとんど意味を持たないものになってしまうであろう。

また、ここで東国（および越）に対して「国境」を「観」る使者が派遣されたことは、石上英一氏の指摘されるとおり、(16)崇峻紀五年十一月乙巳条に「馬子宿禰詐二於群臣一曰。今日進二東国之調一。乃使二東漢直駒一弑二于天皇一」とある「東国之調」の貢進と関連するであろう。「国境」を「観」ることと、その「国」からの調の貢進とが関連することは、孝徳紀大化元年七月丙子条に載る百済の使者への詔に、

（前略）中間以二任那国一属二賜百済一。後遣下二三輪栗隈君東人一観中察任那国堺上。是故百済王随レ勅悉示二其堺一。而調有レ闕。由レ是却二還其調一。任那所出物者。天皇之所二明覧一。夫自レ今以後。可四具題三国与二所レ出調一。（後略）

とある「任那の調」の場合も同様である。「国境」を「観」るということが単に見るという意味にとどまらないことは、この点からも推測されるのである。

石上氏は、崇峻紀二年条の記事を、「国境画定作業による東国の政治的支配領域の再編成」とされ、それに「もとづいて各領域より租税として貢進されたのが東国之調である」と説かれるのであるが、[17]石上氏のいわれる「政治的支配領域の再編成」は、国造制の施行と置き換えてよいのではないだろうか。石上氏が「東国之調」を国造制下における税制とされる点には疑問もあるが、[18]東国に国造制が施行された結果の「東国之調」であることは、間違いないと思われる。

なお、崇峻紀二年条の記事を右のように解することに対して、若月義小氏は、「国造」の〃領域支配〃は未証明であり、疑問があるとされている。若月氏によれば、崇峻紀二年条の「国境」を「観」るというのは、「調」を出す特定の「国」を指定することであり、その場合の「国」とは、一定地域内の主たる村落とそれが統括する特定の村落のことであって、それらの村落を実際にミヤケ化することが、「国境」を「観」るということの意味であるとされる。[19]たしかに、国造がクニの全域を一円的に支配したというような意味での〃領域支配〃には疑問があろうが、国造がクニという一定の範囲を管轄したことは、クニノミヤツコという語からして否定し難いのではなかろうか。崇峻二年頃の段階で「国境」を「観」るといった場合、その「国」は国造のクニを指すと解するのが、やはり最も自然な解釈であると思う。

以上、崇峻紀二年条の記事を、東国（および越）における国造制の施行を示す記事とみて差し支えないことを述べてきたが、この点が認められるならば、右の記事からは、国造制が東国（および越）という広範囲にわたって一斉に施行された制度（少なくとも一斉に施行が命ぜられた制度）であった、という点もうかがえるといえるのである。もっとも、国造制の施行が互いに隣接する形でのクニグニの境界の画定をともなうものであったとするならば、[20]それは当然のことというべきであろう。

そして、東日本における国造制の施行が右のような形で行なわれたとするならば、西日本におけるそれも同様であったとみるのが自然であり、おそらく西日本においては、磐井の乱の鎮圧を契機とし、六世紀中葉にほぼ一斉に国造制が施行されたのではなかろうか。あるいは、磐井の乱そのものが、国造制施行の方針を打ち出した中央権力に対する地方豪族の反発ということを、乱の原因の一つとして持っていたのかもしれない。(21)「遂斬二磐井一。果定二壃場一」（継体紀二十二年十一月甲子条）という『日本書紀』編者の表現には、そうした状況が示されているようにも思えるのである。

ところで、国造のクニの画定方法であるが、それが大地を一線をもって画するようなものでなかったことはいうまでもあるまい。厳密な意味での「領域的行政区画」の成立は、大町健氏の説かれるとおり、(22)天武十二年（六八三）から十四年に行なわれた令制国の画定作業をまたなければならないと思う。『常陸国風土記』の多珂郡条には、多珂国造のクニは久慈のクニとの境である助河を「道前」とし、後の陸奥国石城郡の苦麻の村を「道後」として設定されたとあるが、この記事に象徴されるように、国造のクニは「道」（交通路）上の境界点によって示される区画にすぎなかったと推定されるのである。もちろんこうした交通路上の境界点は、国造制の施行以前からそれぞれの地域において形成され、存在していたものと考えられるのであり、クニの画定（国造制の施行）は、そのうちの特定の境界点をクニの境界として上から設定した、ということであろう。(23)『日本書紀』において国造のクニの画定を「観」ると表現しているのも、こうした画定のしかたと関係があるのではなかろうか。「観」るという以上は、「観」る対象がすでに存在していなければならない。

なお、東日本における国造制の施行が崇峻二年頃のことであったとするならば、それは、八木充氏のいわれる西日本（山陽道・南海道）における凡直国造制の施行（国造制の再編）(24)と関連した政策ではなかったか、という見方も当然、生じてくるであろう。凡直国造の設置された時期が、前節に引用した凡直千継らの言にいうとおり敏達朝のことであったならば、その後まもなく東日本に国造制が施行されたということになるからである。

凡直国造制については、既存のいくつかの「小国造」を統合したより広域の国造が凡直国造であるとした八木説に対して、既存の「小国造」の領域外に新たに設置された国造が凡直国造であるとする説も出されているが、[25]先にも述べたように、凡直千継らの言による限り、凡直国造が二次的に設置された国造であることはほぼ間違いなく、「あまねく」「おしなべて」という「凡」の語義から考えて、やはり八木説の方に妥当性が認められるのではなかろうか。ただし、凡直国造とそれ以前の国造との間に、八木氏のいわれるような違いがあったかどうか、その点は疑問ではないかと思う。八木氏は、凡直国造制の成立は「部民制的貢納関係の弛緩に対応して、国造の国を単一の賦課単位とする行政区画への変質と民衆の新しい地域的編成に基づく地方組織の再編にほかならなかった」とされるが、[26]もしそのような支配内容にかかわる違いがあったとするならば、なぜ凡直国造制が山陽道・南海道の地域（しかもそのすべてではない）に限られて施行されたのか、という点が十分に説明できないように思われる。凡直国造制がそれ以前の国造制に比べてより発達した地方支配制度であったならば、当然それは、他の地域に対しても施行されたはずと考えられるのである。

凡直国造がなぜ山陽道・南海道の限られた地域にのみ設置されたのか、それと東日本における国造制の施行がどのように関係するのか、こうした問題について具体的に考察するのは困難であるが、後述のとおり、[27]国造制の成立の契機に軍事動員体制の整備・強化ということが考えられるとするならば、この凡直国造の設置と東日本における国造制の施行も、やはり軍事体制の強化ということで軌を一にした政策であったと推定されてよいであろう。ただ、凡直国造の設置を、「凡直国造制」の施行と呼び得るような、支配内容の変化をともなった国造制の再編とみるのは疑問ではないかと思うのである。石母田正氏は、八木氏のいわれる凡直国造を大国造の典型とされ、国造制一般の中から大国造制の成立したことこそが、国家の地方支配にとって重要な画期であったと説かれるが[28]、私は、国造制ははじめから、石母田氏のいわれる「大国造制」の内容をもって成立した支配制度であったと考えるのである。

第三節　国造のカバネ

これまで述べてきたように、私は、国造制は磐井の乱後の六世紀中葉にまず西日本を範囲としてほぼ一斉に成立し、その後半世紀ほど経過した六世紀末の段階で、東日本にも一挙に実施されたと考えるのであるが、そのことからして、国造制は内容的にも全国斉一の支配制度であったと考えている。はじめにも述べたように、このように考えた場合に問題となるのは、従来から指摘されているところの「国造（制）の地域的多様性」である。しかし、はたしてそれは、一個の支配制度としての国造制の内容や、その施行時期に地域的な違いのあったことを示すものなのであろうか。ここではその点について考えてみたい。

「国造（制）の地域的多様性」ということが一般にいわれるようになったのは、阿部武彦氏の「国造の姓と系譜」[29]と、井上光貞氏の「国造制の成立」[30]の二つの研究によるところが大きいと思われる。阿部氏は、国造の氏姓を網羅的に蒐集・分類された太田亮氏の研究[31]を受け、国造のカバネ（および姓）について次のような諸点を指摘された[32]。

(1)　国造のカバネは直が最も多く一般的であるが、臣・君（公）も相当数存在する。ただし、伴造に一般的な連・造のカバネを称する国造は例外的存在である。

(2)　国造のカバネの分布には地域的な特徴があり、北陸・山陰・山陽・西海道方面では、直を称する国造よりも他のカバネの国造の方が多い。

(3)　臣のカバネを称する国造は、北陸・山陰・山陽方面に多くみられ、吉備臣・出雲臣などの例に示されるように有力な国造であったと考えられる。

(4)　君(公)のカバネの国造も有力な国造と考えられるが、筑紫君・上毛野君・下毛野君など遠隔地に多く、臣の国造よりはヤマト政権への服属年代が新しかったこと、ヤマト政権にとって臣の国造ほどの重要性を持っていなかったこと、などが推測される。

(5)　直のカバネの国造は、直という画一的なカバネで統一できた国造であり、ヤマト政権に対する服属の画一性を有していたと考えられる。

(6)　国造のほとんどは地名+カバネの姓を称するが、一部には職名・部名+カバネの姓(伴造たることを表わす姓)を称する国造もおり、それはヤマト政権への隷属度の高い国造と考えられるが、それがとくに東国に多いことは、東国の特殊性を示すものである。

また、井上光貞氏は、氏姓に示される「国造(制)の地域的多様性」に関して、次のような点を指摘されている(33)。

(1)　直のカバネの国造は畿内を中心に普遍的に分布するが、直以外のカバネの国造の分布は特定の地域に限られている。

(2)　直のカバネの国造は、それ以外のカバネの国造に比してヤマト政権への隷属度が高かったと考えられる。

(3)　すなわち、国造には直のカバネを賜与するのが原則であったが、君(公)を称する国造は、ヤマト政権が直のカバネを賜与し得なかった独立性の高い国造であり、臣・連のカバネを称する国造は、直の国造とは同列にあつかうことのできなかった国造であった。

(4)　東国に多い名代・子代の伴造たる氏姓を称する国造は、一般の直のカバネの国造よりもさらに隷属度の高い国造であったと考えられるが、それらの伴造的国造は、それぞれの氏姓にいうところの名代・子代の設置時期と同じ時に成立した国造と考えられる。

井上氏は、国造制を考察するにあたって「国造本紀」を資料から除外されており、氏が国造のカバネとしてまとめられた表は第3表のとおりである。ただ「国造本紀」の「国造」の例を加えたとしても、国造のカバネの分布上の特徴には変わりはないといってよいであろう。「国造本紀」の「国造」も加えたのが第4表[34]であるが、両表を比較してもその特徴に大きな違いは認められない。

もちろん、国造制下の国造がどのようなカバネを称していたかを直接に示す史料はほとんど残されていないのであ

第3表　国造のカバネ（井上光貞氏作成表）

畿内	倭（直）　葛城（直）　山代（直）　河内（直）
東海道	尾張（連）　甲斐（連） 相武（直）　無邪志（直）　伊甚（直）　上菟上（直）　下菟上（直）　新治（直）　仲（直）
東山道	近淡海（直） 三野（国造）　牟義都（君）　飛騨（国造）　上毛野（君）
北陸道	越（公）　能登（臣） 三国（直）　角鹿（直）
山陰道	因幡（国造）　出雲（臣） 丹波（直）
山陽道	播磨（直）　周防（直）　穴門（直）　安芸（直） 吉備（臣）
南海道	木（直）　熊野（直）　粟（直）　長（直）　讃岐（直）　伊予（直）　越智（直）　風早（直）　土佐（直）
西海道	筑紫（君）　菟狭（公）　火（君）　阿蘇（君）　碩田（君） 豊（直、ただし国前臣ともある）

第4表　国造のカバネ

畿　内	大倭（直）　葛城（直）　凡河内（直）　山城（直）　山背（直）　闘鶏（直） 都下（？）
東海道	伊勢（直）　嶋津（直）　参河（直）　久努（直）　伊豆（直）　相武（直）　无邪志（直）　胸刺（直）　上海上（直）　伊甚（直）　菊麻（直） 阿波（直）　印波（直）　下海上（直）　千葉（直）　新治（直）　筑波（直）　仲（直）　高（直） 伊賀（臣・君？）　尾張（連）　穂（別）　遠淡海（？）　素賀（？）　珠流河（？）　廬原（公）　甲斐（連・直？）　師長（造）　知々夫（連） 須恵（使主）　馬来田（連）　武社（臣）　長狭（？）　茨城（連）　久自（？）
東山道	淡海＝近淡海之安（直）　阿尺（直）　石城（直）　那須（直） 額田＝近淡海（国造）　三野前（？）　三野後（？）　本巣（？）　牟義都（君）　斐陀（国造）　上毛野（君）　下毛野（君）　道奥菊多（？） 道口岐閇＝道尻岐閇（？）　思（？）　伊久（？）　染羽（？）　浮田（？）　信夫（？）　白河（？）　石背（？）　科野（？）
北陸道	角鹿（直）　佐渡（直） 若狭（臣）　高志（君）　三国（？）　加我（？）　加宜（？）　江沼（臣）　能等（臣）　羽咋（君）　伊弥頭（臣）　久比岐（？）　高志深江（？）
山陰道	丹波（直） 但遅麻（君）　二方（？）　稲葉（国造）　波伯（造）　出雲（臣）　石見（？）　意岐（？）
山陽道	針間（直）　明石（直）　大伯（直）　阿岐（直）　周防（直）　穴門（直） 針間鴨（国造）　美作（？）　上道（臣）　三野（臣）　下道（臣）　加夜（臣）　笠臣（臣）　吉備中県（国造）　吉備穴（公・臣？） 吉備風（品カ）治（君）　大嶋（？）　波久岐（？）　都怒（臣）　阿武（君）
南海道	紀伊（直）　熊野（直）　淡道（直）　粟（直）　長（直）　讃岐（直）　伊余（直）　久味（直）　小市（直）　風速（直）　都佐（直） 怒麻（？）　波多（？）
西海道	豊（直）　大隅（直）　伊吉（直）　津嶋（直）　津嶋上県（直）　津嶋下県（直） 筑志（君）　竺志米多（君）　宇佐（君）　国前（臣）　比多（？）　大分（君）　火（君）　松津（？）　末羅（？）　阿蘇（君）　葦分（君） 天草（？）　日向（？）　薩摩（君）　葛津立（？）　多褹後（国造）

って、第4表の国造のカバネも、その多くは八世紀以降の郡領の氏姓などから推測したものにすぎない。また第4表には、実際には国造ではなかった「某国造」も含まれているであろう。[35] しかし、八世紀以降の郡領の氏姓などから国造のカバネを推測する方法が無効ということではなく、第4表は国造のカバネを全般的に論ずる上では有効なものと考える。

さて、そうであるならば、国造のカバネについての阿部・井上両氏の指摘は、その多くが妥当なものといってよいであろう。直のカバネの国造が他の国造に比してヤマト政権への隷属度が高かったとされる点はともかく、畿内をはじめ各地の国造に普遍的なカバネが直であり、国造のカバネとしては直が賜与されたと考えられること、直以外の臣・君（公）などを称する国造は地域的に偏在し、それらは直のカバネを賜与することのできなかった国造であったこと、これらの点は指摘のとおりであると思う。しかし、こうした点は、国造に任ぜられた在地首長の性格・あり方に違いがあり、その違いに地域的偏差があったことを示すものではあっても、国造制の内容それ自体に、カバネの違いに応じた違いや、地域的な差があったことを示すものとはいえないのではなかろうか。むしろ、国造に普遍的なカバネ（直）が存在するということからは、国造制の画一性をこそ推測すべきであろう。直以外の臣・君（公）などのカバネを称する国造については、国造制が施行される以前（つまり国造に任ぜられる以前）から、そのカバネを賜与されていたとみるのが妥当であると思う(36)。

また、国造（正確には国造を出していたと考えられる一族）は、そのほとんどが地名＋カバネの姓を有しているのであり、このことからは、国造は本来、地名＋カバネの職名的称号を称していたのではないか、との推測がなされるであろう(37)。そしてその地名（すなわち国造のクニの名）にこそ、国造の職名的称号としての具体的意味があったと考えられるのであり(38)、この点に関して参考になるのは、『新撰姓氏録』にみえる「姓氏」の由来を語った次の三つの伝えである。

(A) 佐伯直条（右京皇別下）

景行天皇皇子稲背入彦命之後也。男御諸別命。稚足彦天皇〈諡成務。〉御代。中二分針間国一給レ之。仍号二針間別一。（後略）

(B) 廬原公条（右京皇別下）

笠朝臣同祖。稚武彦命之後也。孫吉備建彦命。景行天皇御世。被レ遣ニ東方一。伐ニ毛人乃凶鬼神一。到ニ于阿倍廬原国一。

復命之日以ニ廬原国一給レ之。

(C)　大和宿禰条（大和国神別）

出レ自ニ神知津彦命一也。神日本磐余彦天皇。従ニ日向地一向ニ大倭洲一。到ニ速吸門一時。有ニ漁人一乗レ艇而至。天皇問曰。汝誰也。対曰。臣是国神。名宇豆彦。聞ニ天神子来一。故以奉レ迎。即牽ニ納皇船一。以為ニ海導一。仍号ニ神知津彦一。一名椎根津彦。能宣ニ軍機之策一。天皇嘉レ之。任ニ大倭国造一。是大倭直始祖也。

(A)に、成務天皇の時代に針間国を中分して給わり針間別と号したというのは、針間国造に任ぜられて針間別と称したということであろうし、(B)の廬原国を給わったというのも、廬原国造に任ぜられたことを指し、それによって廬原公を称したということであろう。そして(C)においては、大倭国造に任ぜられることによって大倭直と称するようになったことが直接的に語られている。これらの伝えの具体的内容についての信憑性にはもちろん問題があるが、これらはいずれも、国造に任ぜられることによってそのクニの名＋カバネの姓（実際には職名的称号）を称するようになった、とする点では一致しているのである。ただそれぞれのカバネは別・公・直と異なっているのであり、この点に、国造の職名的称号においてはその地名（画定されたクニの名）にこそ意味があった、ということがよく示されているといってよいであろう。

つまり、国造制の施行とカバネの賜与とは本来別個のものであったと推定されるのであり、国造のカバネが直であったとしても、それは国造に任ずる首長がそれまでカバネを持たなかった場合に、統一して直のカバネを賜与したということであって、国造を任ずるに際して、それぞれの国造の性格の違いに応じて直・臣・君（公）などの異なったカバネを賜与した、ということではなかったと思う。井上氏の(3)の指摘には、この点において疑問が持たれるのである。

次に、東国には伴造的国造が多いという、阿部氏の(6)、井上氏の(4)の指摘についてであるが、これらの国造も、おそらく国造に任ぜられた当初は、地名（クニの名）＋カバネの職名的称号を称したのではなかろうか。名代・子代の地方伴造であったことを示す姓を称しているということは、庚午年籍における定姓（あるいはその後の賜姓）の際の問題として考えるべきであって、それらの国造が他の国造と職務内容を異にしていたというのではあるまい。定姓の際に地方伴造であったことを示す姓を賜与された国造が東国に多かったという点は、たしかに東国の特殊性としてその意味を考えていかなければならない問題であろうが、そのことは、必ずしも国造制の内容に違いがあったことを示すものとはいえないと思うのである。またこのように考えるならば、井上氏が、姓に名代・子代の名を持つ国造の成立時期を、その名代・子代の設置時期と重ねて考えられた点も、やはり疑問とせざるを得ないであろう。

国造制による地方支配を、それぞれの地域において実際に行なっていくためには、それぞれの国造の在地首長としての力量にたよらなければならなかったことは確かであろうし[39]、その在地首長としてのあり方には、当然地域による違いがあったと思われる。したがって、当時（律令制以前）の地方支配体制全体を指して「国造制」というのであれば（実際にそのような意味で「国造制」の語が用いられることもあるが）、その「国造制」に、地域的多様性があったということは、もちろん否定されるべきものではない。しかし、一個の支配制度としての国造制の内容についていうならば、それが地域によって異なっていたとする十分な論拠は示されていないといえるのである[40]。これは、国造制の施行時期に地域による差があった（国造制が漸次に拡大していった）とする点についても、同様であろう[41]。国造制は、広範囲にわたって一斉に施行された斉一的内容の地方支配制度であった、とみなければならないと思う。

第四節　成立の契機

最後に、国造制成立の契機について、若干の考察を加えておくことにしたい。

まず注目される点は、最初に実在の認められる宣化朝・欽明朝の国造が、いずれも朝鮮半島派遣軍に加わっていた国造（筑紫国造・倭国造手彦）、ないしは軍隊編成をともなっていたかどうかは不明にしても、朝鮮半島に派遣された国造（火葦北国造刑部靫部阿利斯登・紀国造押勝）であったという点である（前章第四節引用『日本書紀』⑿⒀⒁参照）。国造が地方行政一般に携わった地方官であったことは、孝徳紀の国造関係記事などから明らかであり[42]、ともすれば、国造はその成立当初からそうした存在であったと考えられがちであるが、しかしそれは、けっして史料的根拠があってのことではないのである。国造制が成立したと考えられる六世紀中葉といえば、百済・新羅の加耶地方への進出により、朝鮮半島の状勢が緊迫の度合を増してきた時期であり、右の点は、国造制が本来、朝鮮半島派遣軍の確保を目的に施行された制度であったことを推測させるものではないだろうか。国造制がまず西日本に実施されたと考えられる点も、そのことを示しているように思われる。また、国造がもともと地方行政官として設置されたものならば、その国造自身が朝鮮半島派遣軍に加えられるというのもおかしなことではあるまいか。

一定の範囲をクニとして設定され、その範囲内の人民に対する軍事動員権（軍丁差発権）を与えられると同時に、朝鮮半島派遣軍に自らその軍丁を率いて参加する義務を負わされたのが、成立当初の国造であったと考えたい。もちろん国造は、その後まもなくクニを統轄する地方行政官としての性格を持つようになったのであろうが、最初にクニの範囲を画定して国造を任命する場合も、その範囲内の最高首長を国造に任ずるのを原則としたであろうことは、軍事動員を効果的に行なうためにも当然であったと推定され、もともと国造は容易にクニを統轄する行政官に転化し得る存在であったと考えられるのである。そして、国造に軍丁差発権を与えるということ自体も、一般には国造に任命される最高首長が、それ以前から有していた支配領域内の人民に対する徭役賦課権を前提とし、それに依存したものであったと考えられるであろう。(43)

ただし、どの範囲をクニとし、クニ内部のどの首長を国造に任命するかは、基本的には中央権力の政策にかかわる問題であり、必ずしもクニ内部の最高首長が国造に任ぜられたのではないことにも、十分注意しなければならない。とくに、畿内の国造については、それをクニ内部の最高首長とみることはできないであろうが、そのような畿内の国造の場合も、まずは軍事動員のため（つまり軍丁の地域的・面的差発のため）に設置されたと考えるならば、その成立事情を無理なく了解できるのではないだろうか。

なお、いうまでもないことではあろうが、国造の軍事官としての性格はその後も存続したと考えられるのであり、推古紀十年二月朔条（前章第四節引用『日本書紀』⑮）に示されるとおり、推古朝の新羅征討軍にも国造が動員されているのである。『隋書』倭国伝にいう「軍尼」は、前章第二節でも述べたように、国造を指すと考えられるが、そこに「軍」の字が使われていることには、国造の軍事的性格が示されているとの指摘もある。(44)また岸俊男氏によれば、八世紀の防人集団の編成にも、「国造軍」の遺制が認められるとされているが、(45)このことからも、国造が一貫して強固に軍事官としての性格を持っていたことが推測されるであろう。

推測を重ねた上でのことではあるが、国造制とは本来、朝鮮半島をめぐる国際関係の緊迫の中で、軍事動員体制を整える目的で施行された制度であり、成立当初の国造は、一般行政官としての任務は負わされていなかったという点を、一つの試論として提示しておくことにしたい。

次に、国造制成立の契機を、継体朝の成立と関連させて、さらに臆測を加えておこうと思う。

継体朝の成立事情について簡単に論ずることはできないが、継体がもとは畿外（越前ないしは近江）を本拠とした有力首長であり、畿内に入って大王となった人物であること（それが継体による王権の簒奪であったのか、畿内有力首長層による擁立であったのか、あるいは両方の要素を含むものであったのかは別として）、この点は事実とみてよいであろう。直木孝次郎氏によれば、継体紀と記紀の神武天皇伝説との間には多くの類似点があり、継体朝の事実ないし所伝をもとに、神武伝説が潤色・形成されたと考えられるとされている(46)。神武伝説のすべてが継体朝の事実・所伝に基づいて作られたのではないことは、直木氏自身もいわれるところであるが、両者に直木氏の説かれるような関係のあることは承認されてよいと思う。

とするならば、神武紀の記述において、即位後の論功行賞として、倭国造・葛城国造の任命が記されていること（前章第四節引用『日本書紀』(1)）は、改めて注意されるであろう。倭国造・葛城国造といった畿内の国造については、ややもすれば特殊なものとして除外されがちであるが、国造制の内容・性格を考える上で畿内の国造は重要な意味を持つと思うのであり、なにゆえ畿内にも国造が存在するのか、という点こそが問われなければならないと思う。吉田晶氏は、畿内の国造の一例として凡河内国造について検討され、それは「行政上の任務を遂行する官僚であ」ったと説かれているが(47)、このことは、一人凡河内国造にのみいえることではなく、他の畿内の国造にも、そして畿外の国造一般にも共通していえることではなかろうか。つまり国造制は、中央権力を構成する有力首長層の蟠踞する畿内においても、それをいくつかの行政区（成立当初は軍区）に分け、その内部の特定の首長を行政官（成立当初は軍区に対する軍丁差発権を持つ軍事官）に任命し得る、そういう制度であったと考えられるのである。

そして、そのように考えてよければ、そうした国造制を成立させた主体（そうした制度を必要とした主体）としては、畿外から畿内に入った人物を頂点とした政治権力、すなわち継体朝（およびその後の政権）を考えるのが、最も理解しやすいといえるのではないだろうか。継体朝の段階ですぐに畿内に国造制が施行されたといおうとするのではないが、継体朝の成立が、国造制成立の政治史上の契機になったと臆測するのである。

注

（1）旧著（『国造制の成立と展開』吉川弘文館、一九八五年）で、国造制が広範囲にわたって一斉に施行された制度と述べたことに対しては、鎌田元一氏から、「そこでは国造の持つカバネの多様性、その地域的偏差の意味が考慮されておらず、なお問題があろう」との御指摘を受けた。鎌田元一「日本古代の『クニ』」（『日本の社会史』第6巻、岩波書店、一九八八年）三三頁注(11)。また最近の狩野久「部民制・国造制」（『岩波講座日本通史』第2巻、岩波書店、一九九三年）においても、「国造（制）の地域的多様性」が強調されている。
（2）この点は、本編第一章で述べたことからも推定される点である。
（3）黛弘道『律令国家成立史の研究』吉川弘文館、一九八二年、第三編第三「継体天皇の系譜についての再考」四八〇～四八二頁。
（4）同右、四八三～五〇七頁。
（5）「大化以前の国造」（いわゆる旧国造）の存在を否定される山尾幸久氏の説（山尾幸久「国造について」〔古代を考える会編『藤澤一夫先生古稀記念古文化論叢』藤澤一夫先生古稀記念論集刊行会、一九八三年〕、同「大化年間の国司・郡司」〔『立命館文学』五三〇、一九九三年〕他）には、この点からも疑問があると考える。
（6）佐伯有清『伴善男』吉川弘文館、一九七〇年、一七六～一七八頁参照。
（7）佐伯直豊雄の款状においては、允恭朝から孝徳朝に至るまで引き続いて佐伯直が讃岐国造であったとされており、両者の所伝がともに事実とするならば、敏達朝から孝徳朝までは二つの讃岐国造が存在したことになってしまうのである。
（8）八木充『日本古代政治組織の研究』塙書房、一九八六年、後編第二章「凡直国造とミヤケ」二四一～二五五頁。

(9) 同右、二四七頁。
(10) 佐伯有清・高嶋弘志編『国造・県主関係史料集』近藤出版社、一九八二年、参照。
(11) 原島礼二『古代の王者と国造』教育社、一九七九年、二二一～二二二頁。平林章仁「国造制の成立について」(『龍谷史壇』八三、一九八三年)九頁。
(12) 津田左右吉『日本古典の研究』下、岩波書店、一九五〇年、一〇七～一〇八頁。
(13) 坂本太郎『日本古代史の基礎的研究』上、東京大学出版会、一九六四年、所収「日本書紀と蝦夷」一八六頁、一九九～二〇〇頁注(七)。
(14) 『日本書紀』のこの場合の繫年の信憑性を、この程度に解しておきたい。
(15) なお第二編で述べるように、私はこの部分を、国造のクニの再編と評(コホリ)の設置を命じた部分と解釈している。
(16) 石上英一「日本古代における調庸制の特質」(『歴史学研究』別冊、一九七三年大会報告、一九七三年)二八～二九頁。
(17) 同右、二八頁。
(18) 長山泰孝氏が指摘されるように、国造制下の税制としては、服属儀礼としての性格の強い「東国之調」を考えるよりも、「すでに服属儀礼から切り離され、租税としてより純粋化した貢物が存在した」とみる方がよいと思う。長山泰孝『律令負担体系の研究』塙書房、一九七六年、第一章「律令調制の成立」三六～三七頁。
(19) 若月義小「『東国の調』の実態と性質」(『立命館文学』五二一、一九九一年)二七頁。
(20) 国造のクニが互いに隣接して設置されたと推定されることは、前章第二節で述べたとおりである。
(21) この点は、すでに前田晴人氏の指摘されているところである。前田晴人「古代国家の境界祭祀とその地域性」下(『続日本紀研究』二一六、一九八一年)二五頁。
(22) 大町健『日本古代の国家と在地首長制』校倉書房、一九八六年、第一章「律令制的国郡制の特質とその成立」七五頁他。
(23) この点も、すでに前田晴人氏の指摘されているところである。前田晴人「古代国家の境界祭祀とその地域性」下(前掲)三〇頁他。同「『四方国』制の実態と性格」(『続日本紀研究』二二五、一九八三年)四～五頁。前田氏は、国造制の施行は在地における「首長相互間の恣意的な領域拡張の動向とそれをめぐる紛争を阻止する役割を果たした」(「『四方国制の実態と性格」四頁）とされ、国家成立史上における国造制の意義を高く評価されている。また、前田氏および平林章仁氏は、『新撰姓氏録』摂津国皇別坂合部条に「允恭天皇御世。造二立国境之標一。因賜二姓坂合部連一」とあることから、国造のクニの画定作業は坂合部連の職掌であったとされる（前田晴人「古代国家の境界祭祀とその地域性」下〔前掲〕二五頁他。平林章仁「国造制の成立について」〔前掲〕九〜一〇頁）が、この点もそのように考えてよいと思う。なお前田氏は、国造制に照応した広域の編成組織として「四方国＝四道」制が存在したと説かれる（前田晴人「『四方国』制の実態と性格」〔前掲〕、同「『四方国＝四道』制の構造」〔『続日本紀研究』二三五、一九八四年〕）のであるが、「四方国」「四道」という語は、前田氏の詳細な検討にもかかわらず、私にはなお抽象的・観念的用語に思えるのであり、それを実際に存在した広域の地域区分とみるのは疑問ではないかと考えている。

(24) 八木充『日本古代政治組織の研究』前掲、後編第二章「凡直国造とミヤケ」。

(25) 松原弘宣『日本古代水上交通史の研究』吉川弘文館、一九八五年、第一編第一章「大化前代の津支配と国造」四三〜四七頁。

(26) 八木充『日本古代政治組織の研究』前掲、二五二頁。

(27) 本章第四節。

(28) 石母田正『日本の古代国家』岩波書店、一九七一年、三六五〜三七一頁他。

(29) 『史学雑誌』五九―一一、一九五〇年。後に阿部武彦『日本古代の氏族と祭祀』吉川弘文館、一九八四年に収録。ここでは後者による。

(30) 『史学雑誌』六〇―一一、一九五一年。

(31) 太田亮『全訂日本上代社会組織の研究』邦光書房、一九五五年、六七九〜六八六頁。ただし、阿部氏が参照されたのは、改訂前の、太田亮『日本上代に於ける社会組織の研究』磯部甲陽堂、一九二九年。

(32) 阿部武彦『日本古代の氏族と祭祀』前掲、七七〜九三頁。

(33) 井上光貞「国造制の成立」（前掲）三〇〜三七頁。

(34) この表では、古代の文献上に「某国造」とある例は、律令制下の国造（いわゆる新国造）および「東国造」（『古事記』景行天皇段)、「神郡国造」(『類聚三代格』巻七)を除き、管見の限りすべて取りあげてある。したがって、「国造本紀」の「国造」のほかにも、井上光貞氏が採用されなかった例を含んでいる。なお私は、「国造本紀」の「国造」は大宝二年(七〇二)に公認された国造氏のことであり、その中には実際には国造でなかった一族も含まれているが、国造氏は原則として国造であった一族が認定されたものと考えている(前章第三節でも述べたが、詳しくは第二編第五章、第三編第四章参照)。

(35) 前注(34)参照。また闘鶏国造、都下国造、千葉国造なども、実際には国造ではなかった可能性が高い。

(36) 同様のことは、武光誠氏も指摘されるところである。武光誠「地方豪族のカバネと国造制」(『明治学院論叢総合科学研究』四〇、一九九一年)一九五～一九六頁他。

(37) 加藤晃「我が国における姓の成立について」(坂本太郎博士古稀記念会編『続日本古代史論集』上巻、吉川弘文館、一九七二年)四二〇～四二三頁他参照。

(38) このことは、国造の設置がそのクニの画定をともなったものと考えられることからしても、当然といえよう。

(39) 石母田正『日本の古代国家』前掲、二七八～三四八頁他参照。

(40) なお井上光貞氏は、「国造制の成立」(前掲)の中で、国造と県主との関係のあり方に地域による違いがあるとされ、「国県制」の地域的多様性を説かれている(一二～三〇頁)が、「国県制」についての理解は、井上氏自身後に変えておられる(井上光貞『日本古代国家の研究』岩波書店、一九六五年、第Ⅱ部第一章所収「国県制の存否について」参照)のであり、国造と県主との関係のあり方から主張された「国県制」(国造制)の地域的多様性については、ここで問題にする必要はないと思う。また右の点を、国造とクニ内部の他の首長層との関係のあり方の違いに置き換えて考えたとしても、それは、国造制施行以前からそれぞれの地域において形成されていた在地首長相互の結合のあり方に、違いがあったことを示すものにすぎないのではなかろうか。もちろん国造制が施行されたことにより、その結合のあり方に変化が生ずる、といったことはあったであろう。

(41) なお「国造本紀」の各「国造」の伝文によれば、それぞれの国造の設置時期にはかなりの違いがあったことになるが、「国造本紀」の国造設置時期についての記載が信憑性に欠けるものであることは、第三編第四章を参照。

(42) この点については、第二編第二章で述べる。

(43) 石母田正『日本の古代国家』前掲、三七九〜三八二頁参照。
(44) 本位田菊士『日本古代国家形成過程の研究』名著出版、一九七八年、第二部第四章所収「国造姓『直』に関する一、二の問題」三五九頁。
(45) 岸俊男『日本古代政治史研究』塙書房、一九六六年、Ⅶ「防人考」二九一〜二九九頁。なお岸氏は、初期の国造である筑紫国造や倭国造手彦の例を、「国造がその一族を統率して従軍していたことを示すものであろう」(同右、二九九〜三〇〇頁)と述べられているが、国造が率いたのは一族の人々ではなく、本文に述べたとおり管内から広く徴発した軍丁(その中に国造一族の人々も含まれていた場合はあったかもしれないが)であったと考えられる。
(46) 直木孝次郎『日本古代国家の構造』青木書店、一九五八年、第Ⅲ部一「継体朝の動乱と神武伝説」二五五〜二六二頁。
(47) 吉田晶『日本古代国家成立史論』東京大学出版会、一九七三年、第六章「凡河内直氏と国造制」二八八頁他。

第二編　国造制の展開

第一章　東国「国司」らへの詔の検討

はじめに

孝徳紀には数多くの国造関係記事がみえるが、中でも大化元年（六四五）八月庚子（五日）条、大化二年三月甲子（二日）条、同辛巳（十九日）条に載せられるところの通常東国「国司」らへの詔と呼ばれている一連の詔は、国造の性格を具体的に知る上での基本的史料である。また、大化二年八月癸酉（十四日）条に記される詔の後半部分も、それが東国の「国司」のみを対象とした詔か否かはにわかに断定できないが、右の三つの詔と密接な関係を持つことは明らかである（以下、これらの詔を順に第一詔、第二詔、第三詔、第四詔と呼ぶことにする）。

現在までのところこれらの詔の信憑性については、字句や表現に『日本書紀』編者の潤色・修飾はあっても、その内容は、ほぼ当時の事実を伝えたものとする見解が一般的である。(1) しかし一方では、それを疑問とする見解も、「大化改新」像の見直しの一環として強く主張されてきているのである。(2) したがって、孝徳期の国造を考察するためには、まずはこれらの詔の信憑性についての検討がなされなければならず、本章において、その点を果たしておくことにしたい。

なお具体的な検討に入る前に、あらかじめここで、孝徳紀の史料批判についての私の基本的立場を述べておきたいと思う。

孝徳紀には、『日本書紀』の他の巻に比べて異常というべきほど数多くの、しかも長文の詔が載せられているが、これらの長文の詔の信憑性を論ずる場合、まず注意しなくてはならないことは、ある一つの詔の中のある部分の信憑性が否定されたからといって、その詔の他の部分まですべて否定されると単純に判断できないということ、逆にまた、ある部分の信憑性が検証されたからといって、その詔の全体が信憑性を持つとするわけにもいかないということである。孝徳紀の各詔が、それぞれ当時の確実な記録に基づき、それをそのまま記載したというようなものではなく、多かれ少なかれ『日本書紀』編者の手が加えられたものであることは、今日異論のないところであろう。そしてその手の加えられ方については、実にさまざまな場合が想定されるのである。たとえば、ここにA・B二つの記事内容を含んだ詔があったとしよう。するとそこには、およそ次のような場合が想定されるであろう。

(1) もともとA・B二つの記事内容を含んだ一つの詔についての、発布年月日も付された確実な原史料が存在し、それに基づいて若干の句字や表現を修飾しただけの場合。

(2) (1)と同様であるが、原史料に年月日が欠けており、編者がそれを適宜に位置づけた場合、ないしは年月日が付されていても、それを編者が故意に変更した場合。

(3) A・Bそれぞれその記事内容については、確実な原史料に基づくものであるが、それらは本来別個の詔であったものを編者が合成した場合。

(4) A・Bいずれか一方は、確実な原史料に基づくものであるが、他方は編者の創作である場合。

(5) A・Bいずれも編者の創作である場合。

等々である。

したがって、一つの詔を検討するにあたっても、最初からそれを一つのものとせず、必ずそこに含まれるいくつかの記事内容に分け、その一つ一つに厳密な史料批判を加えることからはじめる必要があることはいうまでもあるまい。もちろん、個々の記事内容を単独に取り出しても、その信憑性は具体的論拠をもって検証されない場合が多いであろうし、詔全体の趣旨、さらには「大化改新」全体をどう理解するかということによっても、当然信憑性についての評価は異なってくるであろう。石母田正氏が強調されたように、孝徳紀の史料批判が単なる技術的な問題ではなく、「大化改新」の総体的把握と不可分の関係にあること(3)は確かである。

しかし、そのような状況にあってもなお大切なことは、やはり作業手続きとしては、個々の記事内容についての『日本書紀』の記述に即した史料批判、つまり「技術的な問題としての史料批判」からはじめなければならないという点であろう。以下、こうした立場から、個々の詔を検討していくことにしたい。

第一節　第三詔の信憑性

行論の都合上、第三詔から取りあげようと思うが、まずは、第一詔から第四詔のすべてを、それぞれその記事内容や構文に即していくつかの段落に分け、記号を付して引用しておくこととする。

○第一詔（大化元年八月庚子条）

拝二東国等国司一。仍詔二国司等一曰。

(A)随二天神之所奉寄一。方今始将レ修二万国一。

(B)(イ)凡国家所レ有公民。大小所レ領人衆。汝等之レ任。皆作二戸籍一。及校二田畝一。

(ロ)其薗池水陸之利。与二百姓一俱。

(C)又国司等

(イ)在レ国不レ得レ判レ罪。

(ロ)不レ得下取二他貨賂一令上レ致二民於貧苦一。

(ハ)上レ京之時。不レ得三多従二百姓於己一。唯得レ使レ従二国造。郡領一。

(ニ)但以二公事一往来之時。得レ騎二部内之馬一。得レ飡二部内之飯一。

(ホ)介以上奉レ法。必須褒賞。違レ法当降二爵位一。判官以下。取二他貨賂一。二倍徴之。遂以二軽重一科レ罪。

(ヘ)其長官従者九人。次官従者七人。主典従者五人。若違レ限外将者。主与二所レ従之人一。並当レ科レ罪。

(ト)若有二求レ名之人一。元非二国造。伴造。県稲置一而輙詐訴言。自二我祖時一。領二此官家一。治二是郡県一。汝等国司。

不レ得三随レ詐便牒二於朝一。審得二実状一而後可レ申。

(D)(イ)又於二閑曠之所一。起二造兵庫一。収二聚国郡刀甲弓矢一。

(ロ)辺国近与二蝦夷一接レ境処者。可下尽数二集其兵一而猶仮中授本主上。

(E)其於二倭国六県一被レ遣二使者一。宜下造二戸籍一并校中田畝上。謂。検二覈墾田頃畝及民戸口年紀一。

(F)汝等国司。可二明聴退一。

○第二詔(大化二年三月甲子条)

詔二東国国司等一曰。

(A)集侍群卿大夫。及臣連。国造。伴造。并諸百姓等。咸可レ聴之。

(B)夫君㆓於天地之間㆒。而宰㆓万民㆒者。不㆑可㆓独制㆒。要須㆓臣翼㆒。由㆑是。代々之我皇祖等。共㆓卿祖考㆒俱治。朕復思㆘欲蒙㆓神護力㆒共㆓卿等㆒治㆖。

(C)故前以㆓良家大夫㆒使㆑治㆓東方八道㆒。既而国司之㆑任。六人奉㆑法。二人違㆑令。毀誉各聞。朕便美㆓厥奉㆑法。疾㆓斯違㆑令。

(D)凡将㆑治者。若君如臣。先当㆓正㆑己而後正㆑他。如不㆓自正㆒。何能正㆑人。是以不㆓自正㆒者。不㆑択㆓君臣㆒。乃可㆑受㆑殃。豈不㆑慎矣。汝率而正。孰敢不㆑正。

(E)今随㆓前勅㆒而処断之。

○第三詔（大化二年三月辛巳条）

詔㆓東国朝集使等㆒曰。

(A)集侍群卿大夫。及国造。伴造。并諸百姓等。咸可㆑聴之。

(B)以㆓去年八月㆒朕親誨曰。

㋑莫㆘因㆓官勢㆒取㆗公私物㆖。

㋺可㆑喫㆓部内之食㆒。可㆑騎㆓部内之馬㆒。

㋩若違㆑所㆑誨。次官以上降㆓其爵位㆒。主典以下。決㆓其笞杖㆒。入㆑己物者。倍而徴之。

詔既若㆑斯。今問㆓朝集使及諸国造等㆒。国司至㆑任奉㆑所㆑誨不。

(C)於㆑是。朝集使等具陳㆓其状㆒。

㋑穂積臣咋所㆑犯者。於㆓百姓中㆒毎㆑戸求索。仍悔還㆑物。而不㆓尽与㆒。其介富制臣闕㆑名。巨勢臣紫檀二人之過者。不㆑正㆓其上㆒云々。凡以下官人咸有㆑過也。

㋺其巨勢徳禰臣所レ犯者。於二百姓中一毎レ戸求索。仍悔還レ物。而不二尽与一。復取二田部之馬一。其介朴井連。押坂連。並闕レ名。二人者。不レ正二其上所一レ失。而飜共求二己利一。復取二国造之馬一。台直須弥。初雖レ諫レ上。而遂倶濁。凡以下官人咸有レ過也。

㋩其紀麻利耆拕臣所レ犯者。使二人於朝倉君。井上君。二人之所一。而為牽二来其馬一視之。復使二朝倉君一作レ刀。復得二朝倉君之弓布一。復以二国造所レ送兵代之物一不二明還一レ主。妄伝二国造一。復於二所レ任之国一被二他偸一レ刀。復於二倭国一被二他偸一レ刀。是其紀臣。其介三輪君大口。河辺臣百依等過也。其以下官人河辺臣磯泊。丹比深目。百舌鳥長兄。葛城福草。難波癬亀。癬亀。此云二倶毗柯梅一。犬養五十君。伊岐史麻呂。丹比大眼。凡是八人等。咸有レ過也。

㋥其阿曇連闕レ名。所レ犯者。和徳史有レ所レ患。時言二於国造一使レ送二官物一。復取二湯部之馬一。其介膳部臣百依所レ犯者。草代之物収二置於家一。復取二国造之馬一而換二他馬一来。河辺臣磐管。湯麻呂。兄弟二人。亦有レ過也。

㋭大市連闕レ名。所レ犯者。違二於前詔一。前詔曰。国司等莫下於二任所一自断中民之所上レ訴。輙違二斯詔一自判二菟礪人之所レ訴及中臣徳奴事一。中臣徳亦是同罪也。涯田臣闕レ名。之過者。在二於倭国一被レ偸二官刀一。是不レ謹也。

㋬小緑臣。丹波臣。並闕レ名。是拙而無レ犯。忌部木菓。中臣連正月。二人亦有レ過也。羽田臣。田口臣。二人並闕レ名。無レ過也。

㋣平群臣闕レ名。所レ犯者。三国人所レ訴有而未レ問。

(D)以レ此観之。紀麻利耆拕臣。巨勢徳禰臣。穂積咋臣。汝等三人所二怠拙一也。念二斯違一レ詔。豈不レ労レ情。夫為二君臣一以牧レ民者。自率而正。孰敢不レ直。若君或臣。不レ正レ心者。当レ受二其罪一。追悔何及。是以。凡諸国司。随二過軽重一。考而罰之。又諸国造違レ詔送二財於己国司一。遂倶求レ利。恒懐二穢悪一。不レ可レ不レ治。

(E)念雖レ若レ是。始処二新宮一。将レ幣二諸神一。属二乎今歳一。又於二農月一不レ合レ使レ民。縁レ造二新宮一。固不レ獲レ已。深感二

二途一大二赦天下一。自レ今以後。国司。郡司。勉之勗之。勿レ為二放逸一。宜遣二使者一諸国流人及獄中囚一皆放捨。

(F)別塩屋鯯魚鯯魚。此云二挙能之慮一。神社福草。朝倉君。椀子連。三河大伴直。蘆尾直。四人並闕レ名。此六人奉レ順二天皇一。朕深讃二美厥心一。

(G)宜下罷二官司処々屯田及吉備嶋皇祖母処々貸稲一。以二其屯田一班二賜群臣及伴造等一。

(H)又於二脱レ籍寺一入中田与上山。

○第四詔（大化二年八月癸酉条）

(A)今発遣国司幷彼国造可二以奉聞一。

(B)去年付二於朝集一之政者。随二前処分一。以二収数田一。均給二於民一。勿レ生二彼我一。凡給レ田者。其百姓家近接二於田一。必先二於近一。如レ此奉レ宣。

(C)(イ)凡調賦者。可レ収二男身之調一。

(ロ)凡仕丁者。毎二五十戸一一人。

(ハ)宜下観二国々壃堺一。或書。或図。持来奉上示。国県之名来時将定。

(ニ)国々可レ築レ堤地。可レ穿レ溝所。可レ墾レ田間。均給使レ造。

(D)当レ聞二解此所一レ宣。

さて、第三詔であるが、これは右に引用したごとく、(A)〜(H)の八つの部分に分けられると思う。(A)は書き出しの部分。(B)は「去年八月」の詔を引用して、「国司」の勤務状況を「朝集使及諸国造等」に問うことを記した部分。(C)はそれを受けて、「朝集使」らの陳状を記した部分。(D)は(C)を受けて、詔に違った「国司」、さらには国造も処罰すべき旨を記した部分。(E)は(D)を受け、それにもかかわらず天下に「大赦」し、「国司」らの犯過を不問とする旨を記した部分。(F)は別に塩屋鯯魚ら六人への褒詞を記した部分である。また、(G)・(H)部分は、内容的に(A)〜(F)部分と直接の関係がなく、本来別個の詔であったものを、『日本書紀』編者が合成した可能性が強いように思われる(4)。ただ(E)部分の「大赦」にともなう処置とも考えられるかもしれないが、後述のごとく(E)部分は編者の創作とみるべき部分であり、やはり別個のものとみなした方がよいであろう。(G)・(H)部分自体多くの問題を含んだ記事であるが、ここでの検討からは除外することにしたい。

まず最初に(C)部分についてであるが、この部分は、記事内容がすこぶる具体性を有していること、個々の人名も数多く登場することなどからして、『日本書紀』編者の創作になる部分とはとても考えられない。また、各「国司」グループの官人構成も令制下のそれとは明らかに異なっており、この点も編者の創作ではないことを示していよう。おそらくこの(C)部分は、確かな記録が何らかの形で残されており、それに基づいて記述された部分とみなしてよいであろう。たとえ字句や表現に『日本書紀』編纂時の潤色があったにせよ、その記事内容の信憑性については高く評価できるといえよう。

なお、この部分を㋑〜㋣に細分したのは、井上光貞氏や門脇禎二氏らの研究成果を負ってのことであるが、このことに関して若干説明を加えておきたい。

ここでは、「朝集使」らが「国司」の勤務状況をそれぞれのグループごとに述べているのであるが、㋑・㋺・㋩・㊁がそれぞれ穂積臣咋・巨勢徳禰臣・紀麻利耆拕臣・阿曇連某を長官とする四つのグループ(第一〜第四グループ)を示していること、㋭の最初の大市連某が第五グループの長官であること、㋣の平群臣某がもう一つのグループの長官であることは、文章を一読すれば明らかであろう。曖昧なのは、㋭・㋬合わせた部分であって、大市連某を長官とするグループがどこまでか、また㋭・㋬の部分にいくつの「国司」グループが述べられているのか、という点である。

井上光貞氏は、羽田臣某と田口臣某とをそれぞれ第六・第七グループの長官とされ、忌部木菓、中臣連正月までを大市連某を長官とする第五グループに含めて解釈されたのであるが、(5)これに対して門脇禎二氏は、(C)部分の文章形式は「国司」の長官については「犯」「無犯」、次官以下については「有過」「無過」と記すのが基本であるとされ、「是拙而無レ犯」とある小緑臣某・丹波臣某をそれぞれ第六・第七グループの長官とみなされたのである。(6)両氏とも「国司」が八つのグループに分かれるとされることでは一致しているが、右の点については門脇氏の見解に従うべきものと考える。

井上氏が右のように解釈された理由を要約すれば、およそ次のごとくであろう。

第二詔でいったん「国司」の長官のうち六人が法を奉じ二人が法に違ったとする朝廷の処断が下されたが、それに対して第三詔では、三人が法を奉じ五人が法に違ったとする「朝集使」らの陳状をうけ、改めてそれに従った処断が下されたのであり、第三詔の(D)部分でとくに紀麻利耆拕臣・巨勢徳禰臣・穂積咋臣の第三・第二・第一グループの長官が「汝等三人所二怠拙一也」と述べられているのは、第二詔と第三詔との処断の相違を示すものと考えられる。すなわち、第二詔では第一〜第三と第六〜第八の六つのグループが法を奉じ、第四・第五の二つが法に違ったと判定されたのに対し、第三詔では第一〜第五の五つのグループが法に違ったと判定されたのである。したがって、第二詔でも第三詔でも法を奉じたとされた第六〜第八グループの記載については、長官に誤りがなかったことを簡単に記しさえすればよかったのであり、「羽田臣。田口臣。二人闕レ名。並無レ過也」と簡単に記されている二人が第六・第七グループの長官と考えられる。(7)

しかし、第二詔は朝廷が処断を下したことを示すのではなく、関晃氏が述べられたように、(8)「国司」らについての「毀誉」がおのおの聞えてきたことを受けて、近く「前勅」に従って処断すべきことを述べただけのものであろう。

また、井上氏が㋣の第八グループの長官平群臣某に誤りがなかったとされている点にも従い難い。㋣には「平群臣闕レ名。所レ犯者。三国人所レ訴有而未レ問」とあるのであって、これは「犯」があったとされた㋑〜㋭の長官についての記載方法とまったく同じであり、それらと同様、文面どおりに解釈するならば、「平群臣某の犯した所は、三国の人の訴えが（任地で）あったにもかかわらず、それをいまだ取りあげていないということである」の意に解さなければならないのは明らかであろう。(9) したがって、この㋣部分の解釈については、門脇氏の見解にも従うことができない。門脇氏は、平群臣某の「所犯」については三国の人の訴えがあったが、「朝集使」による十分な審査ができず、「未問」であったと解されるのであるが、(10)「未問」の主語を「朝集使」とするのは、Ⓒ部分全体の記載方法からして明らかに無理というべきであろう。(11)

ようするに、Ⓒ部分の「朝集使」らの陳状では、八つの「国司」グループのうち、第六・第七グループの長官である小緑臣某・丹波臣某が「拙而無レ犯」とされただけであり、他はいずれも「犯」があったと述べられているのである。(12)

さて、次にⒷ・Ⓓ部分についてであるが、右にみたように、Ⓒ部分が何らかの確実な記録に基づいて記述されたことが認められるならば、それに前後するⒷ・Ⓓ部分も同様に考えてよいであろう。

まず、Ⓑ・Ⓒ・Ⓓの各部分は、内容上、一連のものであり、それぞれ独立させては一個の詔として意味をなさないのであって、本来別個の詔であったものを『日本書紀』編者が合成したとは考えられない。また、Ⓑ・Ⓓ部分が、Ⓒ部分をもとに述作されたとも考え難い。なぜならば、Ⓑ部分の㋑・㋺・㋩などの文章は、Ⓒ部分の記事内容からは作文され得ない独自の内容を含んでいるし、Ⓓ部分についても、紀麻利耆拕臣・巨勢徳禰臣・穂積咋臣の三人が、特に「所二怠拙一也」とされている点や、「又諸国造違レ詔送二財於己国司一。遂倶求レ利。恒懐二穢悪一」とある点などに、Ⓒ部分からは直接導き出せない独自の評価がうかがえるからである。もっとも、Ⓑ部分については第一詔Ⓒ部分からの作文ではないかとの見方もあるかもしれないが、これとて、(B)部分と第一詔(C)部分とは表現方法も異なり、(B)部分には、(ハ)に「主典以下。決二其笞杖一」とあるように、第一詔にみられない内容も含まれていることなどからすれば、成立し難い見方というべきであろう。

なお、(D)部分で紀麻利耆拕臣ら三人がとくに叱責されている理由についてであるが、たしかに井上光貞氏の解釈は、この点をうまく説明するものではあるが、私は、ここで三人が「怠拙」とされている表現に注目したい。(C)部分の(ヘ)には「小緑臣。丹波臣。並闕レ名。是拙而無レ犯」と述べられているのであって、第三詔においては「犯」と「拙」とが明確に区別されていることに注意しなくてはならないと思う。つまり、紀麻利耆拕臣ら三人は、(C)部分の(イ)・(ロ)・(ハ)に具体的に記されたような「犯」があった上に、さらに任務そのものについても「怠拙」であったがため、とくに叱責されたと解せるのではないだろうか。この点については後にもふれることにするが、ともかく、(B)・(C)・(D)の各部分が、本来一個の詔として確実な原史料（原第三詔）が存在しており、それに基づいて記述された部分であることは、ほぼ間違いないといってよいであろう。

次に、(A)部分であるが、ここは第二詔の(A)部分とほとんど同じ表現（第三詔に「臣連」がないのみで他はまったく同じ）であり、「臣連伴造国造」あるいは「臣連国造伴造」といった孝徳紀に多い慣用的表現に通ずるものがある。第二詔・第三詔の(A)部分と同様な表現は、大化二年二月戊申条にもみえるが、そこには「明神御宇日本倭根子天皇詔二於集侍卿等。臣連。国造。伴造及諸百姓一」とあり、「明神御宇日本倭根子天皇」という令の知識によって書かれたと思われる表現[13]と結びついて用いられているのである。したがって、この点からすれば、(A)部分の表現も、詔の体裁を整えるために『日本書紀』編者が作り出したものである可能性は否定できないであろう。ただ、「国造伴造」と国造が先にくる順序になっていることは、「現に目前に国造たちがおり、それを意識した表現である」との指摘もあり[14]、一概にこの部分が編者の創作とはいえないようにも思われる。この(A)部分の信憑性については、不明とせざるを得ないが、(A)部分が第三詔の具体的内容にかかわる部分でないことは明らかである。

次に、(E)部分についてであるが、結論からいえば、この部分は、ほとんど『日本書紀』編者の創作になる部分と考えられる。

まず疑問点としてあげられるのは、この(E)部分において、「大赦」の理由として、はじめて「新宮」に処し、諸神に幣を奉るべき歳にあたっていることと、「新宮」を造るため農繁期にありながらも止むを得ず民を使役していることとをあげている点である。ここでいう「新宮」については、大化二年正月是月条に「天皇御㆓子代離宮㆒。（中略）或本云。壊㆓難波狭屋部邑子代屯倉㆒而起㆓行宮㆒」とある子代離宮を指すとする意見(15)や、難波大郡の一画に営まれた「新宮」であるとする意見(16)もある。しかし、この「新宮」は、農繁期にもかかわらず民を使役し、しかも「大赦」の理由ともなるような造営が行なわれたものとされているのであるから、それは屯倉を壊して建てた行宮や、大郡の一画に営まれたような簡単なものではなく、本格的に造営された宮、すなわち難波長柄豊碕宮のことを指していると解する方が自然であろう。少なくとも、『日本書紀』編者の認識としてはそうであると思う。孝徳紀には数多くの宮に関する記事があるが、大規模な造営事業の行なわれたことが述べられている宮は難波長柄豊碕宮だけであり、また、ほかに「新宮」という表現が使われているのも、白雉二年（六五一）十二月晦条の「天皇従㆓於大郡㆒遷居㆓新宮㆒。号曰㆓難波長柄豊碕宮㆒」とある箇所だけである。これらの点からも、ここでいう「新宮」を編者が長柄豊碕宮としていたことは明らかであるといえよう。

そこで問題となるのは、もしこの(E)部分が信憑性を持つものであるならば、そこに「始処㆓新宮㆒」とある以上、(E)部分（およびそれを含んだ第三詔）は「新宮」において発せられたもの、つまり長柄豊碕宮に移った後のものでなければならず、大化二年（六四六）三月に発せられたとするのは『日本書紀』自体の矛盾になるということである。すなわち、門脇禎二氏らの説かれるごとく、(17)『日本書紀』における他の記事によれば、長柄豊碕宮の本格的造営が開始されたのは「為ㇾ入二宮地一所三壊丘墓二及被ㇾ遷人者。賜ㇾ物各有ㇾ差。即遣二将作大匠荒田井直比羅夫一立二宮堺標一」とある白雉元年十月のことであり、そこに遷ったのは先に引用したごとく、白雉二年十二月晦であり、宮が完成したのは「造ㇾ宮已訖。其宮殿之状不ㇾ可二殫論一」とある白雉三年九月のことなのであって、(E)部分（およびそれを含んだ第三詔）は、白雉二年十二月晦の遷宮から白雉三年九月の宮の完成までの間に位置づけられていないかぎり、『日本書紀』自体の矛盾としなければならないのである。

では、この矛盾をいかに解釈したらよいのであろうか。まず、白雉元年十月条、同二年十二月晦条、同三年九月条の長柄豊碕宮関係の記事は、内容・年代ともその信憑性を疑う理由がないと思う。疑う理由がなければそれはそのまま事実を伝えたもの、と単純に解するわけにはいかないであろうが、難波宮跡の発掘調査の成果からみても、いわゆる「前期難波宮」が七世紀中葉に大規模な整地作業の上に造営された本格的な宮であったことは認められるし、それが『日本書紀』に記す長柄豊碕宮である可能性が高いことも発掘関係者から指摘されている。(18)また、周知のごとく『日本書紀』には、大化元年十二月癸卯条に「天皇遷二都難波長柄豊碕一」とあるが、このように記しておきながら一方で白雉元年から同三年にかけて長柄豊碕宮の造営・遷宮・完成の記事を載せているということは、この一連の記事が何らかの確かな記録に基づいたものであることを示しているのではなかろうか。

したがって、問題は(E)部分、およびそれを含めた第三詔の方にあるとみなければならない。その場合、(E)部分が、本来第三詔とは別個のものであり、白雉二年十二月晦から同三年九月までの間に発せられたある詔の一部であって、それが『日本書紀』編者によって合成されたと解することも可能ではあろう。しかし、(E)部分のはじめには「念雖レ若レ是」とあり、明らかに(D)部分を受ける表現になっており、「大赦」して「国司」らを処罰しないとする(E)部分の趣旨も、(B)・(C)・(D)部分と一続きのものとしてふさわしい内容になっているのである。『日本書紀』編者が合成するにあたって、このような好都合の表現・内容の記述が、他の詔の一部にあったとするのは、やはり可能性が少ないであろう。

それでは、(E)部分を含めた第三詔全体が白雉二年十二月晦から同三年九月までの間に位置づけられるのかといえば、これも正しくないと考えられる。なぜならば、『常陸国風土記』の建郡（評）記事によれば、少なくとも大化五年から白雉四年までの間は、高向臣・中臣幡織田連らが「惣領」であったことが知られるのであるが、その名は第三詔の「国司」の中には見出せないのであり、第三詔の「国司」が井上光貞氏や関晃氏らの説かれるように(19)、『常陸国風土記』にいう「惣領」と同じ性格のものであるならば、それは大化五年から白雉四年以外の時期の「国司」（「惣領」）としなければならないからである。また、たとえ第三詔の「国司」と『常陸国風土記』の「惣領」とが異なった性格のものであったとしても、両者が同時期に同一地域に派遣されていたとは考えられず(20)、やはり第三詔の「国司」は、大化五年から白雉四年以外の時期に求めなければならないであろう。したがって、第三詔全体を白雉二年から同三年の間に位置づけることもできないのである(21)。なお、東国「国司」らへの詔を天智期に位置づける立場(22)からすれば、第三詔(E)部分の「新宮」を近江の大津宮と解することで、一層その立場が補強されたといえるかもしれないが、そうした立場が成立し難いことは後述のとおりである。

以上のことを総合して考えるならば、結局、(E)部分は『日本書紀』編者の作文であるとするのが最も妥当な解釈ということになるであろう。そもそも、(E)部分にのみ「国司。郡司」といった表現がとられていることもそのことを示すものであろうし、榎英一氏が指摘されるように(23)、ここでいう「大赦」のあり方も異例であって、『日本書紀』編者が、「国司」らの処罰されなかったことを説明するために無理に持ち出したものとの感が強い。「国司」や国造らを処罰しなかったことは、おそらく事実であろうが、(E)部分自体は、原第三詔にあったのではなく、大化元年十二月に都を難波長柄豊碕に移したとする記事と関連させて、編者が作りあげた部分であると思われる。

さて、最後に(F)部分であるが、右にみてきたように、(E)部分が『日本書紀』編者の創作になる部分であるならば、それに続くこの部分もまずは疑ってかかる必要があろう。しかし、この部分には、六人もの具体的人名が記されており、しかも、そのうちの四名はここにしか名が見えないのであり、編者の創作であるとは考えられない。また椀子連や三河大伴直は、その氏姓からみて東国の在地豪族である可能性が強く、朝倉君も、(C)部分にみえる朝倉君（おそらく後の上野国那波郡朝倉郷付近を本拠とする豪族[24]）と同一人物と考えられることなどから、この六人は（少なくともそのうちの何人かは）、「国司」にともなって上京した人々と考えるのが妥当であろう[25]。とするならば、この(F)部分は、(B)・(C)・(D)部分と直接関係することが明らかであり、もともと原第三詔に含まれていた可能性が高いといえよう。

以上、第三詔の信憑性について検討してきたが、ようするに、そのうちの(B)・(C)・(D)・(F)の部分は、もともと一個の詔としての原史料（原第三詔）が存在しており、それに基づいて記述された信憑性の高いものであることを述べてきた。ただし、これまでの検討では、その原第三詔がはたして『日本書紀』の記す年代に発せられたものであるかどうかは明らかになっていないが、この点については、第一・第二・第四詔と合わせて後述することにしたい。

なお、ここでもう一つ述べておきたい点は、第三詔の「国司」らが確かに東国に派遣された「国司」らであったという点である。このことは、いわば自明のことであり、これまでも東国の範囲こそ議論の対象とされているものの、第三詔の「国司」が東国に派遣されたこと自体に疑問をさしはさむ論者はいなかったのであり、とりたてて論ずる必要はないのかもしれない。ただ次に検討する第一詔については、それが東国の「国司」のみを対象にしたものか、あるいは諸国の「国司」を対象にしたものか意見の分かれるところであり、その問題を考える上でも一応ここで、第三詔の「国司」が東国のみの「国司」と考えられる理由を示しておきたい。

まず(C)部分からは、第三詔の「国司」が八つのグループに分かれていたことが知られるのであるが、このことは第二詔(C)部分に「東方八道」とあるのとまさしく対応し、後述のとおり第二詔(C)部分もその信憑性が認められるのであるから、第三詔の「国司」が東国（東方八道）に派遣された「国司」であることは明らかなのである。さらに、第三詔(C)部分(ハ)にみえる朝倉君が、後の上野国那波郡朝倉郷付近を本拠とする豪族と考えられること、同じく(ホ)にみえる「菟礪人」が、後の駿河国有度郡の人と考えられること(26)、また(F)部分にみえる六人のうちの少なくとも何人かは、東国の在地豪族と考えられること、などによっても右の点は確かめられるのである。

第二節　第一詔の信憑性

第一詔は、構文および記事内容から判断して、一応は、先に引用したごとく(A)〜(F)の六つの部分に分けて考えることができると思う。その場合、(A)は書き出しの部分。(B)・(D)は「国司」らの任務を述べた部分。(C)は任務とは別に「国司」らが犯してはならない注意事項を述べた部分。(E)は倭国六県への使者の任務を述べた部分。(F)は締め括りの部分、ということになろう。ただし、(B)部分の(ロ)は、その内容からは任務遂行の際の注意事項を述べた部分とも解せるし、(C)部分の(ト)は「国司」らの任務を述べた部分とも解せるであろう。すなわち、第一詔は、その文章構成が第三詔のように整ったものになっていないのであり、この点にまず注意する必要があると考える。

最初に、(C)部分からみていくことにしよう。この部分は(イ)〜(ト)に細分されるが、第三詔の(B)・(C)部分（この部分が原第三詔にも存在したと考えられることは前述のとおりである）との対応から、その信憑性を裏付けることのできる記事内容が多い部分である。このことに関しては、すでに門脇禎二氏による詳細な検討がなされており(27)、屋上屋を架す感が強いが、以下若干の私見を加えつつ述べておくことにしたい。

まず、第三詔(B)部分の㋑・㋺・㋩は、「以二去年八月一朕誨曰」とあるとおり、この第一詔の(C)部分を要約・省略して繰り返している部分であるが、その㋑「莫下因二官勢一取中公私物上」、㋺「可レ喫二部内之食一。可レ騎二部内之馬一」、㋩「若違レ所レ誨。次官以上降二其爵位一。主典以下。決二其笞杖一。入レ己物者。倍而徴之」と、ここの㋺「不レ得下取二他貨賂一令上致二民於貧苦一」、㋥「但以二公事一往来之時。得レ騎二部内之馬一。得レ湌二部内之飯一」、㋭「介以上奉レ法。必須褒賞。違レ法当降二爵位一。判官以下。取二他貨賂一。二倍徴之。遂以二軽重一科レ罪」の部分が、それぞれ対応することは明らかであろう。また㋺については、第三詔(C)部分の「犯」「過」の内容にもそれに対応する多くの事項が含まれており、㋑「在レ国不レ得レ判レ罪」の部分も、第三詔(C)部分㋭に「前詔曰。国司等莫下於二任所一自断中民之所上レ訴」とあるのと明らかに対応している。したがって、これら㋑・㋺・㋥・㋭の部分については、それが第三詔からの作文でない限り、記事内容の信憑性が認められるといってよいであろう。そして第一詔(C)部分が、第三詔(B)・(C)部分からの作文でないことは、そこに、㋩・㋬・㋣という第三詔からは作文され得ない記述が含まれていることから明らかである。なお、先に述べたとおり、逆に第三詔(B)部分にあって、この第一詔(C)部分にない事項も存在するのであるが、後者を要約・省略して繰り返しているはずの前者に、後者にみえない事項が含まれているということは、後者、すなわち現第一詔が完全なものではなく、原第一詔にはさらに多くの事項が含まれていた可能性があることを示すものとして注意されるのである。

一方、㋩・㋬・㋣の部分であるが、これらはたしかに第三詔の中に直接にはそれと対応する記述を見出せないのであるが、やや立ち入った考察を加えるならば、やはり第三詔の内容からその信憑性を裏付けることができると思う。
まず㋩であるが、これは「国造。郡領」という問題の表現を含んだ部分であり、『日本書紀』編者の潤色を受けていることは明らかである。しかし、「国司」らの上京に際して、「国造。郡領」だけは従えてもよいとしているその記事内容については、第三詔(B)部分に「今問㆓朝集使及諸国造等㆒」とあることから、第三詔が発せられた段階では上京していた国造もいたと考えられることや、先に述べたとおり第三詔(F)部分にあげられている六人のうちの何人かは「国司」らにともなって上京した東国の在地豪族と考えられることなどから、やはりその信憑性が確かめられるであろう。

次に㋬は、「長官従者九人。次官従者七人。主典従者五人」とあり、「国司」が三等官に分かれていたことを述べているが、これは第三詔(C)部分でも「上」「介」「以下官人」と「国司」の三等官制がとられていたことを示しているのと対応しており、それぞれの用字には令制下の知識に基づく潤色があろうが、九人・七人・五人という具体的数字をあげているその内容まで、後の創作と考えることはできないと思う。なお、この㋬においては、「長官」「次官」「主典」という表現が使われているが、すぐ前の㋭では、「介以上」「判官以下」とあり、連続した短い部分であるにもかかわらず、用字に不統一がみられることは注意されてよい。もし、これら㋭・㋬の部分がもともと一つの原史料として残されており、それに『日本書紀』編者が用字上の潤色を加えたとするならば、このような一見して明らかな不統一は犯し難いのではあるまいか。おそらくこれは、『日本書紀』編纂時において、㋭・㋬それぞれの部分についてのすでに潤色が加えられた別々の史料が残されており、それを合成したための不統一であったと思われる。

先に、第一詔が整った文章構成になっていない点や、原第一詔には、現第一詔にない事項も含まれていた可能性が強い点を述べておいたが、それらを合わせて考えるならば、この第一詔については、『日本書紀』編纂段階において一つの完全な原史料（原第一詔）が残っていたのではなく、すでに潤色された、しかも不完全な形の史料がいくつか残されており、それらを適宜合成・修飾して記述されたと考えるのが妥当なのではあるまいか。

次に㋣は、国造・伴造・県稲置でない者が、その名を求めて、「自二我祖時一。領二此官家一。治二是郡県一」と詐り訴えたなら、「国司」は、その詐りのまま報告するのではなく、実状を審らかにして報告しなければならないとした部分であり、国造制の問題を考える上できわめて重要な内容を持つ部分である。この部分が『日本書紀』編纂時での作文でないことは、記事内容が具体性を有していること、「県稲置」という令制下の知識では考えつきそうにない語を含んでいること、[28]などからも明らかであると思うが、ここに記されたようなことがらが「国司」に命ぜられていたからこそ、第三詔(D)部分で「又諸国造違レ詔送二財於己国司一。遂倶求レ利。恒懐二穢悪一」とされているように、「国司」と国造との癒着も生じたものと考えられ、この点も、㋣の記事内容の信憑性を示すものといえよう。[29]

ところで、井上光貞氏はこの部分から、「国司」の任務の一つに「国造・伴造・県稲置など、地方政治機構の実状を報告すること」があったと述べられたが、[30]結論的にいうならばそのとおりであろう。ただし㋣は、「若有二求レ名之人一」ではじまることからわかるように、全面的に地方政治機構の実状を報告せよと述べているのではなく、あくまで「名」を求める人が詐り訴えた場合のこととしているのであって、任務遂行の際の「但書」としての性格しか持たないものであることは認めなくてはなるまい。そこで注意されるのが、原第一詔には現第一詔に欠けている事項も含まれていた可能性が強いという点である。私は、その欠けている部分に、地方政治機構の実状調査とその報告とを、はっきりと「国司」の任務として規定した部分があったと考えたい。そうでなければ、㋣のような「但書」が付されるはずはないであろう。

さて、次には、(D)部分についてであるが、この部分は、空閑地に兵庫を建て「国郡」の武器を収集せよと「国司」

らに命じている部分(イ)と、その際、蝦夷と境を接する「辺国」については武器を数え集めた後、本主に「仮授」せよと「但書」を付けている部分(ロ)とからなっている。これらが第三詔(C)部分の(ハ)に、「其紀麻利耆拕臣所レ犯者。（中略）以二国造所レ送兵代之物一不二明還レ主。妄伝二国造一」とあるのと対応することは明らかであり、やはりこの(D)部分も、第三詔から記事内容についての信憑性が確かめられる部分である。また、第三詔(C)部分の(ハ)に朝倉君の名がみえることから、(ハ)の紀麻利耆拕臣を長官とする「国司」グループが、蝦夷と境を接する毛野地方（ないし毛野地方を含んだ地域）に派遣されたと考えられることも、[31]両者の記事がまさに対応することを示すとともに、それぞれの記事内容の信憑性を裏付けるものであろう。

次に、(E)部分であるが、そもそもこの部分は倭国六県へ派遣される使者の任務を述べたものであり、東国「国司」を対象とする詔の内容としてはふさわしくない部分である。したがって、この部分については、つとに津田左右吉氏が指摘されたとおり、[32]本来は第一詔になく、別個に出された命令であったものを、『日本書紀』編者が合成した可能性が強いと思われる。ただし、このようにいうためには、原第一詔が東国のみの「国司」らを対象にしたものであることを証明しなければなるまい。以下、この点について述べておくことにしたい。

まず、第三詔が東国「国司」のみを対象とした詔であることは第三詔の検討で述べたとおりであり、その第三詔と第一詔とが多くの点で対応することも右にみてきたとおりである。また、第二詔(C)部分に「前以二良家大夫一使レ治二東方八道一」とあるのも、第二詔に先立って東国に「国司」が派遣されたことを示すものである。したがってこれらの点からすれば、第一詔の「国司」も、東国の「国司」のみを指すと解するのが最も自然なことは確かであろう。第一詔(D)部分(ロ)の「但書」も、蝦夷と境を接する地域を含んだ東国の「国司」に対するものとしてふさわしい内容になっているのである。

ただ問題は、第一詔が「拝二東国等国司一。仍詔二国司等一曰」として記載されている点であり、この表現をそのまますなおに解釈すれば、第一詔は、この時、東国以外にも「国司」が任命され、それを含めた「国司」らを対象に発せられたものということになろう。事実、坂本太郎氏や門脇禎二氏らによれば、第一詔は新任の「国司」だけでなく従来からの旧任の「国司」も含めたすべてを対象としたものと解釈されているのである(33)。私も、東国「国司」以前に他の地域には「国司」が任ぜられていたと考えるのであるが、第一詔が諸国の「国司」を対象としたとされる点には疑問がある。

なぜならば、孝徳紀にみえる次の諸史料、すなわち、

(1)大化元年九月朔条

遣下二使者於諸国一治上兵。或本云。従二六月一至二于九月一。遣二使者於四方国一。集二種種兵器一。

(2)大化元年九月甲申条

遣二使者於諸国一。録二民元数一。（後略）

(3)大化二年正月是月条

天皇御二子代離宮一。遣下二使者一。詔二郡国一修中営兵庫上。（後略）

からすれば、第一詔(D)部分に記される武器収公の任務や、(B)部分に記される「造籍」の任務は、第一詔とは別に諸国に対して命ぜられているのであり、第一詔が諸国の「国司」に対するものであるならば、これらの記事と矛盾が生ずるからである。また、第一詔には「国司」とあり、右の(1)・(2)・(3)には「使者」とあるその違いにも注意するべきであろう。すなわち、後者は、すでに「国司」が任命されている東国以外の諸国を対象としたものであり、そこに使者を派遣して、すでに任地にいる「国司」らに対して新たな任務を伝えたものと解釈できるのである。(3)の「遣下二使者一。

詔二郡国一修中営兵庫上」という表現からすれば、兵庫の修営という任務はあくまで「郡国」に対して命ぜられているのであり、「使者」はその任務の伝達者にすぎないのである。[34]

一方、第一詔が発せられる以前から「国司」が任命されていたことは、皇極紀二年（六四三）十月己酉条に、

饗二賜群臣伴造於朝堂庭一。而議二授レ位之事一。遂詔二国司一。如二前所勅一。更無二改換一。宜下之二厥任一慎中爾所上治。

とあることから明らかであり、この時の「国司」は、大化元年にいたって新任された東国の「国司」を除く他の地域の「国司」と考えてよいであろう。そして「宜下之二厥任一慎中爾所上治」とあるとおり、この時の「国司」は一定の任務を負わされて派遣されているのであり、その任務とは、第一詔に記される東国「国司」の任務の中から武器の収公と「造籍」（「録二民元数一」）を除いたところの、「校田」と地方政治機構の実状調査・報告であったと考えられるのではないだろうか。つまり私は、皇極二年に、東国以外の地域に対して「校田」と地方政治機構の実状調査・報告を任務とした「国司」を派遣したが、その後、大化元年（六四五）にいたって、東国の「国司」を新任して「造籍」、「校田」、武器収公、地方政治機構の実状調査・報告を任務として命ずる一方、すでに任地にいる東国以外の「国司」に対しては、いまだ命じていなかった「造籍」（「録二民元数一」）と武器の収公の任務を、それぞれ使者を派遣して伝達したと解釈するのである。したがって、第一詔に記されている「国司」の任務については、東国以外の「国司」に対しても命ぜられたといえるのであるが、大化元年に発せられた原第一詔自体は、やはり東国の「国司」のみを対象にしたものと解すべきなのである。[35]

第一詔が「拝二東国等国司一。仍詔二国司等一曰」として記載されているのは、東国「国司」のみを対象としていた原第一詔（これが『日本書紀』編纂時にはすでに完全な形で残っていなかったと考えられることは先に述べたとおりであるが）に、『日本書紀』編者が(E)部分を挿入したため、それを意識して「等」の字を付け加えたと解釈できるのではないだろう

か。

以上、原第一詔が確かに東国の「国司」のみを対象にしたものであったことを述べたが、本来は別個のものと考えられる(E)部分も、その記事内容については「大化」当時のものと認めてよいように思う。この点は(B)部分の信憑性と直接かかわってくる問題であるが、右にみたように東国以外の「国司」にも東国「国司」と同じ内容の任務が命ぜられたのであれば、倭国六県にも同様の任務を伝える使者が派遣されたとして不思議はないからである。なお、ここに「使者」とある以上、倭国六県の「造籍」、「校田」は、すでに六県に任ぜられている官人に対して命ぜられたと考えるべきであろう。

さて、最後に、問題の(B)部分についてであるが、[36]ここは、「造籍」、「校田」を命じた部分（㋑）と、「薗池水陸之利」は百姓とともにせよとした部分（㋺）とに分けられる。㋺については、雑令国内条に「山川藪沢之利。公私共之」とあることとの共通性が指摘されており、[37]『日本書紀』編者の作文と考えられなくもないが、なお断定はできない。問題は㋑の方であろう。

原島礼二氏は、この点について次のように述べておられる。

> 孝徳紀の干支・年月が信じられるならば、八月五日（庚子）に詔をえた国司はおそらく坂東には中ころについただろうし、翌年三月二日（甲子）に国司の功過が明らかになっているので、少なくとも二月中旬までには、造籍校田を終えて帰途につかねばならなかったであろう。すると現地にいた期間は六〜七ヵ月となる。しかし戸令造戸籍条によると、造籍は一一月上旬より翌年五月三〇日以内の六〜七ヵ月にわたり、それに校田を加えると、三年目の二月三〇日にかかることになって、実に一年三ヵ月近い日数を要したらしい。その点でこの造籍校田の実施は疑わしく、功過記事にまったくその関係記載がみられないこととあわせ考えると、おそらくのちに加えられ

たものと思われる。(38)

しかし、この原島氏の見解には、いくつかの点に疑問が持たれる。

まず第一は、第一詔にいう「造籍」、「校田」と、令制下の造籍、校田とを同じ内容のものとして捉えられている点である。すでに井上光貞氏や石母田正氏らによって指摘されているとおり、(39)先に掲げた(2)に「録二民元数一」とあることなどからすれば、ここでいう「造籍」は、必ずしも個々人の姓名を登録したような戸籍を想定しなくてもよいのであり、「校田」についても、令制下の班田を前提とした校田と同様のものと考える必要はないであろう。とするならば、六〜七ヵ月しか現地にいなかった東国「国司」らにとっても、「造籍」、「校田」を行なうことは可能となり、現地にいた期間が短いから「造籍」、「校田」の記事は疑わしいとする原島氏の論は成立し難いことになろう。

ただし私は、「造籍」、「校田」を東国「国司」らが六〜七ヵ月の間に終わらせたと解釈する必要もまったくないと考えている。原島氏の見解に対する疑問点の第二もそこにある。つまり原島氏が、大化二年三月二日の第二詔で「国司」の功過が明らかにされているから(功過が明らかにされたのは先に述べたように第三詔とすべきであるが、それはさておき)、それまでには、「造籍」、「校田」を終えていなければならないとされている点である。

この点に関して、まず問題となるのは、東国「国司」らが第二詔・第三詔の発せられた大化二年三月以前に帰還していたかどうかである。通説では帰還したとみなされており、私もまたそのように考えるのであるが、榎英一氏による異論も提出されている。すなわち榎氏は、六〜七ヵ月の間に「国司」らがその任務を完了したとは考え難いこと、任地で収公した武器の管理に「国司」があたったと考えられること、第三詔で「朝集使」の語を用いたのは、それが「国司」の一部であると『日本書紀』編者が意識していたことを示すものであることなどを理由に、当時「朝集使」として上京したのは、「国司」の一部であり、残りの「国司」はなお任地にとどまっていた、とされるのである。(40)

これは、もっともな推論であるが、第三詔Ⓒ部分㈧に「復於㆓倭国㆒被㆓他偸㆑刀。是其紀臣。其介三輪君大口。河辺臣百依等過也」とあり、㈭にも「涯田臣闕名。之過者。在㆓於倭国㆒被㆑偸㆓官刀㆒」とあることや、㈡に「其介膳部臣百依所㆑犯者。草代之物収㆓置於家㆒。復取㆓国造之馬㆒而換㆓他馬㆒来」とあることは、この時すでに「国司」ら（少なくともそのほとんど）が帰還していたことを示すものであろう。倭国で刀（官刀）(41)を盗まれたのは、上京のため倭国に戻って来た時のことと解すべきであろうし、国造の馬を取って他の馬に換えて来たというのも、戻って来たことを示すとしなければなるまい。したがって、収公した武器の管理などのため「国司」の一部が現地に残された可能性は認められようが、「国司」のほとんどが六〜七ヵ月現地にいただけで帰還したことは、事実とみなければならないのである。

しかし、だからといって、「国司」らが「造籍」、「校田」などの任務をすべて終えてから帰還したと考える必要はないであろう。任務の遂行中でありながら、何らかの理由で召還されたという可能性も十分考えられるのではあるまいか(42)。第三詔で、「国司」らの功過を述べている場合も、第一詔で与えられた任務そのものの遂行状況についてはほとんど問題にされておらず（ただしまったく問題にされていないのではなく、先に述べたように「拙」「怠拙」といった評価は任務についてのものと考えられる）、任務とは別に定められた注意事項に対する「犯」「過」のみが主として問題にされているということは、「国司」の任務がいまだ遂行中であったことを示していると思う(43)。

原島氏の見解に対する疑問点の第三は、「国司」の功過記事（第三詔）に「造籍」、「校田」に関することがまったくみえないことを、その任務を否定する理由の一つにあげられている点であるが、この点はまさに右のことにかかわっている。そして門脇禎二氏も、第一詔と第三詔とを詳細に対比・検討された上で、原島氏と同様の主張を述べられているのである(44)。

たしかに第三詔には、「造籍」、「校田」に直接かかわる「犯」「過」の記事はみえないが、右に述べたように、そもそも第三詔に載せられている「犯」「過」の記事は、任務とは別に定められた注意事項に対してのものであり、任務そのものについては、「拙」「怠拙」という別の表現で評価が下されていると考えられるのである。したがって、「犯」「過」の記事の中に「造籍」、「校田」に直接対応するものがないからといって、「造籍」、「校田」の任務を否定することはできないであろう。また、「造籍」、「校田」を含めた「国司」の任務がいまだ遂行中であったならば、第三詔では、それについて「犯」「過」といった判定を下すことはできなかったはずであり、「拙」「怠拙」といった評価にとどまらざるを得なかったのは当然であったといえよう。

以上のように、第一詔(B)部分の信憑性を疑う原島氏や門脇氏の論拠は、いずれも論拠となし得ないと考えられるのであるが、それでは、(B)部分の信憑性を積極的に証明することはできないであろうか。困難な問題ではあるが、まず、後述する第四詔が第一詔の「造籍」、「校田」と対応する内容を有することは、互いにそれぞれの記事内容の信憑性を裏付けるものと考えたい。また、先にも述べたとおり、第一詔(E)部分や(2)の大化元年九月甲申条にも、「造籍」、「校田」にかかわる記事がみえるのであり、これらすべてを『日本書紀』編者の述作とするのはやはり無理なのではなかろうか。ただ、これらはいずれも『日本書紀』という一個の編纂物の中でのことであり、なお問題は残るであろう。

しかし、飛鳥京跡から発見された「白髪部五十戸」の記載を持つ木簡の存在は、それが天智三年（六六四）以前にさかのぼる七世紀中葉のものと考えられるだけに、(45) (B)部分の信憑性を間接的に示すものではないかと思う。また、東京国立博物館所蔵の法隆寺伝来上代裂墨書銘の一つには、(46)「癸亥年山部五十戸婦為命過願造幡巳」という記載がみえるが、この癸亥年は天智二年に比定するのが妥当と考えられ、(47)この上代裂銘も、「白髪部五十戸」木簡と同様、「大化」の時点における「造籍」を推測させるものといえよう。なお、この時の「造籍」の具体的内容については、当時実際に生活の単位として存在していた「戸」ごとに、その戸口の数（少なくとも男丁の数）を書き連ねた程度の「造籍」を考えているが、この点については本編の第三章第二節で改めて述べることにしたい。

以上、第一詔の信憑性について検討してきたが、それを要約すれば次のとおりになろう。

(1)『日本書紀』編纂段階ではすでに完全な形での原第一詔は失われていたが、不完全な、しかもすでに潤色を加えられた史料がいくつか残されており、現第一詔はそれらを適宜合成・修飾して記述されたものと推定される。[48]

(2) しかし、(B)・(C)・(D)部分は、その記事内容についての信憑性が認められ、原第一詔の内容を伝える部分と考えられる。

(3) 原第一詔は東国「国司」のみを対象としたものであり、(E)部分は原第一詔には含まれていなかったと考えられるが、その記事内容については、やはり信憑性を認めてよい。

(4) また、原第一詔には地方政治機構の実状を調査・報告する旨を、「国司」の任務としてはっきりと規定した部分が存在していたと推定される。

第三節　第二詔の信憑性

第二詔は、先に引用したとおり、記事内容・構文から(A)〜(E)の五つの部分に分けられるであろう。

このうち書き出しの(A)部分については、第三詔(A)部分とほとんど同じ表現であり、第三詔の検討で述べたとおり、この部分が原史料にあったものか、『日本書紀』編者の作文によるものか、判断を下すことが難しい。また、(B)・(D)部分は、施政の原理とでもいうべきことを述べた部分であり、具体的内容を持っておらず、やはりその信憑性を判断するのが困難である。たとえば、(D)部分の表現およびそこに示されている思想は、第三詔(D)部分に「夫為二君臣一以牧レ民者。自率而正。孰敢不レ直。若君或臣。不レ正レ心者。当レ受二其罪一」とあるのとまさしく一致するが、これによって(D)部分の信憑性が裏付けられるわけではないし、逆に、この(D)部分が第三詔(D)部分からの作文であるともいえないであろう。ただいずれにしても、これら(A)・(B)・(D)の部分は、第二詔の趣旨とはほとんど関係のない部分であり、第二詔の記事内容の信憑性を論ずる上でさして問題にはならない。

問題とすべきは(C)・(E)部分であるが、そこで述べられている第二詔の趣旨は、「前以二良家大夫一使レ治二東方八道一」めたが、その「国司」(長官)の任地での勤務状況について、六人は法を奉り、二人は令に違ったとの「毀誉」が聞えてきたので(以上(C)部分)、近く実状を質した上で「前勅」に従って処断する((E)部分)ということであろう。(C)部分の「前以二良家大夫一使レ治二東方八道一」や、(E)部分の「前勅」が、第一詔を指していることは明らかであり、またこの第二詔をうけて「国司」らの勤務状況を詳しく述べた第三詔が出されたということであるから、第二詔の趣旨は、第一詔と第三詔との間に位置するものとしてふさわしい内容になっているといえよう。したがって、第一詔・第三詔が、それぞれ先にみたとおり原詔の存在が認められる以上、この第二詔も原詔に基づいたものである可能性が高いといえるのである。しかし、この点だけでは第二詔が『日本書紀』編者の作文ではないと断定できないであろうから、次に(C)部分の内容から第二詔の信憑性を確かめておきたい。

まず(C)部分に「東方八道」とあることは、第三詔(C)部分で、「国司」らの功過が八つのグループに分けて述べられていることと対応する。しかも、「国司」(長官)についての「六人奉レ法。二人違レ令。毀誉各聞」という記述は、第三詔の記事内容からは作文され得ないことが明らかである。つまり、第三詔では、先に述べたとおり六人の長官に「犯」があり(そのうちの三人は「犯」があった上に「怠拙」)、二人の長官は「拙」ながらも「犯」はなかったという、第二詔に記される風評とはまったく異なった厳しい判断が下されているのである。また、(C)部分には「国司」の長官に

「良家大夫」を任じたとあるが、「大化」前後の「大夫」が、小徳（令制下の従四位に相当）以上で構成される朝廷権力中枢部の議政官的存在であった[49]ならば、令制下の国司の長官が大国でも従五位上相当と定められているのとは大きく異なり、この点は、(C)部分が令制下の知識による作文でもないことを示していると考えられる。

ようするに、第二詔も、その趣旨を述べている(C)・(E)部分の記事内容については、信憑性を認めてよいといえるのである。

第四節　第四詔の信憑性

第四詔は、大化二年八月癸酉条の後半部分に、前半のいわゆる品部廃止の詔と一続きのものとして記載されているのであるが、その文章は、先に引用したとおり、(A)〜(D)の四つの部分に分けて整理することができると考える。しかしこの整理のしかたは従来のものとは異なっており、各部分の信憑性を論ずる前に、この点について説明しておく必要があろう。

まず、「今発遣国司并彼国造可二以奉聞一」とある(A)部分が、第四詔の内容を示す(B)・(C)部分全体にかかるものであり、「当レ聞二解此所一レ宜」とある最後の(D)部分が、(B)・(C)全体を受けての結びの部分であることについては異論があるまい。問題は、「去年付二於朝集一之政者。随二前処分一。以二収数田一。均給二於民一。勿レ生二彼我一。凡給レ田者。其百姓家近接二於田一。必先二於近一。如レ此奉レ宜」とある(B)部分である。従来は、この部分を「随二前処分一」までで区切って読み、「以二収数田一」以下を次の(C)部分の(イ)・(ロ)・(ハ)・(ニ)と併列させ、いずれもこの時に、新たに「国司」に命じた任務を述べた部分として読んできたのである。しかしそのように読むのでは、(B)部分の最後に「如レ此奉レ宜」とあり、ここでいったん文章が結ばれていることの説明がつかないのではないだろうか。最後の(D)部分で「当レ聞二解此所レ宣一」と述べているのであるから、「以二収数田一」以下の(B)部分と、(C)部分の(イ)・(ロ)・(ハ)・(ニ)とを併列させて読んでしまうと、なにゆえ「以二収数田一」以下の(B)部分でだけ繰り返して「如レ此奉レ宣」と述べているのか説明に苦しむのである。

また、「随二前処分一」までで区切って読むならば、「去年付二於朝集一之政者。随二前処分一」の解釈も難解なものとなろう。坂本太郎氏は、「去年付二於朝集一之政」も、「前処分」も、いずれも第一詔のことを指すとされ、「去年の詔は去年詔したままにそれに従へといふ程の意味ではなからうか」と述べられているが、[50] 第一詔は東国「国司」らをはじめて任命した際の詔であるから、そのように解しては、ここに「朝集」とあるのが不可解となる。そこで坂本氏は、第一詔は新任の東国「国司」らだけでなく、朝集のために上京していた旧任の「国司」らに対しても発せられたものと解釈されたのであるが、[51] その解釈が成立し難いことは先に述べたとおりである。

私は、(B)部分全体については次のように読むべきものと考えている。

去年朝集に付けし政は、「前の処分に随ひ、収め数ふる田を以ては、均しく民に給へ。彼我を生ずること勿れ。凡そ田給はむことは、其の百姓の家近く田に接《つ》けらば、必ず近きを先とせよ。此くの如く宣たまはむことを奉れ」と。

つまり、「随二前処分一」を「以二収数田一」にのみかかるものとし、「随二前処分一」以下「如レ此奉レ宣」までを「去年付二於朝集一之政」の引用部分として読むのである。このように読むならば、(B)部分の最後が「如レ此奉レ宣」と結ばれていることもよく説明できるであろう。「去年付二於朝集一之政」は、文字どおり去年朝集した「国司」らに対して命じた政(この政そのものについては『日本書紀』に記載がないのであるが[52])と解せばよいのであり、また「前処分」は、「収数田」に対応する「校田」を命じた処分、すなわち東国「国司」についていえば第一詔を指すと解せばよいのである。そして、この時、新たに「国司」（および国造）らに対して命じた任務を述べている部分が(C)部分ということになろう。

なお、「去年付二於朝集一之政」を東国を含む諸国の「国司」に対して「造籍」、「校田」、武器収公などを命じた政（東国「国司」についていえば第一詔）を指すとし、「前処分」を「改新詔」とする、山尾幸久氏・樋口知志氏らの説もある。[53]しかし、そのように解した場合、東国「国司」のようにはじめて「国司」を任命して命じた政についても、「付二於朝集一之政」としたとみなければならないところに、まず難点があると思う。そして山尾氏の場合は、私見と同様「随二前処分一」と「以二収数田一」とは続けて読むべきであるとされるのであるから、「収数田」の民への「均給」（(あ)）＝「付二於朝集一之政」（(い)）＝「造籍」、「校田」、武器収公などの任務を命じた政（(う)）、ということになるが、(あ)と(う)をイコールで結ぶ（(あ)を(う)の中に含まれるものとする）点にも無理があるのではないだろうか。また樋口氏の場合は、「随二前処分一」で区切って読む従来説に立っておられるのであり、そもそもその点に、先に述べたとおりの疑問が持たれるのである。

やはり、「去年付二於朝集一之政」はいったん任地に赴いてから朝集した「国司」に対して与えられた政、「前処分」は「収数田」に対応する「校田」を命じた処分（東国「国司」についていえば第一詔）、と解すのが最も妥当であるといえよう。ただ、「国司」らに対して「校田」を命ずるにあたって、あらかじめ「校田」の基準や方法が定められていたということは十分考えられるのであり、第四詔(B)部分では、その基準や方法を指して「前処分」といった、とみることは可能であろう。つまり、「去年付二於朝集一之政」はあくまでいったん任地に赴いてから朝集した「国司」に対してのものであるが、「前処分」は、「国司」に対して「校田」を命じた処分（東国「国司」についていえば第一詔）を指すのではなく、それ以前に定められていた「校田」の基準や方法を指しているとみるのである。そしてその場合は、

「前処分」は「改新詔」（「校田」についての規定があったと推定される第三条）にあたると解するのが自然ということになろう。(54)

しかし、なお問題は残されている。それは、一つには、第四詔の「国司」が東国「国司」のみを指すのか、あるいは東国も含めた諸国の「国司」を指すのかという問題であり、二つには、第四詔が『日本書紀』の記すとおり大化二年八月に出されたものであるならば、「去年付二於朝集一之政」は大化元年としなければならないが、はたして大化元年中に「国司」らが朝集したといえるのかどうか、という問題である。

前者については、第一詔・第二詔・第三詔がそれぞれ「東国等国司」「東国国司等」「東国朝集使等」への詔として記されているのに対し、第四詔でのみ単に「国司」とあることからすれば、東国に限らず諸国の「国司」を指すと解するのが自然であろう。また、先に述べたとおり、東国以外にも東国「国司」と同様の任務を負った国司が派遣されていたと考えられるのであり、ここの「国司」を諸国の「国司」と解して何ら不都合な点はないといえよう。したがって「前処分」は、東国以外の「国司」についていえば、皇極二年十月に彼らが派遣された際に与えられた「処分」(55)（そこで「校田」と地方政治機構の実状調査・報告とが任務として命ぜられたと推定されることは先に述べた）を指すと解釈できるのである。

次に後者の問題についてであるが、右に述べたように第四詔の「国司」が東国も含めた諸国の「国司」であるならば、この問題は、その諸「国司」の朝集の問題として考えなければならないのはいうまでもあるまい。まず、関係記事を、これまで引用した記事も含めて、『日本書紀』の記す年代順に改めて掲げておくことにしたい。

①皇極二年（六四三）十月己酉（三日）条

饗二賜群臣伴造於朝堂庭一。而議二授レ位之事一。遂詔二国司一。如二前所勅一。更無二改換一。宜下之二厥任一慎中爾所上レ治。

②大化元年（六四五）八月庚子（五日）条

〔第一詔〕

③大化元年九月朔条

遣下二使者於諸国一治上レ兵。或本云。従二六月一至二于九月一。遣二使者於四方国一。集二種種兵器一。

④大化元年九月甲申（十九日）条

遣二使者於諸国一。録二民元数一。（後略）

⑤大化二年正月是月条

天皇御二子代離宮一。遣下二使者一。詔二郡国一修中営兵庫上。（後略）

⑥大化二年二月戊申（十五日）条

（前略）又詔。集在国民所レ訴多在。今将レ解レ理。諦聴レ所レ宣。其欲レ決レ疑。入レ京朝集者。且莫三退散一聚二侍於朝一。

（後略）

⑦大化二年三月甲子（二日）条

〔第二詔〕

⑧大化二年三月辛巳（十九日）条

〔第三詔〕

⑨大化二年三月甲申（二十二日）条

（前略）凡始二畿内一及二四方国一。当二農作月一早務レ営レ田。不レ合レ使レ喫二美物与一レ酒。宜下差二清廉使者一告中於畿内上。其

四方諸国国造等。宜下択二善使一依レ詔催勤上。

とりあえずいま、これらの詔の発布年月日を『日本書紀』のとおりとして考えていくことにしよう。

はじめに東国の「国司」については、大化元年の八月に派遣され（②第一詔）、大化二年の三月十九日には確実に上京している（⑧第三詔）のであるから、大化元年の末頃、朝集したと考えておかしくはない。ただ、第二詔・第三詔の内容からすれば、大化二年の三月に近い時期に朝集したと解する方が自然であろう。次に東国以外の諸「国司」については、皇極二年の十月に派遣され（①）、③・④・⑤が先に述べたように任地にいる「国司」に対して使者を遣わして新しい任務を伝えたものならば、少なくとも大化二年正月までは任地にいたことになり、朝集したのはそれ以降のこととしなければならない。

そして、東国も含めた諸「国司」の朝集の時期を推定する上で注目すべきは⑥と⑨である。⑥は、訴えのため上京している「国民」（おそらくは地方の豪族層）に対し、その訴えの「解レ理」くにあたってしばらくの間、京にとどまっているよう命じているのであるが、この記事から次のようにいえるのではないだろうか。すなわち、ここでいう訴えは「国司」がその任務を遂行していく中で、「国司」と地方豪族との間に生じたトラブルによる訴えであり、その訴えのために上京していた地方豪族らに対して、しばらく京にとどまっているよう命じているということは、「国司」らの朝集を待って、「国司」らの言い分も聞いた上で「解レ理」こうとしたためであると。もしそうであるならば、「国司」らへの朝集の命は、訴えのために上京する者が続々と現われてきた状況の中で下されたものと推定され、⑥の詔が出される前にすでにその命は下されていたかもしれないが、⑥の詔が出された大化二年二月十五日の段階では、「国司」らは（少なくともその多くは）まだ朝集していなかったと解せるのである。

また⑨は、畿内に清廉の使者を遣わし、四方諸国の国造らに対しても善使を択び、「当二農作月一早務レ営レ田。不レ合レ使レ喫二美物与レ酒」の旨を伝えさせているのであるが、ここに「四方諸国国造等」とだけあって「国司」の名がみえないのは、この時、諸国に「国司」が不在であったことを示すのではないだろうか。[56] 事実、東国の「国司」らはこの時、在京していて不在だったのである。あるいは、こうした勧農はこの段階では「国司」に対して命ぜられるべきものではなかったと解せるかもしれないが、第四詔(C)部分㈡の勧農は「国司」（および国造）に対して命ぜられているのであり、その可能性は少ないと思う。[57] つまり、⑨が発せられた大化二年三月二十二日の時点では、諸国の「国司」は朝集のため上京してきており（中には上京の途中であった「国司」もいたかもしれないが）、任地にはいなかったと考えられるのであり、東国「国司」も含めた諸「国司」の朝集の時期は、大化二年の二月から三月の頃に求められるのである。

以上は、①〜⑨の詔をいずれも『日本書紀』の記す年月日どおりに受けとった上での考察であるが、その結果各詔の前後関係を矛盾なく理解できるということは、これら各詔の発せられた時期が、ほぼ『日本書紀』の記すとおりであることを示していると思う。

そこで、改めて第四詔を見てみると、そこに「去年付㆓於朝集㆒之政」とある以上、この第四詔は諸「国司」が朝集した大化二年（二月から三月頃）の翌年のものとしなければならず、『日本書紀』が第四詔を大化二年八月癸酉（十四日）条にかけて記しているのは誤りということになろう。おそらくそのとおりなのであって、そもそも第四詔は、同条前半部分に記されるいわゆる品部廃止の詔とは別個の詔と考えられるのであり、[58] 本来は別の時期に出されたものを、『日本書紀』編者が合成してここに記載した可能性が強いのである。私は、第四詔を大化三年中に発せられた詔と考えたい。[59]

なお、以上のように解釈するならば、大化二年の二月から三月頃に朝集した諸国の「国司」らに対して、いったん「随㆓前処分㆒。以㆓収数田㆒。均給㆓於民㆒。勿㆑生㆓彼我㆒。凡給㆑田者。其百姓家近接㆓於田㆒。必先㆓於近㆒。如㆑此奉㆑宣」という命令が出されたことになるが、おそらくその「国司」らと第四詔の「今発遣国司」とは別のメンバーと思われ、右の命令は、朝集した「国司」らを再び任地に送り返す時に出されたものと考えられるのではないだろうか。東国の「国司」についていえば、彼らは任務の途中で召還されたと推定されるのであり、そのまま長く中央にとどめられたとは考え難く、彼らの「犯」「過」「怠拙」を厳しく糾弾した第三詔が出された後は、まもなく送り返されたとするのが自然であろう。大化三年の第四詔で「発遣」された諸国の「国司」は、右の「国司」と交替させるための「国司」であったと考えられるのであり、この新任の「国司」に対しても、「収数田」の民への「均給」が再び繰り返して命ぜられたということであろう。

さて、本題にもどって、以下第四詔の記事内容についての信憑性を検討しておくことにしよう。問題とすべきは、具体的記事内容を有している(B)部分と(C)部分である。

まず、(B)部分であるが、「随二前処分一。以二収数田一。均給二於民一」とあるのは、第一詔(B)部分で「校田」が命ぜられていることと対応するものであり、「校田」の結果生ずる「収数田」を民に「均給」せよという意であろう(60)。したがって、第一詔(B)部分の記事内容が信憑性を持つものである以上、この(B)部分についても同様に考えてよいことになろう。「凡給レ田者。其百姓家近接二於田一。必先二於近一」とあるのは、田令従便近条の「凡給二口分田一。務従二便近一。不レ得二隔越一」と共通性を有しているが、だからといって、この部分を令文をもとにした作文と考える必要はあるまい。また、「以二収数田一。均給二於民一」を、令制下の班田と同様に解する必要もないと思う(61)。「大化」の「班田」の具体的内容をどう理解するかについては、今日一致した見解が得られていないが、令制下の班田と同様な「班田」を想定する見解はほとんどみられない(62)。

次に、(C)部分であるが、㋑・㋺については長山泰孝氏によってその信憑性が疑問視されている。長山氏は、これらの記事はいずれも具体性を欠く項目だけのものであり、「改新詔」の田調・戸調から人身賦課の調である「男身之調」に転化するのは「早くとも庚午年籍が作成された天智朝末期、おそらくは天武朝初年であったと思われる」から、「本来破片的史料であったものが編者の判断にしたがってここに挿入されたのではないか」とされるのである。[63] しかし、「改新詔」に述べられている五〇戸一仕丁の規定を㋺でわざわざ繰り返している点や、すでに「国司」らに「造籍」が命ぜられている以上、ここで㋑・㋺のような任務が新たに課せられたとしてもおかしくない点などを考えると、一概にそうとはいいきれないのではあるまいか。先にも取りあげた「白髪部五十戸」の木簡や「山部五十戸婦」の上代裂銘の存在を考えるならば、「改新詔」とはかかわりなく、この部分の信憑性を認めてよいのではないかと思われる。また「男身之調」についても、これを人身賦課の調とはみない説[64]もあり、また文字どおり「男身之調」と解したとしても、人身賦課の調が「大化」の時点ではまだ定められなかったと断言することもできないであろう。

一方、㋩・㋥については、㋩の国境の調査・報告にせよ、㋥の勧農にせよ、地方に派遣される「国司」の任務を述べたものとしてふさわしく、一定の具体性も帯びていることから、その信憑性を疑う必要はないと思う。とくに、「宜下観二国々堺一。或書。或図。持来奉上示。国県之名来時将定」とある㋩は、これ以前、諸国の「国司」に地方政治機構の実状調査・報告が命ぜられていること（東国「国司」についていえば第一詔）と対応することが明らかであり、その信憑性が第一詔によって裏付けられるといってよいであろう。また、ここで「国県」といった表現が使われている点も、この部分が令制下の知識による作文ではないことを示しているものと思う。そして「国々可レ築レ堤地。可レ穿レ溝所。可レ墾レ田間。均給使レ造」とある㋥についても、『常陸国風土記』行方郡条に、

(1)　即有二枡池一。此高向大夫之時。所レ築池。

とあることや、『播磨国風土記』揖保郡条に、

(2)　石海里。土惟上中。右。所三以称二石海一者。難波長柄豊前天皇之世。是里中。有二百便之野一。生二百枝之稲一。即阿曇連百足。仍取二其稲一献之。爾時。天皇勅曰。宜下墾二此野一作上レ田。乃遣二阿曇連太牟一。召二石海人夫一令レ墾之。故野名曰二百便一。村号二石海一也。

とあることとの共通性が注意されるのである。(1)の高向大夫は「惣領」であり、(2)の阿曇連太牟は中央から派遣された人物としかわからないが、これらの記事により㊁の信憑性が高められることは確かであろう。

ところで、右の「惣領」高向大夫は、『常陸国風土記』によれば、少なくとも大化五年（六四九）から白雉四年（六五三）の間は任地におり、建評に携わった人物とされていることは周知のとおりである。とするならば、㋩の部分は、まさにその建評を命じた部分と解釈されるのではないだろうか。㋩には、「宜下観二国々堺堺一。或書。或図。持来奉上レ示」とあるが、「国県之名来時将定」とも記されていることからすれば、「県」＝コホリの境界の画定（すなわち建評）のことも命じているとみるべきであり、建てたコホリの名については、その境界を「或書。或図」して持ち来たった時に定めようというのであろう。㋩の部分から建評の命令を読みとることは、決して不可能なことではないと思う。また、このように解するのであれば、『常陸国風土記』に「惣領」としてみえる高向臣（大夫）および中臣幡織田連（大夫）は、当然この第四詔で「発遣」された「国司」ということにもなるであろう。

皇極二年（六四三）十月に東国を除く他の地域に、そして大化元年八月に残る東国に派遣された「国司」は、「造籍」、「校田」、武器収公、地方政治機構の実状調査・報告を任務としていたのであるが、これらの任務は、換言すれば評制施行の準備作業といえるものであり[65]、それを受けての評制実施を任務としたのが、この大化二年の第四詔で「発遣」された「国司」＝「惣領」であった、と考えられるのではないだろうか。

第五節　第一詔〜第四詔の年代

これまでの叙述からすでに明らかなように、私は、第四詔が大化三年のものである以外は、第一・第二・第三詔をはじめ、前節に掲げた①〜⑨のすべての詔の年代を、ほぼ『日本書紀』どおりに理解してよいと考えている。しかしこの点を疑問とする見解も、原秀三郎・関口裕子・山尾幸久各氏によって主張されているのであり、原氏は第一詔を天智三年（六六四）〜天武四年（六七五）の間に、[66]関口氏は第一詔（および第二詔・第三詔）を天智期に、[67]山尾氏は第一詔〜第三詔を天智九年〜天武四年（第二・第三詔は天武四年に近い年代）、第四詔を天武四年前後に、[68]それぞれ位置づけられるものと解されるのである。そこで本節では、各氏がそのように解される論拠を検討し、それを通して、第一詔〜第四詔の年代が「大化」期に求められることを改めて確認しておくことにしたい。

まず、原氏があげられている論拠は、およそ次の三点である。

(1)　第一詔(B)部分の㋑にみえる「国家所有公民。大小所領人衆」という表現は、原氏の理解によるところの民部＝国家支配の人民、家部＝諸豪族領有の人民、の概念と一致するが、そうであるならば、右の表現がとられるようになるのは民部・家部の定められた甲子年（天智三年）以降のこととみなければならない。

(2)　「国家所有公民」という表現を取り得るためには、名代・子代あるいは品部がすでに国家所有のものとして整理されていなければならないが、それは『日本書紀』の記述によっても「改新詔」の出された大化二年正月以降のことであり、『日本書紀』自体に矛盾・混乱がみられる。

(3)　「造籍」、「校田」の実施命令が「大化」の時点で出されたとは考えられない。

しかし、(1)・(2)の点については、吉村武彦氏が明快に指摘されているように、[69] 原氏の民部・家部理解が正しく、しかも「国家所有公民。大小所領人衆」が原第一詔にもあった表現である場合に限って、第一詔の年代を疑う論拠となり得るのであり、決定的なものとはいい難いのである。また、(3)の点は、ここでいう「造籍」、「校田」の具体的内容をどう理解するかということにかかわってくる問題であり、やはり客観的論拠とはなり得ないであろう。

そこで関口氏は、原氏の論拠が決定的なものではないことを認められた上で、新たに第一詔Ⓒ部分の㊇に「上レ京之時。不レ得三多従二百姓於己一。唯得レ使レ従二国造。郡領一」とある表現を問題にされるのである。つまり、ここでいう「郡領」を原第一詔にあった評の長官名を書き換えたものとされ、評の成立は早くとも大化二年以降（確実なものは大化五年以降）であるから、第一詔の出された時期は『日本書紀』の記す大化元年八月ではあり得ないとされるのである。この関口氏の指摘は、㊇の「郡領」が氏のいわれるとおり原第一詔にあった評の長官名の書き換えであったならば、たしかに第一詔の年代を疑う決め手になり得るものであろう。

しかし、そのように単純に解するのは疑問であると思う。㊇の「郡領」についてはさまざまな解釈が試みられており、坂本太郎氏は後人が国造の説明注文としたものが攙入したのではないかとされ、[70] 田中卓氏は屯倉を司った田令などの語が後に修飾されたのではないかとされている。[71] また新野直吉氏は、田中説が妥当かとされながらも、一方で、同じ第一詔Ⓒ部分の㋣に「国造。伴造。県稲置」と併記されていることに注目され、『県主』とか『県令』とかという様な原資料の表記を、後の知識でかく『郡領』と書き換えたものかとも私は考える」と述べておられる。[72] 原第一詔に「県主」「県令」といった表記があったとは思われないが、㊇の「国造。郡領」を㋣の「国造。伴造。県稲置」とかかわらせて理解すべきことは新野氏の指摘されるとおりであろう。つまり私は、ここでいう「郡領」は原第一詔に「伴造。県稲置」とあったのを書き換えた可能性が最も高いと考えるのである。㊇の「郡領」を評の長官名の書き換えとするのが唯一・絶対の解釈でないことは明らかであり、関口氏の指摘も決定的なものとはいえないであろう。

次に山尾氏の説であるが、山尾氏が第一詔〜第四詔の年代を天智九年〜天武四年前後に位置づけられるにあたって示された論点は、多岐にわたっている。しかし、そのように考えるべき具体的論拠としてあげられているのは、およそ次の六点に要約できるであろう。

(1)　東国「国司」の派遣（第一詔）は、遠江・信濃から石城・石背までと越とを範囲としており、それは国家的北辺防備策の嚆矢であった。そして当時、越方面における防備の対象であったのは「蝦夷」ではなく、サハリン・北海道から越方面にまで南下してきた「粛慎」であり、そのような事態は、唐が高句麗を滅した六六八年以後に生起したものである。

(2)　第一詔にいう「造籍」は、良賤制と父系主義の原則に立つ「男女の法」（孝徳紀大化元年八月庚子条、第一詔に続けて記載される詔にみえる）に基づく「造籍」であり、このような「造籍」が実際に行なわれたのは、天智九年（庚午年）にはじまる庚午年籍の作成においてであった。

(3)　第四詔で「国司」らに与えられている「男身之調」、「五十戸」ごとの「仕丁」徴収の任務は、庚午年籍による人身の掌握を受けてはじめて行なうことが可能である。

(4)　第一詔・第四詔などには、公民制および国家的土地所有の理念がうかがえるが、それは、庚午年から、天武四年の詔「甲子年諸氏被レ給部曲者。自レ今以後除之。又親王。諸王及諸臣幷諸寺等所レ賜山沢嶋浦。林野陂池。前後並除焉」（天武紀四年二月己丑条）が発せられるまでの間に成立しはじめるのであり、孝徳の時代には存在し得ないものである。

(5)　第一詔その他孝徳紀に示される軍事政策は、国家的軍事組織（律令軍団制）形成への転機となる政策であり、庚午年前後に位置づけるのが最も妥当である。

(6)　第四詔の「国司」は、全国に派遣された常駐国司とみられるが、このような常駐国司を派遣する体制が整ったのは、天武四年前後と考えられる。

しかし、これらの点は、いずれも原氏のあげられた論拠と同様、客観的なものとはいえないのではなかろうか。つまり、いずれの点も、第一詔〜第四詔の内容・表現についての山尾氏の理解が正しく、そして律令国家の形成過程の大筋についての山尾氏の理解も正しい場合に限って論拠たり得るのであり、現在の私には山尾氏の示された多岐にわたる論点のすべてに答える準備はないが、右の二つのいずれをめぐっても諸説の対立する現在の研究状況においては、客観的論拠といえないことは指摘できると思う。なお山尾氏は、第四詔と、同条の前半部分に記載される「品部廃止の詔」とは一体のものとみるべきであるとされ、その「品部廃止の詔」もやはり天武四年前後に発せられたものと考えられると説かれているが(73)、この点については、すでに樋口知志氏による説得力のある批判が示されている(74)。すなわち、山尾氏は、「品部廃止の詔」に「遂使下二父子一易レ姓。兄弟異レ宗。夫婦更互殊上レ名。一家五分六割」とあるのは、現実には母系制的に構成される生活結合体も少なくなかった「一家」の個々人を、庚午年籍において、父系をたどって部民制的所属を族称として登録したために生じた現象をいったもの、とされたのであるが、それに対して樋口氏は、「父子易レ姓。兄弟異レ宗」と表現される混乱を、父系によった庚午年籍が作られた結果生じたとみるのは不適切であるとされるのである。

以上のように、第一詔〜第四詔の実年代を天智期や天武期とする原・関口・山尾各氏の見解は、いずれもその論拠が客観的な論拠たり得ないと考えられるのであるが、だからといって、第一詔〜第四詔の年代が、『日本書紀』の記すとおりであると積極的に証明されたことにならないのはもちろんである。それでは、そのことを積極的・客観的に示す論拠はあげられないのであろうか。

通説においては、第三詔(F)部分にみえる「塩屋鯯魚」は、斉明四年（六五八）の有間皇子事件に坐して斬殺された「塩屋連鯯魚」（斉明紀四年十一月庚寅条、なお同条の「或本」には「塩屋連小戈」とある）と同一人物であるとし、この点が、第三詔を天智期や天武期のものとはなし得ない決定的論拠になるとみられている。(75) しかし山尾氏は、第三詔(F)部分の「塩屋鯯魚」は東国の在地の人物と考えられるのに対し、有間皇子事件の「塩屋連鯯魚（小戈）」は、紀伊国日高郡塩屋の出身で河内に進出していた豪族「塩屋連」氏の人物とみられるのであり、連のカバネの有無からしても、両者は明らかな別人であると説かれるのである。(76) たしかに、両者は別人である可能性もあり、この点を決定的論拠とするわけにはいかないであろう。(77) ただ人物に関していうならば、第三詔(C)・(D)部分にみえる第一「国司」グループの長官「穂積臣咋」（「穂積咋臣」）は、大化五年の蘇我石川麻呂事件に登場する「穂積嚙臣」「穂積臣嚙」（孝徳紀大化五年三月戊辰・庚午条）と明らかに同一人物であるが、この人物が石川麻呂事件において異常な行動をとったのは、(78) 第三詔においてその勤務状況を厳しく叱責されたためとも考えられるのである。(79)

そして、第一詔～第四詔を孝徳期のものとする積極的論拠としては、これらが評制の施行にかかわる詔である、という点があげられるであろう。私は、評制は孝徳期において全国的に施行されたとみるのが妥当と考えているが、(80) たとえそうではないにしても、評の設置が孝徳期にはじまることは確かといえるのであり、それが遅くとも大化五年以降現実に行なわれていったことも、『常陸国風土記』の建評記事などから明らかである。山尾氏は、『常陸国風土記』の建評年次も疑われるのであるが、(81)「己酉年」（大化五年）、「癸丑年」（白雉四年）という独特の干支で記された建評年次を疑うことはできないと思う。(82) したがって、第一詔～第四詔が評制施行のための「国司」派遣の詔（およびそれに関する詔）であったならば、それは少なくとも大化五年以前のものとみなければならないのである。

注

（1）井上光貞『日本古代国家の研究』岩波書店、一九六五年、第Ⅱ部第二章所収「大化改新と東国」。関晃「大化の東国国司について」（『文化』二六―二、一九六二年）。石母田正『日本の古代国家』岩波書店、一九七一年、等。

（2）原秀三郎『日本古代国家史研究』東京大学出版会、一九八〇年、第一篇「大化改新論批判序説」。門脇禎二『「大化改新」史論』下巻、思文閣出版、一九九一年、第一章第三節「いわゆる、大化の東国『国司』について」。関口裕子「『大化改新』批判による律令制成立過程の再構成」上・下（『日本史研究』一三二・一三三、一九七三年）。山尾幸久「孝徳紀の東国国司詔の基礎的考察」（『立命館文学』五〇三、一九八七年）。同「孝徳紀の東国国司詔の史料批判」（『日本史論叢』一一、一九八七年）。

（3）石母田正『日本の古代国家』前掲、九五〜九六頁。

（4）榎英一「大化の朝集使について」（『日本史論叢』九、一九八一年）八〇頁にもこの指摘がある。

（5）井上光貞『日本古代国家の研究』前掲、三五四〜三五七頁。

（6）門脇禎二『「大化改新」史論』下巻、前掲、四五〜四八頁。

（7）注（5）に同じ。

（8）関晃「大化の東国国司について」（前掲）一五四頁。

（9）山尾幸久『日本国家の形成』岩波書店、一九七七年、一五四頁。大町健「律令法と在地首長制」（『歴史学研究』別冊、一九八〇年大会報告、一九八〇年）四四頁。梅田康夫「大化・白雉期の班田と校田について」㈠（『金沢法学』二六―二、一九八四年）三六〜三七頁、なども、㋣部分について同様に解釈されている。

（10）門脇禎二『「大化改新」史論』下巻、前掲、四五頁。

（11）なお、門脇氏がこのように解釈されるのは、「朝集使」を、「国司」とは別のもので、「国司」らの勤務状況を審査するためにとくに任命されたものであると理解されてのことである（同右、四三〜四四頁）が、後述のとおり、私は、ここでいう「朝集使」は任務の途中で召還された「国司」のことを指すと考えている。

（12）なお、梅田康夫氏によれば、Ⓒ部分は八つの「国司」グループに分けられるのではなく、㋭以降には「国司」の長官のみが九名（中臣徳は除く）あげられているのであり、㋑㋺㋩㋥の四グループと合わせて一三の「国司」に分けられるとされる（梅田康夫「大化・白雉期の班田と校田について」㈠〔前掲〕三二～三六頁）が、疑問であろう。
（13）坂本太郎他校注『日本書紀』下（日本古典文学大系）岩波書店、一九六五年、五六八頁補注25―五参照。
（14）榎英一「大化の朝集使について」（前掲）七九頁。
（15）直木孝次郎『難波宮と難波津の研究』吉川弘文館、一九九四年、Ⅱ―一「孝徳朝の難波宮」一〇〇頁。
（16）門脇禎二『「大化改新」史論』下巻、前掲、第一章第一節「いわゆる、『難波遷都』について」九頁。
（17）同右、四～九頁。
（18）中尾芳治『難波宮の研究』吉川弘文館、一九九五年。長山雅一「前期難波宮と京の建設をめぐって」（難波宮址を守る会編『難波宮と日本古代国家』塙書房、一九七七年）、等参照。
（19）井上光貞『日本古代国家の研究』前掲、三六七～三六八頁。関晃「大化の東国国司について」（前掲）一六八～一七〇頁。
（20）薗田香融氏は、第三詔（および孝徳紀）の「国司」は惣領ではなく国宰であるとされ、『常陸国風土記』『播磨国風土記』などの記載から、「大化」～大宝の間（大宝令以前）は惣領―国宰の二重組織が存在したとされている。薗田香融『日本古代財政史の研究』塙書房、一九八一年、第八章「律令国郡政治の成立過程」三二六～三二八頁。しかし、風土記の「惣領」（「総領」）と「国宰」は時代の前後として解すべきであり、孝徳期においてすでに惣領―国宰の二重組織が存在していたとみるのは疑問ではないかと思う（なお本編第四章参照）。
（21）この点は、『常陸国風土記』の建評記事の年次を信頼できるものとした上での議論であるが、それが信頼できることについては第三編第二章を参照。
（22）関口裕子「『大化改新』批判による律令制成立過程の再構成」上・下（前掲）。
（23）榎英一「大化の朝集使について」（前掲）八〇頁。
（24）坂本太郎他校注『日本書紀』下（日本古典文学大系）前掲、二八八頁頭注八参照。
（25）井上光貞『日本古代国家の研究』前掲、三五八頁参照。
（26）坂本太郎他校注『日本書紀』下（日本古典文学大系）前掲、二八九頁頭注三五参照。

（27）門脇禎二『「大化改新」史論』下巻、前掲、四二〜五〇頁。

（28）武光誠「姓の成立と庚午年籍」（井上光貞博士還暦記念会編『古代史論叢』上巻、吉川弘文館、一九七八年）六〇〇頁注（58）にもこの指摘がある。

（29）高橋崇「大化の東国国司について」（遠藤元男先生頌寿記念会編『日本古代史論苑』国書刊行会、一九八三年）一〇四〜一〇五頁参照。

（30）井上光貞『日本古代国家の研究』前掲、三六九頁。

（31）同右、三五九〜三六〇頁参照。

（32）津田左右吉『日本上代史の研究』岩波書店、一九四七年（一九七二年改版）、第二編「大化改新の研究」一五八頁。

（33）坂本太郎『大化改新の研究』至文堂、一九三八年、二八七頁他。門脇禎二『「大化改新」史論』下巻、前掲、三八頁。

（34）なお、樋口知志氏によれば、(3)の「使者」は任務の伝達者であるが、(1)・(2)の「使者」は「国司」とみなければならないとされる。すなわち樋口氏は、東国「国司」らへの詔がとくに『日本書紀』に載せられているのは、東国「国司」らの考課に関する記録が編纂時に遺存していたからであるとされ、(1)の「或本云」に「使者」を「四方国」に派遣したとあるのに注意するならば、この「使者」は東国も含めた諸国（四方国）への「使者」、つまり「国司」ということになり、(1)・(2)は全国への「国司」派遣の記事とみなければならないとされるのである。樋口知志「律令的調制成立の前提」（『歴史学研究』五九八、一九八九年）六〜七頁。しかし、そのように解するならば、第一詔で東国「国司」らに「造籍」、「校田」、武器収公、地方政治機構の実状調査・報告の任務を一度に命じたにもかかわらず、その東国「国司」も含む諸「国司」に対して、(1)で武器収公、(2)で「造籍」の任務を分けて命じたということになり（樋口氏は、(2)の「後略」部分に載せられるいわゆる土地兼併禁止の詔の内容から、(2)では「校田」の任務も命じたとされるが）、『日本書紀』の記述が明らかに矛盾することになってしまうのである。また樋口氏のように解するのであれば、全国に対して地方政治機構の実状調査・報告を任務とした「使者」（「国司」）を派遣したという記事が、『日本書紀』にみえないのも不審ということになろう。やはり私は、「国司」と「使者」とを使い分けている『日本書紀』編者の認識を重視したいと思うのである。

（35）以上述べてきたことは、第一詔の年代や(B)部分の記事内容を信頼できるものとした上での解釈であるが、それらが信憑性を持つものであることは後述のとおりである。

(36) なお冒頭の(A)部分と末尾の(F)部分が残されているが、これらはいずれも具体的記事内容を有しておらず、その信憑性の可否を論ずることは、第一詔全体を検討する上でそれほど重要な問題にはならないと思う。(A)部分について関口裕子氏は、それが天孫降臨神話の天照大神による神勅と関係する表現になっていることから、「神勅成立後の修飾を受けていることは動かない」とされる。関口裕子『「大化改新」批判による律令制成立過程の再構成』下（前掲）四三頁。たしかにそのとおりであろうが、ただ、それによって第一詔全体の記事内容が疑われるものでないことは、改めて述べるまでもあるまい。

(37) 坂本太郎他校注『日本書紀』下（日本古典文学大系）前掲、二七三頁頭注二八。

(38) 原島礼二『日本古代王権の形成』校倉書房、一九七七年、第二部第四章「古代の東国と倭王権」二七五頁。

(39) 井上光貞『日本古代国家の研究』前掲、三七一〜三七三頁。石母田正『日本の古代国家』前掲、一〇九〜一一七頁。

(40) 榎英一「大化の東国国司の一考察」（『日本史論叢』六、一九七六年）三九頁。同「大化の朝集使について」（前掲）八〇〜八一頁。

(41) この刀（官刀）は、「国司」であることを示す表徴としての刀であろう。門脇禎二『「大化改新」史論』下巻、前掲、五六頁。関口裕子『「大化改新」批判による律令制成立過程の再構成』下（前掲）四五頁、等参照。

(42) 佐藤和彦「大化の国司派遣について」（『国学院雑誌』七九―一一、一九七八年）五八頁にもこの指摘がある。

(43) なお「朝集使」の語についてであるが、東国「国司」らに対する詔であることの明らかな第三詔が、「詔二東国朝集使等一曰」として記載されていることからすれば、それを『日本書紀』編者が「国司」ないしその一部を指す語として用いていることは間違いないであろう。私は、任務途中で召還されて上京した「国司」ということで、『日本書紀』編者が「朝集使」の語を用いたのではないかと考えている。

(44) 門脇禎二『「大化改新」史論』下巻、前掲、四八〜五五頁。

(45) 岸俊男『日本古代文物の研究』塙書房、一九八八年、Ⅵ「『白髪部五十戸』の貢進物付札」参照。

(46) 浅井和春「東京国立博物館保管上代裂の銘文について」（『ＭＵＳＥＵＭ』三九〇、一九八三年）。

(47) 狩野久『日本古代の国家と都城』東京大学出版会、一九九〇年、第二部二「額田部連と飽波評」一六一〜一六二頁参照。

(48) なお中西康裕氏によれば、第一詔は、先の本文に掲げた(1)・(2)・(3)に示されるところの、三次にわたって全国に「使者」を派遣した、その史料を合成したものとされる。中西康裕「大化の『東国国司』に関する一考察」（『続日本紀研究』二四七、一九八六年）一四頁他。しかし、『日本書紀』の記述をみる限り、(1)・(2)・(3)の記事内容から第一詔が合成されたとするのは、前者にない記事内容を後者が多く含んでいることからして問題が多い。また先にも述べたとおり、私は「使者」と「国司」とは区別されるべきであると考えている。

(49) 関晃「大化前後の大夫について」（『山梨大学学芸部研究報告』一〇、一九五九年）。原島礼二「大夫小論覚書」（『歴史評論』一一三、一九六〇年）、参照。

(50) 坂本太郎『大化改新の研究』前掲、二八九頁。

(51) 同右、二八七頁。

(52) この政を第三詔（あるいは第二詔も含めて）とすることはできないと思う。なぜならば、第三詔（および第二詔）には、「随二前処分一」以下に相当する記述がないのはもとより、これらは本来東国「国司」らの功過を述べただけの詔であって、そこには政とされるような具体的措置は何ら述べられていないからである。

(53) 山尾幸久「孝徳紀の東国国司詔の史料批判」（前掲）三八〜三九頁。樋口知志「律令的調制成立の前提」（前掲）九頁。

(54) なおこのようにみた場合、東国「国司」が任命される以前に「改新詔」（「校田」の基準や方法にかかわる部分）が発せられていたことになり、『日本書紀』の年代順に矛盾が生ずることになるが、後述のとおり私は、『日本書紀』が大化二年正月朔条に記載する「改新詔」の記事内容の中には、実際にはそれ以前に定められたものも含まれていると考えているのであり、右のようなことがあっても差し支えないと考えるのである。

(55) ただし、派遣される以前からすでに任務は与えられていたのかもしれない。皇極紀二年十月己酉条に「遂詔二国司一。如二前所勅一。更無二改換一」とあるのは、そのことを示すものとも考えられる。

(56) 高橋崇「大化の東国国司について」（前掲）一〇八〜一〇九頁参照。

(57) 同右、一〇九〜一一二頁参照。

(58) 関晃「いわゆる品部廃止の詔について」（坂本太郎博士古稀記念会編『続日本古代史論集』上巻、吉川弘文館、一九七二年）二三九頁参照。
(59) 旧著（『国造制の成立と展開』吉川弘文館、一九八五年）でこのように述べたことに対して、樋口知志氏・村山光一氏らの御批判をいただいた（樋口知志「律令的調制成立の前提」〔前掲〕六～七頁。村山光一「班田収授制の前段階としての『アカチダ』制について」〔同編『日本古代史叢説』慶応通信、一九九二年〕三五頁注(25)）が、この点については現在でも、本文で述べたとおりに考えている。
(60) 石母田正『日本の古代国家』前掲、一一一～一一二頁参照。
(61) 虎尾俊哉氏の指摘されるとおり、第四詔(B)部分と田令従便近条とは、その意味するところに相違が認められる（虎尾俊哉『班田収授法の研究』吉川弘文館、一九六一年、一二〇～一二一頁）のであり、この点にも注意する必要があろう。
(62) 村山光一『研究史班田収授』吉川弘文館、一九七八年、参照。なおその後の見解については、同「班田収授制の前段階としての『アカチダ』制について」（前掲）参照。
(63) 長山泰孝『律令負担体系の研究』塙書房、一九七六年、第一章「律令調制の成立」四四～四五頁。
(64) 石上英一「日本古代における調庸制の特質」（『歴史学研究』別冊、一九七三年大会報告、一九七三年）等。
(65) 薗田香融『日本古代財政史の研究』前掲、三二一～三二五頁他。早川庄八『日本古代官僚制の研究』岩波書店、一九八六年、第Ⅱ部第一章「選任令・選叙令と郡領の『試練』」二七一～二八三頁、等参照。
(66) 原秀三郎『日本古代国家史研究』前掲、四二～四三頁。
(67) 関口裕子「『大化改新』批判による律令制成立過程の再構成」下（前掲）四一～四五頁。
(68) 山尾幸久「孝徳紀の東国国司詔の基礎的考察」（前掲）。同「孝徳紀の東国国司詔の史料批判」（前掲）。
(69) 吉村武彦「律令制的班田制の歴史的前提について」（井上光貞博士還暦記念会編『古代史論叢』中巻、吉川弘文館、一九七八年）三〇三頁。
(70) 坂本太郎『大化改新の研究』前掲、二九五頁。
(71) 田中卓「郡司制の成立」下（『社会問題研究』三―二、一九五三年）五七頁注(三)。
(72) 新野直吉「大化改新第二詔と令条文とにおける郡領任用の『国造』」（『古代学』九―四、一九六一年）二一二頁。

(73) 山尾幸久「孝徳紀の品部廃止詔について」(日本史論叢会編『歴史における政治と民衆』同会、一九八六年)五二〇~五二四頁他。
(74) 樋口知志「律令的調制成立の前提」(前掲)五~六頁。
(75) 井上光貞「大化改新と東アジア」(『岩波講座日本歴史』2、岩波書店、一九七五年)一七二頁注(13)、等。
(76) 山尾幸久「孝徳紀の東国国司詔の基礎的考察」(前掲)二三~二八頁。
(77) なお関口裕子氏は、両者を同一人物としながらも、第三詔(F)部分を本来第三詔にはなかった部分とされている(関口裕子『「大化改新」批判による律令制成立過程の再構成』下〔前掲〕六一頁注㊺)が、(F)部分が原第三詔にも含まれていたと考えられることは先に述べたとおりである。
(78) 孝徳紀大化五年三月庚午条によれば、穂積臣嚙は、石川麻呂とその妻子らが自殺した後も、その「伴党」を捉え聚めて首かせをつけ後手に縛り、さらに石川麻呂の死体の首を斬らせたとある。
(79) 門脇禎二『「大化改新」史論』下巻、前掲、第一章第七節「いわゆる、大臣蘇我倉山田石川麻呂滅亡事件について」一二五~一三〇頁。拙稿「乙巳の変と『大化』の新政権」(『成城短期大学紀要』二三、一九九二年)六一~六二頁、参照。
(80) この点については本編第三章参照。
(81) 山尾幸久「国造について」(古代を考える会編『藤澤一夫先生古稀記念古文化論叢』藤澤一夫先生古稀記念論集刊行会、一九八三年)二二一~二二五頁。同「孝徳紀の東国国司詔の史料批判」(前掲)四一~四四頁。
(82) この点はすでに多くの論者によって指摘されているところである。たとえば、今泉隆雄「八世紀郡領の任用と出自」(『史学雑誌』八一—一二、一九七二年)四〇頁注(5)。吉田晶『日本古代国家成立史論』東京大学出版会、一九七三年、第七章「評制の成立過程」三九九~四〇〇頁注(13)。鎌田元一「評の成立と国造」(『日本史研究』一七六、一九七七年)七七頁注⑭。榎英一「常陸国風土記立郡記事の史料的性格」(『日本歴史』五五五、一九九四年)一二頁。等。なお第三編第二章参照。

第二章　「大化改新」と国造制

はじめに

前章では、孝徳紀の東国「国司」らへの詔（大化元年八月庚子条＝第一詔、大化二年三月甲子条＝第二詔、同辛巳条＝第三詔）、および大化二年八月癸酉条の「国司」発遣の詔（第四詔）について、それぞれの信憑性に検討を加えてきた。その結果、第一詔〜第四詔の記事内容のほとんどがその当時のものとして信頼できること、そしてそれぞれの発せられた年代も、第四詔が大化二年ではなく三年と考えられるほかは、ほぼ『日本書紀』のとおりとみてよいこと、これらの点を明らかにし得たと思う。

第一詔〜第四詔の記事内容は、国造制の問題を具体的に考える上で重要な内容を持つものであるが、第一詔〜第四詔の信憑性が確かめられたとするならば、そこからうかがえるところの国造の姿は、そのまま当時（「大化」当時）の国造の実像であるとみてよいわけである。本章では、まず第一節でこの点、つまり第一詔〜第四詔の記事内容からどのような国造の実像がうかがえるのかという点、を考えてみることにしたい。

そして、そのことによって得られた「大化」当時の国造の実像からは、それがまもなく廃止されるような存在であったとはとうてい考えられない、ということが指摘できるのである。これまで一般的には、国造制は「大化改新」で廃止となった、すなわち「大化改新」で評制が施行されることになり、それによって国造制は廃止されることになった、と理解されてきたのであるが、私には、そうした理解はきわめて疑わしいものに思えるのである。また、これまでの通説によれば、評制の施行によって廃止された国造制（「旧国造制」）にかわって、天武五年（六七六）頃までには、令制国一国一員の「新国造制」が成立したと説かれるのであるが、これについても私は、大いに疑問であると考えている。本章の第二節・第三節では、第一詔〜第四詔以外の孝徳紀の国造関係記事・斉明紀以降の国造関係記事に検討を加え、それらを通して右の通説に対する疑問を述べていくことにしたい。

第一節　第一詔〜第四詔の国造

最初に、第一詔〜第四詔の中から国造に関する部分を抜き出しておくことにしよう（記号は、前章で各詔を引用した際に付した記号である。以下の本文でも同じ）。

(1)　（第一詔Ⓒ—㋩）上レ京之時。不レ得三多従二百姓於己一。唯得レ使レ従二国造。郡領一。

(2)　（第一詔Ⓒ—㋣）若有二求レ名之人一。元非二国造。伴造。県稲置一而輙詐訴言。自二我祖時一。領二此官家一。治二是郡県一。汝等国司。不レ得三随レ詐便牒二於朝一。審得二実状一而後可レ申。

(3)　（第二詔Ⓐ）集侍群卿大夫。及臣連。国造。伴造。幷諸百姓等。咸可レ聴之。

(4)　（第三詔Ⓐ）集侍群卿大夫。及国造。伴造。幷諸百姓等。咸可レ聴之。

(5)　（第三詔Ⓑ）今問二朝集使及諸国造等一。国司至レ任奉レ所レ誨不。

(6)（第三詔(C)―(ロ)）其介朴井連。押坂連。並闕レ名。二人者。不レ正二其上所一レ失。而翻共求二己利一。復取二国造之馬一。

(7)（第三詔(C)―(ハ)）其紀麻利耆拕臣所レ犯者。……以二国造所レ送兵代之物一不二明還一レ主。妄伝二国造一。

(8)（第三詔(C)―(ニ)）其阿曇連。闕レ名。所レ犯者。和徳史有レ所レ患。時言二於国造一使レ送二官物一。

(9)（同右）其介膳部臣百依所レ犯者。草代之物収二置於家一。復取二国造之馬一而換二他馬一来。

(10)（第三詔(D)）是以。凡諸国司。随二過軽重一。考而罰之。又諸国造違レ詔送二財於己国司一。遂倶求レ利。恒懐二穢悪一。不レ可レ不レ治。

(11)（第四詔(A)）今発遣国司幷彼国造可二以奉聞一。

まず、この時期の国造が地方行政の中心的存在であり、「国司」の任務も国造の協力のもとにはじめて可能であった点は、これらの記事から容易に推定されるであろう。[1] (1)で「国司」の上京の際、国造を従えることが許され、(5)でその国造にも「国司」の勤務状況が問われていること、(7)から武器の収公は国造の手を通して行なわれたことが推定されること、(8)からは国造が「官物」を管理していたことがうかがわれること、(10)で「国司」と国造の癒着が厳しく咎められていることなどは、すべて右の点を推定させるものである。

また、(11)にあるとおり、第四詔の命が「国司」だけではなく国造にも伝えられていることも注意されるであろう。第四詔では、「収数田」の民への「均給」、「男身之調」および「五十戸」ごとの「仕丁」の徴収、「国県」の境界の画定、勧農などが命ぜられているのであるが、こうした任務が国造に対しても命ぜられているということは、国造が「国司」に協力すべき在地における地方行政の中心的存在であることを示すばかりではなく、国造がその後も存続することを前提としたものとみなければなるまい。なお、この第四詔の国造について早川庄八氏は、前の「国司」に随伴して上京した国造がそのまま京にとどまっていたものと解されているが、[2] おそらくそうではないと思う。第四詔の

「国司」が全国の「国司」と考えられることは前章で述べたが、ここに「彼国造」とあるのは、その「国司」の派遣先、つまり全国各地にいるところのその国造という意味で「彼国造」と表現されたと解せるのである。前の「国司」（東国「国司」についていえば第一詔で任命された「国司」）に随伴して上京した国造のあったことは、第三詔の内容から明らかであるが、(3)それらの国造もまもなく帰国したものとみるべきであろう。第四詔に先立つ孝徳紀大化二年三月甲申条（前章第四節に⑨として引用）には、諸国の国造に対して勧農の命を伝える記事が載せられているのであり、この時点では国造の多くが在地にあったと推定されるのである。

そして、右の大化二年三月甲申条の記事自体からも、当時の国造が地方行政の中心にあったことが明瞭にうかがえるといえるであろう。

次に、(2)の記事内容も注目されるところである。この記事からは、国造および伴造・県稲置が、いずれも「領二此官家一。治二是郡県一」存在であったことが推定されるが、「国造。伴造。県稲置」という順で記されていることからすれば、国造が伴造（地方伴造）や県（コホリ）の稲置より上位の地方官であったことは間違いあるまい。このことと、「軍尼」—「伊尼翼」（国造—稲置）の二段階の地方行政組織の存在を述べる『隋書』倭国伝の記事、(4)さらに国造が部の設置にかかわっていたことを示す允恭紀十一年三月丙午条・雄略紀二年十月丙子条の記事など(5)を考え合わせるならば、国造の管掌するクニの内部には、部を直接に管轄している地方伴造の「治める」地域と、稲置の「治める」県（コホリ）とが存在していたと推定されるのである。(6)『隋書』の記述によれば稲置のコホリはすでに戸を単位に掌握されていた可能性もあり、一方クニの内部には、地方伴造や稲置のもとに編成されていない地域・集団の存在していた可能性も考えられるのであるが、国造制の内部構造については第三編第一章で取りあげることにし、ここでは「大化」当時の国造が地方行政の中心であったことを確認し、強調しておくことに留めたい。

また、(2)の記事は、「国司」らに対して、もし「求レ名之人」があって、元より国造・伴造・県稲置でないにもかかわらず「自二我祖時一。領二此官家一。治二是郡県一」と偽り訴えたとしても、[7]その偽りのまま報告するのではなく「審得二実状一而後可レ申」としているのであるが、このことは逆にいえば、「国司」らが、誰が実際の国造・伴造・県稲置であるか調べればわかるだけの資料・情報を持っていたことを示しているのではないだろうか。つまり、国造（および伴造・稲置）は、中央権力によってかなり厳密に掌握されていた存在であったと考えられるのである。[8]第一編第二章で述べたように、記紀編者の国造観によれば、国造は中央権力によって任命される順服した存在とされている点や、国造に任命されるのは中央に出仕した経歴の持主であると推定される点なども、参考になるであろう。

一方、国造についての反乱伝承がいくつか残されていることや、また第一詔Ⓒ部分の㋑に「在レ国不レ得レ判レ罪」とあり、「国司」の裁判権の行使を禁じているのは、「裁判権を有する国造の支配権への干渉を戒めたもの」[9]と考えられていることなどから、国造の自立性が強調されることも多い。しかし、前者についていえば、それは実際は国造制が成立する以前の地方豪族の反乱を伝えたものとみるべきであり、[10]後者についても、「在レ国不レ得レ判レ罪」（第三詔Ⓒ部分の㋭には「国司等莫下於二任所一自断中民之所上レ訴」とある）というのは、任地での自判を禁じただけであり、むしろ訴訟の「中央への上申を義務づけた規定」[11]と解すべきことは、第三詔Ⓒ部分の㋣で、平群臣某が三国人の訴えを取りあげなかった点を「犯」としていることに明らかである。[12]国造の自立性を否定するわけではなく、それが裁判権を持っていなかったと主張しようというのでもないが、国造はふつう考えられている以上に官僚的性格が強く、中央権力によって明確に掌握されていた存在であったといえるのではないだろうか。(8)で「国司」（阿曇連某）が国造に送らせた物（おそらく薬）を「官物」としているのもこのことを示すものであろうし、また(6)・(9)では「国司」が国造の馬を取ったことや、それを他の馬に換えて来たことが違反として糾弾されている（ほかに田部の馬・湯部の馬を取ったことも違反とされている）が、このことからは、第一詔Ⓒ部分㈡に「但以二公事一往来之時。得レ騎二部内之馬一。得レ飡二部内之飯一」とあり、第三詔Ⓑ部分㈺にも「可レ喫二部内之食一。可レ騎二部内之馬一」とある「部内之馬」を供給していたのが国造（および田部・湯部）らであったことがうかがえるであろう。[13] おそらくこれは「部内之飯（食）」についても同様とみてよく、国造の提供する馬や食が「部内」のものとされている点にも、国造の官僚的性格が示されているといってよいであろう。[14] 律令制下における出雲国造・紀伊国造の任命は、新任者が中央に赴いて行なわれたのであるが、本編第五章で述べるように、この二国造は、いわゆる「旧国造」がそのまま存続させられた例と考えられるのであり、こうした任命のあり方は国造本来のものであったとも推定されるのである。

なお、(2)の記事に「自二我祖時一。……」とあるのは、国造（および伴造・稲置）の世襲性を示すものであろう。

さて、次に主張したいことは、はじめにも述べ、また右に述べてきたことからも明らかなとおり、これらの記事からは、国造がまもなく廃止されるような存在であったとはとうてい考えられないということである。従来は、孝徳期に評制が施行されることによって国造制は廃止されることになったと解するのがふつうであり、孝徳期に全面的に国造制が廃止されたかどうかという点は別として、少なくとも国造制が評制にとってかわられた制度であったという点は、一般的に認められてきたところである。

しかし、評制の施行については、これを国造制ではなく部民制の廃止に対応したものとする見解も、すでに鎌田元一氏や大山誠一氏らによって説かれているのであり、[15] とくに鎌田氏の場合は、孝徳期に全面的に評制が施行された後も、依然として国造制が存続したことをはっきりと主張されているのである。私もまたそのように考えるのであり、後から検討するとおり孝徳紀以降の国造関係記事からもそのことはうかがえるのである。ただ鎌田氏が、「孝徳朝以後における国造の存在はそのまま領域としてのクニの存続を示すものではない[16]」と述べられている点は、疑問であると思う。すでに指摘があるとおり、[17]クニは存在しないが「国造の族制的な領域支配」は評制施行後も「基本的に変わることではなかった」とする鎌田氏の見解は難解であり、私は、評制施行後も国造のクニが存続したとして何ら問題はないと考えている。なぜならば、次章で改めて述べるが、評制の施行によって評とされたのは、原則として、国造のクニではなくその内部における地方伴造や県稲置などの直接の支配下にあった地域・集団と考えられるからである。

そして、その国造のクニの存続を明確に示すのが第四詔(C)部分の㈧であると思う。先に前章の第四節で、この部分からは建評の命令を読みとることができると述べたが、「宜下観二国々堺一。或書。或図。持来奉上示。国県之名来時将定」とある以上、ここで「国」の境界の画定も命じていることは明らかであろう。また、この「国」境の画定がイコール令制国の成立ではないことは、令制国の国境画定については、別に天武紀十二年（六八三）～十四年にかけて一連の記事が載せられていることによって知られるとおりである。[18]つまり、ここでいう「国」は国造のクニと解釈されるべきであって、[19]第四詔(C)部分の㈧は、建評と同時に国造制の再編を命じたものと考えられるのである。第四詔が「国司」だけでなく国造に対しても命ぜられていることは、先に述べたとおり国造の存続を前提としたものと考えられるのであり、第四詔で命ぜられた任務の内容が国造制の廃止にかかわるものでなかったことは確かであろう。第四詔(C)部分の㈧は、右のように解するほかはないと思う。また、評制の施行に対応して国造制が廃止されたという見解は、その史料的根拠を求めるとすれば、「改新詔」第二条に、「其郡司並取下国造性識清廉堪二時務一者上為二大領。少領一。強幹聡敏工二書筭一者為二主政。主帳一」とあるのがほとんど唯一のものであり、[20]そもそもこの点に問題があるといえよう。

次には、その「改新詔」第二条をはじめとする、第一詔～第四詔以外の孝徳紀の国造関係記事に、検討を加えることにしたい。

第二節　その他の孝徳紀の国造関係記事

孝徳紀において、第一詔～第四詔以外に「国造」の語のみえる記事は、次の一一ヵ所である。

(1)孝徳天皇即位前紀

（前略）軽皇子不レ得二固辞一升レ壇即祚。于レ時。大伴長徳字馬飼。連帯二金靫一立二於壇右一。犬上建部君帯二金靫一立二於壇左一。百官臣連。国造。伴造百八十部羅列匝拝。（後略）

(2)大化元年九月甲申条（土地兼併禁止の詔）

遣二使者於諸国一。録二民元数一。仍詔曰。自レ古以降。毎二天皇時一。置二標代民一。垂二名於後一。其臣連等。伴造。国造各置二己民一。恣レ情駈使。又割二国県山海林野池田一。以為二己財一。争戦不レ已。或者兼二幷数万頃田一。或者全無二容針少地一。及進二調賦一時。其臣連。伴造等先自収斂。然後分進。修二治宮殿一。築二造園陵一。各率二己民一随レ事而作。（中略）従レ今以後不レ得レ売レ地。勿二妄作レ主兼二幷劣弱一。百姓大悦。

(3)大化二年正月甲子朔条（「改新詔」第一条）

賀正礼畢。即宣二改新之詔一曰。其一曰。罷二昔在天皇等所レ立子代之民。処々屯倉及別臣連。伴造。国造。村首所レ有部曲之民。処々田庄一。仍賜二食封大夫以上一。各有レ差。降以二布帛一賜二官人。百姓一有レ差。（後略）

(4)同右条（「改新詔」第二条）

其二曰。初修二京師一。置二畿内国司。郡司。関塞。斥候。防人。駅馬。伝馬一。及造二鈴契一。定二山河一。（中略）

(A)凡郡以二四十里一為二大郡一。三十里以下四里以上為二中郡一。三里為二小郡一。

(B)其郡司並取下国造性識清廉堪二時務一者上為二大領。少領一。強幹聡敏工二書筭一者為二主政。主帳一。（後略）

(5)大化二年二月戊申条

天皇幸二宮東門一。使二蘇我右大臣一詔曰。明神御宇日本倭根子天皇詔二於集侍卿等。臣連。国造。伴造及諸百姓一。

（後略）

(6)大化二年三月壬午条（皇太子奏）

皇太子使レ使奏請曰。（中略）現為明神御八嶋国天皇問二於臣一曰。其群臣連及伴造。国造所レ有昔在天皇日所レ置子代入部。皇子等私有御名入部。皇祖大兄御名入部。謂二彦人大兄一也。及其屯倉。猶如二古代一而置以不。臣即恭承レ所レ詔。奉答而曰。天無二雙日一。国無二二王一。是故兼ヨ并天下一。可レ使二万民一。唯天皇耳。別以二入部及所封民一簡ヨ充仕丁一。従二前処分一。自余以外。恐私駈役。故献二入部五百廿四口。屯倉一百八十一所一。

(7)大化二年三月甲申条

（前略）凡始二畿内一及二四方国一。当二農作月一早務レ営レ田。不レ合レ使レ喫二美物与一酒。宜下差二清廉使者一告中於畿内上。其四方諸国国造等。宜下択二善使一依レ詔催勤上。

(8)大化二年八月癸酉条前半部分（品部廃止の詔Ⅰ）

詔曰。（中略）而始二王之名名一。臣連。伴造。国造。分二其品部一別二彼名名一。復以二其民品部一交雑使レ居二国県一。遂使下二父子一易レ姓。兄弟異レ宗。夫婦更互殊上レ名。一家五分六割。由レ是争競之訟盈レ国充レ朝。終不レ見レ治。相乱弥盛。粤以始二於今之御寓天皇一及二臣連等一。所レ有品部宜下悉皆罷為中国家民上。其仮ヨ借王名一為二伴造一。其襲ヨ拠祖名一為二臣連一。（中略）凡王者之号。将随二日月一遠流。祖子之名可下共二天地一長往上。如レ是思故宣之。始二於祖子一奉仕卿大夫。臣連。伴造。氏氏人等。或本云。名名王民。咸可二聴聞一。今以二汝等一使レ仕状者。改ヨ去旧職一新設二百官一及著二位階一。

以二官位一叙。

(9)大化三年四月壬午条（品部廃止の詔Ⅱ）

詔曰。（中略）既而頃者。始二於神名。天皇名々一。或別為二臣連之氏一。或別為二造等之色一。由レ是率土民心。固執二彼此一。深生二我汝一各守二名々一。又拙弱臣連。伴造。国造。以二彼為レ姓神名王名一。逐二自心之所レ帰。妄付二前前処処一。前々猶レ謂二人々一也。爰以二神名。王名一為二人賂物一之故。入二他奴婢一。穢二汚清名一。遂即民心不レ整。国政難レ治。（後略）

(10)白雉元年二月戊寅条

穴戸国司草壁連醜経献二白雉一曰。国造首之同族贄。正月九日於二麻山一獲焉。（後略）

(11)白雉元年二月甲申条

（前略）夫明聖之君獲二斯祥瑞一。適其宜也。朕惟虚薄。何以享レ斯。蓋此専由下扶翼公卿。臣連。伴造。国造等。各尽二丹誠一奉中遵制度上之所レ致也。是故始二於公卿一及二百官等一。以二清白意一敬二奉神祇一。並受二休祥一。令レ栄二天下一。

（後略）

さてこのうち、(4)・(7)・(10)を除いたほかは、引用史料に傍線を付しておいたように、すべて「臣連伴造国造」（「臣連国造伴造」）という慣用句として「国造」の語がみえる記事である。したがって、それぞれの「国造」がどれほど現実的意味を持って用いられているのかという点から、考えていかなければならない。まず(5)については、第二詔・第三詔の(A)部分と同様、詔の冒頭の呼びかけの部分であり、何ら具体的記事内容をともなっておらず、しかもそれが『日本書紀』編者の潤色の可能性も高いことは、[21]前章第一節で述べたとおりである。そして白雉改元についての(11)も、その文体からして潤色の著しいことは明らかであり、やはり具体的内容をともなっているものではない。これらの記事からは、たとえそれが『日本書紀』編者の潤色ではないにせよ、国造の具体的姿をうかがうことはできないであろう。また(1)は、孝徳即位の儀式に「百官臣連。国造。伴造百八十部」が参列して礼拝したというのであるが、畿内の国造などが参列した可能性はあったとしても、やはりこの部分も文飾とみる方が自然であり、単なる慣用句として用いられている例と考えられよう。

残る(2)・(3)・(6)・(8)・(9)は、いずれも部の廃止にかかわる著名な記事であり、これらの記事をめぐって多くの議論が積み重ねられていることは周知のとおりである。本来ならば、ここでもその一つ一つに第一詔〜第四詔と同様の検討を加えなければならないが、私は、これらの詔（および皇太子奏）の記事内容については、(3)の「改新詔」第一条も含め、ほぼ当時のものとして信頼できると考えている。したがって、これらの記事にいう「臣連伴造国造」が単なる慣用句ではなく、「国造」に現実的意味が持たされていたとするならば、そこからうかがえる国造像は、当時の国造の実像として重視されなければならないと考えるのである。

各記事の「国造」が現実的意味を持つか否かの判断は難しいが、(3)については、「臣連。伴造。国造。村首」と、「国造」に続けて「村首」があげられていることからして、「国造」に現実的意味が持たされている例と考えてよいであろう。とするならば、(3)からうかがえるところの国造の姿、すなわち国造が「部曲」「田庄」を所有していたという点は、当時の事実とみてよいということになるのである。また、他の(2)・(6)・(8)・(9)についても、仮にそれぞれの「国造」が現実的意味を持つとするならば、(2)からは国造が「己民」を置き、土地を囲い込んでその拡大のために争いを繰り返していたこと、(6)からは「子代入部」（ないし「子代」）を私有化していたこと、(8)・(9)からは「品部」の管理・設定にあたっていたがそこに混乱が生じてきていたこと、などがうかがえることになろうが、これらの点は、国造が彼自身一個の在地首長であり、かつ地方官としてクニ内部の部民にかかわっていた存在であったならば、当然あり得たことと考えられるのである。つまり私は、(2)・(6)・(8)・(9)の「国造」も、(3)と同様、現実的意味を持って用いられている可能性が高いと考えるのであるが、そうであるならば、これらの記事は、当時の国造（もちろん臣連伴造も含めて）のあり方に対して、時の政権が種々の問題点を指摘し非難している記事であり、国造制の廃止を示すものではないか、との見方もできるように思われるかもしれない。

しかし、そこで非難されている点は、部民制にかかわる部分での国造のあり方、ないし一個の在地首長としてのあり方であって、地方行政官としての国造の存在そのものが問題にされているのではないのである。これらの記事は、従来から考えられているとおり、部民制（伴造―品部制）の廃止をいったものとみてよく、これらの記事から国造制の廃止をうかがうことはできないと思う。なお、「臣連伴造国造」（「臣連国造伴造」）という群臣を意味する慣用句は、⑾を最後にそれ以降の『日本書紀』の記事からみえなくなるのであるが、これも国造制が廃止されたことによるのではなく、⑻の「品部廃止の詔Ⅰ」にあるとおり、伴造―品部制にかえて「新設二百官一」けることとした結果とみるべきであろう。

次に、慣用句以外に「国造」の語のみえる⑷・⑺・⑽についてであるが、⑺は前章第四節に⑨として引用した記事であり、前節で述べたとおり、国造が地方行政の中心的地位にあったことを推測させる記事である。また⑽は、穴戸「国司」の草壁連醜経が国造首の同族贄が獲た白雉を献上したというのであるが、この記事から国造について具体的に考察することは困難である。ただ白雉元年（六五〇）当時、国造（おそらく穴戸国造）が存在していたことは事実であろう。またここに登場する穴戸「国司」は、大化三年の第四詔で派遣された「国司」と考えられよう。

そして問題の、⑷「改新詔」第二条である。「国造」の語がみえるのは引用の⒝部分であるが、まず⒜部分からみていくと、それが戸令定郡条の「凡郡。以二廿里以下。十六里以上一。為二大郡一。十二里以上為二上郡一。八里以上為二中郡一。四里以上為二下郡一。二里以上為二小郡二」に類似していると同時に、郡の等級に大きな違いがある点は、従来から注目されてきたところである。前章で述べたように、「大化」期（東国以外は皇極期から）の「国司」派遣が評制施行の準備とその実施を主たる目的としたものであるならば、この時期に（正確にいうならば第四詔で評制の実施を命ぜられた「国司」が派遣される以前に）、「郡」（評）の等級を定めた命令が出されていてしかるべきであろう。したがってこの部分は、『日本書紀』編者の作文ではなく、当時のことを記した何らかの史料に基づく部分とみてよいのではないだろうか。「郡」というのはもちろん大宝令後の潤色であるし、「里」というのも当時の表記かどうか疑わしいが、評制施行の準備段階ですでに「国司」らに「造籍」が命ぜられているのであるから、戸数に応じた評の等級が定められた可能性は、きわめて高いと思うのである。

「改新詔」の信憑性については、それが大化二年の正月朔に発せられたものとされていること、四ヵ条からなる整った形式をとっていること、凡条と令の条文とが類似することなど、その体裁からして『日本書紀』編者の大幅な潤色を受けていることが明らかである。ただ右に述べたとおり、「改新詔」の中には内容的にはその頃の事実を記したと考えられる部分も含まれているのであり、そのすべてが『日本書紀』編者の作文ではないことも確かであろう。いわゆる「原詔」なるものは存在しなかったと思うが[22]、個々の記事内容については、それぞれある時期の事実を示す何らかの史料に基づいたものが多く、それらを合成し、令文を利用して大幅に潤色して作りあげたのが「改新詔」であると思う[23]。

そこで(B)部分であるが、この部分もやはり、選叙令郡司条に「凡郡司。取下性識清廉堪二時務一者上。為二大領。少領一。強幹聡敏工二書計一者。為二主政。主帳一。其大領外従八位上。少領外従八位下叙之。其大領。少領。才用同者。先取二国造一。」とあるのと類似しているのと同時に、その内容には重要な点で違いが認められるのである。すなわち、(B)部分では「郡司」（評の官人）はすべて国造から任命せよとしているのに対し、選叙令では才用が同じ場合は国造を優先的に郡領に任用せよと、注で規定しているにすぎないのである。とするならば、(B)部分も(A)部分と同様その内容については当時のものとして信用できるかといえば、そう単純にはいかないと思う。なぜならば、『常陸国風土記』の建評記事によれば、国造一族以外からも評の官人が任命されていることが明らかであり[24]、この(B)部分の規定は現実に合わないからである。

また先にも述べたように、私は孝徳期において全面的に評制が施行されたと考えているが、そうであるならば、評の官人をすべて国造からとれというような規定は、そもそも実現不可能なものといわざるを得ないのである。ただし、(B)部分の「国造」は、国造その人のみを指す語としてではなく、国造一族全体を指す語として用いられているとみるべきであろう。(B)部分の文章は、郡司の大領・少領だけではなく主政・主帳まですべて国造からとれ、という構文になっており[25]、これが『日本書紀』編者のまったくの作文か、あるいは令文によって潤色をほどこしただけなのかは別として、ここの「国造」を『日本書紀』編者が国造その人のみを指す語として用いた(あるいは理解した)とは考え難いのである。「国造」の語に国造一族全体を指す用法があったことは本編第五章第二節で述べるが、ここの「国造」もその例とみてよいであろう[26]。

しかし、だからといってこの(B)部分の規定が、そのままでは「大化」当時のものとして現実的意味を持ち得ないことは、国造一族以外からも評の官人が任命されていることから明らかである。もし仮に、「評の官人には国造一族(国造その人ではない)を優先的に任用せよ」といった内容の規定であれば、それは「大化」当時に定められた可能性はあるであろうし、また実際にこの段階においては、評の官人任用についての何らかの規準が定められていてしかるべきなのであるが[27]、(B)部分自体は、令文を基にした『日本書紀』編者の作文と解するのが最も妥当なのではあるまいか[28]。(B)部分を根拠に、国造その人を評の官人に任ずるのが一般的であったとか、国造制は評制の実施に対応して廃止されたとか主張することは、けっしてできないと思うのである。

第三節　斉明紀以降の国造関係記事

『日本書紀』の斉明紀以降には、全部で八ヵ所に「国造」の語のみえる記事が載せられている。そしてそのうち七ヵ所までが天武紀五年（六七六）以降の記事であり、斉明・天智紀においては、ただ一ヵ所斉明紀五年是歳条に、出雲国造の記事がみえるのみである。そこで従来は、天武五年頃には「大化」以前からの「旧国造」（「氏姓国造」）もほとんど姿を消し、それにかわって一国一員の神祇祭祀を職掌とした「新国造」（「律令国造」）の制度が成立していたと、一般的にはみられてきたのであった。たしかに八世紀以降の律令制下においても「国造」は存在しているのであり、「旧国造」制が評制の施行によって廃止されたと理解するならば、こうした見解に行き着くのは当然のことであったと思う。しかし一方においては、新旧両国造を区別するべきではないという見解もすでに提出されているのであり、(29)はじめに述べたとおり、私もそのように解すべきであると考えている。ただこれまでは、そうした見解をとるにあたって、必ずしも十分な説明がなされてこなかったように思うし、その論拠にも納得できない部分が含まれている。八世紀以降の国造については本編第五章で考察するが、ここでは斉明紀以降の『日本書紀』の国造関係記事に検討を加えておくことにしたい。

(1)斉明天皇五年（六五九）是歳条

命二出雲国造一〈闕名〉。修二厳神之宮一。狐嚙二断於宇郡役丁所レ執葛末一而去。又狗嚙二置死人手臂於言屋社一。〈言屋。此云二伊浮瑯一。天子崩兆。〉

（後略）

この記事からは役丁を徴発して事にあたらせている国造の姿がうかがえるが、この「出雲国造」については、新旧両国造を区別する立場からも、一致して「旧国造」のことと考えられている。そして、「大化改新」で国造制が廃止されたとする立場からは、これは特殊な例とみなされているのである。[30] しかし、この記事が孝徳期以降も国造制がそのまま存続したとする見解にとって、有利な史料であることは間違いないであろう。なお、ここにみえる「厳神之宮」については、後の意宇郡の熊野大社とする説と、出雲郡の杵築大社とする説があるが、門脇禎二氏は、この記事の後半部分からは他郡の「厳神之宮」の修営に駆り出された意宇郡の役丁の不満や、その民衆の不穏な状況が読みとれるとされ、杵築大社と解してこそその後半部分が意味を持ってくるとされている。[31] 従うべき見解と考えるのであり、そうであるならば、この出雲国造の姿には、意宇郡を本拠とした在地首長としてよりも、出雲のクニを統轄する官僚としての性格が強く現われているともいえるであろう。いいかえれば、国造のクニの依然として存続していたことが推測されるのである。

(2)天武天皇五年（六七六）四月辛亥条

勅。諸王。諸臣被レ給封戸之税者。除二以西国一。相易給二以東国一。又外国人欲二進仕一者。臣連。伴造之子。及国造子聴之。唯雖二以下庶人一。其才能長亦聴之。

この勅の後半部分は、畿外の人々の出身法を定めたものであるが、ここの「国造」についても「旧国造」とみなされるのがふつうである。そして新旧両国造を区別する立場からは、つとに津田左右吉氏が「これらは家がらを示すために昔からの地位の称呼を用ゐたまでであつて、当時の政務に関することでは無い」と述べられたように、[32] この記事は当時における国造制の存在を示すものではないと考えられているのである。[33] たしかにここの「国造」は、特定個人に与えられる官職（ないし地位）としての国造ではなく、「家がら」（すなわち国造一族）を指す語として用いられているものと思われる。しかし、そのことがただちに、この時点ですでに国造の職が廃止されていたことを示すものではないのは明らかである。なお、本節の主題とは直接関係がないが、この記事については次の推測を付け加えておきたい。

まずこの記事は、畿内の人々の出身法を定めた天武紀二年五月朔条の次の記事とかかわらせて解釈するべきであろう。

詔ニ公卿大夫及諸臣連并伴造等一曰。夫初出身者。先令レ仕ニ大舎人一。然後選ニ簡其才能一。以充ニ当職一。（後略）

ここでは「大舎人」として仕えさせた後に当職に充てよとしているのであるから、当然(2)の記事（後半部分）からは、郡領任用についての「郡領子弟→兵衛出仕→郡司任用というコース」[34]が想起されなければならないと思う。つまり、この時の勅（後半部分）は、評の官人に任用すべき人々の中央出仕を定めたものと推定されるのである。[35]一方、畿外の「臣連。伴造之子」や「国造子」が中央に出仕するということは、これ以前からもふつうに行なわれていたであろうから、ここでは「唯雖ニ以下庶人一。其才能長亦聴之」の方に力点が置かれていたとみることもできよう。とするならば、この勅の実質的意図は、そうした「庶人」が評の官人になっている場合でも、彼らの子弟を中央に出仕させ、評の官人の子弟→中央出仕→評の官人への任用というコースを作り出そうとしたところにあったと考えられるのではないだろうか。この点からも、孝徳期における評制の施行に際して、国造一族以外からも広範に評の官人が任命されたことが推定されるのである。

(3)天武天皇五年八月辛亥条

詔曰。四方為ニ大解除一。用物則国別国造輸ニ祓柱一。馬一匹。布一常。以外郡司各刀一口。鹿皮一張。钁一口。刀子一口。鎌一口。矢一具。稲一束。且毎レ戸麻一条。

まず、ここにいう「大解除《オホハラヘ》」が、神祇令諸国条に「凡諸国須ニ大祓一者。毎レ郡出ニ刀一口。皮一張。鍬一口。乃雑物等一。戸別麻一条。其国造出二馬一疋一」と規定されている諸国大祓につながるものであることは明らかであり、この詔文の規定が右の令文のもとになった[36]ということも、一般的に認められているとおりであろう。そして、従来この記事を根拠に、「新国造」制の成立が論じられてきたのである。その最も大きな理由は、神祇令諸国条の「国造」が令文に規定された（令の官制にはないが）一国一員の「新国造」である以上、その令文のもととなったこの詔文の「国造」も「新国造」と考えられる、というところにあったと思う。しかし、令文と詔文とでは「国造」の扱いに重要な変化のあることにも注意しなければならないし、そもそも神祇令の「国造」自体も、「大化」以前からの旧来の国造を指していると考えられるのである。新旧両国造を区別しない立場からすれば、これは当然の解釈であるが、これらの点については本編第五章で改めて論ずることにしたい。

一方、ここに「国別国造」とある点も、この記事の「国造」を「新国造」と解する論拠として、しばしば取りあげられてきたところである[37]。すなわち、これを「国別の国造」と読んで、一国一員の国造であるならば、それは「新国造」に違いないとされるのである。しかし、ここは「国別に国造……」と読むべきことは、文脈からして明らかであろう。

また、たとえ「国別の国造」と読めたとしても、そのことからここの「国造」を「新国造」と解するわけにもいかないのである。なぜならば、そう解釈するためには、ここでいう「国」が令制下の国と同じものであり、その中には旧来の国造のクニをいくつか統合して成立した国もかなり含まれているということが、前提としてなければならないが、先に述べたように、令制国が画定されるのは天武十二年〜同十四年頃と考えられるのであり、しかも大化三年（六四七）の第四詔においては、国造のクニの再編も命ぜられたと考えられるからである。つまり、天武五年段階の「国」は、孝徳期に再編された国造のクニと考えられるのであって、「国別の国造」（一国一員の国造）であることをもって、それが「新国造」であると主張することはできないのである。

以上のことから、この記事の「国造」を「新国造」と解する必然性のないことは明らかになったと思うが、この記事自体からは、どのような国造の姿がうかがえるであろうか。

まず、この「大解除」が、「大化」以前からの国造（およびその他の首長）の主催したハラへの神事を原型とすることは、容易に推定されるところであり、それを国家的な祭祀として統一・整備しようとしたのがこの詔であったことも、間違いないことと思われる。(38) そして、この「大解除」において中心的役割を負わされているのがなお国造であり、「郡司」（評の官人）は付属的な扱いしか受けていない点も、「祓柱《ハラヘツモノ》」の規定のされ方から明らかである。また、国造が「祓柱」として馬を輸すということは、在地首長としての国造の中央への服属を象徴する意味もあったことは、高橋富雄氏の説かれたとおりであろう。(39) もちろん「大解除」（諸国大祓）自体は地方での行事であり、国造の服属を象徴することに主たる機能があったのではないが、(40) そこにそうした意味も含まれていた点は認めてよいと思う。とするならば、ここの「国造」は、「大化」以前の国造と何ら異なるものではなく、依然として「国」を代表する在地首長としての実質をそなえていたと考えられるのであり、この点からも、ここの「国造」を一国の祭祀を職掌とした「新国造」と解する通説には疑問が持たれるのである。

(4)天武天皇十年七月丁酉条

令㆓天下㆒悉大解除。当㆓此時㆒。国造等各出㆓祓柱奴婢一口㆒而解除焉。

この記事については、神野清一氏によって興味深い分析が加えられており、この時の「天下大解除」は、「浄御原令に採用されることになった良賤身分支配の、言うならばイデオロギー的粉飾を計ろうとしたところに」独自の意義があったとされている。(41) また神野氏は、「国造等に奴婢を貢献させるという形式を通じて、彼らの有する地域の祭祀権を大王に集中するという意義も認められよう」とも述べておられるが、(42)この点については、(3)の場合と同様異論のないところであろう。ここでも、「国造」が地方を代表する存在として扱われていることに注意したい。

(5)天武天皇十二年正月丙午条

詔曰。明神御二大八洲一日本根子天皇勅命者。諸国司。国造。郡司及百姓等諸可レ聴矣。朕初登二鴻祚一以来。天瑞非二一二一多至之。伝聞。其天瑞者。行レ政之理。協二于天道一則応之。是今当二于朕世一。毎レ年重至。一則以懼。一則以喜。是以親王。諸王及群卿百寮。并天下黎民。共相歓也。乃小建以上給レ禄各有レ差。因以大辟罪以下皆赦之。亦百姓課役並免焉。(後略)

(6)朱鳥元年(六八六)九月丁卯条

僧尼発レ哀之。是日百済王良虞代二百済王善光一而誄之。次国々造等随二参赴一各誄之。仍奏二種々歌儛一。

(7)持統天皇元年(六八七)十月壬子条

皇太子率二公卿百寮人等。并諸国司。国造及百姓男女一。始筑二大内陵一。

(5)は、祥瑞の重なったことを嘉して、小建以上に禄を給い、「大辟罪」以下を赦し、百姓の課役を免じたという詔であるが、ここでは「国司。国造。郡司」という順で記されていることが注意される。詔の内容が具体的行政措置にかかわるものである点を考え合わせるならば、ここの「国造」には、明らかに「郡司」(評の官人)の上に立つ地方行政官としての姿をうかがうことができるであろう。次に(6)は、天武の殯宮に「国造」が参集して誄を奏したという記事であるが、高嶋弘志氏の指摘されるとおり、この誄の奏上が単に天武の死を悼むだけのものではなく、「国家に対する不変の忠誠を誓う極めて政治性の濃い」(43)ものであったことは明らかであろう。ここの「国造」は、各地の在地首長を代表してその誄を奏しているのである。そして(7)からは、「国造」が「国司」とともに管掌下の人民を率いて「大内陵」の造営に参加したことが容易に推定されるであろう。

これら(5)・(6)・(7)にみえる「国造」が、いずれも旧来の国造とみなされることは、もはや改めていうまでもあるまい。なお、新旧両国造を区別する立場からも、これらの「国造」については、それを「旧国造」とみる意見が出されている点を付け加えておきたい。(44)

(8)持統天皇六年三月壬午条

賜二所過神郡及伊賀。伊勢。志摩国造等冠位一。并免二今年調役一。復免下供奉騎士。諸司荷丁。造二行宮一丁今年調役上。大二赦天下一。但盗賊不レ在二赦例一。

これは、持統の伊勢行幸に際して、通過の「神郡」（度会・多気の二評）の「郡司」（評の官人）と伊賀・伊勢・志摩の三「国造」に冠位を与えたという記事である。この記事から、国造の具体的姿をうかがうのは困難であるが、同時にまた、これらの三「国造」を「新国造」とみるべき理由も見出し難いと思う。ただし、若干問題となるのは「伊賀国造」の存在である。というのは、『扶桑略記』の天武天皇九年七月条には「割二伊勢四郡一。建二伊賀国一」とあり（同じことは『帝王編年記』や『倭姫命世記』にもみえている）、これが信用できるものならば、「伊賀国造」は天武九年に「伊賀国」が建てられたことによってはじめて任命された「新国造」であり、旧来の伝統的国造ではないという反論が予想されるからである。『日本書紀』には天武二年八月壬辰条にすでに「伊賀国」の名がみえており、『扶桑略記』などの伝えが必ずしも絶対的なものとはいえないが、もしそれが認められるとしても、「大化」以前からの国造制は天武九年の段階でも引き続いて存在していたと考えられるのであるから、(45)「伊賀国」が新しく建てられた場合、そこに国造（「旧国造」）が任命されるのはむしろ当然なのである。

また、「国造本紀」の伊賀国造の条には、「志賀高穴穂朝御世。皇子意知別命三世孫武伊賀都別命。定二賜国造一。難波朝御世。隷二伊勢国一。飛鳥朝代割置如レ故」とあるが、ここで「難波朝御世。隷二伊勢国一」とされているのは、先に述べたとおり孝徳期においては、評制の施行と同時に国造制の再編も行なわれたと考えられるのであり、一概にその信憑性を否定することはできないと思う。とするならば、「大化」以前の段階では伊賀国造のクニが置かれていたが、国造制の再編にともなって伊勢国造のクニに統合され、それが再び天武九年に分立されたという経過がたどれることになろう。「伊賀国造」の場合も、それを「新国造」と解する必要はないのである。

　ところで一方、この(8)の記事において、「神郡」とのみあって、「神郡司」とないのはやや舌足らずの感を免れないが、高嶋弘志氏は、この点に注意され、伊勢国における「神郡国造」（神郡司の別称としての）の存在を想定されている(46)。しかし、すでに熊田亮介氏の反論があるとおり(47)、伊勢国に伊勢国造と「神郡国造」とが併存したとは考えられず、「神郡国造」なるものは存在しないとみた方がよいであろう。高嶋氏が右のように解されたのは、弘仁五年（八一四）三月二十九日の太政官符(48)に引く天平七年（七三五）五月二十一日の格に、

　終身之任理可二代遍一。宜二一郡不レ得レ并二用同姓一。如於二他姓中一无レ人レ可レ用者。僅得レ用二於少領已上一。以外悉停レ任。但神郡国造陸奥之近レ夷郡。多褹嶋郡等。聴レ依二先例一。

とあり、ここにも「神郡国造」という語がみえるからであるが、これは「神郡」と「国造」とに分けて読むのが正しいと思う(49)。この格は郡司の同姓併用を禁じたものであるが、神郡の郡司と、その神郡の属する国の国造、および「陸奥之近レ夷郡」「多褹嶋郡」の郡司についてはその対象から除く、と解すべきであろう。そしてその国造は、具体的には出雲と紀伊の二国造のみを指すと考えてよいであろう。本編第五章第一節で述べるとおり、天平七年当時任用される国造といえば、それは出雲と紀伊の二国造しか存在しないのであり、しかも彼らは神郡（意宇郡・名草郡）の郡領（大領）を兼ねていたことが知られるからである(50)。

以上述べてきたように、『日本書紀』の斉明紀以降（斉明紀〜持統紀）の国造関係記事にみえる「国造」は、いずれも旧来の国造と考えられるのであり、この間に「新国造」制なるものが成立したような形跡は一切うかがうことができないのである。この点は、『日本書紀』以外のこの時期の国造関係記事からもいえることであって、たとえば、『常陸国風土記』の建評記事にみえる天智三年制定の冠位（大建）を持つ「那珂国造大建壬生直夫子」や、那須国造碑にみえる永昌元年（持統三年）に評督に任ぜられた「那須国造追大壱那須直韋提」など、これらが一国一員の「新国造」ではないことは明らかであろう。天武五年の(3)の記事の段階では、「大化」以前の国造制とは異なる「新国造」制が成立していたとする従来の通説は、「大化改新」によってそれまでの国造制が廃止されたとする理解を前提としたものとみられるのであり、天武期以降（ないし「大化」期以降）の国造関係記事それ自体の検討から導かれた説とはいえないように思われる。そしてそうした理解は、「大化改新」を大変革とする見方が一般化するに従って定着してきたことが指摘できるのではなかろうか。「大化改新」研究が本格化しはじめた当初（明治二十年代）においては、[51]国造は「大化」後も依然として存続したとする説も唱えられていたのである。[52]

注

（1）　井上光貞『日本古代国家の研究』岩波書店、一九六五年、第Ⅱ部第二章所収「大化改新と東国」三六四〜三六六頁参照。なお、山尾幸久氏は、これらの記事にみえる「国造」のすべてを同義の「国造」とみることはできないとされる（山尾幸久「大化年間の国司・郡司」〔『立命館文学』五三〇、一九九三年〕九八〜一〇一頁）が、これらの「国造」は、いずれも本来の意味での国造、すなわち特定個人に与えられる官職（ないし地位）としての国造（いわゆる旧国造）を指すとみて何ら差し支えないであろう。山尾氏によれば、たとえば(1)の「郡領」と併記される「国造」は、(11)の「国造」と同じく一国の「国造」であるのに対し、(2)の「国造」はそれとは違い、郡領候補者の基礎資格としての「国造」であるとされるが、同じ第一詔の中で用いられている「国造」の語義にこのような違いがあるとみるのは、明らかに不自然であると思う。

（2）早川庄八『日本古代官僚制の研究』岩波書店、一九八六年、第Ⅱ部第一章「選任令・選叙令と郡領の『試練』」二七七頁。

（3）ただしこの場合も、国造のすべてが上京したのではないと思う。早川庄八氏は、東国「国司」らの任務の一つに、評造任命のためその候補者である「国造・郡領」をともなって帰還することがあったとされる（同右、二七五～二八三頁）が、第一詔には「上レ京之時。不レ得三多従二百姓於己一。唯得レ使レ従二国造。郡領一」（Ⓒ—㊇）とあるのみであって、このことから「国造・郡領」をともなっての帰還が任務として義務づけられていたとするのは、解釈の過剰というべきであろう。早川氏自身も認めておられるように、右の記事は許容事項として「唯得レ使レ従二国造。郡領一」と述べられているにすぎないのである。

（4）この記事に関しては、第一編第二章第二節を参照。

（5）これらの記事に関しては、第一編第二章第四節を参照。

（6）石母田正『日本の古代国家』岩波書店、一九七一年、三七六～三七七頁参照。ただし石母田氏は、そのような構造を有していたのは「大国造」だけであったとされているが、「大国造」「小国造」を区別する見解に賛成できないことは第一編第二章第三節で述べたとおりであり、これは国造一般に認められた構造であったとするべきであろう。また石母田氏は、「元非二国造。伴造。県稲置一而輙詐訴言。自二我祖時一。領二此官家一。治二是郡県一」というのを、「この詔の文脈からいえば、『伴造』に『官家ヲ領リ』が、『県ノ稲置』に『是ノ郡県ヲ治ム』が対応することになろう」（同右、三七六頁）と述べられてもいるが、この点は不可解であり、文脈からいってむしろ、先の本文で解したように、「領二此官家一。治二是郡県一」は国造・伴造・県稲置のすべてに対応するとみなければならないと思う。「官家」は国造・伴造・県稲置の行政施設（同時にそれは彼らの居宅であったと考えられるが）を指した言葉であろうし、「郡県」は彼らが治めるクニ・コホリなどの一定の範囲を指した言葉であろう。

（7）「求レ名」の意味については、これを単に名誉を求めての意とする解釈（井上光貞『日本古代国家の研究』前掲、三六四頁）や、評の官人への登用を前提とした任官・叙位を求めての意とする解釈（薗田香融『日本古代財政史の研究』塙書房、一九八一年、第八章「律令国郡政治の成立過程」三二二頁）もあるが、ここでは、名を求める人があって本来国造・伴造・

県稲置ではないのに偽って「自二我祖時一。領二此官家一。治二是郡県一」と訴えるというのであるから、その「名」は国造・伴造・県稲置の名（それらの職・地位）と解するほかはないと思う。ただし、結果的にはそれが評の官人への登用にもつながったという点は、当然認められるところである。

（8）旧著（『国造制の成立と展開』吉川弘文館、一九八五年）でこのように述べた点に対して森公章氏は、「それならば、詐訴や実状審申の必要はない筈である」とされ、「この史料からは詐訴可能な程、地方豪族把握が不充分であった点を読みとりたい」とされている。森公章「評の成立と評造」（『日本史研究』二九九、一九八七年）五七頁。しかし、国造については、それが中央の把握下にあったことは森氏自身も認めておられるのであり（同右、五八頁他）、伴造・稲置についても、「国司」らが詐訴を詐訴と判断できる程度には掌握されていたとみるべきであろう。また、(2)の記事（第一詔）にいう「詐訴」は、「国司」による地方政治機構の実状調査・報告が、評の官人の登用にもつながるものであるがゆえに詐訴の多いことが予測される、という状況の中で用いられている言葉であり、実際に詐訴が行なわれたといっているのではないのである。また、その後実際に詐訴が行なわれたとしても、それは右のような特殊な状況の中での詐訴と考えられるのであって、(2)の記事から、いつでも詐訴が可能であったほど国造・伴造・稲置に対する掌握が不十分であったとみることはできないと思う。

（9）井上光貞『日本古代国家の研究』前掲、三六五頁。

（10）第一編第二章第四節参照。

（11）薗田香融『日本古代財政史の研究』前掲、三二一頁。

（12）前章第一節参照。

（13）つまり、佐々木虔一氏のいわれるように、国造らが乗馬用に提供した馬（「部内之馬」）を、「国司」が返さずに奪ったという状況が想定できるのである。佐々木虔一『古代東国社会と交通』校倉書房、一九九五年、第二部第一章「律令駅伝制の特色」二七三頁。

（14）こうした点から佐々木虔一氏は、「国造制のもとで、中央政府が、国造に命じて、その統治領域内の拠点ごとに乗馬を備えさせ、食料も国造の負担で支出させ、中央からの公用の官人らの往来に備えさせた交通・通信制度が存在し」たと述べられている（同右、二七四頁）。従うべき見解であろう。なお、この点について狩野久氏は、国造だけではなく、田部・湯部も馬を所有し、それを「国司」に提供していたと考えられることに注目され、当時、馬（およびそれに示される交通制度）は国造の一元的管理運営下にはなかったとされ、「これらの史料から推知されることは、地域の最高首長である国造は、外からは中央伴造勢力の侵略をうけ、内部的にも、配下の中小豪族の擡頭という事態を迎えて、その支配は終焉せざるをえない状況が進展していた」と述べられている。狩野久「部民制・国造制」（『岩波講座日本通史』第2巻、岩波書店、一九九三年）二三〇〜二三一頁。たしかに、馬および交通制度が国造の一元的管理運営下になかったことはそのとおりと考えられるのであって、この点は国造制の内容を考える上で重要な点であるが、そもそも国造を地域（クニ）の支配者とすることに疑問が持たれるのであり、右の点から、当時における国造制の終焉・廃止の方向をうかがうことはできないと思う。

(15) 鎌田元一「評の成立と国造」（『日本史研究』一七六、一九七七年）七二〜七六頁。大山誠一「大化改新像の再構築」（井上光貞博士還暦記念会編『古代史論叢』上巻、吉川弘文館、一九七八年、四八七〜四九〇頁。

(16) 鎌田元一「評の成立と国造」（前掲）七五頁。

(17) 伊野部重一郎「評制覚書」（『ヒストリア』八二、一九七九年）四八頁。八木充『日本古代政治組織の研究』塙書房、一九八六年、前編第六章「律令制民衆支配の成立過程」一四六〜一四七頁。角林文雄「評里制の成立」（『日本書紀研究』第十三冊、塙書房、一九八五年）九六頁、等。

(18) 大町健『日本古代の国家と在地首長制』校倉書房、一九八六年、第一章「律令制的国郡制の特質とその成立」七五〜七六頁参照。

(19) 同右、七〇頁参照。

(20) なお、『日本三代実録』貞観三年（八六一）十一月辛巳条にみえる佐伯直豊雄款状には、「孝徳天皇御世。国造之号。永従二停止一」との文言があるが、この款状の内容そのものが信憑性に欠けるものであることは、第一編第三章第一節で述べたとおりである。これは、「改新詔」第二条に基づく知識による文言とみてよいであろう。

(21) 坂本太郎他校注『日本書紀』下（日本古典文学大系）岩波書店、一九六五年、三一四〜三一五頁頭注参照。

(22) この点に「改新詔」と、東国「国司」らへの詔などの他の孝徳紀の詔との史料性の違いがあると考えている。

(23) そしてもしこのように考えてよければ、これまではあまりいわれてこなかったことであるが、「改新詔」の記事内容の中には、「大化」以前に出されたものも含まれている可能性が高いといえるのではないだろうか。たとえば、第三条の主文には「初造二戸籍。計帳。班田収授之法二」とあるが、これなどは「造籍」、「校田」を任務とした「国司」が派遣される以前に出されていなければならないと思う。「計帳」とか「班田収授」とかいう表現は令制下の知識に基づく潤色であろうが、「国司」らに「造籍」、「校田」を命ずるためには、それ以前にその方法が定められていて当然であろう。「改新詔」に含まれる個々の記事内容を検討する場合、こうした点も念頭におく必要があるのではなかろうか。『日本書紀』編者の考え方からして、実際には蘇我蝦夷・入鹿のもとに打ち出されていた政策を、彼らが討たれた後にまとめて「改新詔」という画期的な形で発せられたと作文することは、大いにありそうなことと思うのである。

(24)　この点については次章、および第三編第二章を参照。

(25)　新野直吉『日本古代地方制度の研究』吉川弘文館、一九七四年、一四六〜一四七頁参照。

(26)　なお、選叙令郡司条の「国造」も国造一族全体を指していると考えられることは、やはり本編第五章第二節で述べるとおりである。

(27)　評の官人任用についての規準がなかったならば、評制の施行そのものが不可能であろう。私は、当時実際に、国造その人を除く国造の一族や、地方伴造・稲置であった人物（およびその一族）を優先的に評の官人に任用せよ、といったような内容の規準は定められたものと考えている。

(28)　その理由づけや評制・国造制の認識は異なるが、この点はすでに原秀三郎氏の主張されたところである。原秀三郎『日本古代国家史研究』東京大学出版会、一九八〇年、第四篇「律令国家と地方豪族」二一九〜二二二頁。

(29)　岸俊男「律令制下の豪族と農民」（『岩波講座日本歴史』3、岩波書店、一九六七年）八八頁。薗田香融『日本古代財政史の研究』前掲、三三八〜三四二頁。原秀三郎『日本古代国家史研究』前掲、二二〇〜二二二頁、等。

(30)　たとえば植松考穆「大化改新以後の国造に就いて」（早稲田大学史学会編『浮田和民博士記念史学論文集』六甲書房、一九四三年）三六頁。新野直吉『日本古代地方制度の研究』前掲、一三二〜一三三頁。

(31)　門脇禎二『出雲の古代史』日本放送出版協会、一九七六年、一七九頁。

(32)　津田左右吉『日本上代史の研究』岩波書店、一九四七年（一九七二年改版）、第二篇「大化改新の研究」二一八〜二一九頁。

(33) 坂本太郎他校注『日本書紀』下(日本古典文学大系)前掲、四二二頁頭注一四にもこの津田説が継承されている。

(34) 今泉隆雄「八世紀郡領の任用と出自」(『史学雑誌』八一―一二、一九七二年)一二頁。

(35) (2)の記事の後半部分については、山尾幸久氏もこのように解釈されている。山尾幸久「国造について」(古代を考える会編『藤澤一夫先生古稀記念古文化論叢』藤澤一夫先生古稀記念論集刊行会、一九八三年)二〇九〜二一〇頁。

(36) 坂本太郎『日本古代史の基礎的研究』下、東京大学出版会、一九六四年、所収「飛鳥浄御原律令考」一一〜一三頁参照。

(37) たとえば植松考穆「大化改新以後の国造に就いて」(前掲)二四頁。田中卓「郡司制の成立」下(『社会問題研究』三―一、一九五三年)六七〜六八頁。

(38) 石母田正『日本古代国家論』第一部、岩波書店、一九七三年、Ⅳ「古代法小史」一七〇〜一七一頁。米田雄介「国造氏と新国造の成立」(『続日本紀研究』一六二、一九七二年)一〇〜一一頁。神野清一『日本古代奴婢の研究』名古屋大学出版会、一九九三年、第Ⅰ部第二章「天武十年紀の天下大解除と祓柱奴婢」二六〜二八頁、等参照。

(39) 高橋富雄「国造制の一問題」(『歴史学研究』二四四、一九六〇年)四〜六頁。

(40) 米田雄介「国造氏と新国造の成立」(前掲)一〇〜一一頁参照。

(41) 神野清一『日本古代奴婢の研究』前掲、三二〜三三頁。

(42) 同右、三三頁。

(43) 高嶋弘志「律令新国造についての一試論」(佐伯有清編『日本古代史論考』吉川弘文館、一九八〇年)二〇九頁。高嶋氏は、大宝令制定以前の「新国造」が祭祀のみではなく広く政治的権能を有していた点を強調される(同右、二〇八〜二一〇頁)が、それは「新国造」ではなく旧来の国造と考えるべきであろう。

(44) 八木充『律令国家成立過程の研究』塙書房、一九六八年、第二編第一章「国郡制の成立」九二〜九三頁。米田雄介「国造氏と新国造の成立」(前掲)八〜一三頁。なお米田氏は、(3)の記事の「国造」も「旧国造」と解されている。

(45) 天武十二年正月の(5)の記事は、はっきりとそのことを示していると思う。

(46) 高嶋弘志「律令新国造についての一試論」(前掲)二五七〜二五八頁。

（47）熊田亮介「令制下の国造について」（『日本歴史』四二二、一九八三年）一八〜二〇頁。
（48）『類聚三代格』巻七。
（49）この点も熊田亮介氏の指摘されたところである。注(47)に同じ。
（50）なお、この「神郡国造」について山尾幸久氏は、やはり「神郡の国造」と読むべきであり、「神郡の郡司（郡領）をそう呼んだのである」とされ、この場合の「国造」は、「現行制度における国造の語」（山尾氏によれば、一国範囲の国家祭祀を主宰した職、およびその職に就任できる特定の人を指す語）を借りた「一般的・便宜的な仮借の用法である」とされる。山尾幸久「大化年間の国司・郡司」（前掲）八六〜八七頁他。しかし、法令である格の文章に、そのような仮借の用法がみられるというのは、考え難いことのように思われる。
（51）この当時における「大化改新」研究については、坂本太郎『大化改新の研究』至文堂、一九三八年、第一編第一章「研究の沿革」。門脇禎二『「大化改新」史論』上巻、思文閣出版、一九九一年、序章「主題の設定」、等参照。
（52）久米邦武「大化の改革を論ず」（『史学会雑誌』三—三〇〜三二、一八九二年）。なお、久米邦武の「大化改新」論については、拙稿「久米邦武と大化改新論」（大久保利謙編『久米邦武の研究』吉川弘文館、一九九一年）参照。

第三章　評制の成立と国造

はじめに

前章では、孝徳紀およびそれ以降の『日本書紀』の国造関係記事に検討を加え、国造制（「旧国造制」）は、「大化改新」において評制が施行されたことによって廃止されたのではなく、その後も依然として存続したと考えられることを述べた。つまり、評制の施行は国造制の廃止に対応するものではなかった、としたのである。しかし、評制それ自体、今日その成立過程・内容・意義等について、共通した理解が得られているわけではない。したがって、右のように主張するためには、評制自体についての私見を明らかにする必要があろうし、また評制下における国造の存在形態や在在意義等についても述べなければならないであろう。本章では、それらの点を果たすことにしたい。

第一節　評制の成立過程

まず、評制の成立過程についてであるが、孝徳期において評が建てられたということについては、今日ほぼ異論はないといってよいであろう。(1) 見解の分かれるのは、孝徳期において全面的に評制が施行されたとみるか、(2) あるいはその時の建評は一部であり、天智期ないし天武・持統期と段階的に施行されていったとみるか(3)（その場合も評制施行の画期をどの段階に求めるかの違いはあるが）という点である。そして、このような見解の相違をもたらす決定的要因として、「大化」後（孝徳期以降）の国造をどのように理解するかという問題が存在するのである。

この点について、前者の孝徳期全面施行説の立場からは、国造は郡（評）司とは質を異にした肩書、つまり郡（評）司のような官名ではなく地位的呼称であると説かれたり、(4) あるいは、国造のクニは廃止されたが国造はなお一定の機能を果たしており、評制と国造制は次元を異にして共存したと説かれている。(5) 一方、後者の段階的施行説の立場では、天武五年（六七六）頃までには令制国一国一員の「新国造制」が成立したとみるのがふつうであるが、孝徳期以降の国造（「旧国造」）の存在は、その時のその地における評制の未成立を示す（つまり評制の施行は国造制の廃止に対応する）と解されているのである。

前章で述べたように、私は前者の説を妥当とするのであるが、評制の全面的施行とともに国造制は再編されて存続したと考えるのであり、孝徳期以降の国造については、それを郡（評）司とは質の異なる肩書とみる説にも、また、国造は存続したが国造のクニは廃止されたとみる説にも、同意することができない。以下、建評関係の史料に即して私見を述べていくことにしたい。

第一に取りあげるべき史料は、『常陸国風土記』に載る次の四つの建郡（評）記事であろう。

(A)多珂郡条

古老曰。（中略）其後至二難波長柄豊前大宮臨軒天皇之世一。癸丑年。多珂国造石城直美夜部。石城評造部志許赤等。請二申惣領高向大夫一。以二所部遠隔。往来不一レ便。分二置多珂石城二郡一。（後略）

(B)香島郡条

古老曰。難波長柄豊前大朝馭宇天皇之世。己酉年。大乙上中臣□子。大乙下中臣部兎子等。請二惣領高向大夫一。割二下総国海上国造部内軽野以南一里。那賀国造部内寒田以北五里一。別置二神郡一。（後略）

(C)行方郡条

古老曰。難波長柄豊前大宮馭宇天皇之世。癸丑年。茨城国造小乙下壬生連麿。那珂国造大建壬生直夫子等。請二惣領高向大夫。中臣幡織田大夫等一。割二茨城地八里。（那珂地□里）。合七百余戸一。別置二郡家一。（後略）

(D)信太郡条（『釈日本紀』巻十所引）

古老曰。御宇難波長柄豊前宮之天皇御世。癸丑年。小山上物部河内。大乙上物部会津等。請二惣領高向大夫等一。分二筑波茨城郡七百戸一。置二信太郡一。（後略）

これらの記事については本書の第三編第二章で詳しく検討しており、ここでは、そこでの検討結果のうち、行論上必要と思われる点を列記しておく。

(1)これらの記事は、「郡」字が使われていることに示されるように風土記編纂時の用語によって書かれているが、それぞれの記事内容については、己酉年（大化五年＝六四九年）・癸丑年（白雉四年＝六五三年）と干支で記された建評年次を含めて、その信憑性を疑う必要はない。

(2)それぞれの建評申請者の表記は、(C)の壬生直夫子が大建という天智三年（六六四）制定の冠位を帯びていることに示されるように、いずれも風土記編纂当時からみての最終的身分表記と考えられる。

(3)したがって、(A)に多珂国造石城直美夜部、(C)に茨城国造小乙下壬生連麿、那珂国造大建壬生直夫子とあるのは、彼らが建評後の最終段階で国造を称していたことを示しているのであり、しかもこの場合の「国造」は特定個人に与えられる官職ないし地位としての国造（本来の意味での国造）とみてよく、これらの記事は、評制施行後も依然として国造制の存続していたことを示す史料の一つということができる。

(4)各記事には二名ずつ建評申請者が掲げられているが、それらの申請者は、いずれもその評の初代官人に任ぜられたと推定される[6]。

(5)(A)は白雉四年に多珂国造のクニの内部にそれを二分して多珂評と石城評が建てられたことを述べているが、建評申請者の多珂国造石城直美夜部と石城評造部志許赤とは、石城評の方の初代官人に任ぜられた人物とみるべきである。

(6)多珂・石城二評分置後も依然として二評を合わせた範囲の多珂のクニは存在し、石城直美夜部は最終的にその多珂国造であったと解される。

(7)(B)・(D)の建評申請者は地方伴造の地位にあったと推定されるが、それぞれの地域（評）において実質的支配権を有していた伝統的首長層と考えられる。

(8)(C)の場合も、建評申請者の茨城国造壬生連麿と那珂国造壬生直夫子が行方評の初代官人に任ぜられたと解すべきであり、壬生連麿は、建評申請時に茨城国造であった別の人物のあとを受けて、その後最終的に茨城国造に任ぜられたものと考えられ、同様に壬生直夫子も、行方評の官人から最終的に那珂国造に任ぜられたものと考えられる。

(9)評は国造のクニを分割・合成して建てられているのであり、評制の施行に際しては、当然国造制の再編も行なわれたとみなければならない。

(10)評制施行後の茨城国造のクニの範囲は、茨城評と信太評とを合わせた範囲ないし茨城評一評であったと考えられ、那珂国造のクニの範囲は、行方評・香島評・那珂評の三評を合わせた範囲であったと考えられる。

⑾建評はいずれも在地首長層が惣領に申請することによって行なわれており、評制の施行は上から画一的に行なわれたのではなく、在地首長層の動向と密接に関係した行為であったことが明らかである。

⑿常陸地方においては白雉四年の段階でほぼ全面的建評がなされたと考えられるが、建評が在地首長層の動向に密接にかかわったものであったならば、全国的評制施行の時期を、白雉四年とかあるいは大化五年といった単一の年度に求めるのは妥当ではなく、それは孝徳期という一定の期間に求めるべきである。

⒀(B)・(C)・(D)によれば、建評は評内の人々の「里」「戸」による編成・掌握を前提としているが、その「里」「戸」による編成・掌握は、「大化」の「造籍」によって行なわれたところの、評制施行の準備のためのもの（評制施行と一体のもの）であったと考えられる。

『常陸国風土記』の建評記事は、評の成立過程を最も具体的に伝えている史料であるが、これについての現在の私見は、およそ右のとおりである。次いで検討すべきは、伊勢三神郡（評）の成立過程を述べた次の二つの史料であろう。

(E)『皇太神宮儀式帳』

一、初神郡度会多気飯野三箇郡本記行事。

右従㆓纏向珠城朝庭㆒以来。至㆓于難波長柄豊前宮御宇天万豊日天皇御世㆒。有爾鳥墓村造㆓神庤㆒弖。為㆓雑神政行〔所〕㆒仕奉支。而難波朝庭天下立㆑評給時仁。以㆓十郷㆒分弖。度会乃山田原立㆓屯倉㆒弖。新家連阿久多督領。礒連牟良助督仕奉支。以㆓十郷㆒分。竹村立㆓屯倉㆒。麻続連広背督領。礒部真夜手助督仕奉支。同朝庭御時仁。初太神宮司所称神庤司。中臣香積連須気仕奉支。是人時仁。度会山田原造㆓御厨㆒弖。改㆓神庤止云名㆒弖号㆓御厨㆒。即号㆓太神宮司㆒支。

近江大津朝庭天命開別天皇御代仁。以二甲子年一。小乙中久米勝麻呂仁。多気郡四箇郷申割弖。立二飯野高宮村屯倉一弖。評督領仕奉支。即為二公郡一之。右元三箇郡摂二一処一。太神宮供奉支。所割分由顕如レ件。

(F)『神宮雑例集』巻一所引「大同本紀」

本紀〔大同本紀〕云。皇太神御鎮座之時。大幡主命物乃部八十友諸人等率。荒御魂宮地乃荒草木根苅掃。大石小石取平天。大宮奉レ定支。爾時大幡主命白久。己先祖天日別命。賜二伊勢国内礒部河以東一神国定奉。飯野多気度会坪也。即大幡主命神国造幷大神主定給支。又云。難波長柄豊前宮御世。飯野多気度相惣一郡也。其時多気之有爾鳥墓立レ郡。時爾以二己酉年一。始立二度相郡一。以二大建冠神主奈波一任二督造一。以二少山中神主針間一任二助造一。皆是大幡主命末葉。度会神主先祖也。

(E)

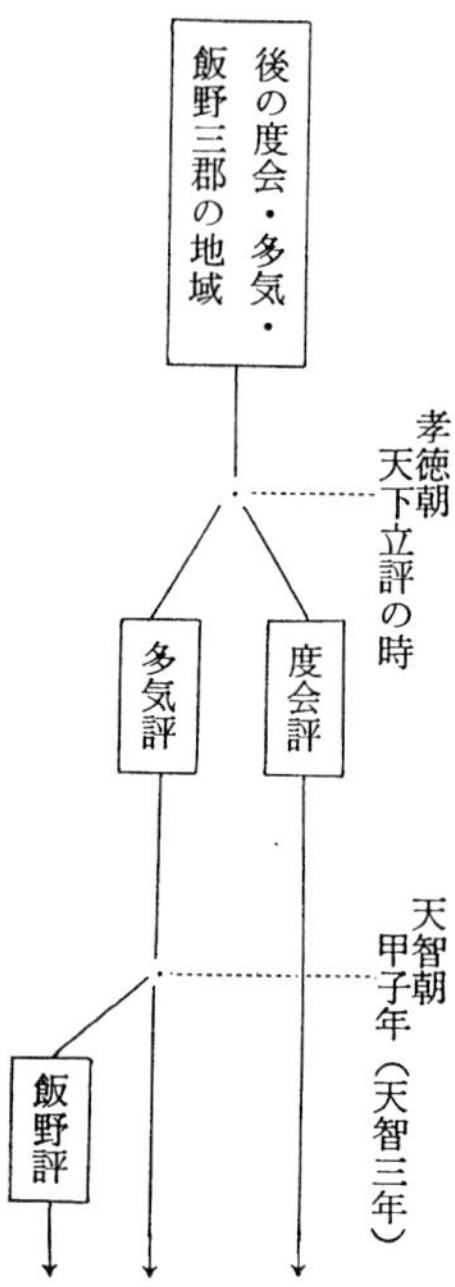

(F)

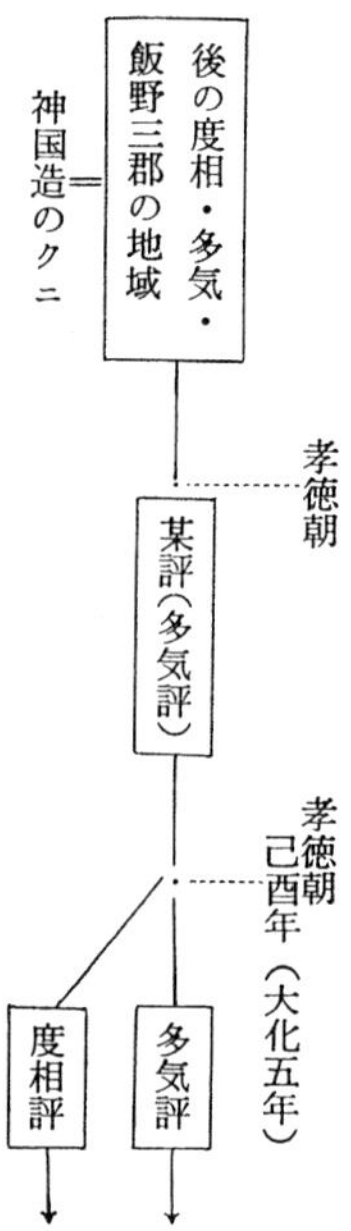

これまでの研究は、矛盾した内容のこの二つの史料を、いかに整合的に解釈するかということで行なわれてきたが、一致した見解は得られていない。(7) Ⓔ・Ⓕそれぞれが述べるところの評の成立過程を図示すると、右図のようになろう。

まず両者の史料性の問題であるが、『皇太神宮儀式帳』は延暦二十三年（八〇四）の成立、「大同本紀」は大同二年（八〇七）の成立であり、両書ともほぼ同じ時期にまとめられており、前者は内宮の荒木田神主氏の立場、後者は外宮の度会神主氏の立場から書かれている。したがって、両書の成立事情からそれぞれの記事内容の信憑性を一概に論ずることはできない。ただ右に引用した部分に限っていえば、Ⓔは三郡の成立過程を事務的に述べた実録的記述になっているのに対し、Ⓕは度会神主氏の自己顕彰的性格の強く表われた記述になっていることが明らかである。またⒺは評系統の文字が使われていることからも、評制下の原史料に基づいた記述とみることができよう。

両者の内容が矛盾する点の一つに、度会（相）評の初代官人をⒺは新家連阿久多・礒連牟良とし、Ⓕは神主奈波・神主針間としている点があげられるが、Ⓕの神主奈波は、『豊受太神宮禰宜補任次第』によれば、孝徳朝の太神宮大神主であった神主吉田の子で持統朝の大神主神主祖父の父とされており、すでに指摘されているとおり、天智期前後の人物とみるのが妥当であろう。(8) つまり、度会評の初代官人はⒺにいうところが正しく、Ⓕは、度会神主氏が自氏を建評以来の郡領氏族であると主張するために、実際は天智期前後の官人であった自氏の二人を初代官人とした、というように考えられるのである。とするならば、同じくⒻにおいて、後の三郡を合わせた地域はかつて神国とされ、度会神主氏の祖の大幡主命が神国造に任ぜられたとあるのも、Ⓔには神国・神国造のことはまったく記されていないのであり、同様の意図から度会神主氏によって作られた話とみるべきではなかろうか。Ⓕの記述に基づいて、神国造のクニが廃されてそこに度会・多気の二評が建てられた、といった理解も示されているが、(9) 疑問であろう。

ⒺとⒻとを、それぞれの記事内容のすべてを生かして無理に整合させようとする必要はないのであり、三郡（評）

の成立過程については、(E)に従って理解すればそれでよいのではないかと思う。[10] 孝徳朝以前は「一処」として「神庤」のもとに太神宮に奉仕していた地域（人々）が、孝徳朝の「天下立評」の際にまず度会・多気の二評となり、次いで天智三年に多気評から飯野評が分立して三評となった、という(E)の記述は、事実を伝えたものとみてよいであろう。孝徳朝以前の「一処」はおそらく伊勢国造のクニに含まれていたと考えられるが、(E)には「天下立評」に際して国造のクニが廃されたというようなことは一切書かれていないのであり、そうしたことを推測させる記述もまったくみえないのである。なお、ここに「難波朝庭天下立レ評給時」という表現のみえることは、いうまでもなく孝徳期における全面的評制の施行を示すものであろう。

以上(A)〜(F)のほかにも、孝徳期における建評、ないし評の存在を示す史料として、次の諸史料（(G)〜(M)）をあげることができる。

(G)法隆寺献納観音菩薩立像（東京国立博物館蔵）台座銘

辛亥年七月十日記。笠評君名左古臣。辛丑日崩去辰時。故児在布奈太利古臣。又伯在□古臣二人乞願。

「笠評」は旦波国加佐評[11]（後の丹後国加佐郡）に相当するか、あるいは吉備の笠臣氏（笠臣国造）にかかわる評とみられるが、「辛亥年」が白雉二年（六五一）にあたることはまず間違いなく、これは孝徳期における評の存在を示す確実な史料ということができる。[12] なお、岡山県立博物館蔵の「馬評」銘須恵器や、小松市那谷町出土の「与野評」銘須恵器は、七世紀中頃の製作とみられており、[13] 松山市南久米町出土の「久米評」銘須恵器も、孝徳期における久米評の存在を示すものとされている。[14]

(H)『播磨国風土記』宍禾郡比治里条

比治里土中下。所三以名二比治一者。難波長柄豊前天皇之世。分二揖保郡一。作二宍禾郡一之時。山部比治。任為二里長一。依二此人名一。故曰二比治里一。

ここには、孝徳朝に揖保郡（評）を割いて宍禾郡（評）が建てられたとあるが、この記事からは揖保評の建てられた時期はわからない。ただ『常陸国風土記』の建評記事などを参考にするならば、同じ孝徳朝においてまず揖保評が建てられ、次いでその揖保評から宍禾評（宍粟評）[15]が分割されたとみてよいであろう。そしてはじめの揖保評建評段階については、播磨西部の針間国造のクニ[16]がそのまま揖保評になったとみるよりは、はじめから針間国造のクニを揖保評や志加麻評[17]（後の餝磨郡）などいくつかの評に分ける形で建評された（針間国造のクニが廃されたということではない）、とみる方が自然である。針間国造の本拠地は、風土記の記事内容や古墳群の存在形態などから志加麻評の地にあったと推定されるのであり、もし、はじめの段階で針間国造のクニがそのまま評になったのであれば、その評は、揖保評ではなく、針間評とか志加麻評とか名づけられてしかるべきであろう。なお、この記事は、孝徳期における「里」「里長」の存在を示す記事としても注目されるものである[18]。

(I)「海上国造他田日奉部直神護解」

謹解　申請海上郡大領司仕奉事

中宮舎人左京七条人従八位下海上国造他田日奉部直神護我。下総国海上郡大領司爾仕奉止申故波。神護我祖父小乙下忍。難波朝庭少領司爾仕奉支。父追広肆宮麻呂。飛鳥朝庭少領司爾仕奉支。又外正八位上給弖。藤原朝庭爾大領司爾仕奉支。兄外従六位下勲十二等国足。奈良朝庭大領司爾仕奉支。神護我仕奉状。故兵部卿従三位藤原卿位分資人。始養老二年至神亀五年。十一年。中宮舎人。始天平元年至今廿年。合卅一歳。是以祖父父兄良我仕奉祁留次爾在故爾。海上郡大領司爾仕奉止申。

これは、天平二十年（七四八）に、海上国造他田日奉部直神護が出身地の下総国海上郡の大領に任ぜられることを申請した解であり、ここで神護は、祖父の忍は孝徳朝の「少領司」であったと述べている。「少領司」は当時の用語とはみなせないが、「大領司」ではなくわざわざ「少領司」とあることからして、忍が孝徳朝の海上評次官であったことは事実と認めてよいであろう。(19) なお、「大化」後の国造を郡（評）司とは質を異にした肩書とされる薗田香融氏は、右の史料の「海上国造」を一種の職名もしくは地位を示す呼称であるとしてそのように説かれたのであるが、(20) 右の「海上国造」は磯貝正義氏が明確に論ぜられたとおり、氏姓（複姓）の一部とみて間違いないであろう。(21)

(J)『日本三代実録』元慶三年十月戊寅条

（前略）河内国高安郡人常陸権少目従八位上常澄宿禰秋雄。（中略）等六人。賜二姓高安宿禰一。秋雄等自言。先祖。後漢光武皇帝。孝章皇帝之後也。裔孫高安公陽倍。天万豊日天皇御世立二高安郡一。（後略）

これによれば、孝徳朝に河内国高安郡が建てられたというのであるが、この点は、孝徳期全面評制施行説の立場に立ちつつも畿内はその限りではなかったとされる大山誠一氏によって、当然のことながら疑問であるとされている。(22) たしかに、元慶三年（八七九）当時の改賜姓を請うた言上の内容に、どの程度の信を置き得るか、不安がないわけではない。しかし、少なくとも右の記事からは、当時、畿内の郡（評）も孝徳朝に建てられたとする認識が広く存在していたことは認められるのであり、その認識自体も注意されてよいと思う。

(K)『因幡国伊福部臣古志』都牟自臣条

第廿六大乙上都牟自臣

久遅良臣之児。母曰二熊媛一也。娶二同族祖代乃臣女子伊比頭売一。生二児大乙上国足臣一。今別奉二仕法美郡一。又娶二味野伊和塩古君之女小宮刀自一。生二子小乙中与曾布一。次進広弐与佐理。是二人。今別奉二仕邑美郡一。是大乙上都牟自臣。難破長柄豊前宮御宇天万豊日天皇。二年丙午。立二水依評一任レ督。授二小智冠一。尓時因幡国為二一郡一更無二他郡一。三年丁未。授二小黒冠一。

五年己酉。授二大乙下一。後岡本朝庭四年戊午。授二大乙上一。同年正月。始壊二水依評一。作二高草郡一。以二同年三月十一日一死去也。自二天万豊日天皇元年壬寅一。至二于延暦三年甲子一。一百卌三歳。

ここでは、孝徳天皇の「二年丙午」（大化二年）に水依評が建てられ、伊福部臣都牟自がその督に任ぜられたとある。大化二年という年次については、改新詔との関係から疑問も持たれているが[23]、孝徳朝に水依評が建てられ、その時因幡国は水依評一評であったということ、その後斉明天皇四年（六五八）に水依評を分割して高草郡（評）が建てられたということ、これらは事実の伝えとみてよいであろう。『因幡国伊福部臣古志』の史料性については、右に引用した第二十六代都牟自までの系譜は、その序文に記されてあるように、伊福部臣冨成によって延暦三年（七八四）に撰述されたものとみてよいとされている[24]。

ところで、この『古志』には、第十六代の伊其和斯彦宿禰が成務朝に稲葉（因幡）国造として派遣されて以来、代代伊福部臣氏が国造を世襲してきたとあるが、この点は疑わしいとみられている[25]。「国造本紀」の稲葉国造条には「志賀高穴穂朝御世。彦坐王児彦多都彦命。定二賜国造一」とあって、右の伊福部臣氏の伝承とは異なっており、大己貴命を始祖とする伊福部臣氏と、「国造本紀」の稲葉国造氏とは別氏である。八世紀の因幡国高草郡および八上郡の郡領家として知られるのは、高草郡の采女で宝亀二年（七七一）二月に国造から因幡国造に改賜姓し、同年十二月に因幡国国造に任ぜられた浄成女[26]や、宝亀五年二月に国造から因幡国造へ改賜姓した八上郡員外少領の宝頭[27]の存在などからうかがえるように、国造・因幡国造を氏姓とした一族であって、この一族が、「国造本紀」にいう稲葉国造氏であり、実際に稲葉（因幡）のクニの国造であった一族であろう[28]。

とすると、孝徳期当時、一評で構成されていた因幡国の水依評の長官には、因幡国造ではなく、別の一族の伊福部臣都牟自が任ぜられたということになるが、この点は、私見にとっては注目されるところである。もし孝徳期に国造制が廃止されて評制が施行されたのであれば、おそらく水依評の長官にはそれまでの因幡国造が任ぜられたであろう。ところがそうはならなかったのであり、それは、孝徳期において評制が施行されても国造制は依然として存続し、因幡国造は依然として国造のままであったから、と解釈されるのではなかろうか。

(L)『和気系図』（『円珍系図』）

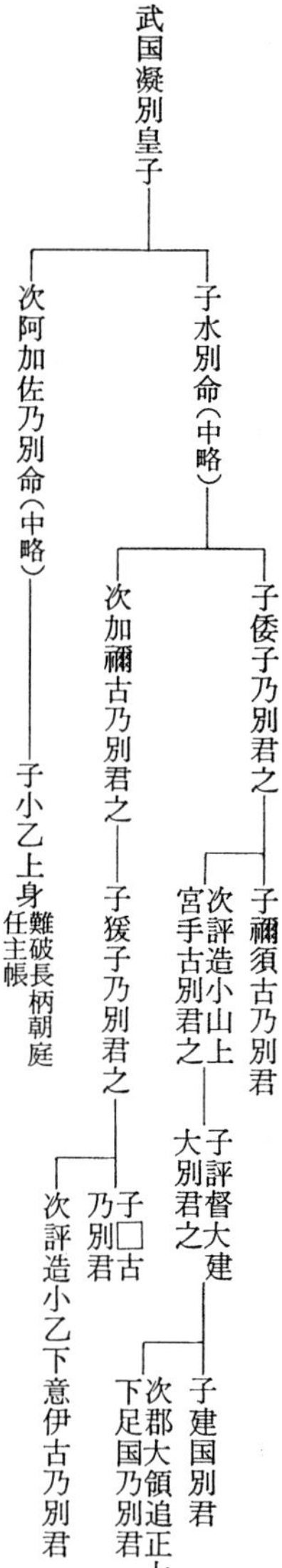

この系図は、平安前期に書写された現存最古の竪系図として著名なものであり、その史料性は高く評価されている(29)。系図は大きく二つの系統に分けられ、水別命の系統は、伊予国の別公氏の系図であり、そこに「評造」「評督」「郡大領」などとみえるその評（郡）は、伊予国和気評（郡）のこととみられている(30)。評造小山上宮手古別君は、小山上の冠位を持つことや、子の評督大建大別君が大建の冠位を持つことなどから、孝徳期前後の人物とみて間違いないであろう。また阿加佐乃別命の系統は、讃岐国の因支首（和気公）氏の系図とみられるが、小乙上身の譜文に「難波長柄朝庭任主帳」とあることからすると、これも孝徳朝における評（身が「主帳」に任ぜられた評は、おそらく後の讃岐国那珂郡ないし多度郡に相当する評であろう(31)）の存在を示す史料ということになろう。ただし、この譜文については疑問も提出されており、身は、貞観九年二月十六日付の「讃岐国司解」には「忍尾五世孫少初位上身」とあることから、実際は八世紀前半の人物ではなかったかとされるのである(32)。

(M)『粟鹿大神元記』神部直万侶・根閇条

都牟自児。大九位神部直万侶。娶二神部直□之女子秦女一。

右人。難波長柄豊前宮御宇天万豊日天皇御世。天下郡領并国造県領定賜。于レ時朝来郡国造事取持申。即大九位叙仕奉。（中略）

万侶児。神部直根閇。

右人。後岡本朝庭御宇天豊財重日足姫天皇御世時。但馬国民率。新羅誅仕奉。即返参来。同朝庭御宇。始叙二朝来郡大領司一。所レ擬仕奉。又近江大津宮御宇天命開別天皇御世。庚午籍勘造日。依二書算知一而国政取持。国造県領并殿民源之是非。勘定注朝庭進。即庚午年籍。粟鹿郷上戸主神部直根閇。年卅矣。（後略）

これによれば、神部直万侶は、孝徳朝に「天下郡領并国造県領」を定めた時に、「朝来郡国造事」を取り持ち申して仕奉し、その子の根閇は、斉明朝にはじめて「朝来郡大領司」に任ぜられ仕奉した、というのである。万侶の譜文に「難波長柄豊前宮御宇天万豊日天皇御世。天下郡領并国造県領定賜」とある「天下」の表記に注意するならば、これは孝徳朝における全面的評制の施行を示す史料ということになろうし、また「郡領并国造県領」に注意するならば、評制の施行とともに国造制の再編がなされたことを示す史料とみることもできよう。『粟鹿大神元記』の史料性については、その原形（右の譜文を含む系譜部分）は冒頭の記載や奥書きにあるとおり、根閇自身によって和銅元年（七〇八）に作成されたものとみてよいとされている。(33)

なお、右の譜文においては、朝来郡（評）がいつ成立したかはっきりしないし、孝徳朝に万侶が取り持ち申したという「朝来郡国造事」というのも難解である。「朝来郡国造」を「朝来郡の国造」と読み、「朝来評造」と同義であるとする説もあるが、(34)疑問ではないかと思う。「某郡国造」（某郡の国造）というのは他に用例のない表現であり、ここは、「朝来郡の国造の事」と読むのではなく、「朝来郡にて国造の事」と読み、万侶がその本拠地である朝来郡の地において国造（但馬国造）の事を取り持ち申した、の意に解するのがよいのではなかろうか。ただし、そのように解したからといって、万侶が実際に但馬国造であったかどうかはまた別の問題である。たしかにこの『元記』では、神部直速日が成務朝に但馬国造に定められたとあり、神部直氏を国造の家柄であると主張しているが、実際に但馬国造を世襲した一族は、但馬君（日下部君）氏であったとみるべきであろう。「国造本紀」但遅麻国造条には「志賀高穴穂朝御世。竹野君同祖彦坐王五世孫船穂足尼。定二賜国造一」とあり（なお吉備風《（品カ）》治国造条には多遅麻君の名がみえる）、『古事記』開化天皇段にも彦坐王（日子坐王）の四世孫大多牟坂王を多遅摩国造の祖としている。律令制下における但馬国養父郡・朝来郡の郡領家であり、国造兵衛を出したこともある日下部宿禰氏(35)は、右の但馬君氏と同族であろう。神部直氏が国造であったと主張したのは、先にみた(F)の度会神主氏、(K)の伊福部臣氏などと同様、自氏が郡領に任用されるべき伝統的な名族、すなわち、選叙令にて郡領への優先任用が定められている国造の一族、であることを示そうとしたためと考えられる。

以上、孝徳期における評制の施行ないし評の存在を示す史料についてみてきたが、これらによれば、孝徳期に全面的に評制が施行されたとみるのが最も自然な解釈であることは明らかであると思う(36)。また、孝徳期全面施行説の立場からしばしば指摘されてきたことであるが、後に郡領の任用に関して「難波朝廷以還。譜第重大」（『続日本紀』天平七年五月丙子条）、「昔難波朝庭。始置二諸郡一。仍択二有労一。補二於郡領一。子孫相襲。永任二其官一」（『類聚国史』巻十九国造、延暦十七年三月丙申条）、「夫郡領者。難波朝庭始置二其職一。有労之人。世序二其官一」（『日本後紀』弘仁二年二月己卯条）などといわれたことも、注意されなければならない。これらの文章を素直に読むならば、孝徳期に全面的に郡（評）制が施行されたと解するのは当然のことなのである。そして、ここで私が主張したいのは、右の諸史料において、評制の施行が国造制の廃止によることを示すような史料は一切存在せず、逆に国造制の存続を示す史料は(A)・(C)・(K)・(M)といくつか存在する、ということである。

第二節　評制施行の意義

評制は孝徳期に全面的に施行され、しかもそれは国造制に替わる制度として施行されたのではなかったことを述べてきた。いいかえれば、孝徳期における全面的評制の施行により、国造—評造（クニ—コホリ）という二段階の地方行政組織が全国的に成立したということである。それでは、そのような評制施行の意義はどこにあったのであろうか。この点を考えるにあたっては、まず成立当初の評の内容が考えられなければならないが、その際基本となる史料は、本編の第一章で検討した大化元年八月庚子条の東国「国司」らへの詔（第一詔）、および大化二年八月癸酉条の「国司」発遣の詔（第四詔）であろう。これらの詔は、そこで述べたように、評制の施行を主目的として派遣された「国司」に対して与えられたものと考えられるからである。

第一詔では、東国「国司」らに対して、「造籍」、「校田」、武器収公、地方政治機構の実状調査・報告が任務として命ぜられているのであるが、これらの内容が当時のものとして信頼できること、同様の任務は東国だけでなく全国の「国司」に対しても命ぜられたものであることは、第一章で述べたとおりである。そして第四詔では、全国に派遣する「国司」に対して、先に命じた「校田」の結果生ずる「収数田」の民への均給、「男身之調」の賦課、五十戸ごとに一人の仕丁の徴発、「国県」（クニ・コホリ）の境界の画定（つまり国造のクニの再編と評の設定）、勧農などが任務として命ぜられているのであり、この第四詔も、発布年が大化二年ではなく三年とみられるほかは、信頼してよいと考えられるのである。

さてそこで、第一に注意される点は、第一詔で、評制施行のための地方政治機構の実状調査・報告について、「国造。伴造。県稲置」の名があげられているという点である。そのうち国造は、評制施行後も原則としてそのまま国造であったと考えられるのであるから、評制施行にあたって評の官人に任ぜられていったのは、伴造（地方伴造）や県稲置（コホリの稲置）の方であったとみなければならない。「大化」以前の段階における国造制の内部構造については、第三編第一章で改めて取りあげるが、石母田正氏が「大国造制」の特徴として述べられたように、国造自身一個の在地首長であると同時に、国造のクニの内部には、他の多くの自立的首長層を含んでいたとみられるのであり、地方伴造や稲置もそうした首長層であったと考えられるのである[37]。つまり評制は、国造のクニの内部において一定の自立性をもって存在していた在地首長層を評の官人に任命し、その支配領域を評という行政区に編成していこうとした制度といえるのであり[38]、クニの内部に地方伴造にも稲置にも任ぜられていない自立的首長層が存在した場合には、当然その首長層とその支配領域も評に編成されていったと推定されるのである。国造自身が一個の在地首長として直接支配していた領域も、もちろん評とされたと考えられるのであるが、その場合、国造自身が評の官人を兼任するのではなく、一族の誰かがそれに任ぜられるのを原則としたのではないかと思われる。延暦十七年（七九八）三月二十九日付の太政官符に、次のようにあるのが参考になるであろう。

応レ任二出雲国意宇郡大領一事

右被二大納言従三位神王宣一偁。奉　レ勅。昔者国造郡領職員有レ別。各守二其任一不三敢違越一。慶雲三年以来令三国造帯二郡領一。寄二言神事一動廃二公務一。雖三則有二闕怠一。而不レ加二刑罰一。乃有二私門日益一不レ利二公家一。民之父母還為二巨蠹一。自今以後。宜下改二旧例一国造郡領分レ職任上レ之。

これによれば、慶雲三年（七〇六）以降、出雲国造は本拠地の意宇郡の大領を兼帯してきたが、それ以前は、「昔者国造郡領職員有レ別。各守二其任一不三敢違二越」という状態であったというのである。これは出雲国造についてのものであるが、「昔者……」の部分はほかの国造にも敷衍して考えてよいのではなかろうか。高嶋弘志氏は、出雲国造は『出雲国造系図』によれば大宝令制定以前の七世紀後半にも意宇郡（評）の長官を兼帯していたと考えられるとされ、ここの「昔」は、大宝令制定（七〇一年）によって兼帯が禁止されてから、慶雲三年までの間を指すとされている。(39)しかし、「昔」というのをそのような五年間ほどの短い間とみるのはいかにも不自然であり、ましてここでは終身の任である国造と郡領が問題にされているのであるから、それは評制施行当初までさかのぼらせて考えるのが妥当であろう。たしかに高嶋氏のいわれるとおり、大宝令制定以前の段階において、出雲国造自身が意宇評の長官を兼ねることがあったことは事実と考えられるのであるが、その状態が孝徳期における建評以来、七世紀後半を通じてずっと続いていたかどうかははっきりしないのである。(40)また、ここの「昔者……」の部分が、出雲国造に限らず国造と郡領（評造）の関係の一般的原則を述べた部分と解せるのであれば、「昔」を評制施行当初までさかのぼらせて考えて何ら問題はないといえよう。国造は評制施行後も国造としての独自の職務を帯びていたがゆえに、その本拠地に建てられた評においても、評の官人を兼帯しないのが原則であり、そこには「各守二其任一不三敢違二越」という状態が存在していた、ということであろう。

評制とは、それまで国造のクニの内部に、国造自身、地方伴造、稲置、あるいはそのいずれにも任ぜられていないといった、さまざまな形で存在していた自立的在地首長層と、そのそれぞれが直接に支配する地域・集団を、すべて評という統一した組織に編成しようとした制度といえるのであり、国造のクニの内部に対する支配の均一化をはかろうとしたところに評制施行の意義の一つがあったといってよいであろう。評制の施行によって廃されたのは、地方伴造（すなわち部民制）や稲置であったが、稲置のコホリは、『隋書』倭国伝の記事などからすれば、すでに戸単位に掌握されていたことが推定されるのであり、この稲置のコホリをモデルに、クニ内部の支配の均一化をはかったのが評制の施行といえるのではなかろうか（なお第三編第一章参照）。

第一詔・第四詔から評制施行の意義を考えるにあたって、第二に注意される点はこのこととかかわっている。すなわち、第一詔で「国司」に「造籍」が命ぜられ、第四詔で五十戸に一人の仕丁の徴発が命ぜられている以上、評制は「五十戸一里制」を前提とした制度、あるいはそれと一体のものとして施行された制度であった、ということが考えられなければならないのである。このことは、すでに米田雄介氏や大山誠一氏によって主張されているところである[41]が、以下私なりに、評制施行段階における「五十戸一里制」の内容について考えておくことにしたい。

評の成立と「五十戸一里制」とが結びついていたことを示す史料は、ほかにもいくつかあげることができるが、前節に引用した『常陸国風土記』の建評記事(B)・(C)・(D)や、(E)の『皇太神宮儀式帳』、(H)の『播磨国風土記』宍禾郡比治里条などは、それを直接に示す史料といえるものである。また、「改新詔」の「郡」の等級についての規定も、前章で述べたようにその内容は当時のものとして信頼できると考えられるのであり、『常陸国風土記』香島郡条に「神戸六十五烟（本八戸。難波天皇之世。加㆓奉五十戸㆒。飛鳥浄見原大朝。加㆓奉九戸㆒。合六十七戸。庚寅年。編戸減㆓二戸㆒。令㆑定㆓六十五戸㆒。）」とあるのも注意されるであろう。そして、天智三年（六六四）以前のものとみられる飛鳥京跡出土の木簡に「白髪部五十戸」とみえること[42]、「癸亥年」（天智二年）の年紀のある上代裂墨書銘に「山部五十戸」とあることからは[43]、「五十戸」という単位が庚午年籍作成以前にまでさかのぼることが確実にいえるのであり、とするならばそれは、評制施行の際の「造籍」によって編成されたとみるのが最も妥当な解釈ということになろう。

問題となるのは、その時「五十戸」に編成された人々の範囲であり、その編成原理であるが、第一詔に「凡国家所レ有公民。大小所レ領人衆。汝等之レ任。皆作二戸籍一」とあるのによれば、まずこの時の「造籍」は、すべての人々を対象にしたものであったとみることができよう。「国家所有公民」「大小所領人衆」といった表現が当時のものであるか否かははっきりしないが、前者は部民や稲置のコホリの民を指し、後者はそのいずれにも編成されていない諸首長支配下の民を指した表現とみられるのであり、両方合わせてすべての人民を指していることは間違いないであろう。(44)「白髪部五十戸」「山部五十戸」がいずれも部名を帯びていることに注目し、「五十戸」編成はまず部民から実施されたとの見方もあるが、(45)『播磨国風土記』の「比治里」(「比治五十戸」)のように、評制施行段階における人名にちなんだ「五十戸」名の存在を伝える史料のあることも注意されなければならない。第一詔の、すべての人民を対象に「造籍」を命じたとする内容は信頼できるものであり、この「造籍」に基づいた「五十戸」編成は部民に限らなかったとみるべきであろう。

次に、この時の「造籍」の具体的内容であるが、第一詔で倭国六県に遣わされた使者の任務を述べた部分に、「宜下造二戸籍一幷校中田畝上。謂。検二覈墾田頃畝及民戸口年紀一。」とあること、大化元年九月甲申条には「遣二使者於諸国一。録二民元数一」とあること、第四詔で「男身之調」の賦課が命ぜられていること、などから判断するならば、「戸」を単位にそこに含まれる戸口の数(少なくとも男丁の数)を書き連ねる、といった程度の「造籍」を想定するのが妥当なのではなかろうか。そしてこの場合の「戸」は、庚寅年籍以降の「戸」のような、戸の内部にまで立ち入って編戸された「戸」(46)とはもちろん異なるのであり、実際に生活の単位として存在していた戸そのものとみるのがよいと思われる。当時そのような戸が存在していたことは、東国「国司」らの勤務評定を行なった大化二年三月辛巳条の詔(第三詔)に、「国司」の「犯」として「於二百姓中一毎レ戸求索」ということがあげられているところに、はっきりと示されているといえよう。

それでは、そのような「造籍」に基づいて編成された当時の「五十戸」とは、どのような単位であったのであろうか。それを、実体として存在していた戸の単純な五十戸分とみることもできるかもしれないが、もしそうであったとするならば、その場合の「五十戸」は単なる課税単位ということになり、何ら集団としての実体をともなわないものになってしまうであろう。しかし、『播磨国風土記』によるならば、宍禾評建評の際に山部比治が「里長」になったというのであり、そこにいう「里長」は当時の用語ではなく、伊場遺跡出土の木簡にみえる「五十戸造」の表記[47]がそれにあたるのであろうが、そこにいうように、「里」(「五十戸」)を統率する職が建評当初から置かれていたとするならば、その「五十戸」は、当然何らかの実体を持った集団とみなければならないであろう。おそらくそれは、実際に存在する戸の五十戸分に近くなるような形で、いくつかの近隣の集落が「五十戸」(サト)としてまとめられたものと考えられるのであり、その一つ一つが「白髪部五十戸」「山部五十戸」「比治五十戸」などと名づけられたのではなかろうか。評制施行段階の「五十戸」(サト)は、すでに律令制下の里に通ずる行政単位としての性格を持っていたと考えてよいように思われる。

本節のはじめに、孝徳期における評制の施行によって、国造―評造(クニ―コホリ)という二段階の行政組織が全国的・全面的に成立したと考えられると述べたが、それは国造―評造―五十戸造(クニ―コホリ―サト)の三段階の行政組織といいなおさなければならないであろう。「五十戸一里制」の内容は、その後、庚午年籍、庚寅年籍の作成を画期に大きく変化し、国家による個別人身支配の体制が整えられていったのであるが、評制施行の段階で、すでに右にみたような内容の「五十戸一里制」が全国的・全面的に成立したと考えてよいのであれば、当然そこに、評制施行の最大の意義があったということになろう。

以上、第一詔・第四詔をおもなよりどころに、評制施行の意義について考えてきたが、この点に関しては、評制施行当初の評の官制の問題も無視することができない問題である。これについては、長官・次官・実務官からなる三等官制がすでに採用されていたとする説[48]を妥当と考えるが、『皇太神宮儀式帳』(E)、「海上国造他田日奉部直神護解」(I)などから、少なくとも長官・次官の存在したことは確実であるといえよう。井上光貞氏は、『和気系図』(L)に注目し、評造一人の評造制から、近江令による評督・助督の二等官制へと発展したとされた[49]が、これに対しては、すでに磯貝正義氏による説得力に富んだ批判が行なわれている[50]。

評の官制が当初から三等官(少なくとも二等官)制であったとするならば[51]、地方支配組織の官僚制化といった面でも、評制の施行は一定の意義を有していたということになろう。評の官人に任用されていった地方伴造や稲置が、すでに二等官・三等官に編成されていたとは考え難いのであり、国造の場合も、おそらく同様であったと考えられる[52]。

なお、評の官制に関しては、「評造」という呼称をどのように理解するかという点で多くの議論がなされているのであるが、これまでの議論は、それを官名とみるか地位的呼称とみるかという点を中心に行なわれているように思われる。しかし孝徳期当時において、官名と地位的呼称とがはっきり区別される別のものとして認識されていたかどうかは、きわめてあやしいと思うのである。したがって私は、評造を評の官人を指す言葉とは異なる地位的呼称であるとし、評造という地位を与えられてから後に、評の官人に任ぜられた、とする説[53]には同意することができないのである。評造は、厳密な意味での官名とはいえないであろうが、それはあくまで評の長官・次官を指す呼称であり、だからこそその総称としても、またはどちらかの別称としても用いられた、ということではないかと思う。その意味では、地位的呼称としての性格を持っていたともいえるものであろう。

第三節　評制下の国造

国造制が評制の施行によって廃止されたのではなかったとするならば、それは、国司（国宰）制の成立ないし令制国の成立によって廃止されたのではないか、との予測が当然立てられるであろう。事実そのように考えてよいことは次章で述べるとおりであり、天武十二年（六八三）から同十四年にかけて行なわれた国境の画定事業によって、令制国が成立し、同時に国宰制が成立して、国造制は廃止されたと考えられるのである。したがって、評制が施行されてからもなお、天武末年に至るまでのおよそ三〇年間、国造制が存続していたことになるが、この間の国造は、具体的にどのような役割を担ったのであろうか。

評制施行段階の国造が地方行政の中心にあったと考えられることは、孝徳紀の国造関係記事から前章で述べたとおりである。そしてその後の評制下の国造の役割を考える場合も、基本となるのはやはり『日本書紀』（斉明紀以降）の国造関係記事であろう。それらの記事の検討もすでに前章で行なったところであるが、ここでは国造の役割、存在意義といった点にしぼって、改めて考えてみることにしたい。

(1)斉明天皇五年（六五九）是歳条

命二出雲国造一。闕レ名。修二厳神之宮一。狐噛二断於宇郡役丁所レ執葛末一而去。又狗噛二置死人手臂於言屋社一。言屋。此云二伊浮瑘一。天子崩兆。

（後略）

(2)天武天皇五年（六七六）四月辛亥条

勅。諸王。諸臣被レ給封戸之税者。除二以西国一。相易給二以東国一。又外国人欲二進仕一者。臣連。伴造之子。及国造子聴之。唯雖二以下庶人一。其才能長亦聴之。

(3)天武天皇五年八月辛亥条

詔曰。四方為二大解除一。用物則国別国造二輸祓柱一。馬一匹。布一常。以外郡司各刀一口。鹿皮一張。钁一口。刀子一口。鎌一口。矢一具。稲一束。且毎レ戸麻一条。

(4)天武天皇十年七月丁酉条

令二天下一悉大解除。当二此時一。国造等各出二祓柱奴婢一口一而解除焉。

(5)天武天皇十二年正月丙午条

詔曰。明神御二大八洲一日本根子天皇勅命者。諸国司。国造。郡司及百姓等諸可レ聴矣。朕初登二鴻祚一以来。天瑞非二一二一多至之。伝聞。其天瑞者。行レ政之理。協二于天道一則応之。是今当二于朕世一。毎レ年重至。一則以懼。一則以喜。是以親王。諸王及群卿百寮。并天下黎民。共相歓也。乃小建以上給レ禄各有レ差。因以大辟罪以下皆赦之。亦百姓課役並免焉。（後略）

(6)朱鳥元年（六八六）九月丁卯条

僧尼発レ哀之。是日百済王良虞代二百済王善光一而誄之。次国々造等随二参赴一各誄之。仍奏二種々歌儛一。

(7)持統天皇元年（六八七）十月壬子条

皇太子率二公卿百寮人等。并諸国司。国造及百姓男女一。始築二大内陵一。

(8)持統天皇六年三月壬午条

賜二所過神郡及伊賀。伊勢。志摩国造等冠位一。并免二今年調役一。復免下供奉騎士。諸司荷丁。造二行宮一丁今年調役上。大二赦天下一。但盗賊不レ在二赦例一。

このうち(2)については、そこでの「国造」は国造の一族という意味であり、この記事から国造の役割を考えるのは、記事内容からしても困難である。また、(6)・(7)・(8)は、私見によれば国造制が廃止されてからの記事ということになるが、そこに国造の名がみえるのは、国造制が廃止されることになっても、その時の現任国造からすぐに国造職を奪うというような方法はとられなかったからと考えられるのであり[54]、これらの記事も、評制下の国造について考える上で参考にされなければならない。

さて、(1)では、出雲国造が於宇郡（評）の役丁を率いて「厳神之宮」（後の出雲郡の杵築大社と考えられる[55]）の修営にあたったというのであり、ここからは、国造が役丁の徴発権を有していたこと（ⓐ）、クニ全体の祭祀にかかわる権限を持っていたこと（ⓑ）、一評の範囲をこえる事業にたずさわったこと（ⓒ）、などが推定されてよいであろう。ⓐは(7)からもうかがうことができ、ⓑは(3)・(4)に明瞭に示されているところである。そして(3)・(4)からは、ⓑのほかに、国造がクニを代表する地方豪族として天皇への服属を誓う地位にあったことも推定されるのであり、このことは(6)・(7)にも示されているといえよう。また、「諸国司。国造。郡司及百姓等」とある(5)からは、国造が「国司」（宰）の下にあって「郡司」（評の官人）の上に立つ地方官であったことがはっきりとうかがえるのであり、さらに(8)からは、国造が天皇の行幸の接待にあたっていたことが推定されるのである。これらのことからすれば、評制施行後も国造が、評の官人を従えクニ全体を統轄する地位にあったことは、まず間違いないものとして指摘できるであろう。

そしてまた、直接の史料的根拠を示すことはできないが、評制下の国造が軍事的役割を担っていたことも、間違いないと思われる。これまで、評の軍事的性格についてはしばしば指摘されてきたところであるが[56]、ただそれは、評の官人が在地首長として軍事力を有していたことに基づくものと考えられるのであり[57]、評を単位とする公的な軍事制度が存在していたということではあるまい。この点に関して注目されるのは、天武紀十四年十一月丙午条の次の詔である。

詔二四方国一曰。大角。小角。鼓吹。幡旗。及弩抛之類。不レ応レ存二私家一。咸収二于郡家一。

これは、大角など律令制下においては軍団に備えられるべきものとされている部隊装備の兵器（指揮用具や大型兵器）は、「私家」にあってはならず、みな「郡家」（評家）に収公せよというのであるから、評家を中心に公的な軍事制度を整えようとしたものとみてよいであろう。逆にいえば、この時までは、評制軍と呼べるような公的な制度は存在しなかったということである。(58)そして、この詔は、私見によれば国造制の廃止が決定してまもなく発せられたものということになるのであり、この点が注目されるのである。ここにいう「私家」は、指揮用具や大型兵器を持つのであるから、豪族層の「私家」に限られるのはもとより、右の点からすれば、実質的には国造の「私家」を指しているとしてよいのではなかろうか。国造制の廃止が決定された段階では、国造の居宅を指して「私家」といったとしても不思議はないと思う。つまり、国造制の行なわれていた段階では、クニ内部の軍事は国造の統率下におかれていたが、国造制を廃止することにしたため、それを評を中心とした制度に切り替えようとしたのが右の詔ではなかったかと思うのである。

大化元年の第一詔において「国司」に命ぜられた武器の収公も、実際には国造の手を通して行なわれたとみられるのであり、(59)その時に収公された武器（それがどの程度に収公されたかは不明であるが）も、国造の管理下にあったと推定されよう。いわゆる国造軍と呼ばれる軍隊組織は、在地首長としての国造の力量に大きく依存したものではあるが、公的な軍事制度としての性格も持っていたといえるのである。第一編第三章で述べたように、国造制とは、本来、クニを単位とした軍丁の徴発を目的として施行された制度と推定されるのであり、その軍事的性格が、最後まで維持され、機能したということであろう。

以上述べてきたように、評制施行後の国造は、クニ内部に対する徭役賦課権・祭祀権・軍事権などを有し、依然としてクニを統轄する地方官としての役割を果たしていたと考えられるのである。そして、評制施行後も国造制が維持された基本的理由としては、国造―評造という行政的上下関係に対応する形で、国造を頂点とした在地首長層の重層的統属関係が、依然各地に存在していた、という点があげられるであろう。しかし、クニを統轄するという地方官としての国造の役割は、次第に中央から派遣される宰（ミコトモチ）によって吸収されていくことになり、ついには国宰（クニノミコトモチ）による在地首長層（評造）の直接掌握がはかられ、国造制は廃止されることになったと考えられるのである。

注

（1）　評の研究史については、山尾幸久「評の研究史と問題点」（『日本史研究』三四一、一九九一年）参照。
（2）　薗田香融『日本古代財政史の研究』塙書房、一九八一年、第八章「律令国郡政治の成立過程」。鎌田元一「評の成立と国造」（『日本史研究』一七六、一九七七年）。大山誠一「大化改新像の再構築」（井上光貞博士還暦記念会編『古代史論叢』上巻、吉川弘文館、一九七八年）。森公章「評の成立と評造」（『日本史研究』二九九、一九八七年）、等。
（3）　関晃「大化の郡司制について」（坂本太郎博士還暦記念会編『日本古代史論集』上巻、吉川弘文館、一九六二年）。井上光貞『日本古代国家の研究』岩波書店、一九六五年、第Ⅱ部第二章所収「大化改新の詔の研究」。関口裕子「『大化改新』批判による律令制成立過程の再構成」上・下（『日本史研究』一三二・一三三、一九七三年）。米田雄介『郡司の研究』法政大学出版局、一九七六年、第二章第一節「評の成立と構造」。渡部育子『郡司制の成立』吉川弘文館、一九八九年。山中敏史『古代地方官衙遺跡の研究』塙書房、一九九四年、第三章「古代地方官衙の成立と展開」、等。
（4）　薗田香融『日本古代財政史の研究』前掲、三三九〜三四〇頁。
（5）　鎌田元一「評の成立と国造」（前掲）七五頁他。

（6）旧著（『国造制の成立と展開』吉川弘文館、一九八五年）一七六～一八〇頁においては、(B)・(D)の場合は二人ずつの建評申請者がそれぞれその評の初代官人に任ぜられたとみるべきであるが、(A)・(C)についてはそのように解する必要はないとした。ここに訂正しておくことにしたい。したがって、以下の(5)・(6)・(8)の諸点についても、旧著とは異なる見解となっている。なおこのように改めたことについても、第三編第二章を参照。

（7）田中卓「郡司制の成立」上（『社会問題研究』二―四、一九五二年）。直木孝次郎『神話と歴史』吉川弘文館、一九七一年、第三―一「古代の伊勢神宮」。菟田俊彦「神国造から神郡司へ」（『国学院雑誌』六八―三、一九六七年）。薗田香融『日本古代財政史の研究』前掲、第八章「律令国郡政治の成立過程」。熊田亮介「律令制下伊勢神宮の経済的基盤とその特質」（関晃教授還暦記念会編『日本古代史研究』吉川弘文館、一九八〇年）。森公章「評の成立と評造」（前掲）。山尾幸久「大化年間の国司・郡司」（『立命館文学』五三〇、一九九三年）、等参照。

（8）田中卓「郡司制の成立」上（前掲）四五頁他参照。

（9）森公章「評の成立と評造」（前掲）四四～四七頁。

（10）ただ(F)に、「度相郡」（度会評）の建てられた年を「己酉年」（大化五年）としているその年次については、(E)における多気・度会両評の建てられた年として生かして考えることはできるかもしれない。

（11）藤原宮跡出土木簡に「旦波国加佐評」の表記がみえる（奈良国立文化財研究所『藤原宮木簡』一、一九七八年、一五五号木簡等）。

（12）「辛亥年七月十日」はこの銘の刻まれた日ではなく、左古臣が死去したその日に造像が発願されたその発願の日、とみた方が妥当であろう（奈良国立文化財研究所飛鳥資料館編『飛鳥・白鳳の在銘金銅仏』同朋舎、一九七九年、一五三頁。東野治之『日本古代木簡の研究』塙書房、一九八三年、第二部所収「『続日本紀』所載の漢文作品」二三五頁、等参照）が、いずれにしても、辛亥年（白雉二年）七月十日の段階で笠評の存在したことは確かといえよう。

（13）伊藤純「岡山県立博物館蔵の須恵器銘『馬評』について」（『古代文化』三五―二、一九八三年）。福島正美「那谷金比羅山窯址群」（石川県埋蔵文化財センター『昭和五九年度埋蔵文化財調査概要』一九八五年）。

（14）松原弘宣『熟田津と古代伊予国』創風社出版、一九九二年、第二部第一章「古代地方官衙群の形成過程」。

（15）藤原宮跡出土木簡に「宍粟評」の表記がみえる（奈良国立文化財研究所『藤原宮木簡』二、一九八一年、五四八号木簡）。

（16）「国造本紀」には、播磨地方の国造として針間国造・針間鴨国造・明石国造の三国造を載せており、針間国造は、後の播磨国餝磨郡・神埼郡・揖保郡・宍粟郡・赤穂郡・佐用郡など、播磨西部の市川・揖保川・千種川流域をクニとし、針間鴨国造は、後の播磨国賀古郡・印南郡・賀茂郡・美嚢郡・多可郡など、播磨東部の加古川流域、明石国造は後の播磨国明石郡の地域をクニとしたと考えられる。ただ、延喜十四年（九一四）段階であるが、播磨国の国造田が六町（一国造分）であったことからすると、播磨地方の国造は、孝徳期における国造制の再編によって一つにまとめられた可能性もあり、あるいはまた、播磨国造はもともと一国造であり、「国造本紀」の三国造のうちの二国造は、実際には国造職を世襲してはおらず、後に国造氏に認定されたにすぎない、といった可能性も否定できない。いずれにしても、以下の本文の論旨に変わりはない。

（17）藤原宮跡出土木簡に「□《（志カ）》加麻評」の表記がみえる（奈良国立文化財研究所『藤原宮木簡』一、前掲、一九四号木簡）。

（18）『播磨国風土記』においては、このほかに「石川王為二総領一之時。改為二広山里一」（揖保郡広山里条）とある「広山里」も、次章で述べるように石川王が総領であった時は孝徳期と考えられるのであり、この時期における「里」とみることができる。

（19）磯貝正義『郡司及び采女制度の研究』吉川弘文館、一九七八年、第一編第四章「評及び評造制の研究㈠」一一〇頁参照。

（20）薗田香融『日本古代財政史の研究』前掲、三三九～三四〇頁。

（21）磯貝正義『郡司及び采女制度の研究』前掲、第一編第一章「郡司任用制度の基礎的研究」二五～二七頁。

（22）大山誠一「大化改新像の再構築」（前掲）五〇八頁注(87)。

（23）鎌田元一「評の成立と国造」（前掲）七七～七八頁注⑱、等。

（24）佐伯有清『新撰姓氏録の研究』索引・論考篇、吉川弘文館、一九八四年、第三―二「『因幡国伊福部臣古志』の研究」四二一～四二二頁他。

（25）佐伯有清『古代氏族の系図』学生社、一九七五年、二「伊福部臣氏の系図」八九～九二頁。

（26）『続日本紀』宝亀二年二月丙申条、同十二月丙寅条。

（27）『続日本紀』宝亀五年二月壬辰条。

（28）伊福部臣氏が国造であったと主張したのは、郡領家としての家柄を誇示しようとしたためと考えられる。佐伯有清『古代氏族の系図』前掲、九一〜九四頁参照。
（29）佐伯有清『古代氏族の系図』前掲、三「和気公氏の系図」。義江明子『日本古代の氏の構造』吉川弘文館、一九八六年、第三編第一章「古代系譜の構造」、等参照。
（30）佐伯有清『古代氏族の系図』前掲、一三六〜一三七頁。松原弘宣『熟田津と古代伊予国』前掲、第一部第二章「畿内王権と伊予の地方豪族」七六〜七九頁。なお松原弘宣氏は、伊予国の別公氏が建てた評は二評あったとされ、評造小乙下意伊古乃別君の評は湯評（温泉郡）であったとされている。
（31）因支首（和気公）氏の一族は、『日本三代実録』貞観八年（八六六）十月戊戌条の改姓記事や、貞観九年二月十六日付の「讃岐国司解」などから、讃岐国の那珂郡・多度郡に分布していたことが知られる。
（32）松原弘宣『古代の地方豪族』吉川弘文館、一九八八年、第二章「讃岐国西部地域における地方豪族」七六〜七七頁。
（33）田中卓「一古代氏族の系譜」（『芸林』七—四、一九五六年）。是沢恭三「粟鹿大明神元記の研究」一・二（『日本学士院紀要』一四—三、一五—一、一九五六年、五七年）。溝口睦子『日本古代氏族系譜の成立』第一法規出版、一九八二年、第三章「個別系譜の研究」、等参照。
（34）森公章「評の成立と評造」（前掲）五一、五五頁。山尾幸久「大化年間の国司・郡司」（前掲）八五〜八七、一〇二〜一〇三頁。
（35）『日下部系図』（粟鹿神社所蔵『田道間国造日下部足尼家譜大綱』、『続群書類従』巻第百七十二所収『日下部系図』、同『日下部系図別本（朝倉系図）』）による。なお、右のうち『日下部系図別本（朝倉系図）』において、日下部表米の譜文に「難波ノ朝廷。戊申年養父郡ノ大領ニ補佐セラル。在任三年」とあるのは注意される。もとより信憑性の問題はあるが、「戊申年」（大化四年）という独特の建評年次を干支で伝えていることからすると、その信憑性は一概には否定できないと思うであり、大化四年の建評ということは、孝徳朝の「天下立評」を大化五年とか白雉四年といった単一の年度に求めることはできない、とする私見に整合するものである。
（36）なお、評制の段階的施行説の立場から、その史料的根拠としてあげられるものに、『日本霊異記』上巻第十七話と、那須国造碑文がある。前者は、伊予国越智郡の大領の先祖の越智直が、百済救援軍に加わり、帰国した後に越智郡（評）を建てたというものであり、後者は、那須国造那須直韋提が、持統三年（六八九）に那須評督に任ぜられたというものである。しかし、すでに鎌田元一氏や森公章氏が述べられているように（鎌田元一「評の成立と国造」〔前掲〕六八～六九頁。森公章「評の成立と評造」〔前掲〕五〇～五二頁）、前者の越智評は既存の某評からの分立とみて何ら差し支えなく、後者の場合も、那須評がこの時にはじめて成立したとはいっておらず、それ以前から存在していたと解して問題のないものである。

(37) 石母田正『日本の古代国家』岩波書店、一九七一年、三六五～三七七頁参照。

(38) 石母田正『日本の古代国家』前掲、一四三～一四七頁他。吉田晶『日本古代国家成立史論』東京大学出版会、一九七三年、第七章「評制の成立過程」三九三～三九八頁他、参照。

(39) 高嶋弘志「神郡の成立とその歴史的意義」（佐伯有清編『日本古代政治史論考』吉川弘文館、一九八三年）一三六～一四〇頁。なお『出雲国造系図』については、その後高嶋氏自身によって詳細な検討が加えられている。高嶋弘志「『出雲国造系図』成立考」（『日本海地域史研究』七、文献出版、一九八五年）。同「出雲国造系図編纂の背景」（佐伯有清編『日本古代中世史論考』吉川弘文館、一九八七年）。

(40) 高嶋氏は、紀伊国造の場合も、建評以来国造が本拠地である名草評の長官を兼ねる慣行があったとされる（「神郡の成立とその意義」〔前掲〕一三三～一三六頁）が、『紀伊国造系図』（『国造次第』）によれば、孝徳期から七世紀後半にかけて紀伊国造職を継承した忍穂・牟婁・石牟の三人のうち、名草評の長官を兼帯したと書かれてあるのは忍穂のみであり、この場合も、七世紀後半を通じ一貫して国造が評の長官を兼ねていた、ということではないと思う。

(41) 米田雄介『郡司の研究』前掲、一〇四～一〇七頁他。大山誠一「大化改新像の再構築」（前掲）四九三～四九六頁他。

(42) この木簡については、岸俊男『日本古代文物の研究』塙書房、一九八八年、Ⅵ「『白髪部五十戸』の貢進物付札」参照。

(43) この墨書銘の「癸亥年」を天智二年（六六三）に比定することについては、狩野久『日本古代の国家と都城』東京大学出版会、一九九〇年、第二部二「額田部連と飽波評」一六一～一六二頁参照。

(44) 大山誠一「大化改新像の再構築」（前掲）四九四～四九五頁参照。

(45) たとえば、狩野久『日本古代の国家と都城』前掲、第二部一「律令国家の形成」一三〇～一三二頁。

(46) 浦田（義江）明子「編戸制の意義」（『史学雑誌』八一―二、一九七二年）参照。

(47) 浜松市教育委員会『伊場木簡』一九七六年、第二十一号木簡。なおここでの「五十戸造」は氏姓としての用法であるが、それはもともと五十戸造という職があり、それが後に氏姓化したものと考えられる。直木孝次郎「『五十戸造』と五十戸一里制」（竹内理三編『伊場木簡の研究』東京堂出版、一九八一年）参照。

(48) 東野治之「四等官制成立以前における我国の職官制度」（『ヒストリア』五八、一九七一年）。

(49) 井上光貞『日本古代国家の研究』前掲、三九一〜三九四頁。

(50) 磯貝正義『郡司及び采女制度の研究』前掲、第一編第四章「評及び評造制の研究㈠」。

(51) なお小規模な評では、律令制下の小郡と同様、次官を欠く場合もあったかもしれない。

(52) ただし、評制施行段階における地方支配組織の官僚制化という点を、それほど高く評価することはできないと思う。評衙・郡衙の遺構を広く検討された山中敏史によれば、官衙施設としての評衙は、飛鳥浄御原令の施行を画期として全国的に成立したとされているのであり（山中敏史『古代地方官衙遺跡の研究』前掲、第三章「古代地方官衙の成立と展開」）、それ以前は、評の官人の私宅が評衙の役割を果たしていたと考えられるからである。

(53) 薗田香融『日本古代財政史の研究』前掲、三四〇頁他。森公章「評の成立と評造」（前掲）五五頁他。山尾幸久「大化年間の国司・郡司」（前掲）一〇二〜一〇三頁他、等。

(54) この点も次章で述べるとおりである。

(55) 門脇禎二『出雲の古代史』日本放送出版協会、一九七六年、一七九頁参照。

(56) たとえば、磯貝正義『郡司及び采女制度の研究』前掲、第一編第五章「評及び評造制の研究㈡」一四七〜一五八頁。

(57) 吉田晶『日本古代国家成立史論』前掲、三九三頁他参照。

(58) この点はすでに森公章氏の強調されているところである。森公章「評制下の国造に関する一考察」（『日本歴史』四六〇、一九八六年）二五頁。

(59) 本編第二章参照。

第四章　国宰制の成立と国造

はじめに

前章では、国造制の廃止は評制の施行にともなうものではないことを述べ、そうであるならば、それは国司（国宰）制の成立ないし令制国の成立によるのではないか、との予測が立てられるとし、本章での結論を先き取りして、天武末年の国境画定事業によって令制国が成立し、同時に国宰制が成立して、国造制は廃止が決定されたと考えられる、と述べた。令制国の成立を天武末年の国境画定事業に求められたのは大町健氏であるが、(1)これについては、令制国はある時期に一斉に成立したのではなく、漸次成立していったとする見解も有力であり、早川庄八氏によれば、九州地方で持統朝に遅れたほかは、天智朝の初期までにほぼ全国的に成立していたとされる。(2)この早川氏らの見解が正しいとするならば、いうまでもなく右の私見は成立しないのであり、本章では、令制国および国司（国宰）制の成立過程について、国造制との関連を中心に改めて検討していくことにしたい。

第一節　「大化」期前後の「国司」

最初に、「大化」期前後の地方派遣官（『日本書紀』に「国司」と表記される）の性格についてであるが、この点はすでに本編の第一章で詳しく検討したところである。今、行論の都合上、そこでの結論のみを簡単に示しておくと、次のとおりである。

(1)孝徳紀大化元年（六四五）八月庚子条の詔（第一詔）で任命された「東国等国司」は、大化二年三月甲子条の詔（第二詔）や同辛巳条の詔（第三詔）を合わせて考えると、「東方八道」に遣わされた八つの「国司」グループであり、「造籍」、「校田」、武器の収公、地方政治機構の実状調査・報告を、その任務としていたことが知られる。

(2)右の「国司」派遣は、皇極二年（六四三）の「国司」派遣（皇極紀二年十月己酉条）を補った措置であり、皇極二年の「国司」は、東国（「東方八道」）を除く各地に派遣されたと考えられる。

(3)孝徳紀大化元年九月朔条に「遣下二使者於諸国一治上兵。或本云。従二六月一至二于九月一。遣二使者於四方国一。集二種種兵器一」とあり、同二年正月是月条に「天皇御二子代離宮一。遣下二使者一。詔二郡国一修中営兵庫上」とあること、また同元年九月甲申条に「遣二使者於諸国一。録二民元数一」とあることは、皇極二年に派遣された、すでに任地にある「国司」に対して、「使者」を遣わし、新たに武器の収公と「造籍」（「録二民元数一」）の任務を伝えたものと解釈される。つまり、皇極二年の「国司」は、その当初、「校田」と地方政治機構の実状調査・報告を任務として派遣されたが、大化元年に「造籍」、「校田」、武器の収公、地方政治機構の実状調査・報告を任務とした東国の「国司」が派遣されたため、その段階で新たに、「造籍」と武器の収公の任務が加えられた、と解釈される。

(4)これらの「国司」派遣の主目的は、その任務から判断して、評制施行のための準備にあったと考えられるが、孝徳紀大化二年八月癸酉条の詔の後半部分（第四詔）に、

(A)今発遣国司幷彼国造可ニ以奉聞一。

(B)去年付ニ於朝集一之政者。随ニ前処分一。以ニ収数田一。均給ニ於民一。勿レ生ニ彼我一。凡給レ田者。其百姓家近接ニ於田一。必先ニ於近一。如レ此奉レ宣。

(C)(イ)凡調賦者。可レ収ニ男身之調一。

(ロ)凡仕丁者。毎ニ五十戸ニ一人。

(ハ)宜下観ニ国々壃堺一。或書。或図。持来奉上レ示。国県之名来時将定。

(ニ)国々可レ築レ堤地。可レ穿レ溝所。可レ墾レ田間。均給使レ造。

(D)当レ聞ニ解此所一レ宣。

とあるのは、それを受けて、評制の実施を任務とした「国司」が全国に派遣されたことを示している。

(5)右の第四詔の(C)—(ハ)は、評の境界の画定を命じた部分と考えられるが、ここでは同時に、国造のクニの範囲の確認ないしその再編も命じていると解釈される。なおこの第四詔は、孝徳紀では大化二年八月癸酉に発せられたことになっているが、(B)部分の内容からすると、実際は大化三年に発せられたものとみるべきである。

(6)『常陸国風土記』にみえる「惣領」高向臣（大夫）・中臣幡織田連（大夫）、および孝徳紀白雉元年（六五〇）二月条にみえる「穴戸国司」草壁連醜経は、この第四詔で発遣された「国司」と考えられる。

以上であるが、ここでは(6)の点に関連して、二、三補足しておくことにしたい。

まず、『日本書紀』においては「国司」と表記され、『常陸国風土記』においては「惣領」(3)と表記される当時の地方

派遣官は、実際にはどのように呼ばれたのか、という問題を取りあげたいと思う。もっとも、孝徳紀の「国司」と『常陸国風土記』の「惣領」は別であり、「大化」の時点で「惣領」―「国司」の二重の支配機構がとられた(4)というのであれば、このような問題を設定すること自体が誤りということになろう。しかし、すでに指摘されているとおり、孝徳紀においては、「国司」についてのかなり詳細な記事がみられるにもかかわらず、その上に「惣領」が派遣されたような形跡は一切うかがうことができないのである。(5) また、(4)に引用した第四詔に示されている「国司」の任務と、『常陸国風土記』に記されている「惣領」の事績とは、建評以外にも共通する部分が存在しており、この点からも、両者は同一視されてよいと思われる。すなわち、同風土記の行方郡条に「即有㆓枡池㆒。此高向大夫之時。所㆑築池」とあるのは、第四詔のⒸ―㊁にまさしく対応しているのである。

さて、右の問題について、井上光貞氏は、「国司の語は、数国の国造の上におかれた地方官の名として、いささか熟さないうらみがあるとおもう。惣領の語の方がこの点でも自然で、私はそれが本来の名称であったとおもう」とされており、(6) 関晃氏は、「当時は単にミコトモチと呼ばれていたものを、書紀はその国司的性格に着目して国司と書き、常陸国風土記は総領的側面に着目して総領と書いたのではないかと考える」とされている。(7) 両氏とも、『日本書紀』の「国司」が本来の名称ではないとされる点では一致しており、この点は今日ほぼ異論のないところであろう。

薗田香融氏は、『続日本紀』の文武天皇元年（六九七）八月庚辰条の即位の宣命に「四方食国乎治奉止任賜留国々宰等」とあり、同じく大宝元年（七〇一）六月己酉条の大宝令の施行を命じた勅にも「国宰郡司」と記されていること、『常陸国風土記』『播磨国風土記』では「惣領」「国宰（宰）」「国司」がはっきりと区別されて用いられていること、などを根拠に、「国司」の表記がとられるようになるのは大宝令施行後であり、それ以前は「国宰」であったと説かれた。(8) この見解は、早川庄八氏に継承され、(9) さらに直木孝次郎氏も、薗田氏の掲げられた根拠に加えて、『住吉大社神代記』播磨国賀茂郡椅鹿山領地田畠条に、乙丑年（天智四年＝六六五年）のこととして「宰頭伎田臣麻」の名のみえること（この記事については次節で取りあげる）、『日本書紀』の顕宗・仁賢両即位前紀等に「播磨国司」としてみえる来目部小楯が、『古事記』では「針間国之宰」と記されていること、などを理由に、大宝令以前は国司制ではなく国宰制であったとされている(10)。

大宝令制下の国司が、それ以前「国宰」と記されていたことは、間違いないものと思われる。しかし、それだからといってただちに、孝徳紀の「国司」の本来の名称も「国宰」であったとみるわけにはいかないであろう。国宰制の成立は、早川氏の指摘されたとおり(11)、令制国の成立の問題として考える必要があると思う。「国宰」の語のみえる史料のうち、年代のはっきりするものでは、『続日本紀』の文武天皇元年八月庚辰条が最初であり、『住吉大社神代記』の乙丑年（天智四年）の記事には、単に「宰頭」（ミコトモチノカミ）とあることにも注意しなければなるまい。令制国の成立以前には、「国宰」の呼称も未成立であったとみるのが妥当であろう。

したがって、孝徳紀の「国司」は、「惣領」と呼ばれたか、あるいは単に「ミコトモチ」（「宰」）と呼ばれたかのいずれかであるということになろうが、ここで参考にすべきは、『播磨国風土記』揖保郡広山里条の次の記事である。

広山里旧名握村。土中上。所㆔以名㆓都可㆒者。石竜比売命。立㆓於泉里波多為社㆒而射之。到㆓此処㆒。箭尽入㆑地。唯出㆓握許㆒。故号㆓都可村㆒。以後。石川王為㆓総領㆒之時。改為㆓広山里㆒。

ここに「総領」（「惣領」）とある石川王については、通常、天武紀八年（六七九）三月己丑条に「吉備大宰石川王。病之薨㆓於吉備㆒」とある「吉備大宰」石川王と同一人物であるとみなされており、さらに、「吉備大宰」と『播磨国風土記』の「惣領」とは、同一時期の同一の官職（ないし官司）を指していると解釈されている。ただし後者の点については異論もあり、八木充氏は、石川王が都可村から広山里と改称された時の「惣領」である点に注目され、里制は「大化」後まもなく部分的に成立し、庚午年（天智九年＝六七〇年）をもって一般的に成立すると理解されるから、石川王が「惣領」であった時期も庚午年またはそれ以前に求められることになり、石川王が庚午年以降天武八年まで引き続き同一の官職に就いていたとするのは無理ではないか、と述べておられる[12]。また中西正和氏は、この八木氏の見解を受け、『播磨国風土記』の宍禾郡石作条に伊和村が庚午年に石作里と改称されたとあることから、同風土記における村から里への改称は庚午年に限定できるとされ、石川王が「惣領」であった時期も、庚午年前後に限定して理解されている[13]。

ところで、同風土記の揖保郡香山里条には、

香山里本名鹿来墓。　土下上。所三以号二鹿来墓一者。伊和大神。占レ国之時。鹿来立二於山岑一。山岑。是亦似レ墓。故号二鹿来墓一。後至二道守臣為レ宰之時一。仍改レ名為二香山一。

とあり、ここに「宰」としてみえる道守臣は、讃容郡船引山条に「近江天皇之世。道守臣。為二此国之宰一」とみえている。したがって、鹿来墓から香山里へと改称された時期も、「近江天皇之世」の庚午年に求めるのが妥当ということになり、石川王が「惣領」であった時期を庚午年に求めると、同じ時期における里への改称を示すのに、広山里の場合は「石川王為二総領一之時」と記し、香山里の場合は「道守臣為レ宰之時」と記していることになってしまうのである。このことから、庚午年の播磨地方においては「惣領」―「宰」の二重の支配機構が存在していたと考えることも不可能ではないが、『播磨国風土記』にみえる「惣領」「宰」「国司」は、いずれの場合も、それぞれ時代設定のためにその名があげられているのであり[14]、「石川王為二総領一之時」と「道守臣為レ宰之時」とは、別の時代を指していると解する方が自然であろう。

それでは、石川王が「惣領」であった時期は、通説どおり天武八年に近い時期に考えられるのかといえば、そうで

はないと思う。『播磨国風土記』の里名の成立・改称記事のうち、年代を明記しているものとしては、庚午年の宍禾郡石作里の一例と、庚寅年（持統四年＝六九〇年）の餝磨郡少川里・揖保郡越部里・同郡少宅里の三例の、合わせて四例をあげることができる。このうち越部里の場合は、庚寅年と明記されてはいないが、「上野大夫結二卅戸一之時」とあり、上野大夫は餝磨郡少川里条に「庚寅年。上野大夫為レ宰之時」とあるから、「結二卅戸一之時」が庚寅年であることは明らかである。このことからまず、里名の成立・改称が造籍と不可分の関係にあったことが推定されるであろう。そして、同風土記の宍禾郡比治里条には、

　比治里土中上。所三以名二比治一者。難波長柄豊前天皇之世。分二揖保郡一。作二宍禾郡一之時、山部比治。任為二里長一。依二此人名一。故曰二比治里一。

とあり、孝徳期における「比治里」名の成立を伝えているのであり、これは、前章で述べたように、孝徳期における評制施行の際の「造籍」にともなうものと考えられるのである。とするならば、都可村から広山里への改称がなされた時期（すなわち石川王が「惣領」であった時期）を孝徳期に求めてもよいということになり、このことと、庚午年は「道守臣為レ宰之時」であり、庚寅年は「上野大夫為レ宰之時」であることとを考え合わせるならば、「石川王為二総領一之時」というのは、孝徳期に求めるのが最も妥当であることは明らかであると思う。

以上のように、『播磨国風土記』においても、孝徳期の地方派遣官が「惣領」と記されているとすれば、その本来の名称は、井上氏のいわれたように「惣領」である可能性が高くなったといえるであろう。しかし、『日本書紀』においては「惣領」（「総領」）と「国司」が区別されて用いられていること、(15)「大化」以前の朝鮮半島派遣官が「宰《ミコトモチ》」と呼ばれていたらしいことなどを考えると、(16)孝徳期の地方官は単に「ミコトモチ」と呼ばれていたとされた関氏の見解も、依然として否定できないように思われる。結局のところ、現在の私としては、この問題についての結論を保留

にせざるを得ないのであり、ここでは、『播磨国風土記』の「惣領」石川王が、孝徳期の地方官と考えられることを指摘するにとどめておきたい(17)。

次に、大化元年に「東方八道」に派遣された「国司」と、『常陸国風土記』の「惣領」(すなわち大化三年に派遣された「国司」)との、それぞれの管掌範囲について考えてみたい。

『常陸国風土記』の総記の部分には、

問二国郡旧事一。古老答曰。古者。自二相摸国足柄岳坂一以東諸県。惣称二我姫国一。是当時。不レ言二常陸一。唯称二新治筑波茨城那賀久慈多珂国一。各遣二造別一令二検校一。其後。至二難波長柄豊前大宮臨軒天皇之世一。遣二高向臣中臣幡織田連等一。惣二領自レ坂已東之国一。于レ時。我姫之道。分為二八国一。常陸国。居二其一一矣。(後略)

とある。これによれば、「惣領」高向臣・中臣幡織田連らの管掌した範囲は、足柄坂以東の「我姫国」=「自レ坂已東之国」であったことになる。

右に引用した最後の部分には、孝徳期の段階ですでに坂東八ヵ国に分かれ、「常陸国」が成立したように記されているが、この点は令制国の成立時期から考えておそらく誤りであり、八木氏が述べられているように、『常陸国風土記』の編者が、『日本書紀』の「東方八道」にあわせて書いたか、あるいは編纂時における坂東八ヵ国の現状にあわせて書いたかのいずれかであろう(18)。このように、右の記事には誤りとみられる点も含まれているのであるが、そのことから、「惣領」の管掌範囲についての記述も誤りであると、単純に判断するわけにはいかないように思う。同風土記の香島郡条に載せられる建郡(評)記事によれば、香島評は後の下総国に属する海上国造部内からも「一里」を割いて建てられているのであり、それに携わった「惣領」は、当然その地域も管掌していたはずである。坂東全域を「惣領」させたという風土記の記述は、事実を伝えている可能性が高いのではあるまいか。

一方、『日本書紀』に記される「東方八道」に派遣された「国司」の、それぞれの管掌範囲については、すでにいくとおりかの見解が提出されており[19]、そこにおいては、坂東（後の坂東八ヵ国の範囲）をいくつかの地域に分けて考え、それぞれに「国司」が派遣されたとみるのがふつうである。したがって、『日本書紀』の「国司」と『常陸国風土記』の「惣領」を同一の性格の地方官とする立場からは、この点について何らかの説明を加えなければならないのである。一組の「国司」が坂東全域を管掌範囲としていたと解釈できれば問題はないが[20]、八組の「国司」のうちの一組（「東方八道」のうちの「一道」）で坂東全域を占めていたとするのは、やはり不自然であろう。

そこで従来は、『常陸国風土記』の総記にいう「自レ坂已東之国」を、足柄以東の後の東海道に属する地域に限定して解釈したり[21]、あるいは、総記に坂東全域を「惣領」させたとあるのは信憑性に欠けるとし、実際には常陸地方に限られていたと説かれたりしている[22]のである。しかし、総記にいう「自レ坂已東之国」は、「于レ時。我姫之道。分為二八国一。常陸国。居二其一一矣」とある風土記編者の認識からしても、後の坂東八ヵ国全域を示す語と解すべきであろうし、総記の信憑性を一概に否定できないことも、右にみたとおりである。

私は、むしろ、大化元年に「東方八道」に派遣された「国司」と、『常陸国風土記』の「惣領」（大化三年に派遣された「国司」）が、その管掌範囲を異にしていたと考えられる点にこそ、この時期の地方派遣官の性格が示されているのではないかと思う。この段階の「国司」＝「惣領」は、国造制を前提とし、複数の国造の上に派遣された地方官であったと考えられるが、どれほどの国造をその管掌下におくかは、いまだ一定したものがなかったといえるのではあるまいか。

次に、右の点に関連して、その「国司」＝「惣領」は、臨時の派遣官であったのか、それともその後常置される地方官として派遣されたのか、という問題にふれておくことにしたい。孝徳期の地方派遣官の任務が、評制の準備とその実施に限られていたならば、それは、評制がひととおりいきわたった段階で、その任務を終える臨時の官であったとみてもよいであろう。ところが、孝徳期の「国司」＝「惣領」は、第四詔（Ⓒ—㋑・㋺）にあるとおり、「男身之調」や「仕丁」の貢進（前章で述べたように、このことは評制の具体的内容の一つと考えられるのであるが）も、その任務としていたのである。この点は、孝徳紀白雉元年二月甲申条に「褒二美国司草壁連醜経一。授二大山一。幷大給レ禄。復二穴戸三年調役一」とあることからも、裏付けられるであろう。したがって、この点に注目するならば、孝徳期以降も右の任務を負った地方官が引き続き派遣されたとみる方が、妥当であるようにも思われる。しかし、次節で述べるように、斉明・天智期においては、このような地方官が全国的に存在していたとはとうてい考えられないのである。

そこで注意されるのが、第四詔によれば、その時の「国司」の任務は「国司」だけではなく国造に対しても命ぜられているという点である。「男身之調」や「仕丁」の徴収は、実際には国造（およびこの段階で設置されることとなった評造）の手にゆだねられていたであろうから、第四詔（Ⓒ—㋑・㋺）の実質的意味は、それらの「調役」を中央へ貢進する責任を、「国司」と国造に負わせた、ということであったと考えられるように思う。とするならば、必ずしも常置の地方官としての「国司」の存在が、「調役」の貢進に不可欠であったということにはならないであろう。この段階の中央権力にとっては、常置の「国司」が存在しなくとも、国造が右の任務を遂行すればそれで差し支えなかったのではあるまいか。収公された武器の管理や、第四詔のⒸ—㊁に示されたような勧農も、国造の手にゆだねられていたと考えられるであろう。

孝徳期の「国司」＝「惣領」は、その管掌範囲が一定していなかったと考えられることからも、評制の施行を主目的として派遣された臨時の地方官であった、とみるのが妥当なのではないかと思う。

第二節　斉明・天智期の「国司」

斉明・天智期の「国司」関係史料としては、次の六史料があげられるにすぎない。

(A)『日本書紀』斉明天皇四年（六五八）是歳条

越国守阿倍引田臣比羅夫。討二粛慎一。献二生羆二一。羆皮七十枚一。（後略）

(B)『日本書紀』斉明天皇五年三月是月条

遣二阿倍臣一闕レ名。率二船師一百八十艘一討二蝦夷国一。阿倍臣簡三集飽田。渟代二郡蝦夷二百卌一人。其虜卌一人。津軽郡蝦夷一百十二人。其虜四人。胆振鉏蝦夷廿人於一所二而大饗賜レ禄。胆振鉏。此云二伊浮梨娑陛一。即以三船一隻与二五色綵帛一。祭二彼地神一。至二肉入籠一。時問菟蝦夷胆鹿嶋。菟穂名二人進曰。可下以二後方羊蹄一為中政所上焉。肉入籠。此云二之之梨姑一。問菟。此云二塗毗宇一。菟穂名。此云二宇保那一。後方羊蹄。此云二斯梨蔽之一。政所蓋蝦夷郡乎。随二胆鹿嶋菟穂名等語一遂置二郡領一而帰。授下道奥与レ越国司位各二階。郡領与二主政一各一階上。或本云。阿倍引田臣比羅夫。与二粛慎一戦而帰。献二虜卌九人一。

(C)『日本書紀』天智天皇即位前紀是歳（斉明天皇七年）条。

播磨国司岸田臣麿等献二宝剣一言。於二狭夜郡人禾田穴内一獲焉。（後略）

(D)『住吉大社神代記』播磨国賀茂郡椅鹿山領地田畠条

（前略）即乙丑年十二月五日。宰頭伎田臣麻。率二助道守臣壱夫。御目代大伴汳田連麻呂等一。尋二大神御跡一奉二寄定一。

（後略）

(E)『播磨国風土記』讃容郡船引山条

船引山。近江天皇之世。道守臣。為二此国之宰一。造二官船於此山一。令二引下一。故曰二船引一。（後略）

(F)『日本書紀』天智天皇十年（六七一）十一月癸卯条

対馬国司遣二使於筑紫大宰府一言。月生二日。沙門道文。筑紫君薩野馬。韓嶋勝娑婆。布師首磐。四人従レ唐来曰。（中略）乃遣二道文等一予稍披三陳来朝之意一。

まず(A)・(B)についてであるが、これらは、いわゆる阿倍比羅夫の蝦夷討伐の記事である。斉明紀には、ほかにも蝦夷に関する記事が多く載せられているが、それらの中には、同一の事柄を異なった年紀にかけて記していると考えられるものが多く、(A)・(B)もその例外ではない。

(A)については、(B)の分注の「或本云」との関係、および斉明天皇六年三月条に「遣二阿倍臣一闕名。率二船師二百艘一伐二粛慎国一（後略）」とあること、同年五月是月条に「又阿倍引田臣闕名。献二夷五十余一。又於二石上池辺一作二須弥山一。高如二廟塔一。以饗二粛慎卌七人一」とあることとの関係が問題となる。また(B)（「或本云」の部分を除いた(B)）については、斉明天皇四年四月条に、

阿倍臣闕名。率二船師一百八十艘一伐二蝦夷一。齶田。渟代二郡蝦夷望怖乞レ降。於レ是勒レ軍陳二船於齶田浦一。齶田蝦夷恩荷進而誓曰。不下為二官軍一故持中弓矢上。但奴等性食レ肉故持。若為二官軍一以儲二弓矢一。齶田浦神知矣。将二清白心一仕二官朝一矣。仍授二恩荷一以二小乙上一。定二渟代。津軽二郡々領一。遂於二有間浜一召二聚渡嶋蝦夷等一大饗而帰。

とある記事との関係が注意されるであろう。

斉明紀における他の蝦夷関係記事も含めて、それらの記事をいかに整合させるか議論のあるところであるが、それについては、坂本太郎氏の見解が最も説得力を持つものと思われる。坂本氏によれば、(A)と、(B)の分注の「或本云」の記事は、六年の記事と同一の事柄を指しており、それらはすべて六年のこととして理解するべきであり、また(B)は、

四年四月条の異伝と考えられ、年紀は四年が正しいとされている(23)。各記事の正確な年紀はともかくとして、斉明期においては、阿倍比羅夫による齶田（飽田）・渟代・津軽地方の蝦夷に対する軍事行動が一度、その後、粛慎への軍事行動が一度行なわれたと解するのが妥当であろう。(B)の「阿倍臣闕名」が、(A)の「越国守阿倍引田臣比羅夫」であり、それはまた(B)の「越国司」であることは、まず間違いあるまい。

　そして、この時の阿倍比羅夫の軍事行動の目的については、(B)に「遂置二郡領一而帰」とあり、四年四月条にも「定二渟代。津軽二郡々領一」とあることからすれば、この地における「郡領」（評造）の任命、すなわち評制の施行にあったとみてよいであろう(24)。なお、(B)および四年四月条の記事からは、すでに「越国司」に任ぜられていた阿倍比羅夫が蝦夷の地に遣わされたのか、あるいは評制の実施を目的に蝦夷の地に派遣されたこと自体が「越国司」に任ぜられたことと同義であるのか、必ずしもはっきりしない。ただ、斉明紀元年七月己卯条に「於二難波朝一饗二北北越。蝦夷九十九人。東東陸奥。蝦夷九十五人一」とあり、同じく五年三月甲午条に「甘檮丘東之川上。造二須弥山一而饗二陸奥与レ越蝦夷一」とあることなどから考えて、「越国司」の「越」も蝦夷の居住地としての「越」を指している可能性が高く、この場合、その「越」の地に評制を実施する目的で派遣されたということが、「越国司」に任ぜられたということであったと考えてよいように思う。(B)に「遂置二郡領一而帰」とあり、四年四月条に「遂於二有間浜一召二聚渡嶋蝦夷等一大饗而帰」とあるのも、中央から「越国司」として派遣された阿倍比羅夫が任務を果たして中央に帰ってきたことを示す表現、と解するのが自然であろう(25)。

　また、(B)には、「越国司」と並んで「道奥国司」の名がみえるが、この「道奥国司」についても、その性格は「越国司」と同様であったと考えられよう。

　つまり、これらの「国司」は、孝徳紀の段階では、なお評制を施行することのできなかった蝦夷の地（「越」と「道奥」）に、それを実施する目的で派遣された「国司」と考えられるのであり、孝徳期の「国司」＝「惣領」と同じく、臨時の派遣官であったとみてよいであろう。

次に、(C)・(D)・(E)についてであるが、これらはいずれも「播磨国司」についての史料である。

まず(D)（『住吉大社神代記』）の「乙丑年」は、田中卓氏、東野治之氏らの指摘されたとおり、天智四年（六六五）に相当すると考えて間違いあるまい。(26) また東野氏は、そこに「宰頭」として名のみえる「伎田臣麻」は、(C)（『日本書紀』）の「岸田臣麿」と同一人物である可能性が高く、「助」として名のみえる「道守臣壱夫」は、(E)（『播磨国風土記』）の「道守臣」と同一人物とみることができるとされており、この点も指摘のとおりであると思う。ただし、東野氏が(C)・(D)・(E)の「国司」「宰」をすべて同一時期のものと解されている点には、疑問が持たれる。

(C)の「岸田臣麿」と(D)の「伎田臣麻」を同一人物とみてよければ、(C)と(D)が同一時期であることは年代的にみて間違いなく、それは、斉明七年から天智四年を含む時期ということになろう。しかし、(E)の「道守臣」は、前節で述べたとおり庚午年（天智九年）当時の「宰」と考えられるのであり、斉明七年から天智九年まで引き続き同一メンバーの「国司」（「宰」）であったとみるのは、やや無理なように思われる。また、(E)の書き方からして、この時の「道守臣」は、「宰」の長官であったとみる方がふつうであろう。すなわち、(C)・(D)と(E)とは前後の関係で理解した方がよいと考えられるのであり、「道守臣」＝「道守臣壱夫」は、はじめ「播磨国司」（播磨地方の「宰」）の次官として赴任したが、その次の段階では長官に任命され再び赴任した、ということではないかと思う。

この問題はさておくとして、ここで第一に注目したいことは、この時期の地方派遣官の表記は、(C)の『日本書紀』において「国司」と表記されているのを別として、(D)には単に「宰」とあり、(E)には「此国之宰」とあって、いまだ「国宰」の熟語がみられないという点である。早川庄八氏は、(E)の史料を根拠に、播磨地方においては天智期の段階で国宰制が成立し、令制国が成立したとされたが、[27] 私は「宰」と「国宰」は区別されるべきであると考えるのであり、右の史料を根拠に国宰制の成立（ひいては令制国の成立）を説くことはできないと考える。先にも述べたように、国宰制の成立と令制国の成立が一致することは早川氏の指摘されたとおりであると思うが、令制国の成立する時期は、はじめにも述べ、そして後にやや詳しく検討するとおり天武末年と考えられるのであり、(D)・(E)の史料に「国宰」の熟語がみえないのは、間接的にそのことを示すものといえよう。

ただし、令制国が成立した後、すなわち国宰制が成立した後も、「国宰」を単に「宰」と記している例があり、[28]「宰」と「国宰」が通用される場合のあったことは認めなければならない。しかし、そのことは、令制国の成立以前に「国宰」の語が成立していたことの証拠にはならないであろう。この段階の地方派遣官は、単に「宰」（ミコトモチ）と呼ばれていたと考えたい。

第二に注目したいことは、斉明・天智期における「国司」（宰）関係の六史料のうち、(C)・(D)・(E)の三史料までが同一の播磨地方の宰についての史料であるという点である。このことは、いまだこの段階においては、宰が全国的に広く存在していなかったことを示しているのではなかろうか。

斉明紀五年是歳条によれば、出雲の「厳神之宮」の修営が「出雲国司」ではなく「出雲国造」に対して命ぜられており、このことも、出雲地方にいまだ「国司」（宰）の置かれていなかったことを示しているものと思われる。また、斉明紀三年是歳条には「石見国言。白狐見」とあり、斉明紀・天智紀から同様の記事を拾ってみると、斉明天皇六年是歳条の「科野国言。蝿群向レ西飛二踰巨坂一。大十囲許。高至二蒼天一」と、天智天皇三年十二月是月条の「淡海国言。坂田郡人小竹田史身之猪槽水中忽然稲生（後略）」とがあげられるが、これらについては、必ずしも各「国司」（宰）からの言上と考える必要はなく、それぞれ石見国造・科野国造・淡海国造からの言上とみても一向に差し支えないであろう。むしろ、天武紀以降には、天武天皇三年三月丙辰条に「対馬国司守忍海造大国言。銀始出二于当国一。即貢上」とあるのをはじめとして、「国司」からの言上であることを明記した記事がしばしばみられることを考えると、斉明紀・天智紀において「国司」（宰）からの言上と明記した記事がみえないことは、この時期における全国的な宰の存在を否定するものといえるように思う。

一方、壬申の乱の段階で、すでに「国司」（宰）が全国的に設置されていたと考えられることは、後述のとおりであり、宰の全国的設置の画期は壬申の乱以前に求めなければならないが、右のことからすれば、それは天智期の末頃に求めるのが妥当ということになろう。そしてその点が認められるならば、当然その画期として注目されるのは、天智九年における庚午年籍の作成である。庚午年籍が全国的に作られた戸籍であり定姓の機能を有した最初の戸籍であることは、一般的に認められているとおりであり、その作成には中央から派遣された官人（つまり宰）が関与していたと考えるのが自然であろう。(E)の「道守臣」はこの時の宰の実例であり、(F)の「対馬国司」もまた、その例と考えられるのである。なお、そうであったとするならば、庚午年以前の斉明・天智期の「国司」関係史料は、(A)・(B)・(C)・(D)の四例ということになり(29)、残存史料の僅少さからも、この時期の宰が全国的なものではなかったことが指摘できるであろう。

第三節　天武期の「国司」

天武紀上（壬申紀）には、「美濃。尾張両国司」、伊勢の「国司守三宅連石床。介三輪君子首」、「吉備国守当摩公広嶋」、「尾張国司守小子部連鉏鉤」、「河内国司守来目臣塩籠」、さらに難波より「以西諸国司等」などとみえており、この時点で、「国司」(宰)がほぼ全国的に派遣されていたことは、間違いないと思われる。この時の宰の多くは、年代的にみて、庚午年籍の作成を画期に全国的に派遣されるようになった宰が、そのまま任地にあったものとみてよいであろう。そして、壬申の乱後も引き続き宰が派遣されていったことは、その後の『日本書紀』の「国司」関係記事に明らかである。たとえば、天武天皇五年(六七六)正月甲子条に「詔曰。凡任二国司一者。除二畿内及陸奥。長門国一。以外皆任二大山位以下人一」とあるのは、「国司」(宰)が全国的に設置されていたと考えて、はじめて理解できる記事であろう。庚午年以降の宰は、全国的に派遣された常置の地方官であったと考えてよいと思う。

それでは、この時期の宰は、いかなる任務および権限を有していたのであろうか。この点に関して従来問題にされてきたのは、壬申紀七月辛亥条の次の記事の解釈である。

将軍吹負既定二倭地一。便越二大坂一往二難波一。(中略)即将軍吹負留二難波小郡一。而仰二以西諸国司等一。令レ進二官鑰駅鈴伝印一。

黛弘道氏は、ここで「以西諸国司等」から「官鑰」等を進上させたことは、西国の「国司」を一旦解却したに等しく、「乱後、新国司任命の際には東国を含めて全国的に国司に鎰を与えるの制は一切停められたと想像する」とされ、「官鑰」は正倉・兵庫等の鑰一切を含むものであろうから、乱後の「国司」は、それ以前に有していた軍事権・財政権を中央政府に奪われたと解釈できる、とされている。[30] しかし、すでに反論があるとおり、「以西諸国司等」から「官鑰」等を進上させたのは、乱に際しての軍事上・戦略上の必要からなされた一時的措置とみる方が自然であり、ここでいう「官鑰」に「正倉」の鑰が含まれていたかどうも疑問である。[31] さらに黛氏は、『続日本紀』大宝元年六月己酉条・同二年二月乙丑条などの記事(これらの記事は第五節で取りあげる)を根拠に、「国司」の財政権は大宝にいたるまで返還されなかったとされているが、天武紀四年四月壬午条に「詔曰。諸国貸税。自レ今以後。明察二百姓一。先知二富貸㆒。簡㆓定三等㆒。仍中戸以下応㆑与㆑貸」とあるのは、「国司」（宰）が出挙に携わっていたこと、すなわち「正税」の管理に関与していたことを示すものと考えられよう。また、飛鳥浄御原令制下の「国司」（国宰）が財政権を有していたことは、笹川進二郎氏の指摘されるとおり、持統紀八年（六九四）五月癸巳条・文武紀元年閏十二月己亥条・同大宝元年八月丙寅条などから推定されるところである。(32)

壬申の乱を境に「国司」（宰）の権限に大幅な変化があったとは考えられないのであり、乱に際して西国の宰から進上させた「官鑰」等は、乱後は再び宰の手に返還されたとみるべきであろう。ただし、このことは、乱の前後を通じて宰が文字どおりの軍事権・財政権を有していたということではない。問題とすべきは、軍事権・財政権の有無ではなく、その権限の行使のしかたであると思う。そしてそれは、当時の国造・評造との関連において考えられなければならないであろう。

評衙、および国衙の遺跡を全国的に検討された山中敏史氏は、八・九世紀の郡衙に継承されている評衙は、「先行した『支配機構』の拠点施設をそのまま継承・発展させる形で成立したのではなく、新たな官衙施設として建設された」のであり、それは飛鳥浄御原令の施行を画期として全面的に成立したとされている。(33)また、国衙の一般的成立はさらに遅れて八世紀前半から中頃を画期とするとされ、それ以前の「国司」は、「拠点的な評衙・郡衙を仮の庁舎として駐在したり、諸評衙・郡衙を巡回したりする形で、評・郡の政務の監察や調庸物等の徴税状況の検校、中央政府の施策の伝達、などの任務を遂行していたと考える」とも述べられている。(34)

遺跡の綿密な検討に基づいて得られた右の山中氏の見解は、十分尊重されてよいと思う。ただ、山中氏は評制の段階的施行説に立たれ、飛鳥浄御原令施行の段階をその最大の画期とされるのであるが、官衙施設としての評衙の建設と、評制の施行とは必ずしも一致させて考える必要はないのではなかろうか。山中氏もその可能性は認めておられるように、孝徳期に全面的に評制が施行され、その後、官衙施設としての評衙が建設されるまでは、評の官人（評造）に任ぜられた在地首長層の居宅が評衙の代わりをしていた、と考えて問題はないと思う。

いずれにしても、右の山中氏の指摘に従えば、天武期の段階においては、国衙はもとより官衙施設としての評衙もいまだ一般的には成立していなかったことになるのであり、この段階の地方行政は、在地首長としての国造・評造の伝統的権威と実力に大きく依存していたことが推測されるのである。大化元年八月庚子条の第一詔には、「若有ニ求レ名之人一。元非ニ国造。伴造。県稲置一而輙詐訴言。自ニ我祖時一。領ニ此官家一。治ニ是郡県一」という文章がみえるが、ここにいう「官家」は、実際には「国造。伴造。県稲置」の居宅を指しているとみてよいであろう。そしてこうした状況は、その後も基本的に変わることなく、天武期の段階でもなお国造・評造らの居宅が地方支配の拠点になっていたと考えられるのである。

このような状況にあっては、宰の軍事権・財政権といっても、それはおのずから限定されたものにならざるを得ないであろう。壬申の乱当時の宰が管内の兵力を動員する軍事権を有していたことは、壬申紀の内容から明らかであるが、その場合でも、宰が直接に軍丁を徴発したというのではなく、国造・評造を通しての動員であったとみられるのである。なおこの段階の国造の軍事権は、単なる在地首長としてのそれではなく、公的な性格を有していたと考えられることは、前章で述べたとおりである。またこのように考えるならば、先に引用した天武紀四年四月壬午条の詔についても、実際に諸国の「貸税」を取り扱っていたのは国造・評造であって、宰はこの詔の内容を国造・評造に伝え、彼らがそれを遂行するのを監督する任務を負わされていたにすぎなかったといえるのではあるまいか。同五年五月庚午条に「宣。進レ調過ニ期限一国司等之犯状云々」とあることから、「国司」（宰）[35]は「調」の運京の責務を負わされていたことも知られるが、これを根拠に、「調」の徴収まで宰が行なっていたとみることはできないであろう。

この段階の宰は、地方行政官というよりも、むしろ国造・評造を監督する官としての性格が強かったと思われる。しかし一方では、そのような性格の宰が常置されていく中で、評造を率いてクニを統轄するという国造の役割は、当然のことながらその宰のもとに吸収されていったことが考えられるのである。天武期の段階になると、地方官としての国造の存在意義は、次第に減退していったことも事実であろう。

第四節　令制国の成立と国造制の廃止

『日本書紀』には、天武十二年から十四年にかけて、国境の画定に関する次のような一連の記事が載せられている。

天武天皇十二年十二月丙寅条

遣二諸王五位伊勢王。大錦下羽田公八国。小錦下多臣品治。小錦下中臣連大嶋。幷判官。録史。工匠者等一巡二行天下一而限二分諸国之境界一。然是年不レ堪二限分一。

同十三年十月辛巳条

遣二伊勢王等一定二諸国堺一。（後略）

同十四年十月己丑条

伊勢王等亦向二于東国一。因以賜二衣袴一。（後略）

この時の国境の画定により「領域的行政区画」としての令制国が成立したことは、大町健氏の主張されるとおりであろう(36)。この国境画定事業は、それを専門に行なうための官人グループが中央から派遣され、そのグループが全国を巡行して行なっていること、長期にわたった事業であること、「工匠者」（技術者）が随行していることなど、「大化」

の時点で各「国司」＝「惣領」に命ぜられた「観二国々堺界一。或書。或図」というのとは、明らかに段階を異にした厳密な画定事業であったと考えられる。ただしそれは、その時の宰の管掌範囲と無関係に画定されたものとは考え難く、その宰は国造制を前提としてその上に派遣されていたと考えられるのであるから、「大化」の時点での国境の画定（国造のクニの再編）と無関係であったのではなく、むしろそれを前提として行なわれた事業とみることができよう。この点、大町氏とは見解を異にするのであり、大町氏は、国造のクニは国造という人格によって体現されるものであって、領域を示すものではないとされるのである[37]。しかし、第一編第二章でも述べたように、国造のクニは、中央権力によって二次的に設定された行政区として成立したと考えられるのであり、その境界は大地を一線をもって画するような厳密なものではなかったのではあるが、基本的には「領域的行政区画」としての性格を持っていたとしてよいであろう。大地を画するような厳密な境界の成立したのが、この時の令制国の国境画定事業によってであったと思うのである。

また、この国境画定事業が終わりに近づいた時点の、天武紀十四年九月戊午条には、

直広肆都努朝臣牛飼為二東海使者一。直広肆石川朝臣虫名為二東山使者一。直広肆佐味朝臣少麻呂為二山陽使者一。直広肆巨勢朝臣粟持為二山陰使者一。直広参路真人迹見為二南海使者一。直広肆佐伯宿禰広足為二筑紫使者一。各判官一人。史一人。巡二察国司。郡司及百姓之消息一。（後略）

とあるが、これは令制国の画定に対応した「巡察使」の派遣記事とみてよいであろう。そして、ここに「国司。郡司及百姓」とのみあって、国造が欠けているのは注意されるところであり、令制国の画定事業の開始される直前にあたる天武紀十二年正月丙午条の詔には、「諸国司。国造。郡司及百姓」という呼びかけがなされているのである。このことは、令制国の成立にともなって国造制の廃止が決定されたことを示すものとみて、まず間違いないと思う。国造

のクニは、評・郡（コホリ）ではなく令制国（国宰のクニ）に継承されていったと考えられるのであり、それは、原理的にも、そしてクニという名称の上からも、当然のこととみられるのである。

なお、右の点に関連して注目できるのは、次の諸史料である。

(A)藤原宮跡出土木簡[38]

・壬午年十月［　　］毛野

・□□□

(B)藤原宮跡出土木簡[39]

癸未年七月三野大野評阿漏里
□〔阿カ〕漏人　□□□〔米カ〕

(C)正倉院宝物下野国箭刻銘[40]

下毛野奈須評全二

(A)の「壬午年」は天武十一年、(B)の「癸未年」は天武十二年に相当すると考えられているが[41]、岸俊男氏は、ここに「［　］毛野」「三野」とのみあって「国」の字が欠けている点に注意されつつも、これらを「国―評―里制」の施行を示す史料であると解されている[42]。しかし、(A)・(B)の年代は、天武十二年から十四年にかけての国境画定事業の前であり、この段階ではいまだ令制国が成立していなかったために、「国」の字が欠けていると解した方がよいのではあるまいか[43]。岸氏自身が指摘されているように、飛鳥浄御原令制下の木簡（すなわち令制国が成立した後の木簡）には、「国」の字をともなった「国―評―里制」関係の木簡が多数見出せるのである。

右の諸史料にいう「［　］毛野」「三野」「下毛野」は、宰の管掌範囲を指した表記と考えるべきであろう。それは、一つの国造のクニと一致する場合もあり、またいくつかの国造のクニを合わせた範囲の場合もあったであろうが、右のうち、「下毛野」の例は、後者の場合であったと思われる。「下毛野」が下毛野国造のクニを含むことは明らかであり、「奈須評」は那須国造のクニに含まれていたであろうから、「下毛野」は下毛野・那須二国造のクニを合わせた範囲ということになろう。

令制国が成立し、国造制が廃止されるとともに、従来の宰（ミコトモチ）は国宰（クニノミコトモチ）と称されるようになり、令制国を単位に派遣されることになったと考えられるのであるが、その国宰制は、浄御原令において法的に定着させられたのであろう。官衙としての性格を有した評衙の成立の画期がちょうどこの時期に推定されていることも、このような地方支配制度の整備・強化の一環として理解できるものであろう。またこの点に関して、国造制の廃止が決定されたと考えられる時点の天武十四年十一月に、次のような詔の出されているのも注意されるところである。

詔二四方国一曰。大角。小角。鼓吹。幡旗。及弩抛之類。不レ応レ存二私家一。咸収二于郡家一。（天武紀十四年十一月丙午条）

前章で述べたように、これは、国造制を廃止することにしたため、国造に与えていた公的な軍事権を奪い、軍制を「郡家」（評衙）を中心としたものに切り替えようとした措置と考えられるのであり、官衙施設としての評衙の建設と関連した措置とみることができよう。

ところで、天武末年に国造制が廃止されたとするならば、なにゆえその後も国造の活動を伝える史料が残されているのか、という疑問が生じてくるであろう。天武紀朱鳥元年（六八六）九月丁卯条によれば、天武の殯宮に各国の国造が参集して誄を奏しているのであり、持統紀元年（六八七）十月壬子条には、諸国造が天武の大内陵の築造に加わっていることがみえ、同六年三月壬午条には、持統の行幸にともない伊賀・伊勢・志摩の三国造が冠位を賜わったとあるのである。しかしこの点については、国造制の廃止が決定されても、その時の現任国造からすぐに国造の職（地位）を奪うというような方法はとられなかったから、と考えられるのではなかろうか。国造の伝統的実力を考えるならば、それを一挙に解任するというような強行な方法を想定する方が無理であり、おそらくその時の国造は、そのまま終身国造の職（地位）にあることを認められたものと推定される。

那須国造碑文には、「永昌元年己丑四月。飛鳥浄御原大宮那須国造追大壱那須直韋提。評督被レ賜（後略）」とあり、永昌元年（持統三年）に那須国造那須直韋提が那須評の評督に任ぜられたとあるが、この韋提は、国造制が廃止された後も、右のような理由でそのまま国造であった人物の実例といえるのである。国造制下においては、国造は評造を兼ねないのが原則であったと考えられるのであるが(44)、国造制が廃止された後は、この韋提のように、評造に任ぜられていった国造も多かったと思われる。阿波国造碑文には、「阿波国造。名方郡大領正□（七カ）位下。粟凡直弟臣墓。養老七年歳次癸亥年立」とあるが、この阿波国造粟凡直弟臣も、その例であったといえよう。なお弟臣のように、八世紀に入っても生存していたことの知られる国造はほかにもあげることができるが、それらの国造については次章で改めて取りあげることにしたい。

第五節　国宰と「総領」

さて最後に、浄御原令制下の「国司」、すなわち国宰についてであるが、国宰は、大宝令制下の国司の直接の前身ではあっても、両者をまったく同一の地方官とみることはできないであろう。これまでもしばしば指摘されてきたように、『続日本紀』にみえる次の諸史料は、両者の相違を示す史料と考えられる。

(A)大宝元年四月戊午条

（前略）罷二田領一委二国司巡検一。

(B)大宝元年六月己酉条

勅。凡其庶務。一依二新令一。又国宰郡司。貯二置大税一。必須レ如レ法。如有二闕怠一。随レ事科断。是日。遣二使七道一。

宣下告依二新令一為レ政。及給二大租一之状上。并頒二付新印様一。

(C)大宝二年二月丙辰条

諸国大租。駅起稲及義倉。并兵器数文。始送二于弁官一。

(D)大宝二年二月乙丑条

諸国司等始給レ鎰而罷。先レ是。別有二税司主鎰一。至レ是始給二国司一焉。

まず(A)は、それまで田領が「巡検」して行なっていた任務を国司に委ねた、という意味であろうが、ここでは田領をいかに理解するかが問題となる。村尾次郎氏は、「校田・造籍関係の役職を帯びて中央からその都度派遣された使官である」とされた[45]が、それに対して黛弘道氏は、欽明紀にみえる「田令」の史料に依拠し、田領は中央から派遣された屯倉の管理責任者であったとされ、(A)の記事は、この時点まで屯倉が存続し、田領がその管理にあたっていたのを、以後田領を廃止することで、それまでの屯倉の管理権を国司に移したことを示す、と解釈された[46]。

しかし、(A)には「屯倉」の語はみえず、「委二国司巡検一」とあるのを、管理権の移管と解することにも不安が残る。また、大宝の時点まで屯倉が存続するとされた点にも疑問が持たれるであろう。これらの疑問点を指摘された鎌田元一氏は、少なくとも浄御原令制下においては、かつての屯倉の税は国家のもとに止揚され、「大税」として成立していたと考えられるとされ、田領は、「太政官の財源として措定された公田の賃租経営に関わるものであった」と説かれている。[47] さらに笹川進二郎氏は、田領は、「国家的土地所有と租庸調雑徭などの統一的税収取体制の成立を可能ならしめる前提としての政治活動」、すなわち具体的には、「熟田公地の維持確保と賃租田にみられるようなその用益の実態調査」を、その任務としていたとされている。[48]

田領関係の史料がごく限られており、(A)も簡単な記事であることからして、詳しい点は不明というほかはないが、「巡検」という語に注意するならば、田領の任務については、おおむね笹川氏の見解が支持されてよいように思われる。ただし、笹川氏が田領を「総領所からその管轄地域に派遣された地方官」と解されている点は疑問であり、この点については従来どおり、中央からそのつど派遣された官とみるべきであると思う（なお後述）。

(A)の記事は、それまで中央から田領を派遣して、「熟田公地の維持確保」と「その用益の実態調査」のための「巡検」を行なわせていたのをやめ、それぞれの国司に国内の「巡検」を委ねたということであろう。文武紀二年五月乙亥条には、「遣下二使于諸国一。巡中監田疇上」とあるが、ここにいう「使」は、あるいは田領のことを指しているのではあるまいか。

次に(B)・(C)についてであるが、ここで問題となるのは「大税」と「大租」の関係である。これについては、「大租」＝「大税」（＝正税）とする村尾氏、黛氏らの見解、[49]「大税」・「大租」をそれぞれ旧皇室領・旧国造領に貯備されていたイネとする早川庄八氏の見解[50]などもあるが、「大税」は出挙稲と田租穀とを含む概念であり、「大租」はそのうちの田租穀にあたるとされた鎌田元一氏の見解[51]が、当を得たものと考える。つまり(B)の記事は、「大租」の管理権を新たに国司に付与し、その「大租」を含めた「大税」全体の貯置に関して、「新令」に違わないよう命じたものと解釈されるのである。(C)に、諸国の「大租数文」がはじめて弁官に送られたとあるのは、その結果と考えられるであろう。

そして、(D)の解釈についても、鎌田氏の見解が妥当であると思われる。(D)の記事は、それまで「税司主鑰」が管掌していた鑰を国司が直接賜わって下向したということであろうが、鎌田氏は、天平期の正税帳において諸国正倉に鑰の存在が知られるのは田租収入による不動・動用の両穀倉に限られており、「税司主鑰」が管掌していた鑰も、「大税」のうちの田租穀（「大租」）にかかわる鑰であったと考えられるとされ、(D)の記事は、(B)で「大租」の管理権が国司に付与されたことと、まさしく対応すると述べられている。(52)

(A)・(B)・(C)・(D)の史料からは、浄御原令制下の国宰は、大宝令制下の国司と異なり、管内の田地の「巡検」を行なわなかったこと、「大租」の管理権を持たなかったことなどが指摘できるであろう。換言すれば、浄御原令制下においては、後の国司の職務を国宰・田領・「税司主鑰」らが分掌していたということであり、この段階ではいまだ国宰による一元的な地方支配体制が整備されていなかったということであろう。このことは、国衙の全国的成立の画期を八世紀前半から中頃とされた山中氏の指摘とも、対応するものと思われる。また、浄御原令制下の「雑徭」について、大宝令施行後の雑徭と質的に異なり、天皇等の巡行に際して徴発される「ミユキ」としての性格を有するものでしかなかったと考えられている点も、(53)注意されるであろう。浄御原令制下の国宰は、それ以前の宰に比べれば、たしかに行政官的性格を強めたといえようが、この段階の地方行政の中心はなお評衙にあり、国宰の行政権も、中央から派遣される田領や「税司主鑰」によって補われ、かつ保障されなければならなかったと推定されるのである。

ところで、笹川氏は、田領も「税司」も「総領」のもとに置かれた官人であり、ともに「総領制の権力機関の構成要素」であったと説かれている。(54)しかし、「税司」（「税司主鑰」）に関していえば、(D)に「諸国司等始給レ鎰而罷」とあるのは、国司が中央において鑰を賜わったということであり、その分注にみえるように、「先レ是。別有二税司主鎰一。至レ是始給二国司一焉」とされているのであるから、鑰はもともと中央に保管されており、「税司主鑰」も中央から派遣されていたとみるのが自然であろう。笹川氏は、この時点では大宝元年二月に設けられた「下物職」（文武紀大宝元年二月丁未条）のもとに、それ以前「総領所」で保管されていた鑰が納められていたとされているが、「総領所」に鑰が保管されていたことを推測させるような史料は存在しておらず、またそうであったならば、(D)の分注のような書き方にはならないと思う。

ただし、浄御原令制下の国宰の性格を考えるにあたって、「総領」の問題が重要な位置を占めることは確かであり、以下、「総領」についての私見を簡単に述べておくことにしたい。

孝徳期の「惣領」を除くと、「総領」関係の史料は次の四史料である。

『日本書紀』天武天皇十四年十一月甲辰条

儲用鉄一万斤送二於周芳総令所一。是日。筑紫大宰請二儲用物。絁一百疋。糸一百斤。布三百端。庸布四百常。鉄一万斤。箭竹二千連一。送二下於筑紫一。

『日本書紀』持統天皇三年八月辛丑条

詔二伊予総領田中朝臣法麿等一曰。讃吉国御城郡所レ獲白鸗。宜二放養一焉。

『続日本紀』文武天皇四年六月庚辰条

薩末比売。久売。波豆。衣評督衣君県。助督衣君弖自美。又肝衡難波。従二肥人等一持レ兵剽二劫覔国使刑部真木等一。於レ是勅二竺志惣領一。准レ犯決罰。

『続日本紀』文武天皇四年十月己未条

以二直大壱石上朝臣麻呂一。為二筑紫総領一。直広参小野朝臣毛野為二大弐一。直広参波多朝臣牟後閇為二周防総領一。直広参上毛野朝臣小足為二吉備総領一。直広参百済王遠宝為二常陸守一。

「総領」が複数の国宰の統轄官であったこと、それは大宝令の施行とともに廃止されたことなどは、通説のとおりであると思う。また、「総領」の設置された範囲については、右の周芳（周防）・伊予・竺志（筑紫）・吉備の四地域にほぼ限られていたと考える。「総領」を全国的な官とみる見解は、孝徳期の「惣領」と右の四「総領」を連続した同性格の地方官とみることから生じているのであるが、すでに指摘されているように[55]、両者は区別して考えられるべきであろう。右の史料は、いずれも天武末年の令制国の画定以後の史料であることに、注意しなければならないと思う。

そして、その点に注意するならば、「総領」とは、令制国の成立、すなわち国宰制の成立とともに置かれた統轄官であり、国宰の権限を保障し、かつまたそれを監察するものとして、対外軍事上の要地に配された、といえるのではあるまいか。筑紫大宰と吉備大宰は、国宰制の成立以前から、宰に対する大宰として存在していたと考えるが、国宰制成立後、新たに周防・伊予等に「総領」が置かれると、筑紫・吉備の大宰も、正式には「総領」に改称されたのではないかと思う。天武末年以降の「総領」は、田領・「税司主鑰」などと同様、国宰制の不備を補う目的で設置されたものと考えられるのである。それゆえに、より整備された地方支配機構として国司制が創設されると、それらは廃止されることになったのであろう。

注

（1）大町健『日本古代の国家と在地首長制』校倉書房、一九八六年、第一章「律令制的国郡制の特質とその成立」。

（2）早川庄八「律令制の形成」（『岩波講座日本歴史』2、岩波書店、一九七五年）二三〇頁他。

（3）「惣領」の表記について、『常陸国風土記』ではすべて「惣領」とあるが、『播磨国風土記』『日本書紀』『続日本紀』では「総領」「総令」等の表記も用いられている。ここでは、孝徳期のものを「惣領」、天武期以降のそれを「総領」と表記することにするが、このことは、時期によって用字の変化があったことを主張するものではない。後述のとおり、孝徳期においいては、「惣領」の名称が存在していなかった可能性も考えられる。

(4) 薗田香融氏はこの見解をとられている。薗田香融『日本古代財政史の研究』塙書房、一九八一年、第八章「律令国郡政治の成立過程」三二七〜三三〇頁他。

(5) 関晃「大化の東国国司について」(『文化』二六—二、一九六二年)一七〇頁参照。

(6) 井上光貞『日本古代国家の研究』岩波書店、一九六五年、第Ⅱ部第二章所収「大化改新と東国」三六八頁。

(7) 関晃「大化の東国国司について」(前掲)一六九頁。

(8) 薗田香融『日本古代財政史の研究』前掲、三二六〜三二七頁。

(9) 早川庄八「律令制の形成」(前掲)二二七頁他。

(10) 直木孝次郎「大宝令前官制についての二、三の考察」(井上光貞博士還暦記念会編『古代史論叢』中巻、吉川弘文館、一九七八年)一七〜一八頁。なお最近、藤原宮跡から「粟道宰」の表記のみえる木簡が発見されたこと(『飛鳥・藤原宮発掘調査出土木簡概報』十一、一九九三年)により、「国司」以前に「国宰」ないし「宰」の表記の行なわれていたことが確認された。直木孝次郎「藤原宮木簡にみえる『粟道宰』について」(『日本通史』月報2、岩波書店、一九九三年)参照。

(11) 早川庄八「律令制の形成」(前掲)二二七頁。

(12) 八木充『律令国家成立過程の研究』塙書房、一九六八年、第二編第二章「国郡制成立過程における総領制」一一〇〜一一一頁。

(13) 中西正和「古代総領制の再検討」(『日本書紀研究』第十三冊、塙書房、一九八五年)二一六〜二一八頁。

(14) このことは、中西氏自身も指摘されているところである。中西正和「古代総領制の再検討」(前掲)二一八〜二一九頁。

(15) 『日本書紀』の「総領」関係記事については、本章第五節に引用する。

(16) 薗田香融『日本古代財政史の研究』前掲、三一四〜三一五頁。直木孝次郎「大宝令前官制についての二、三の考察」(前掲)一九〜二〇頁、等参照。

(17) なお、石川王が「吉備大宰」に任命された時期は、壬申の乱以後と考えられる。中西正和「古代総領制の再検討」(前掲)二一七〜二一八頁参照。

(18) 八木充『律令国家成立過程の研究』前掲、第二編第一章「国郡制の成立」一〇一〜一〇二頁。

(19) 井上光貞『日本古代国家の研究』前掲、三五九〜三六三頁。原島礼二『日本古代王権の形成』校倉書房、一九七七年、第二部第四章「古代の東国と倭王権」二七二〜二七五頁。坂元義種「東国総領について」(『続日本紀研究』一〇〇〜一〇二合併、一九六二年) 六九〜七一頁。関晃「大化の東国国司について」(前掲) 一六五〜一七〇頁。前田晴人「『四方国＝四道』制の構造」(『続日本紀研究』二三五、一九八四年) 一三〜二四頁、等参照。

(20) 八木充氏はそのように解釈しておられるようである。八木充『律令国家成立過程の研究』前掲、第二編第二章「国郡制成立過程における総領制」一一三〜一一五頁。同『日本古代政治組織の研究』塙書房、一九八六年、後編第四章「筑紫大宰とその官制」三一六頁。

(21) 関晃「大化の東国国司について」(前掲) 一六九〜一七〇頁。

(22) 前田晴人「『四方国＝四道』制の構造」(前掲) 二一〜二三頁。中西正和「古代総領制の再検討」(前掲) 二一二〜二一四頁。

(23) 坂本太郎『日本古代史の基礎的研究』上、東京大学出版会、一九六四年、所収「日本書紀と蝦夷」一八七〜一九七頁。なお、若月義小氏によれば、斉明紀の「阿倍臣」の東北経略の史料は、実際には天武・持統期に起きたことを叙述したものであるとされる。若月義小「律令国家形成期の東北経営」(『日本史研究』二七六、一九八五年)。しかし、すでに熊谷公男氏、関口明氏らによる批判があるとおり、斉明紀の「阿倍臣」関係の記事は、やはり斉明期の出来事を述べたものとみて間違いないであろう。熊谷公男「阿倍比羅夫北征記事に関する基礎的考察」(高橋富雄編『東北古代史の研究』吉川弘文館、一九八六年)。関口明『蝦夷と古代国家』吉川弘文館、一九九二年、第一「阿倍比羅夫の遠征とその意義」。

(24) ただし、粛慎への軍事行動の場合は、事情が異なっていたかもしれない。

(25) もちろん、このようにいったからといって、当時実際に越国司が任命されたというようなことを、ここで主張しようとしているのではない。実際には、「越」の地に評制の実施を目的として派遣された阿倍比羅夫を、斉明紀の編者（ないしはその原史料の編者）が、「越国司」とみなしたということであろう。

(26) 田中卓「常道頭」(『続日本紀研究』三、一九五四年) 第一巻本五二頁。東野治之「四等官制成立以前における我国の職官制度」(『ヒストリア』五八、一九七一年）一六頁。

(27) 早川庄八「律令制の形成」（前掲）二三〇頁他。

(28)『播磨国風土記』餝磨郡少川里条には、先に本文にも引用したとおり「庚寅年。上野大夫為レ宰之時」とある。

(29) 先の本文では、六史料のうちの三史料が同一の「播磨国司」（宰）についての史料であるとして、この時期の宰の全国的存在を疑問としたが、それは、四史料のうちの二史料といいなおさなければならない。

(30) 黛弘道『律令国家成立史の研究』吉川弘文館、一九八二年、第二編第四「国司制の成立」三九八〜三九九頁他。

(31) 福井俊彦『交替式の研究』吉川弘文館、一九七八年、二二〜二三頁。笹川進二郎「律令国司制成立の史的前提」（『日本史研究』二二〇、一九八〇年）一八〜二二頁。

(32) 笹川進二郎「律令国司制成立の史的前提」（前掲）一二〜一三頁。

(33) 山中敏史『古代地方官衙遺跡の研究』塙書房、一九九四年、第三章「古代地方官衙の成立と展開」三六九頁他。

(34) 同右、三八七頁。

(35) 黛弘道『律令国家成立史の研究』前掲、三九九〜四〇〇頁。

(36) 大町健『日本古代の国家と在地首長制』前掲、第一章「律令制的国郡制の特質とその成立」。

(37) 同右、六六〜六七頁他。

(38) 奈良国立文化財研究所『藤原宮木簡』二、一九八一年、五四五号木簡。

(39) 同右、五四四号木簡。

(40) 釈文は、東野治之『日本古代木簡の研究』塙書房、一九八三年、第一部所収「正倉院武器中の下野国箭刻銘について」一五四頁による。

(41) 奈良国立文化財研究所『藤原宮木簡』二、前掲、「解説」五五頁。

(42) 岸俊男『日本古代宮都の研究』塙書房、一九八八年、第十七章「日本における『京』の成立」四五一頁他。

(43) 森公章「評制下の国造に関する一考察」（『日本歴史』四六〇、一九八六年）二三〜二四頁参照。

(44) 前章第二節参照。

（45）村尾次郎『律令財政史の研究』（増訂版）吉川弘文館、一九六四年、第三章第三節「諸国の倉庫制度」二二九頁。
（46）黛弘道『律令国家成立史の研究』前掲、三九〇～三九五頁。
（47）鎌田元一「公田賃租制の成立」（『日本史研究』一三〇、一九七三年）八七～八八頁。
（48）笹川進二郎「律令国司制成立の史的前提」（前掲）七～八頁他。
（49）村尾次郎『律令財政史の研究』（増訂版）前掲、二一六頁他。黛弘道『律令国家成立史の研究』前掲、三八九頁他。
（50）早川庄八「律令『租税』制に関する二、三の問題」（『古代の日本』9、角川書店、一九七一年）一三七～一三八頁。
（51）鎌田元一「公田賃租制の成立」（前掲）八五～八六頁。
（52）同右、八六～八七頁他。また、(A)～(D)の史料の解釈について、最近では山里純一氏が諸説を踏まえた上で、鎌田氏とほぼ同様の見解を示されている。山里純一『律令地方財政史の研究』吉川弘文館、一九九一年、第一編第一章「大税と郡稲の成立」一六～一八頁。
（53）吉田孝『律令国家と古代の社会』岩波書店、一九八三年、Ⅶ「雑徭制の展開過程」三七四～三七六頁他。
（54）笹川進二郎「律令国司制成立の史的前提」（前掲）二七～三四頁他。なお笹川氏は、通常「先レ是。別有二税司主鑰一」と読まれているのを、「先レ是。別有二税司一主レ鑰」（是より先、別に税司ありて、鑰を主る）と読むべきであるとされている。
（55）坂元義種「古代総領制について」（『ヒストリア』三六、一九六四年）三六頁他。渡部育子「古代総領制についての一試論」（『国史談話会雑誌』二三、一九八二年）六三～六四頁他。森田悌「総領制について」（『金沢大学教育学部紀要人文科学・社会科学編』四〇、一九九一年）二六頁他。

第五章　律令制下の国造

はじめに

律令制下においても国造の存在したことは、確かである。令には、国造を官職として規定した条文はないが、神祇令諸国条・選叙令郡司条に「国造」の語がみえており、『続日本紀』その他には、しばしば某国国造の任命記事が載せられている。また、国造に支給されたと考えられる国造田も、全国的に存在していたことが知られるのである。このような律令制下の国造は、「新国造」ないし「律令国造」と呼ばれ、「大化」以前の国造（「旧国造」「氏姓国造」）と区別されるのがふつうである。

たしかに、両者はその性格を異にしているが、これまで一般には、右の「新国造」を天武初年頃に成立した令制国一国一員の国造とし、新しい制度としての「新国造制」なるものの存在を想定して、それが大宝令以後も存続したと理解してきたのである。しかし私は、前章までに述べてきたように、国造制（「旧国造制」）は「大化」後も依然として存続し、天武末年の令制国の成立にともなって廃止が決定されたと考えるのであり、右のようなこれまでの新旧国造論は成立しないと考えている。

それでは、現実に存在した律令制下の国造は、どのような性格のものとして理解されるのであろうか。本章では、この点についての私見を述べていくことにしたい。

第一節　律令制下の国造の実態

最初に、大宝令制定以降の国造の実例を、表にして示しておくことにしよう（第5表）。

第5表　大宝令後の国造

番号	国造名	人名	年月日	記事	出典
①	摂津国造	凡河内忌寸石麻呂	慶雲三(七〇六)・十・十二	叙位	『続日本紀』
②	山背国造	山背忌寸品遅	〃三(七〇六)・十・十二	叙位	〃
3	出雲国造	出雲臣果安	霊亀二(七一六)・二・十	神賀事を奏す	〃
④	大倭国造	大倭忌寸五百足	養老七(七二三)・十・二十三	賜物	〃
⑤	阿波国造	粟凡直弟臣	〃七(七二三)		「阿波国造碑」
6	出雲国造	出雲臣広嶋	神亀元(七二四)・正・二十七	神賀辞を奏す	『続日本紀』
			〃三(七二六)・二・二	献物	〃
			天平五(七三三)・二・三十		『出雲国風土記』
			〃五(七三三)・八・二十		『寧楽遺文』
			〃十(七三八)・二・十九	叙位	『続日本紀』
7	紀伊国造	紀直摩祖	神亀元(七二四)・十・十六	国造任命	〃
8	紀伊国造	紀直豊嶋	天平元(七二九)・三・二十七	国造任命	〃
9	出雲国造	出雲臣弟山	〃十八(七四六)・三・七	国造任命	〃
			天平勝宝二(七五〇)・二・四	神斎賀事を奏す	〃
			〃三(七五一)・二・二十二	神賀事を奏す	〃
⑩	尾張国造	尾張宿禰小倉	天平十九(七四七)・三・三	国造任命	〃

⑪	粟(阿波)国造	粟直若子	天平勝宝四(七五二)、同五(七五三)・五	(国造姓の可能性もあるか)	『大日本古文書』
⑫	吉備国造	上道朝臣斐太都	天平宝字元(七五七)・閏八・八	国造任命	『続日本紀』
13	出雲(国)国造	出雲臣益方	〃　八(七六四)・正・二十	国造任命	〃
			神護景雲元(七六七)・二・十四	神賀事を奏す	〃
			〃　二(七六八)・二・五	神賀事を奏す	〃
14	(紀伊国造)	紀直国栖	天平神護元(七六五)・十・二十二	叙爵(国造とは明記されていない)	〃
⑮	備前国国造	上道朝臣正道	神護景雲元(七六七)・九・二十三	卒す(⑫の上道朝臣斐太都と同一人物であろう)	〃
⑯	武蔵国国造	武蔵宿禰不破麻呂	〃　元(七六七)・十二・八	国造任命	〃
⑰	陸奥国大国造	道嶋宿禰嶋足	〃　元(七六七)・十二・八	大国造任命	〃
			〃　三(七六九)・三・十三	陸奥国の人の賜姓を請う	〃
⑱	陸奥(国)国造	道嶋宿禰三山	〃　元(七六七)・十二・八	国造任命	〃
⑲	相模国国造	漆部直伊波	〃　二(七六八)・二・三	国造任命	〃
⑳	伊勢国国造	伊勢朝臣老人	〃　二(七六八)・六・六	国造任命	〃
㉑	常陸国国造	壬生宿禰小家主	〃　二(七六八)・六・六	国造任命	〃
㉒	美濃国国造	美濃直玉虫	〃　二(七六八)・六・六	国造任命	〃
㉓	上野国国造	上野佐位朝臣老刀自	〃　二(七六八)・六・六	国造任命	〃
㉔	大和国造	大和宿禰長岡	〃　三(七六九)・十・二十九	卒す	〃
㉕	因幡国国造	因幡国造浄成女	宝亀二(七七一)・十二・十四	国造任命	〃
26	出雲(国)国造	出雲臣国上	〃　四(七七三)・九・八	国造任命	〃
㉗	丹後(国)国造	丹波直真養	延暦二(七八三)・三・十三	国造任命	〃
㉘	阿波(国)国造	粟凡直豊穂	〃　二(七八三)・十二・二	国造任命	〃
㉙	飛驒(国)国造	飛驒国造祖門	〃　二(七八三)・十二・二	国造任命	〃
30	出雲国国造	出雲臣国成	〃　四(七八五)・二・十八	神吉事を奏す	〃
			〃　五(七八六)・二・九	神吉事を奏す	〃
㉛	美作備前(二国)国造	和気朝臣清麻呂	〃　七(七八八)・六・七	磐梨郡の建郡などを求む	〃
			〃　十八(七九九)・二・二十一	薨ず	『日本後紀』
32	出雲(国)国造	出雲臣人長	〃　九(七九〇)・四・十七	国造任命	『続日本紀』
			〃　十四(七九五)・二・二十六	叙位	『類聚国史』

（第5表つづき）

番号	国造名	人名	年月日	記事	出典
			延暦二十(八〇一)・閏正・十六	神賀事を奏す（出雲臣人長とは明記されていない）	『類聚国史』
33	紀伊国造	紀直五百友	〃九(七九〇)・五・八	国造任命	『続日本紀』
㉞	駿河(国)国造	金刺舎人広名	〃十(七九一)・四・十八	国造任命	〃
㉟	武蔵(国)国造	武蔵宿禰弟総	〃十四(七九五)・十二・十五	国造任命	『類聚国史』
㊱	陸奥国大国造	道嶋宿禰御楯	〃二十一(八〇二)・十二・八	大国造任命	〃
37	紀伊(国)国造	紀直豊成	〃二十三(八〇四)・十・十二	奉献	『日本後紀』
38	出雲国造	出雲臣門起	〃二十四(八〇五)・九・二十七	叙位	〃
39	出雲国造	出雲臣旅人	弘仁二(八一一)・三・二十七	叙位	〃
			〃三(八一二)・三・十五	神賀辞を奏す	〃
40	出雲(国)国造	出雲臣豊持	天長三(八二六)・三・二十九	国造任命	『類聚国史』
			〃七(八三〇)・四・二	叙位	〃
			〃十(八三三)・四・二十五	神寿を奏す	『続日本後紀』
㊶	壱岐嶋造	壱岐直戈麻呂	〃五(八二八)・正・二十	嶋造任命	『類聚国史』
42	紀伊(国)国造	紀宿禰高継	嘉祥二(八四九)・閏十二・二十一	国守と争う	『続日本後紀』
㊸	安房国国造	伴直千福麻呂	〃三(八五〇)・六・三	叙位	『文徳天皇実録』

（注）年代順に掲げたが、同一国造（人物）が二度以上みえる場合はまとめて記した。出雲国造・紀伊国造以外は番号をマルで囲った。

さて、このうち出雲・紀伊の二国造については一応特殊な存在として後に考察することにし、それらを除いた他の国造についてみるならば、まず次のような諸点が注意されるであろう。

(1)国造の任命記事は、大宝令制定以来五〇年近くを経過した天平十九年（七四七）の尾張国国造尾張宿禰小倉（第5表⑩）の例が最初であること。

(2)全部で一八例みえる国造の任命記事は、神護景雲元年（七六七）が三例（⑯・⑰・⑱）、同二年が五例（⑲・⑳・㉑・

㉒・㉓）――合わせて称徳期に八例――、延暦二年（七八三）が三例（㉗・㉘・㉙）――このほか桓武期に三例（㉞・㉟・㊱）――というように、著しく偏在していること。

(3)国造に任命された人物は、そのほとんどが中央官人であり(1)、これらの国造はいわば遙任であること。

こうした諸点については、つとに植松考穆氏の注目されたところであり、植松氏は、とくに(3)の点から、このような遙任の国造が現われる頃には、すでに「大化改新以後の国造」の制度は崩れてきており、国造の職は名目的なものにすぎなくなっていたと指摘された(2)。また近年では高嶋弘志氏が、「大化」以後の国造について総合的な検討を加えられ、やはり右の(2)・(3)の点に注目されて、大宝令以降の国造は実質をともなわない名誉職的な存在であったと説かれている(3)。さらに高嶋氏は、これらの国造の多くが橘奈良麻呂の変や恵美押勝の乱などの政変で何らかの功績を立てた者、ないし為政者の特別な寵愛を受けた者であることを明らかにされ、大宝令以降の国造の任命は、「特殊な『功績』に対する特異な論功行賞というのが典型的であったことが確認できる」とも述べられている(4)。

植松・高嶋両氏とも、「新国造」の存在を前提として考えられている点は私見と異なるが、大宝令以降の国造の実態については、まさに両氏のいわれるとおりであると思う。そもそも、ある政変での「功績」に対する論功行賞として一時期に何人もに国造職が与えられるというようなことは、すでに国造が普遍的なものとして存在していないからこそ可能なのであって、こうした国造の任命のあり方は、逆に普遍的・恒常的な国造の存在を否定するものであろう。もっとも、記録に残されていない国造の任命もあったのではあるが（このことは任命記事はないが国造であったことが知られる例――たとえば第5表の㉔・㉛・㊸など――が存在することから明らかである）、しかし一方で右のような任意の国造任命が行なわれている以上、それは普遍的・恒常的国造の存在を否定する上で何ら支障にはならない。

また、(1)に掲げたように、こうした国造の任命は、記録に残る限り天平十九年が最初なのである。前章で私は、天武末年に国造制の廃止は決定されたが、その時の国造については、それを解任することなくそのまま国造であることを認めたと考えたが、天平十九年といえば、それからすでに六〇年以上も経過しているのであり、当然この頃にはそうした国造もすべて死去していた状況が推定されるであろう。つまり、「特殊な『功績』に対する特異な論功行賞」としての国造任命を行なえるような状況が、この天平の末年頃には存在していたといえるのである。逆にいうならば、旧来の国造がいまだ生存している状況の中では、たとえ国造制は廃止されていたとはいえ、そのような任意の国造任命は行なうことが困難であったということである。ここに、天平十九年にいたるまで、出雲と紀伊の二国造を除けば国造の任命記事が一切みえない理由があるのではないだろうか。

そしてこのように考えるならば、第5表①の摂津国造凡河内忌寸石麻呂や、②の山背国造山背忌寸品遅、④の大倭国造大倭忌寸五百足、⑤の阿波国造粟凡直弟臣など、八世紀のはじめに国造として名のみえる人物は、天武末年の国造制廃止以前にすでに国造に任命されていた人物と解釈されるのであり、それぞれかなりの高齢者であったということになろう。残念ながら①の摂津国造凡河内忌寸石麻呂と②の山背国造山背忌寸品遅については他に記事がなく、そのことを確かめることができないし、⑤の阿波国造粟凡直弟臣についても、養老七年（七二三）以前の死亡が確認されるのみである。しかし④の大倭国造大倭忌寸五百足については、『続日本紀』神亀四年（七二七）十一月己亥条に、

天皇御二中宮一。太政官及八省各上レ表。奉レ賀二皇子誕育一。（中略）五位已上賜レ綿有レ差。累世之家嫡子身帯二五位已上一者。別加二絁十疋一。但正五位上調連淡海。従五位上大倭忌寸五百足。二人年歯居レ高。得レ入二此例一焉。

とあり、かなりの高齢者であったことが明らかである。[5] 従来は、これらの国造を「新国造」の実例とみなしてきたのであるが、そうではなく、これらの国造は従来の言葉でいえば、「旧国造」というべきであって、いわばその「生き残り」なのである。

なおこのように考えた場合、①の摂津国造凡河内忌寸石麻呂の存在から、摂津国というのは令制下の国であり、やはりそれは一国一員の「新国造」と解すべきである、との反論がなされるかもしれない。しかしこの場合についても、本編第二章第三節でみた伊賀国造の例と同様に考えてよいと思われる。凡河内国造のクニから「摂津国」が分立した時期の下限は、吉田晶氏が説かれるとおり(6)、『日本書紀』の天武天皇四年（六七五）二月癸未条に「勅二大倭。河内。摂津。山背。播磨。淡路。丹波。但馬。近江。若狭。伊勢。美濃。尾張等国一曰。選二所部百姓之能歌男女。及侏儒伎人一而貢上一」とあるところに求められるであろうが、その段階ではまだ国造制は存在していたと考えられるのであり、「摂津国」の分立と同時に、そこにも新たに国造（従来いうところの「旧国造」）が任命されてしかるべきであろう。つまり右の「摂津国」は、令制下の国ではなく、摂津国造のクニなのであり、摂津国造凡河内忌寸石麻呂を「生き残り」の国造（「旧国造」）とみて問題はないといえるのである。

そして、こうした「生き残り」の国造が史料にみえるのは養老七年（七二三）までであり(7)、それ以後天平十九年にいたるまで二〇年以上にわたって国造の名のみえない点に(8)、注意する必要があると思う。また、右の「生き残り」の国造①・②・④・⑤が、いずれも「某国造」と表記されているのに対し、⑩の尾張国国造尾張宿禰小倉以降「某国国造」の表記が現われる点も注目されるところである。従来は、「某国造」と「某国国造」の表記の違いを、「旧国造」と「新国造」の違いを示すものとしながら、①・②・④・⑤を例外としてきたのであるが、それらを例外とする必要はまったくないのであり、両者の表記の違いは、旧来の国造（その「生き残り」も含めて）と、天平の末年以降（⑩以降）に現われた新しい名誉職的な国造との違いを示す、と解釈されるのである。

私は、律令制下の国造が実質のない名誉職的なものであり、かつ特異な論功行賞としてその任命が行なわれるような存在であったということは、植松氏が説かれたように「大化改新以後の国造」制度が崩れてきた結果というのではなく、それらの国造は、もともとそういうものとして天平の末年頃から現われてきたと考えるのである。したがって、それらの国造が本来の国造と著しく異なることは明らかであり、両者を区別するためにそれらの国造を「新国造」と呼ぶのであれば、それはかまわないと思う。ただしその場合の「新国造」は、あくまでも右にみたような部分的、かつ臨時（一代限り）の存在なのであって、制度としての「新国造制」なるものが定められたのではないことは確かであろう。

さて次に、それでは出雲・紀伊の二国造の存在をいかに考えるかという点であるが、結論からいえば、私はこれらの二国造だけは国造制廃止後も国家の政策としてそのまま存続させられたものと考えている。

まず、両国造と他の律令制下の国造との違いについてみると、第一に、両国造は八世紀はじめから代々継承してその任命が行なわれている点があげられる。この点は第5表からも明らかであろうが、『貞観儀式』巻十に両国造だけの任命儀式次第が載せられていることも、それを裏付けるものといえよう。第二に、両国造は他の多くの国造が中央官人の任ぜられた遙任の国造であったのに対し、本郡の大領を兼ねるような在地を代表する有力者が任命された、という点があげられる。出雲国造がほぼ八世紀を通じて意宇郡の大領を兼帯していたことは、延暦十七年（七九八）三月二十九日の太政官符(9)に明らかであり、紀伊国造についても名草郡の大領を兼ねることが珍しくなかったと推定されている(10)。第三に、これは出雲国造にのみみられるのであるが、国造新任の際の神賀詞奏上があげられる。『貞観儀式』巻十、『延喜式』巻三・巻十一などから知られる出雲国造新任の際の行事の大筋は、およそ次のとおりである。

まず太政官曹司庁において国造任命の儀式が行なわれ、新任の国造はその後、神祇官庁で「負幸物」を賜わって帰国する。そして一年間の潔斎の後、再び上京して献上物を奉り、吉日を卜して神賀詞を奏上する。その後また帰国し、さらに一年間の潔斎の後、三たび上京して再度神賀詞を奏上する。

こうした行事がいつ頃から整えられたかは、はっきりしないが、『延喜式』巻八に収められている「出雲国造神賀詞」のできあがったのは天平宝字八年（七六四）以降、天安元年（八五七）までの間であるとの指摘もあり(11)、それほど古いこととは思われない。ただし、それはあくまで『延喜式』に記す行事や神賀詞であって、出雲国造新任の儀式や「神賀詞」そのものはもっと古くから成立していたと考えて何ら支障はないであろう(12)。事実、霊亀二年（七一六）にはすでに国造出雲臣果安による「神賀事」の奏上がなされているのである（第5表3参照）。

ところで、こうした神賀詞の奏上や、それを含めた出雲国造新任の際の儀式が持つ意義については、新野直吉氏が強調されるように(13)、出雲国造を象徴的存在とした「国造」の、天皇（朝廷）に対する服属を表現するところにあったと考えてよいであろう。ただ新野氏は、出雲国造を「律令国造」（「新国造」）の代表とされるのであるが、出雲・紀伊以外の律令制下の国造が両国造とはまったく異質の存在であったことは右に述べてきたとおりであり、私は、むしろ出雲国造は旧来の国造の代表として、天皇（朝廷）に服従を誓ったと考えるべきではないかと思う。本編第二章第一節でも述べたように、国造が新任の際に中央に赴いて、天皇（大王）に忠誠を誓うといったようなことは、本来すべての国造が行なっていたものと考えられるのであり、国造制廃止後もその服属儀礼としての意味が、出雲国造を象徴的存在として残されたのではないだろうか。だからこそ、出雲国造は代々絶えることなく任命され、しかも現実に在地で勢力を有している人物がそれに任ぜられていったのであろう。

そして、その点で共通するところの紀伊国造についても、神賀詞の奏上こそ行なわなかったが、新任の際に朝廷に赴いたことは『貞観儀式』に明らかであり(14)、やはり天皇（朝廷）への服属を象徴する存在として位置づけられていたといってよいであろう。

国造制下においては、全国の国造が代々新任のたびに天皇（大王）への服従を誓い、それで全地方豪族の天皇（大王）への服属を象徴してきたものと思われるが、国造制廃止後も、律令国家としてはそうした服属儀礼としての側面を何らかの形で残しておく必要があったのであろう。そこでとられた方法が、それまでの国造を代表するものとして、出雲・紀伊の二国造を存続させることであったと考えられるのである。

それではなぜ、この二国造だけが選ばれたのか、という問題が次に生じてくるが、この点を具体的に考察するのはかなり困難なことである。ただ一般的にいうならば、この二国造が多くの国造の中でも有力な存在であったこと、神郡を本拠地としていること、対外交通・海上交通上の要地に位置し、また都からそれほど遠くない地理的条件を有していること、などがその理由としてあげられるであろう。あるいは、国造制廃止の段階ではこれらの二国造が最も強い自立性を有していた、というようなことも考えられるかもしれない。そして出雲国造の場合は、記紀神話における出雲の占める特異な地位とも、密接な関係があることはいうまでもあるまい。

以上、本節では、律令制下における国造について、その実例から次の二点を考察した。

(1)出雲・紀伊の二国造は、旧来の国造が、地方豪族の天皇（朝廷）への服属を象徴する儀礼の担い手として、国家の政策によってとくに存続させられたものであった。

(2)他の国造は、天平の末年頃から現われる実質のない名誉職的なものであり、特異な論功行賞としてその任命が行なわれたところの、部分的かつ臨時（一代限り）の存在であった(15)。

次節では、こうした点を踏まえて、令の条文にみえる「国造」について検討したい。

第二節　令文の国造

はじめにも述べたとおり、令の条文に「国造」の語がみえるのは、次の二ヵ所である。

(A)神祇令諸国条

凡諸国須㆓大祓㆒者。毎レ郡出㆓刀一口。皮一張。鍬一口。及雑物等㆒。戸別麻一条。其国造出㆓馬一疋㆒。

(B)選叙令郡司条

凡郡司。取㆘性識清廉堪㆓時務㆒者㆖。為㆓大領。少領㆒。強幹聡敏工㆓書計㆒者。為㆓主政。主帳㆒。其大領外従八位上。少領外従八位下叙之。（其大領。少領。才用同者。先取㆓国造㆒。）

これらの条文はいうまでもなく養老令のものであるが、大宝令もほぼ同文であったことは、『令集解』所引の古記の文章から確かめられる。

そこでまず(A)からみていくことにするが、本編第二章第三節でも述べたように、この(A)条のもととなったのが天武紀五年（六七六）八月辛亥条に記す次の詔であったことは、一般に認められているところである。

(C)詔曰。四方為㆓大解除㆒。用物則国別国造輸㆓祓柱㆒。馬一匹。布一常。以外郡司各刀一口。鹿皮一張。钁一口。刀子一口。鎌一口。矢一具。稲一束。且毎レ戸麻一条。

従来は、これら(A)・(C)の国造をいずれも「新国造」を指すと考えてきたのであるが、しかし、(C)の国造が従来いうところの「旧国造」であることは第二章第三節で述べたとおりであり、また(A)の国造についても、それを私が「旧国造」と考えていることは、すでにこれまでの叙述で明らかであろう。

(C)と(A)とでは国造を記す順序に重要な違いがあるが、この点は従来も注目されてきたところである。すなわち、(C)の場合は「国造―郡司―戸」の順であり、国造が「大解除」（大祓）で中心的役割を果たしたと考えられる表現になっているのに対し[16]、(A)の場合は「郡（司）―戸―国造」とあり、ここでは「其国造出二馬一疋一」というのが高嶋弘志氏のいわれるように「むしろ付け足しのようにさえ見受けられる[17]」のである。

この点について磯貝正義氏は、(A)の場合は令の官制にない「非律令的な国造を劣位に置こうという配慮が看取せられる」とされ、両者の違いを「律令の編者たちの国造観」に求めておられる[18]。(A)・(C)の国造を「新国造」とみる立場からすればたしかに一つの解釈ではあろうが、両者にみられる右のような重要な違いは、むしろ(C)と(A)との間に国造自体に変化のあったことを示すと考えた方が自然なのではあるまいか。また、(A)において国造の貢馬が付け足しのような形で規定されているということは、国造が全国的なものとして存在していない点を念頭に置いたためとも解釈できるであろう。このことについては、『令集解』所引の当該部分の諸説（本章第三節に引用）がいずれも国造の欠けている場合を想定している点も参考になろう。

そして、(A)・(C)の国造をいずれも「旧国造」とする私見からすれば、両者の国造の扱いに右のような違いがあるのは当然のことなのである。つまりそれは、(C)が現実に国造制が行なわれている中で出された詔であったのに対し、(A)は、国造制はすでに廃止されているが、現実にはいまだ何人か（あるいは何十人か）[19]の「生き残り」の国造がおり、かつ一方では国家の政策として出雲・紀伊の二国造が存続させられている、という状況の中で定められた条文であったからである。なお、天武五年の(C)と、大宝令・養老令の(A)との間には、飛鳥浄御原令が介在していたと考えられるが[20]、浄御原令の条文において国造がいかに扱われていたかは、もとよりはっきりとはわからない。新野直吉氏は浄御原令の条文を(C)と同じ趣旨であったと推定されているが[21]、浄御原令が完成した時点――それは持統三年（六八九）六月に令二十二巻が諸司に班たれていることからすれば、[22]その直前と考えるのが妥当であろう——では、私見によればすでに国造制の廃止が決定されていたのであり、私は、浄御原令の条文は、むしろ(A)の方と同趣旨であったと考えている。

さて、次は(B)についてであるが、ここでは「国造」の郡領への優先任用が注記の形で定められているのである。従来もここの「国造」に限っては、それを「旧国造」にかかわらせて解釈する見解が、一方における有力な説として唱えられてきたのであり、[23](B)条の「国造」が「新国造」を指すものでないことは、もはや改めて述べるまでもないと思う。繰り返し主張してきたように、従来考えられてきたような「新国造」は存在しないのであり、前節で取りあげた実質のない名誉職的な国造を「新国造」と呼ぶとしても、そのような「新国造」もまた、大宝令制定段階ではいまだ現われてきていないのである。

したがって、(B)条注記規定の「国造」も当然「旧国造」にかかわらせて理解するべきなのであるが、ここで問題となるのは、その「国造」が、国造その人のみを指す語であるのか、あるいは旧来の国造一族全体を指す語であるのかという点である。しかしこの点については、前者のように解したのでは、(B)条の注記規定そのものが現実に意味ある規定として説明されないのではないかと思う。

なぜならば、その場合は「生き残り」の国造や出雲・紀伊の二国造その人を優先的に郡領に任ずるというのであるから、第一に、それは一時的なまたきわめて限られた範囲を対象とした規定ということになってしまうからである。この点は、先にみた(A)条の「国造」の例もあり、さして問題にならないと思われるかもしれないが、(A)条の「国造」が付け足しのような形で扱われているのに対し、この(B)条の場合は、それを虚心に読むならば、つとに虎尾俊哉氏が指摘されたとおり、[24]郡領の一般的な任用資格として「国造」の名があげられていると解釈するべきなのである。第二に、たとえ(B)条の注記規定が一時的・部分的規定であってかまわないとしても、出雲国造や紀伊国造その人を郡領（少領も含めて）に任用するというのでは、それは伊野部重一郎氏のいわれるとおり[25]、「左遷」としての意味を持つことになってしまうのであり、この点からも、国造その人を郡領に優先的に任用するというのは、現実的な規定とはいい難いのである。

もっとも、関晃氏によれば、(B)条の注記規定は「浄御原令の条文を、不用意にかあるいは意識しながらも機械的に、そのまま襲用したにすぎない」のであり、大宝令制定段階では非現実的なものになっていたとされている[26]。たしかに、浄御原令にこの注記規定が存在していた可能性はあるであろうが、大宝令の段階でそれが非現実的なものになっていたならば、それは条文から削除されたと考える方が自然であろう。まして養老令でもそのまま踏襲されていることからすればなおさらである。やはり(B)条の注記規定は、現実に意味を有していたものと考えるのが妥当であろう。

これに対して、(B)条注記規定の「国造」を旧来の国造一族全体を指す語と解した場合は、右にみたような問題が生じてこないのは明らかであり、(B)条の注記規定が郡領の一般的任用資格を規定したものとして十分現実的な意味を持ってくるのである。従来も、(B)条の「国造」を「旧国造」にかかわらせて解釈する立場からは、それを国造一族全体を指すと解するのが一般的であったのであり[27]、私もまた、そのように解釈するべきであると考えている。

ただし、右の解釈を主張するためには、なお説明を必要とする重要な問題点がいくつか残されている。そしてそのうちの最も大きな問題点は、はたして「国造」という語で国造一族全体を指す用法が存在したのか、という点であろう。

この点についてはまず、第一編第二章第三節で述べたとおり、記紀の系譜記事の「某国造」が、某国造一族ないし某国造氏を指すものであったことが参考になろう。このことは、単に「国造」とあっても、それで国造一族全体を指す場合があったことを推測させるものといえよう。また、本編第二章第二節に述べたように、「改新詔」の第二条にみえる「其郡司並取下国造性識清廉堪二時務一者上為二大領。少領一。強幹聡敏工二書筭一者為二主政。主帳一」という『日本書紀』編者の作文からも、編者が「国造」の語を国造一族全体を指す語として使用したことが推定されるであろう。さらには、後述のとおり『令集解』所引の(B)条の古記(28)からも、「国造」で国造氏を指す場合のあったことが知られるのである。古記にいうところの「国造氏」は、『続日本紀』大宝二年（七〇二）四月庚戌条に、「詔定二諸国国造之氏一。其名具二国造記一」とあるところの「国造之氏」を指すものと考えられるが、この記事それ自体も、「国造」の語が国造氏を指した実例として注意されるであろう。「其名具二国造記一」の読みについては、「その名を国造記に具す」と読んで、国造記なるものはその後のある時期に作成され、それを登録したと解するか、あるいは「その名は国造記に具なり」と読んで、国造氏を定めると同時に国造記にそれを登録したと解するか、『続日本紀』の編纂時点に存在していたと解するか議論のあるところであるが、いずれにしても、右の「国造記」が「国造之氏」を登録したものであることには変わりなく、「国造」で国造氏を指した用例とみなしてよいと思われる。

一方、大宝令の制定直後の大宝二年四月に国造氏が公認されているということは、(B)条の「国造」の語義を考える上でも非常に注目されるところであって、大宝令（(B)条）で国造一族の郡領への優先任用を規定したからこそ、その国造一族を公的に認定する必要があったと解釈されるのである。もっとも、「新国造」の存在を認める従来の立場からは、右の「国造之氏」の公認記事については、それを「新国造」を出す氏を定めたものとする見解の方が有力であったのであるが、従来考えられてきたような「新国造」が存在しない以上、当然右の記事は、すでに一方において虎尾俊哉氏、八木充氏、米田雄介氏らによって説かれてきたとおり(29)、旧来の国造一族を公認したものと解釈されなければならないのである。(30)

なお、大宝二年の四月に国造氏が認定されたということは、『続日本紀』大宝二年二月庚戌条に「是日。為レ班二大幣一。馳レ駅追二諸国国造等一。入レ京」とあることとも、密接な関係のあったことは明らかであろう。従来は右の記事の「国造」も「新国造」を指すと解してきたため、その直後に行なわれた国造氏の認定についても、「新国造」を出す氏を定めたもの、とする解釈が導かれていたのである。また従来右の記事が、全国的な「新国造」の存在と、その職掌が祭祀にかかわるものであったということとの、有力な証拠とみなされてきたことはいうまでもあるまい。たしかに、右の記事は全国的な班幣を語るものであり、この点、大宝二年当時は「生き残り」の国造と出雲・紀伊の二国造しかいなかったとする私見にとっては都合の悪いことのように思われるかもしれない。しかし、右の記事には「追二諸国国造等一。入レ京」とあるのであり、この「等」の字に注意するならば、この時入京を命ぜられたのが国造だけではなかったと解することも十分可能なのである。そしてこの場合はおそらくそのように解釈するのが正しいのであって、この時は、「生き残り」の国造と出雲・紀伊の二国造のほかに、かつての国造（死去した国造）の後継者（一族の人物）も入京を命ぜられたと考えるべきではないだろうか。右の記事の「国造」を旧来の国造を指すと解しても、けっして支障はないといえるのである。

以上述べてきたことで、(B)条注記規定の「国造」を国造一族（国造氏）を指すと解する場合の最も大きな問題点は解消されたものと思うが、次の問題点としてあげられるのは、磯貝正義氏が指摘されたところの、郡領任用規定の変遷を示すその後の史料に「国造」に対する配慮が欠けている[31]という点であろう。しかし、それらの史料にしばしばみえる「譜第」の語——これが国造一族と同義でないことは磯貝氏の説かれるとおりであるが[32]——の中に、実質上国造一族も含まれていることは認めてよいのであり、この点は問題にはならないと思う。その上、郡領の任用に「国造」が配慮されている史料も存在するのである。すなわち、『類聚国史』巻十九には、

（延暦）十七年三月丙申。詔曰。昔難波朝庭。始置二諸郡一。仍択二有労一。補二於郡領一。子孫相襲。永任二其官一云々。宜下其譜第之選。永従二停廃一。取二芸業著聞堪レ理レ郡者一為上レ之云々。其国造兵衛。同亦停止云々。事具二郡司部一。四月甲寅。勅。依二去三月十六日勅一云々。郡領譜第。既従二停廃一。国造兵衛。同亦停止。但先補二国造一。服二帯刀杖一。宿衛之労不レ可レ不レ矜。宜下除二国造之名一。補中兵衛之例上。

とあり、同じことは、『類聚三代格』巻四にも次のようにみえている。

太政官符

停二国造一補二兵衛一事

右検二去三月十六日　勅書一偁。郡領譜第既従二停廃一。国造兵衛同亦停止者。今中納言従三位壱志濃王宣偁。奉レ勅。先補二国造一。服二帯刀杖一。仕二奉宿衛一。勤レ官之労不レ可レ不レ矜。宜下除二国造之名一補中兵衛之例上。

延暦十七年六月四日

これらの史料は、郡領の「譜第」を停廃したことにより「国造兵衛」もまた停止するというのであるから、それが郡領の任用に関して「国造」を配慮したものであることは明らかであろう。八世紀において、郡領子弟→兵衛出仕→郡司任用というコースが一般的であったと考えられている点[33]にも注意しなければなるまい。

ところで、これらの史料の解釈について、新野直吉氏は次のように述べておられる[34]。

兵衛が国造を兼ねていたという例は、史料がそう多く残っているわけではないが、確実に国造兵衛の存在したことを示す史料も間違いなく残っている。そして、それがそうとうに一般的な現象であったことも疑いはない。それは『類聚三代格』巻四と『類聚国史』巻一九とにおさめられている「国造を兵衛に補するを停むるの事」という延暦十七年六月（『類聚国史』では四月となっている）四日の太政官符（『類聚国史』では勅となっている）で明らかである。

これは、三月十六日に国造兵衛を廃止せよという勅令が出されているのをうけているわけなのであるが、そこでは「国造兵衛」は停止されるべきであり、国造を兵衛に補任する場合には、国造であることをやめてから兵衛に補任すべきであるといっているのである。（中略）

国造兵衛の「国造」について、それはその家柄が氏姓時代以来の国造氏族であるとか、または『国造記』に登録された国造氏の出であるとかということを示すもので、律令国造を意味するとはかぎらないという見解も成り立ちうるが『類聚三代格』も『類聚国史』もこれを神祇関係の巻におさめているのであって、国造も補任されるものという文面などからも、その表現を虚心に見るかぎり、この国造とは神祇関係の官人である国造、すなわち律令国造のことを示すものであると解するのがいちばん自然である。

この新野氏の文章に、従来の見解が代表されているものと思われるが、ここで新野氏が、右の史料を「国造も補任されるものという文面」として読まれている点は疑問ではないかと思う。「先補二国造一。服二帯刀杖一。宿衛之労不レ可レ不レ矜」（『類聚国史』）、「先補二国造一。服二帯刀杖一。仕二奉宿衛一。勤レ官之労不レ可レ不レ衿」（『類聚三代格』）とある傍点部分に注意してみれば、この「労」が「国造」の「労」ではなく「兵衛」の「労」であることは、その内容から明らかであり、その上にある「先補二国造一」は、「これより先に国造に補任され」という意味ではなく、「これより先に国造を（兵衛に）補任し」という意味に解釈しなければならないのである。また「国造兵衛」というのも、国造の職を兼帯している兵衛というのではなく、「宜下除二国造之名一補中兵衛之例上」とあることからすれば、「国造之名」を有している兵衛、という意味に解すべきであろう。

一方、「除二国造之名一」ということが郡領の「譜第」の停廃とかかわるものであることは、解釈の如何を問わず認められるところであり、これらの史料においては、「国造」が「譜第」に含まれるものとして扱われていることも明らかである。だからこそ、郡領の「譜第」を停廃すると、同時に「国造兵衛」も停止されなければならなかったのであろう。つまり、当時は兵衛として出仕していた者の中から郡領を選任するのが一般的であったので、「国造」を兵衛に補任していたのでは郡領の「譜第」の停廃が徹底したものにならないからである。(35)

ようするに、これらの史料は次のように解釈されるべきであろう。

延暦十七年（七九八）三月十六日の勅で、郡領の「譜第」を停廃するとともに、「国造之名」を有している者を兵衛に補任することもまた停止した。しかし、同年六月（四月）の官符（勅）では、「国造兵衛」を停止する以前にすでに「国造」を兵衛に補任した場合については、その者の兵衛としての労は矜むべきであるから、そのまま兵衛であることを認めることにした。ただその場合も、形の上では郡領の「譜第」の停廃と抵触しないようにするため、「国造之名」の方だけは除くことにした。

そしてこのように解釈するべきであるならば、これらの史料の「国造」もまた、新野氏がその可能性だけは認められたところの『国造記』に登録された国造氏」を指すと考えるべきことは明らかであろう。また、郡領の任用に国造氏を問題にしたこれらの史料の存在により、逆に、(B)条注記規定の「国造」が国造一族（それを公認したのが国造氏）を指すものであることが裏付けられるのはいうまでもあるまい。

さて、以上述べてきたことにより、(B)条注記規定の「国造」を国造一族（国造氏）と解する上で、何ら問題点の存在しないことが明らかになったと思うが、それにとどまらず、そう解釈すべきことを積極的に示す史料も存在していたのである。ただそれでもなおかつ疑問が残るとすれば、それは、(A)条の「国造」が国造その人（というよりはここでは官職としての国造そのもの）を指すのに対し、(B)条の「国造」が国造一族を指すというような不統一があったのか、という点であろう。しかし、この点も、「国造」という語にそもそも右の二義があったことを考えれば、何ら問題にはならないのではなかろうか。(A)条が大祓における負担を規定しているのに対し、(B)条の注記は郡領への任用資格を述べているのであって、両者の「国造」の意味に右のような違いがあるのは、私にはむしろ当然のことと思われるのである。(36)

以上、本節では、令文にみえる「国造」の語義、および条文の持つ意味について考察してきた。しかし『令集解』所引の諸説の解釈には、明らかにその考察結果と抵触する部分が含まれているのであり、次節ではその点を中心に検討することにしたい。

第三節　『令集解』諸説の国造

最初に取りあげなければならないのは、(B)条の「先取二国造一」の注にみえる古記の文章であろう。この文章が難解であることはしばしば指摘されてきたとおりであるが、まずは、それを(a)〜(d)の四つの段落に分けて引用し、それぞれの文意をとってみることにしたい。(37)

(a)先取二国造一謂必可レ被レ給二国造之人一。所管国内不レ限二本郡一。非二本郡一任意補任。以外。雖二国造氏一不レ合。

(b)問。不レ在二父祖所レ任之郡一。若為任意補任。答。国造者一国之内長。適任二於国司一。郡別給二国造田一。所以任意補充耳。

(c)問。国造才用劣者若為処分。答。未レ定二国造一。依二才能一任二他人一。已訖三後定二国造一(38)。若有レ所レ闕者。才能雖レ劣。先用二国造一也。一云。不レ合。若才用劣者。猶在二国造一耳。

(d)問。国造叙法若為。答。臨時処分耳。但与二大領一同位以上耳。

はじめに(a)部分であるが、これはふつう考えられているとおりに、次のような意味であろう。

「先取二国造一」というのは、必ず国造の人に（郡領職を）給せられるべきであるということであり、（その国造の人は）所管の国内であれば本郡であるとないとにかかわりなく任意（郡領に）補任される。（そして国造の人）以外は、国造氏であってもそのようなことは許されない。

ただし、「必可被給国造之人」を「必可レ被レ給二国造一之人」と読み、「以外」を「所管国」以外の意として、「必可被給国造之人」と「国造氏」を同義とする解釈も行なわれている。(39) たしかに、(a)部分のみを取り出せばこのような解釈も可能であろうが、(b)部分以下の問答では国造その人の郡領への補任が問題とされているのであり、古記が郡領に優先任用されるのを「国造之人」と解していることは間違いないであろう。

次に(b)部分であるが、ここの「答」の部分はとくに難解であり、従来は、「適任二於国司一」の「国司」を「国造」ないしは「郡司」の誤りとみるのがふつうであった。私も、ここは「国司」のままでは文意が通じ難いと思うのであるが、(40)その場合は「郡司」の誤りとみる方が正しいと思う。なぜならば、ここでは「国造」の補任ではなく「郡司」の補任が問題にされているからである。(41)ただし従来は、「適任二於郡司一。郡別給二国造田一」と訂正した場合、それを「たまたま郡司に任ぜられると、郡別に国造田を給される」という意味に解釈してきたため、国造田というのはあくまでも国造に給せられる田であるという有力な反論(42)に答えられなかったのである。しかし、「適任二於郡司一。郡別給二国造田一」というのは、「たまたま郡司に任ぜられても、郡を別にして、国造田を給される」という意味に解せばよいのであり、それならば右の反論が生じてこないのはもとより、この部分と「任意補充耳」が「所以」で結ばれている点もうまく説明がつくであろう。つまり、(b)部分は次のように解釈されよう。

問い。父祖代々（郡領）に任ぜられている郡――すなわち本郡――でないのに、どうして任意に（郡領に）補任されるのか。答え。国造（の人）は一国の内の長であり、たまたま（本郡でない郡の）郡司に任ぜられても、郡を別にして――すなわち本郡の――国造田は給される。(43) ゆえに任意に補し充てられるのである。

次に(c)部分であるが、ここは次のような意味であろう。

問い。国造（の人）の才用が劣っている場合はどうするのか。答え。いまだ国造を定めていなければ、才能によって他人を（郡領に）任ずる。すでに国造を定め終わった後、もし（郡領を）欠くことがあれば、才能が劣っていても国造を（郡領に）優先任用する。しかし一にいうには、そうではなく、もし才用が劣っていれば、なお国造のままに在るのみである。

従来は、「未㆑定㆓国造㆒。依㆓才能㆒任㆓他人㆒。已訖後定㆓国造㆒」と、一続きの文章として読まれてきたようであるが、「未」以下と「已」以下とは対句になっているのであり、右のように区切って読むべきであると思う。またそうしなければ、続く「若有㆑所㆑闕者」という部分が唐突な表現になってしまうであろう。

次に(d)部分であるが、ここは文意が明瞭であり、改めて述べるまでもあるまい。

以上、古記の文意をとってきたのであるが、細部にはなお問題が残るとしても、古記が(B)条の「国造」を国造氏ではなく国造その人を指すと解釈していることは明らかであろう。しかし、すでにこれまでも何人かの人々によって指摘されてきたとおり、(44) 古記の解釈が(B)条の法意を正しく伝えているとは限らないのであって、この場合は、古記の誤解であるとするのが正しいと思う。当時「国造」の語に「国造之人」と「国造氏」との二つの意味があったことは、古記の(a)部分自体から知られるところであり、ここで古記が「国造之人」と対比させて、ことさら「国造氏」のことをあげているということは、(B)条の「国造」を「国造氏」とする解釈も成立し得ることを古記自身が認めているものともいえるであろう。「国造」という語に二義があり、一方で(A)条の「国造」が「国造之人」(官職としての国造)の義で使用されているのであれば、古記が(B)条の「国造」を誤解する条件は十分にあったとしなければなるまい。なお、古記が(B)条の「国造」を「新国造」として誤解しているのではないことはいうまでもないが、そのことは、(b)部分に「国造者一国之内長」とあることからもうかがえると思う。

一方、(c)部分で国造の定まっていない場合が想定されていることも注意されてよいであろう。古記が成立したのは天平十年(七三八)頃と考えられている[45]が、私見によれば、その頃は、おそらくもはや出雲・紀伊の二国造しか存在していない[46]のであり、また古記が大宝令制定当時の法意を述べているとしても、その頃も「生き残り」の国造と右の二国造しか存在しないのである。古記が国造の定まっていない場合を想定したのも、このような状況があったからこそと考えられるであろう。

さて次に、古記以外の諸説についても簡単にふれておくことにしたい。

(D)『令集解』神祇令諸国条((A)条)「其国造出馬一疋」注

穴云。刀一口。一可良。皮一張。一波太。鍬一口。一和。国造。国別有耳。若国造闕者。无レ馬也。古説。不レ依。以二官物一買出。国造兼二任郡司一者。刀等並通備耳。今説。刀一口以下。雑物以上者。郡司私備耳。但国造所レ出馬者。祓訖之後。所レ至不レ見耳。今行事使得耳。朱云。皮一張。謂皮色不レ見。但令釈上条云。鹿皮者也。雑物以上。郡司中可レ備。未レ知。少領以上歟。不何。先云。主帳以上。皆郡司耳者。郡司中作レ差可レ出者。未レ明。国造任二郡司一。无二国造一者。郡司兼亦出レ馬耳。若専无二国造一者。不レ可レ出レ馬也。国造謂二官之名一耳。毎レ国一人可レ有者。未レ知。選叙令云。国造与レ此同不。答。案一同耳。跡云。雑物以上。郡司之物令レ備。但无二国造一者。不レ出レ馬耳。

(後略)

(E)『令集解』選叙令郡司条（(B)条）「先取国造」注

謂。取下見為二国造一者上。即神祇令。国造出二馬一疋一是也。古記云。（中略——先に引用）跡云。国造謂二見任国造人一也。朱云。先取二国造一。謂国造与二庶人一。相二望大領少領一。先可レ取二国造一者。国造謂毎国可レ有二一人一者。未レ知。常定成氏可レ有不。答。穴云。先取二国造一謂非二兼任一。而解二退国造一任二郡領一也。問。国造本興如何。答。古昔。无二国司一而只有二国造一。治二一国之中一。郡別。任二大少領一耳。問。神祇令。国造出二馬一疋一者。未レ知。国造任二郡領一之後不レ出哉。答。不レ可レ出也。（後略）

まず(D)についてであるが、ここで諸説がいずれも国造の欠けている場合を想定している点は、右にみた古記と同様である。これらの諸説の成立は延暦年間ないしそれ以降と考えられている(47)が、国造の欠けている場合を想定した理由については、やはり古記と同様のことが考えられるであろう。また、穴記に引く「今説」からは、当時、現実に大祓における国造の貢馬が行なわれていたことが知られるが、これについては、国造の普遍的存在を示すのではなく、出雲・紀伊二国造の例を念頭に置いて述べたものと解釈すればよいであろう。なお、先説で、(A)条の「国造」と(B)条の「国造」との「同不」がことさら問題にされている点は、逆に両者の意味が異なる可能性のあったことを示すものともいえるのではあるまいか。

次に(E)であるが、ここでの諸説（(D)の場合も含めて）が一様に(B)条の「国造」を国造その人（官職としての国造）と解釈していることは明らかである。そしてそれが、古記と同様(B)条の法意を誤解したものであることは、改めて述べる必要はあるまい。

ここで注意したいのは、穴記の問答に、「問。国造本興如何。答。古昔。无二国司一而只有二国造一。治二一国之中一。郡別。任二大少領一耳」とある点である。本節の主題からははずれるが、これは国造の「本興」についての一つの解釈であり、(B)条の「国造」を誤解しているといないとにかかわらず、注意されなければならないと思う。もちろんそれが一つの解釈である以上、その内容が事実を伝えているとは限らないのであるが、ともかくそれによれば、「昔は、国司がなくただ国造だけがあって一国の中を治め、（その国の中には）郡別に大少領が任命されていた」というのである。ここでいう「郡別の大少領」は「大化」以前の県稲置や地方伴造を指したものとも考えられようが、本編の第二〜四章で述べてきたように、孝徳期以後は、国造—評造の二段階の地方行政組織（より正確にいうならば国造—評造—五十戸造の三段階の組織）が存在し、しかも全国的に常置の宰（「国司」）が派遣されるようになるのは、天智末年の庚午年籍作成の時点まで待たなければならなかったと考えられるのである。右の解釈が、こうした事実によって導かれたという可能性も、十分に考えられるのではないだろうか。

第四節　国造田について

これまで三節にわたって律令制下の国造について考察してきたが、残された重要な問題としては、国造田の問題があげられるであろう。国造田についての史料の中では、前節にみた古記の文章が最も古い時期のものであるが、古記には国造田についてもう一ヵ所、次のような記事がみえている。

『令集解』田令郡司職分田条「郡司職分田」注

古記云。輸租也。射田。国造田。采女田亦同。（後略）

これらの古記の文章から、古記が成立した天平十年頃には国造田が存在し、それが郡司職分田と同様輸租田であったことが推定されるであろう。また、『令集解』田令田長条「町租稲廿二束」の注には、

釈云。(中略)民部例。神田。寺田。戒本田。放生田。国司公廨田。以上為二不輸租田一。无主位田。闕郡司職田。闕国造田。闕釆女田。射田。公(田脱カ)・乗田。已上不輸租田。為二地子田一。見任国造田。郡司職田。釆女田。位田。口分田。墾田。已上為二輸租田一也。(後略)

とあり、これによれば、闕国造田と見任国造田があり、闕国造田は輸地子田、見任国造田は輸租田とされていたことが知られる。ここに引く民部例は天平宝字元年(七五七)以降八世紀後半の成立と考えられているが、[48] 国造田についての同じ規定は『延喜式』主税式上勘租帳条にも次のようにみえている。

(前略)其神田。寺田。布薩戒本田。放生田。勅旨田。公廨田。御巫田。釆女田。射田。健児田。学校田。諸衛射田。左右馬寮田。飼戸田。調急田。勧学田。典薬寮田。節婦田。易田。職写戸田。膂力婦女田。惸独田。船瀬功徳田。造船瀬料田。並為二不輸租田一。其位田。職田。国造田。釆女田。膂力婦女田。賜田等未授之間。及遙授国司公廨田。没官田。出家得度田。逃亡除帳口分田。乗田。並為二輸地子田一。自余皆為二輸租田一。

そして、国造田を具体的に数多くあげているのが、『別聚符宣抄』に引く延喜十四年(九一四)八月八日の太政官符である。長文のため全文の引用はしないが、そこでは「応下返二進諸国雑田二千三百六十六町九段五十二歩一其地子稲混中合正税上事」として、その中の一つに、

国造田四百十一町五段

伊勢国七町　尾張国六町　参河国四町六段　遠江国十三町　駿河国六町　伊豆国六町　相模国十二町　武蔵国十二町　上総国十八町　下総国十八町　常陸国卅六町　近江国八町　美濃国廿四町　飛騨国六町　信濃国六町　下野国六町　若狭国六町　越前国六町　加賀国十一町　能登国六町　越中国十二町　丹後国六町　因幡国六町　伯耆国五町　石見国十二町　隠岐国一町八段　播磨国六町　美作国六町　備中国十八町六段　備後国十八町　安芸

国六町　長門国六町　淡路国六町　讃岐国六町　伊予国六町　土左国十一町五段　筑前国六町　筑後国十二町
豊前国六町　肥前国六町　肥後国十九町　日向国六町　壱岐嶋六町

があげられているのである。したがって、右の四三ヵ国の国造田はすでに輸地子田、すなわち闕国造田になっていたのであるが、これにより国造田がほぼ全国的に設置されていたこと、そしてそれは国ごとに六町ないしその倍数置かれるのが原則であったこと、などが推定されるであろう。なお、右に「隠岐国一町八段」とあるが、『延喜式』民部式上諸国健児条には「隠岐国以二国造田三町地子一充之」とみえており、隠岐国の国造田も本来もっと広かったことが明らかである。

一方、『続日本後紀』承和元年（八三四）十一月癸亥条に「依二兵部省所一レ請。以二国造田廿町地税一。永充下親王已下五位已上廿人調二習内射一之資上」とあるとおり、この時国造田二〇町の地税が「調習内射之資」とされたのであるが、『延喜式』兵部省式射田条には「凡射田廿町。近江国八町。丹波国六町。備前国六町。充二大射射手親王已下五位已上調習之資一」とあって、その国造田二〇町の内訳が近江国八町、丹波国六町、備前国六町であったことが知られる。(49) このうち丹波国六町と備前国六町は延喜十四年八月八日の官符にはみえておらず、これによって丹波・備前にも国造田の置かれていたことが明らかである。(50) またこれらの記事からは、承和元年当時すでに近江・丹波・備前の国造田が闕国造田になっていたことも知ることができる。

以上、国造田についての主な史料を掲げ、そこから直接うかがうことのできる点だけを述べてきた。ところで、今日の国造田についての通説的な理解は、およそ次のようなものであろう。(51)

(1)国造田は一種の職分田として「新国造」に支給されたものであり、現に「新国造」が任命されている国の国造田が見任国造田、「新国造」が欠けている国の国造田が闕国造田であった。

(2)ただし、国造田は「新国造」に任命される資格を有している「国造氏」の数に応じて、その本郡に六町ずつ設置されていたのであるから、「国造氏」が数氏存在し、一二町以上（六町の倍数）の国造田が置かれている国の場合でも、見任国造田は常に六町だけ（すなわち見任の国造を出している「国造氏」の本郡に置かれた六町だけ）であった。

従来いうところの「新国造」の存在を認めない私見からすれば、この通説にそのまま従うことはできないのであるが、(1)については、そこの「新国造」を「国造」に置き換えさえすれば、それで正しい理解になるものと考える。つまり私は、国造田というのは、従来の言葉でいう「旧国造」に対して支給された田であると考えるのである[52]。国造田を、国造が郡司に任命された場合に支給される田とする見解もあるが[53]、それが「国造者一国之内長。適任二於国司（郡司）一。郡別給二国造田一」という古記の文章を誤って解釈したために生じた見解であることは、前節で述べたとおりである。

そして(2)に関しては、まず、第6表に示したとおり、延喜十四年の官符にみえる一国内における国造田の数と、「国造本紀」にみえるその国の領域内に比定される国造の数とがほぼ相関関

第6表　国造田の分布と国造氏

国名	管郡数	等級	国造田	「国造本紀」にみえる国造（国造氏）名
伊勢	一三	大	七町	伊勢
尾張	八	上	六町	尾張
参河	八	上	四町六段	参河・穂
遠江	一三	上	一三町	遠淡海・久努・素賀
駿河	七	上	六町	珠流河・廬原
伊豆	三	下	六町	伊豆
相模	八	上	一二町	相武・師長
武蔵	二一	大	一二町	无邪志・（胸刺）・知々夫
上総	一一	大	一八町	須恵・馬来田・上海上・伊甚・武社・菊麻
下総	一一	大	一八町	印波・下海上
常陸	一一	大	三六町	新治・筑波・茨城・仲・久自・高
近江	一二	大	八町	淡海
美濃	一八	上	二四町	（額田）・三野前・三野後
飛騨	三	下	六町	斐陀
信濃	一〇	上	六町	科野
下野	九	上	六町	下毛野・那須
若狭	三	中	六町	若狭
越前	六	大	六町	三国・角鹿

加賀	四	上	一一町	加我・(加宜)・江沼
能登	四	中	六町	能等・羽咋
越中	四	上	一二町	伊弥頭
丹後	五	中	六町	丹波
因幡	七	上	六町	稲葉
伯耆	六	上	五町	波伯
石見	六	中	一二町	石見
隠岐	四	下	一町八段	意岐
播磨	一二	大	六町	針間・針間鴨・明石
美作	七	上	六町	(美作)
備中	九	上	一八町六段	下道・加夜・笠臣・吉備中県
備後	一四	上	一八町	吉備穴・吉備品(風)治
安芸	八	上	六町	阿岐
長門	五	中	六町	穴門・阿武
淡路	二	下	六町	淡道
讃岐	一一	上	六町	讃岐
伊予	一四	上	六町	伊余・久味・小市・怒麻・風速
土佐	七	中	一一町五段	都佐・波多
筑前	一五	上	六町	竺志米多
筑後	一〇	上	一二町	筑志
豊前	八	上	六町	豊・宇佐
肥前	一一	上	六町	松津・末羅
肥後	一四	大	一九町	火・阿蘇・葦分・天草
日向	五	中	六町	日向
壱岐	二	下	六町	伊吉嶋
(丹波)	六	上	六町	
(備前)	八	上	六町	大伯・上道・三野

係にあることは事実であり、国によって国造田の数が異なることを他の要因(たとえば国の等級、管郡数、地域差など)に求めるのは困難である。一方、「国造本紀」の国造は、原則として大宝二(七〇二)年に定められた国造氏を載せたものと考えられるのであり、[54] また、国造田が大宝二年当時から、延喜十四年の官符にみられるような国による差を持って置かれていたことも、ほぼ間違いないものといってよいであろう。したがって、国造田が「国造氏」の数に応じてその本郡に六町ずつ設置されていたという(2)の理解は、正しい理解といえるのである。

しかし、本章第二節で述べたとおり、大宝二年に定められた国造氏は、「新国造」に任命される一族を定めたのではなく、郡領への優先任用を規定された「旧国造」一族を公的に認定したものなのであって、この点に注意しなければならないと思う。つまり、国造氏の数というのは原則として「旧国造」の数と一致するのであり、国造田がほぼ国造氏の数に応じて置かれているということは、国造田が本来「旧国造」に対して支給されたものであったことを如実に示していると考えられるのである。

なお、国造氏の中には、現実には国造を出していなかった一族も一部含まれていたと考えられることは、先にも述べたとおりであるが、この点も右の私見を裏付けるものといえよう。なぜならば、第6表に明らかなとおり、各国の国造田の数と国造氏の数とはほぼ相関関係にあるのではあるが、国造氏の数が相応する国造田の数より多い場合がかなりみられるからである。もちろん、第6表の比定は絶対的なものではないのであるが、概して国造氏の方が多いことは指摘されてよいであろう。

さて、国造田を右のように理解するならば、それが八世紀以降も引き続き存在している点はどのように解釈されるのであろうか。最後にそのことを、これまでの私見に照らして述べておくことにしたい。

まず、国造制は「大化」後も引き続き存続し、令制国の画定される天武末年にその廃止が決定されたと考えられるのであるが、国造田は、おそらく「大化」後のある時期に、国造の「職分田」として、そのクニごとに六町ずつ、国造の本拠としている評に設置されたものと思われる。そして天武末年に国造制の廃止が決定されても、その時の見任国造が生存している間は見任国造田（輸租田）として存在したのであり、それらの国造が次から次へと死去していった後も、収公されることなく闕国造田（輸地子田）として残されていったのではないだろうか。[55] 律令制下の国によって国造田の数に違いがあることも、ここにその起源が求められるのであり、六町以上（六町の倍数）の国造田の置かれている国は、天武末年の令制国の画定にあたり、それまでの国造のクニが統合された例と考えられるのである。また、右のように考えるならば、八世紀初頭においてすでに国造田のほとんどは闕国造田になっていたはずであり、九・十世紀の史料にみえる個々の国造田が、すべて闕国造田として現われているのは当然のことなのである。

一方、国家の政策として存続させられた出雲・紀伊の二国造には、一貫して国造田が支給されていたものと思われるが、闕国造田としての史料に出雲・紀伊の国造田がみえない（第6表参照）のはけっして偶然ではなく、そのことを示すものといってよいであろう。なお、天平の末年頃から現われる名誉職的な国造に国造田が与えられたかどうかははっきりしないが、その国造の任命が「特異な論功行賞」としての意味を持ったものであるならば、国造田を与えられるくらいの実質はあったとみなしてよいのではあるまいか。

注

（1）このことは第5表からははっきりとうかがえないが、以下の本文で述べるとおり、植松考穆氏や高嶋弘志氏の研究に詳しい。
（2）植松考穆「大化改新以後の国造に就いて」（早稲田大学史学会編『浮田和民博士記念史学論文集』六甲書房、一九四三年）五五〜六四頁。
（3）高嶋弘志「律令新国造についての一試論」（佐伯有清編『日本古代史論考』吉川弘文館、一九八〇年）二一一〜二二三頁。
（4）同右、二二二〜二二三頁。
（5）なおこの大倭忌寸五百足は、その後生存を示す記事がなく、まもなく死去したものと考えられよう。
（6）吉田晶『日本古代国家成立史論』東京大学出版会、一九七三年、第六章「凡河内直氏と国造制」二九〇〜二九二頁。
（7）ただし④の大倭国造大倭忌寸五百足については、先に本文で述べたとおり、神亀四年（七二七）までは生存が確認される。
（8）ただし、出雲と紀伊の二国造は除く。
（9）本編第三章第二節に引用。
（10）高嶋弘志「律令新国造についての一試論」（前掲）二五二〜二五三頁。
（11）上田正昭「山陰文化の伝統」（『古代の日本』4、角川書店、一九七〇年）二二一〜二二二頁。
（12）新野直吉「古代出雲の国造」（神道学会編『出雲学論攷』日本教文社、一九七七年）一六〇〜一六一頁参照。

(13)　新野直吉『謎の国造』学生社、一九七五年、九六～九九頁。

(14)　『貞観儀式』巻十には、紀伊国造の任命儀式について次のようにみえている。

（前略）大臣宣参来。丞称唯而上至二大臣座前一。大臣賜二国造名簿一。丞受退出。訖輔丞録各一人入就レ座。訖国守入就レ版。次省掌引二任人一参入。任人就レ版省掌差レ南去レ立。訖弁大夫已下部録已上。皆起レ自レ座立二于庭中一。弁大夫東面。式部輔西面。丞録北面。参議已上在レ座不レ下。于レ時弁大夫一人進就レ版宣制曰。官姓名乎紀伊国造任賜止波久宣。国造称唯。再拝両段。拍レ手。四段宣命者復二本列一。訖任人退出。弁大夫幷式部録已上就二本座一。訖更立退出。

(15)　なお、律令制下の国造を名誉職的なものとする見解に対して、近年、森公章氏は、出雲・紀伊二国造の例や、阿波国造碑文の阿波国造粟凡直弟臣、『伊豆国造伊豆宿禰系譜』の伊豆国造の例などから、律令制下においても国造は地方支配上一定の役割を果たしていたと説かれている。森公章「律令制下の国造に関する初歩的考察」(『ヒストリア』一一四、一九八七年)。しかし、出雲・紀伊の二国造と他の国造とを同列に論ずることができないことは、本文で述べたとおりであり、阿波国造粟凡直弟臣は、私見によれば「生き残り」の国造であって、名誉職的な国造とは区別される。また『伊豆国造伊豆宿禰系譜』の伊豆国造については、その史料性に問題があろう。律令制下においても、旧来の国造一族（それが大宝二年に国造氏として公認されることについては次節で述べる）が、なお地方支配の上で実質的に一定の役割を果たしたということは十分考えられるところであるが、その国造一族（国造氏）と、特定の個人が任ぜられる官職としての国造とは、区別して考えなければならないのである。

(16)　事実、国造が「大解除」で中心的役割を果したであろうことは、本編第二章第三節で述べたところである。

(17)　高嶋弘志「律令新国造についての一試論」（前掲）二二九～二三〇頁。

(18)　磯貝正義『郡司及び采女制度の研究』吉川弘文館、一九七八年、第一編第一章「郡司任用制度の基礎的研究」二九頁。

(19)　国造制の廃止が決定された天武末年から、大宝令・養老令が制定されるまでの期間を考えるならば、この間に多くの国造は死去していったであろうが、なお何十人かの国造が生存していたとしても不自然ではない。

(20)　坂本太郎『日本古代史の基礎的研究』下、東京大学出版会、一九六四年、所収「飛鳥浄御原律令考」一二～一三頁参照。

(21)　新野直吉『日本古代地方制度の研究』吉川弘文館、一九七四年、第二章第一節「大化改新以後の国郡制」一九七頁。

(22) 『日本書紀』持統天皇三年六月庚戌条。

(23) 虎尾俊哉「大化改新後の国造」(『芸林』四―四、一九五三年)。同「大化改新後国造再論」(『弘前大学国史研究』六、一九五七年)。八木充『律令国家成立過程の研究』塙書房、一九六八年、第二編第一章「国郡制の成立」、等。

(24) 虎尾俊哉「大化改新後国造再論」(前掲)一八~一九頁。

(25) 伊野部重一郎「郡司制の創始についての覚書」(『日本歴史』一八九、一九六四年)二四~二五頁。

(26) 関晃「再び大化の郡司制について」(『日本歴史』一九七、一九六四年)五九頁。

(27) ただ虎尾俊哉氏の場合は、(B)条の「国造」を国造の一族だけでなく、かつての県主なども含めた旧来の地方豪族全体を指す語とされる(虎尾俊哉「大化改新後の国造」〔前掲〕二四~二六頁。同「大化改新後国造再論」〔前掲〕一九~二一頁)のであるが、「国造」の語にそこまで広い意味を持たせるのが無理であることは、磯貝正義氏の指摘されるとおりであろう。磯貝正義『郡司及び采女制度の研究』前掲、一五~一七頁。

(28) この古記の文章は、次節で本文に引用する。

(29) 虎尾俊哉「大化改新後の国造」(前掲)二七~二八頁。八木充『律令国家成立過程の研究』前掲、九四頁。米田雄介「国造氏と新国造の成立」(『続日本紀研究』一六二、一九七二年)四~五頁。

(30) 郡領任用への優先資格を有する一族としての国造氏の存在を、はじめて明確に指摘されたのは米田雄介氏である。米田雄介「国造氏と新国造の成立」(前掲)一~七頁。ただ、米田氏が「海上国造他田日奉部直」の表記を国造氏を表わすものとされている点は疑問であり、すでに今泉隆雄氏の批判があるとおり(今泉隆雄「『国造氏』の存在について」〔『続日本紀研究』一六四、一九七二年〕四五頁)、右の表記は、磯貝正義氏の見解(磯貝正義『郡司及び采女制度の研究』前掲、二五~二七頁)に従って、複姓とみるのが妥当であろう。しかし、郡領への優先任用を公認された国造氏が存在したこと自体は、本文で述べたとおり間違いないものと考えられるのである。

(31) 磯貝正義『郡司及び采女制度の研究』前掲、一七~一八頁。

(32) 同右、三一~三五頁。

(33) 今泉隆雄「八世紀郡領の任用と出自」(『史学雑誌』八一―一二、一九七二年)参照。

（34）新野直吉『謎の国造』前掲、一六五〜一六六頁。
（35）旧著（『国造制の成立と展開』吉川弘文館、一九八五年）でこのように述べたことに対して、森公章氏、山尾幸久氏の御批判をいただいた（森公章「律令制下の国造に関する初歩的考察」〔前掲〕一六、三〇頁。山尾幸久「大化年間の国司・郡司」〔『立命館文学』五三〇、一九九三年〕八二〜八三頁）が、この点については現在でも改める必要はないと考えている。
（36）なお、山尾幸久氏は、(A)条の「国造」を一国範囲の国家祭祀を主宰した役職としての国造、(B)条注記規定の「国造」をその国造に就任できる（そして郡領にもなり得る）資格としての国造、とされるのであり、「国造兵衛」の「国造」や大宝二年の「国造記」に登録された「国造」は、(B)条と同じ国造であると説かれている。山尾幸久「国造について」（古代を考える会編『藤澤一夫先生古稀記念古文化論叢』藤澤一夫先生古稀記念論集刊行会、一九八三年）一九八〜二〇四頁他。同「大化年間の国司・郡司」（前掲）八七〜九一頁他。(A)条と(B)条の「国造」を区別し、「国造兵衛」の「国造」や「国造記」の「国造」を(B)条の「国造」と同義とされる点は私見と一致するが、しかし私は、後者の「国造」について、前者（(A)条）の「国造」に就任できる資格としての国造、というような特異な概念を持ち出す必要はないと考えるのであり、「国造」の語に、国造一族全体ないし国造氏を指す用法があると考えられる以上、後者の「国造」は、その国造一族・国造氏を指す「国造」とみるべきではないかと思うのである。また、山尾氏は、『万葉集』巻二十の防人の歌の作者の記載における「国造」や「国造丁」の国造については、(A)条・(B)条の国造の語（法制用語としての国造の語）を借りて、一国を代表する防人を「国造」と呼んだ一般的な仮借の用法とされるのである。山尾幸久「大化年間の国司・郡司」（前掲）八三〜八五頁。しかし、この防人の「国造」についても、国造氏としての国造とみてよいと思うのであり、防人集団の長である上丁（防人集団の構成については、山尾氏の説かれるとおり、国単位に上丁＝国造＝国造丁、助丁、帳丁＝主帳＝主帳丁がおり、郡単位に上丁、助丁がいたとみるべきであろう）が国造氏から選ばれた場合、その上丁を「国造」・「国造丁」とも呼んだと考えるのである。この点「国造兵衛」の「国造」と、まさしく同じ用法であるといえよう。
（37）以下の(a)〜(d)の段落分けは、山尾幸久氏にならったものである。山尾幸久「国造について」（前掲）一九八頁。
（38）ここをこのように読むことについては、後述する。
（39）八木充『律令国家成立過程の研究』前掲、八七〜九〇頁。

(40) ただし山尾氏は、ここを「国司」のままに読むべきものとされており、律令制下における一国の役職としての国造は国のツカサであるから、ここの「国司」はその国造のことを指すとされている。山尾幸久「国造について」(前掲)二〇〇、二二八頁。しかし、同じ古記の文章において、同じものを指すのに「国司」と「国造」という二様のいい方をしたとするのは、やはり不自然ではないだろうか。

(41) 八木充『律令国家成立過程の研究』前掲、八八頁。なお、最近この点に関して鹿内浩胤氏は、『令集解』の当該部分の諸写本を調査され、国史大系本に「適任於国司」とあるのは、写本ではいずれも「過任於国司」とあることを発見され、「適」は「過」が正しく、「国司」は「国司」のままでよいと説かれている。そしてその場合の解釈については、「過」には「まさる。すぐれる」の意味があることから、「(国造に任ずることは)国司に任ずることよりもまさっていて」の意味に解釈すればよいとされる。鹿内浩胤「古記と国造田」(『日本歴史』五五九、一九九四年)三~七頁他。注目すべき見解ではあるが、諸写本に「過」とあるから「過」が正しいと断言できるわけではなく、「過」とした場合は、やはり文章の意味が通じ難いのではあるまいか。古記が「国造を国司よりも格上と見る」というようなことは、考え難いと思うのである。

(42) 新野直吉『日本古代地方制度の研究』前掲、二一八~二一九頁。

(43) 国造田がすべての郡に用意されていたのではなく、国造(「旧国造」)の本郡にのみ設置されていたことについては、次節で述べる。

(44) 虎尾俊哉「大化改新後国造再論」(前掲)一九~二〇頁。伊野部重一郎「郡司制の創始についての覚書」(前掲)二七~二八頁。今泉隆雄「『国造氏』の存在について」(前掲)四四頁。山尾幸久「大化年間の国司・郡司」(前掲)八七~八九頁、等。

(45) 井上光貞「日本律令の成立とその注釈書」(井上光貞他校注『律令』〔日本思想大系〕岩波書店、一九七六年)七八〇~七八一頁参照。

(46) 「生き残り」の国造も、この頃(七三八年頃)には、すべて死去していたと考えるのが自然であろう。

(47) 井上光貞「日本律令の成立とその注釈書」(前掲)七八二~七八六頁参照。

(48) 虎尾俊哉「宮城栄昌著『延喜式の研究・論述篇』」(『史学雑誌』六七―六、一九五八年)八六頁参照。

(49) この点は、熊田亮介氏の明らかにされたところである。熊田亮介「国造田について」(『新潟大学教育学部紀要(人文・社

会科学編)』二四—二、一九八三年)五九頁。

(50) ただし、この官符は『政事要略』巻五十三にも載せられており、そこでは『別聚符宣抄』で「丹後国六町」とある部分を、「丹波国六町」としている。したがって『政事要略』の方が正しいとすると、丹後国における国造田の存在は確認できないことになる。

(51) 植松考穆「大化改新以後の国造に就いて」(前掲)五一～五五、六五～六七頁。新野直吉『日本古代地方制度の研究』前掲、二一七～二二一頁、等参照。

(52) 国造田が本来は「旧国造」に対して支給されたという点は、熊田亮介氏も指摘されるところである。熊田亮介「国造田について」(前掲)六三頁。

(53) 関晃「大化の郡司制について」(坂本太郎博士還暦記念会編『日本古代史論集』上巻、吉川弘文館、一九六二年)一九三～一九五頁。八木充『律令国家成立過程の研究』前掲、八七～九〇頁。ただし関氏の場合は、国造田は郡ごとに用意されているという立場から、国造(「新国造」)が本郡にいる時は、郡領を兼任しなくとも本郡の国造田を与えられたとされている。

(54) この点については、第三編第四章参照。

(55) 国造田が輸地子田として残されたのは、国家の経済政策にかかわるものであったと考えられる。

第三編　国造制の構造と諸相

第一章　国造制の内部構造

はじめに

国造は、原則として在地の有力首長が任ぜられ、国造の職務は、その在地首長としての力量に基づいて遂行されたと考えられる。したがって、国造制の内部構造といった場合、それは、国造がクニ内部に対してどのような職務内容と権限を有し、それをどのように行使したのか、という制度としての内容の問題と、当時の在地首長のあり方がいかなるものであったのか、という六・七世紀の社会構造に直接かかわる問題との、二つの問題を含んでいるということになろう。前者は、後者を前提として、あるいはそれと合わせて考えていかなければならない問題であるが、現在の私には、後者について独自に論ずるだけの準備はできていない。ただ、国造制が在地首長制とイコールで結べるものではない以上、前者の問題それ自体を考えることにも、一定の意味はあると思う。ここでは、国造制の内部構造を、前者の問題として考えていくことにしたい。

さて、国造制が中央権力によって定められた地方支配制度であったならば、その問題は、まずは中央権力が国造制をいかなる制度として施行し、それを展開させていったのか、という点から考えていかなければならないであろう。

この点については、すでにこれまでの本書で述べてきたところであるが、それを簡単に要約すると、およそ次のとおりである。

(1)国造制の施行は、国造の管掌範囲であるクニの境界の画定をともなったものと考えられ、そのクニは、在地首長としての国造の支配領域そのものではなく、中央権力によって二次的に設定された区画であったと考えられる。

(2)国造のクニの内部には、石母田正氏の説かれるとおり[1]、他の多くの自立的首長層を含んでいたと考えられるが、それは石母田氏のいわれる「大国造」の場合だけではなく、「小国造」の場合も同様であったとみるべきである[2]。

(3)国造制はその当初、朝鮮半島派遣軍の確保を直接の目的とする軍事動員体制の整備のため、クニ内部の全人民に対する軍丁差発権を国造に与えた制度として発足したものと推定される。

(4)したがって国造は、クニ内部の他の首長層の支配下にある人民に対しても、軍丁を徴集する権限を地方官として与えられたことになり、これを契機に、まもなく軍事以外の一般行政にもかかわるようになったと考えられる。

(5)国造制は、中央権力に服属した在地首長を国造に任ずることで漸次に成立していったような制度ではなく、広範囲にわたって一斉に施行された制度とみるべきであり、まず、磐井の乱を契機とする六世紀中葉の段階で、西日本を対象にほぼ一斉に施行され、次いで六世紀末の段階で、東日本に対しても一挙に施行された（崇峻紀二年七月条に、東山・東海・北陸道に国境を観るための使者が派遣されたとある）とみるのが妥当である。

(6)国造制が西日本を対象にまず施行されたのは、それが軍事動員体制の整備という目的を持っていたことと関係するとみられるが、東日本における国造制の施行は、西日本における国造制の再編（山陽・西海道地方における凡直国造制の施行）と時期的に対応し、両者はやはり軍事体制強化のための軌を一にした政策であったと考えられる。

(7)『隋書』倭国伝の記事によれば、七世紀初め頃の倭国には、八〇戸に一「伊尼翼」（稲置）、一〇「伊尼翼」は一

「軍尼」（国造）に属し、「軍尼」は全国に一二〇存在するという、きわめて整然とした行政組織が存在したことになるが、この記事には、七世紀初め頃の倭国の中央権力による誇張ないし理想が反映されている可能性が高く、『隋書』にいうとおりの組織が存在していたとは考え難い。

(8)しかし、孝徳紀大化元年八月庚子条の東国「国司」らへの詔の中に「国造。伴造。県稲置」とあること、成務紀の国造・稲置の設置記事や允恭紀の闘鶏国造の稲置への貶姓記事に示されるところの『日本書紀』編者の認識、などを考え合わせるならば、七世紀初めの段階で、「軍尼」（国造）—「伊尼翼」（稲置）の組織が存在したことは事実と認めてよいと思われる。

(9)一方、「大化」以前の段階において、国造制と部民制とが併存したことも事実と認めて間違いなく、国造制成立以前に設置された部民集団はあったとしても、国造制成立後の部民の設置は、国造の手を通して行なわれたことが史料的にもうかがえる。

(10)「大化」の時点においては、国造はクニ内部を統轄する地方行政の中心であったことが明らかであり、この時点で国造制の廃止が決定されたとは、とうてい考えられない。

(11)国造制は、評制の施行によって廃止されたのではなく、評制の施行とともにそのクニの再編がなされてその後も存続し、国造は依然クニを統轄する地方官として、評の官人の上に立つ存在であったと考えられる。

(12)評制は孝徳期において全面的に施行されたとするのが妥当であり、評制施行後の国造のクニ内部は、すべて評に分割されていたとみることができる。

(13)評制下の国造は、クニ単位の軍事権を掌握し、クニの祭祀を主宰したことが史料的にもうかがえるが、評の官人の上に立ちクニを統轄するという役割は、中央から常置の地方官としての宰（ミコトモチ）が派遣されるようになると（常置の宰は庚午年籍の作成を契機に派遣されるようになったと考えられる）、次第に低下していったと推定される。

(14) そして、天武天皇の末年に国境画定事業が行なわれ、令制国が成立して国宰制が成立したことにより、国造制はその廃止が決定されたと考えられる。

(15) ただし国造制の廃止は、廃止決定時点の現任の国造からその職を奪うというような形で行なわれたのではなく、現任の国造の死後は新たに後任者を任命しないという形で行なわれたと推定される。

(16) 八世紀以降律令制下の国造については、出雲・紀伊の二国造が律令国家の政策としてそのまま存続させられたほかは、天平の末年以降に現われる名誉職的な一代限りの国造であり[3]、いわゆる「新国造制」なるものが存在したのではなかったと考えられる。

以上が国造制の成立・展開過程に関する私見の概要であるが、本章では、これらの諸点に基づいて、国造制の内部構造を考えようとするのである。ただ、「大化」以後の国造制（評制下の国造制）については、国造のクニの内部がすべて評に分割されていたとみられることからして、その内部構造は評制の構造といいかえることができようが、それについては、簡単にではあるが第二編第三章で述べたところである。したがってここでは、「大化」以前の国造制の内部構造を取りあげようと思うが、右の諸点に基づくとするならば、とくに問題とすべきは、国造―稲置の組織を具体的にどのようなものとして考えるのかという点、および国造制と部民制との関係をいかに考えるのかという点、の二点であろう。以下、それぞれに節を立てて述べていくことにするが、部民制全般についての私見の概要は、本章の付論として別に掲げたとおりである。

第一節　国造と稲置（クニ・コホリ・ミヤケ）

稲置について私は、これまで述べてきたとおり、国造の下に位置する地方官とする説(4)を妥当と考えるのであるが、一方では、稲置をミヤケなど王権の直轄地における稲穀の収取・管理にあたった職とする説(5)も有力である。稲置という名称からすれば、そのような説が唱えられるのも当然であり、私も、稲置は本来、畿内のいわゆる「前期（型）ミヤケ」における稲の収取にあたった職ではないかと考えている(6)。

しかし、稲置関係の史料の内容からして、稲置を国造の下の地方官とする説を否定してしまうことはできないであろう。稲置の性格や職掌をうかがわせる具体的内容をともなった史料としては、①『古事記』景行天皇段に、景行の子の七七王が「悉別㆓賜国国之国造。亦和気。及稲置。県主㆒也」とあること、②『日本書紀』景行天皇二十七年十月己酉条に、日本武尊の熊襲討伐に際し、弓の名手である美濃の弟彦公に率いられた尾張の田子之稲置と乳近之稲置が、日本武尊に従ったとあること、③『日本書紀』成務天皇五年九月条に「令㆓諸国㆒。以国郡立㆓造長㆒。県邑置㆓稲置㆒」とあること、④『日本書紀』仁徳天皇六十二年是歳条に、闘鶏稲置大山主の有する氷室が天皇に献上されたとあること、⑤『日本書紀』允恭天皇二年二月己酉条に、闘鶏国造の姓を稲置に貶したとあること、⑥『日本書紀』大化元年八月庚子条の東国「国司」らへの詔に、「若有㆓求㆑名之人㆒。元非㆓国造。伴造。県稲置㆒而輙詐訴言。自㆓我祖時㆒。領㆓此官家㆒。治㆓是郡県㆒。汝等国司。不㆑得㆔随㆑詐便牒㆓於朝㆒。審得㆓実状㆒而後可㆑申」とあること、そして⑦『隋書』倭国伝に、「有㆓軍尼一百二十人㆒。猶㆓中国牧宰㆒。八十戸置㆓一伊尼翼㆒。如㆓今里長㆒也。十伊尼翼属㆓一軍尼㆒」とあること、の七点があげられるにすぎないが、こうした史料のあり方からすれば、稲置を国造の下の地方官とみるのが最も妥当な解釈であることは明らかであろう。⑦の『隋書』の記事には誇張が認められるにせよ、七世紀初頭の段階で、実際に国造—稲置の組織が存在したか、少なくともそういうプランが存在したのでなかったならば、このような記事は書かれ得なかったはずであり、また⑥の記事が、内容的に当時のものとして信頼できる史料であることは、第二編第一章で述べたとおりである。

ただこのことは、稲置を王権の直轄地における稲穀の収取・管理にあたった職とする説の存在と、必ずしも矛盾するものとはいえないと思う。なぜならば、稲置がそのような職から、国造の下の地方官に発展・転化したと考えることは、十分可能なことだからである。⑥にみえる「県稲置」(コホリのイナキ)(7)というのは、まさしく「県」(コホリ)の管掌者(すなわち国造の下の地方官)に発展・転化したところの稲置を指す表現、とみることができよう。

こうした点は、すでに山尾幸久氏や小林敏男氏らによって指摘されているところであり、山尾氏の場合は、六世紀中葉以降に現われる新しいタイプのミヤケ(徭役型ミヤケ)の在地管掌者が稲置であり、その「ミヤケの支配の及ぶ一定の領域が、政府の行政的軍事的単位として、地域区分的な意味をもちはじめた時が、コホリの成立」であるとされ、ミヤケの稲置からコホリの稲置へ発展したとされるのである。(8)私は、稲置は「前期(型)ミヤケ」の管掌者にさかのぼる呼称と考えるのであり、また後に述べるように、六世紀中葉以降の新しいタイプのミヤケ(いわゆる「後期(型)ミヤケ」)こそ「大化」以前のコホリにほかならないと考えるのであるが、稲置をミヤケの稲置からコホリの稲置へ発展したとする点は、山尾氏の説かれたとおりであると思う。

また小林氏も、「県稲置」を「県」(コホリ)を管掌するようになった稲置とされるのであるが、(9)小林氏の場合、「県」(コホリ)の史料上の分布に対し、稲置のそれがより限定され、両者にずれがあることから、稲置ではないコホリの管掌者も存在したとされているようであり、この点に疑問があるのではないかと思う。小林氏に限らず、稲置を「大化」

以前のコホリの管掌者であり国造の下の地方官であったとする説に対しては、これまで常に、稲置の史料上の分布がきわめて限られているということが、問題点として指摘されてきたのである。しかし私は、第一編第二章でも述べたように、この点は必ずしも問題にはならないと考えるのである（稲置の分布については、六五頁に掲げた第1表を参照）。

第一に、それは史料上の分布にすぎないということである。史料のないのがそのまま実在しなかったことを意味するのでないことは、改めていうまでもあるまい。第二に、稲置の具体例の中には、稲置を姓（セイ）あるいは姓の一部とする例が多いのであるが、実際に稲置の職にあった一族が、後に必ず稲置の姓を称したとは限らないということである。つまり、稲置の職にあった一族が他の姓を称した場合、それは多くが稲置の具体例として残らないということになるのである。第三に、稲置は史料上の分布においても、けっして畿内とその周辺にのみ限られているのではないということである。出雲や讃岐にも稲置関係史料は分布するのであり、しかもその場合、これらの地域には実際に稲置が存在したが、それに隣接する伯耆・石見や阿波・伊予などにはそれが存在しなかった、といったようなことはおよそ考え難いであろう。たしかに、東国（尾張・美濃を含まないそれ以東の東国）における稲置の具体例は知られていないが、⑥の東国「国司」らへの詔の中に「県稲置」とあることは、東国にも稲置が存在したことを示すものにほかならない(10)。史料上の分布が限られているからといって、稲置の実在した地域も限られていたとみることはできないのである。

ただ、残された史料における稲置の具体例がきわめて少ないということは、やはり注意されなければならない事実であり、もし『隋書』にいうとおり全国一二〇の国造の下に、それぞれ一〇の稲置が存在したとするならば、もっと多くの稲置の具体例が残されていてしかるべきであるとの指摘は、一方において、もっともな指摘といわざるを得ないであろう。

ようするに、国造―稲置の組織は存在したが、それは『隋書』にいうほど整ったものではなかったとみるほかはないと思うのであり、問題は、全国各国造の下に稲置がどの程度存在し、その管したところのコホリはどのような内容のものであったのか、という点にあると思われる。

そこでまず、孝徳朝の評制施行段階のコホリ（評）についてであるが、その内部はすでに五十戸単位に編成され（ただし個々の戸が均一的課税単位として編戸されていたとは考え難い）、さらにそこでは、少なくとも五十戸ごとの男丁の数が把握できる程度の「戸籍」が作成されていたと考えられることは、第二編第三章で述べたとおりである。とするならば、このようなコホリの前身としては、当然「丁籍」「名籍」によって把握された田部をともなうところのミヤケが想定されてよいであろう。周知の史料であるが、欽明紀から敏達紀にかけて、白猪史氏の家記に基づくとみられる次の一連の記事が残されている。

(1)遣二蘇我大臣稲目宿禰。穂積磐弓臣等一。使下二于吉備五郡一置中白猪屯倉上。（欽明紀十六年七月壬午条）

(2)遣二蘇我大臣稲目宿禰等於備前児嶋郡一置二屯倉一。以二葛城山田直瑞子一為二田令一。田令。此云二陀豆歌毗一。（欽明紀十七年七月己卯条）

(3)詔曰。量二置田部一其来尚矣。年甫十余脱レ籍免レ課者衆。宜下遣二胆津一胆津者。王辰爾之甥也。検中定白猪田部丁籍上。（欽明紀三十年正月朔条）

(4)胆津検二閲白猪田部丁者一。依レ詔定レ籍。果成二田戸一。天皇嘉二胆津定レ籍之功一。賜レ姓為二白猪史一。尋拝二田令一。為二瑞子之副一。端子見レ上。（欽明紀三十年四月条）

(5)遣二蘇我馬子大臣於吉備国一増二益白猪屯倉与二田部一。以二田部名籍一授二于白猪史胆津一。（敏達紀三年十月丙申条）

(6)馬子宿禰大臣還二于京師一。復二命屯倉之事一。（敏達紀四年二月朔条）

これらの記事について、はじめてその史料的性格も含めての本格的検討をなされた栄原永遠男氏は、(2)(3)(4)は白猪史氏の家記に基づくが、(1)(5)(6)はそれとは別系統の馬子の復命に由来する史料に基づくとされ、(1)と(2)、(3)(4)と(5)は、相互に同じことを語っているのであり、白猪屯倉と児嶋屯倉は同じ屯倉と考えられるとされた(11)。しかしすでに批判があるとおり(12)、(1)と(2)、(3)(4)と(5)を、それぞれ同じことをいった別系統の史料に基づくとみるのは困難であり、やはり(1)〜(6)はその順序で継起した別のことをいっており、白猪屯倉と児嶋屯倉は別の屯倉としなければならないであろう。

ここで注目したいことの第一は、(1)に「吉備五郡」に「白猪屯倉」を置くとあることである。「白猪屯倉」という名称は、白猪史のウジ名に由来するであろうから、それは必ずしも一つの場所に設置された一つのミヤケと解する必要はないのであり、「吉備五郡」に置くとあることからすれば、吉備地方の五ヵ所に設置された五つのミヤケの総称（白猪史氏の家記における自己顕彰的総称）が「白猪屯倉」であると解するのが妥当と思われる(13)。とするならば、ここではミヤケの設置された場所が「郡」（コホリ）と表記されているということになり、それは、このタイプのミヤケによって管掌される範囲がコホリとも呼ばれたから、と考えられるのではなかろうか。

日本におけるコホリの呼称が、渡来人の集団を指す人的団体の呼称として使用されはじめたと説かれたのは米沢康氏であるが(14)、そうであるならば、ミヤケに属する田部の人間集団を指してもコホリと称したということは(15)、十分に考えられるところである。また、その田部が「丁籍」「名籍(16)」によって把握されていた（(3)に「量レ置田部一其来尚矣。年甫十余脱レ籍免レ課者衆」とあることからすれば、田部はそれが設置された当初から「戸籍」によって把握されていたとみるべきであろう）ということからは、日本における「戸」の源流が渡来人集団に求められるとされた岸俊男氏の見解が想起され(17)るであろう。「戸籍」によって把握された集団という共通性からも、田部の人間集団がコホリと呼ばれた可能性は高いと思うのである。やがてそのコホリは、田部の人間集団が居住する地域、あるいはその田部が属するミヤケの管掌する範囲、といった地域を示す言葉としても使用されるようになったであろうが、(1)の「吉備五郡」というのは、そうした後の段階での表現とみることができよう。

第二に注目したいのは、児嶋屯倉と「白猪屯倉」(五つのミヤケ)との関係である。両者の関係をうかがわせるのは、(2)に児嶋屯倉の「田令」に葛城山田直瑞子が任ぜられたとあり、(4)に「白猪屯倉」の田部の定籍に功のあった白猪史胆津が、その「田令」瑞子の副「田令」となったとあることのみであるが、これらのことからすれば、児嶋屯倉は「白猪屯倉」(五つのミヤケ)を統轄したミヤケであり、正副「田令」である瑞子と胆津は、児嶋屯倉の「田令」であるとともに、それが統轄する五つのミヤケの「田令」でもあった、と解するのが最も妥当な解釈であろう。[18] つまりそこには、児嶋のミヤケ—五ミヤケという組織の存在が考えられるのであるが、私は、この組織の在地管掌者が国造(吉備国造)—稲置であったと思うのである。[19] 石母田正氏の説かれるように、ミヤケの経営・再生産も、在地首長の生産関係に依存してはじめて可能であったと考えられるのであり、[20]「田令」の派遣されたミヤケにおいても、その在地管掌者は任命されたとみなければならないであろう。[21]

吉備地方における国造制の展開については、本編の第三章で改めて取りあげるが、児嶋のミヤケ—五ミヤケの設置された欽明朝の段階(1)〜(6)の記事の年代は、蘇我稲目・馬子の活躍時期からみて、ほぼ信用してよいと考える)では、単一の吉備国造が存在していたと考えられるのである。吉備地方に単一の吉備国造が存在したことは、雄略紀七年八月条に「国造吉備臣山」の表記のみえることから推測されるところであり、吉備地方を含めた西日本には、すでに欽明朝の段階では国造制が施行されていた(施行されてまもない時期であるが)と考えられるからである。「国造本紀」によれば、吉備地方には、「上道国造」「三野国造」「下道国造」「加夜国造」「笠臣国造」なども存在したことになるが、これらの国造は吉備氏の分氏後に成立した国造とみなければならず、欽明朝の段階では、欽明紀二年四月条、同五年三月条・十一月条など、「百済本記」によったとみられる記事に「吉備臣」の表記がみえることから、吉備氏の分氏以前と考えられ(22)、「吉備臣」を国造とする単一の国造であったとするのが妥当なのである。

一方、「吉備五郡」(五ミヤケ)の稲置に任命されたのは、吉備国造のクニ内部における、それぞれの地域の首長層であったと推定されるが、吉備氏の分氏も、このことに起因すると考えられるであろう。すなわち、右に掲げた「国造本紀」の「五国造」は、吉備氏の分氏によって成立した氏を国造とする「国造」(国造氏)(23)であり、これらの一族は、欽明朝における五ミヤケ(五コホリ)設置の段階で、稲置に任ぜられ、その後孝徳朝における国造制再編の段階で、稲置から国造に昇任した一族とみるのが妥当と思うのである(24)。

やや議論が先行したが、ようするに、(1)~(6)の記事からは、「大化」以前の吉備地方において、国造―稲置(クニ―コホリ)の組織が存在し、そのコホリは、「戸籍」によって把握された田部をともなうミヤケと同一実体のものであったことがうかがえる、ということである。

そして、稲置のコホリがこのような実体のものであったとするならば、国造―稲置(クニ―コホリ)の組織といっても、それは、国造のクニ(これは行政区としての性格を持つのであるが)の内部がすべて稲置のコホリ(行政区としてのコホリ)に分割されるという、二段階の行政組織と呼べるような組織ではなかったことが明らかであろう。(5)に「増益白猪屯倉与二田部一」(25)とあるとおり、コホリは「増益」されるところのものであって、けっしてはじめから行政区として固定化されていたようなものではなかったのである。つまり、稲置に任ぜられた在地首長の、在地首長としての支配領域がコホリに設定されたのではなく、その支配下にあった集団の一部が「丁籍」「名籍」に登録され、田部(すなわちコホリ)として設定されたと考えられるのである。また一方では、国造のクニの内部に含まれる自立的在地首長層のすべてが、稲置に任ぜられたといったようなことでもなかったと思われる。吉備地方には五コホリ（五稲置）が存在したのであるが、吉備国造のクニ内部には、地方伴造に任ぜられた在地首長など、もっと多くの首長層が含まれていたとみてよいであろう。

さて、以上述べてきたことは、あくまで吉備地方においてのことであるが、コホリの実体が田部をともなうミヤケであったとするならば、国造―稲置（クニ―コホリ）の組織は、ほかの地域においても普遍的に存在していたことが主張できるであろう。

まず、東国にも田部が存在したことは、孝徳紀大化二年三月辛巳条の東国「国司」らへの詔に、「田部」の語のみえることに明らかである。このことは、大化元年八月庚子条の詔に「県稲置」がみえることと、もちろん対応しているのである。

また、安閑紀二年五月甲寅条には、筑紫から上毛野・駿河に及ぶ一三ヵ国に二六の「屯倉」を設置したとする記事がみえるが、これらのミヤケも、田部をともなうミヤケであったと考えてよいであろう。安閑紀には、右の記事に続けて「詔置二国国犬養部一」（同年八月朔条）とあり、さらに続けて「詔二桜井田部連。県犬養連。難波吉士等一。主二掌屯倉之税一」（同年九月丙午条）とあるが、国々の犬養部というのは、諸国においてミヤケの警備にあたった部であろう[26]し、ここに田部連の名がみえるのは、これらのミヤケが田部をともなっていたことを推測させるものである。また桜井田部連・県犬養連・難波吉士らに屯倉の税を「主掌」させたというのは、これらの一族が、諸国のミヤケから送られてくる税を中央で「主掌」したか、あるいは吉備地方における「田令」と同様、諸国のミヤケに派遣されてそれを「主掌」したかのいずれかであろうが[27]、いずれにせよ、これらのミヤケの場合も、在地の管掌者として稲置が任ぜられ、それをクニごとに国造が統轄したとみなければならないであろう。

安閑紀には、元年閏十二月壬午条に、三嶋県主飯粒が竹村屯倉を天皇に献上し、そのミヤケの耕作にあたる田部には、凡河内直味張が河内県の部曲（凡河内直味張の私民とみるのが妥当と考える）をもってあてたとする説話もみえるが、この説話からは、竹村屯倉の在地管掌者たる稲置が三嶋県主飯粒であり、凡河内直味張は凡河内国造として、クニ内部のミヤケ・田部を統轄していたことがうかがえるのではなかろうか。そうであったからこそ、三嶋の地のミヤケの田部に、河内の地の部曲をあてることができたとみられるのである。安閑紀に「毎国田部」「毎郡钁丁」といった表現がみえることも、田部が国造―稲置（クニ―コホリ）の組織によって掌握されていたことを示すものと思われる。そして、これら安閑紀に記されるミヤケの田部も、やはり吉備の五ミヤケの田部と同様、「戸籍」によって把握されていたと考えてよいであろう。『隋書』に「八十戸置二一伊尼翼一」とあるのは、「八十戸」という戸数はともかくとして、(28)稲置の管する田部が、一般に「戸」によって把握されていたことを示すものとみるべきであろう。

以上述べてきたように私は、安閑紀のミヤケをはじめ、一般に「後期（型）ミヤケ」と呼ばれているミヤケを、「大化」以前のコホリと考えるのであるが、そうであるならば、国造のクニ内部におけるコホリの数、いいかえれば稲置の数は、それぞれ一つや二つでなかったことは容易に推定されるであろう。ただそれにしても、『隋書』にいうほど多くはなかったとみられるのであり、一つのクニに一〇のコホリと定まったものでもなかったことは明らかであろう。「吉備五郡」「倭国六県」(29)というのは、王権にとって重要な地域での数であるが、その他のクニにおけるコホリ（稲置）の数も、おそらくその程度か、それよりやや少ない程度であったと考えてよいのではなかろうか。

ところで、「ミヤケ」という語は、ヤ（屋）・クラ（倉）などからなる経営の拠点としての一区画（施設）であるヤケ(30)に、尊敬の意を表わす（王権とのかかわりを示す）接頭語のミ（御）がついた語と考えられるのであり、『日本書紀』における「屯倉」が、土地やその土地の耕作にあたる田部を含む概念として用いられていることが多いにせよ、その原義が経営の拠点としての施設にあることは間違いないであろう。そしてその施設としてのミヤケには、稲置に任ぜられたところの在地首長の居宅があてられることが多かったと思われる。(31)

そのような稲置のミヤケにおいては、もちろん稲穀の収取が行なわれ、その一部は中央に運ばれたであろうが、そこでは出挙も行なわれたであろうし、勧農をはじめとする諸事業も、そのミヤケを中心に行なわれたことが推定されるであろう。また、「改新詔」には、「大化」以前に三〇戸単位の仕丁徴発がなされていたと述べられているが、国造―稲置（クニ―コホリ）の組織において、そのような定量化された負担が定められていたとして、不自然ではあるまい。こうした点に着目するならば、「後期（型）ミヤケ」の在地管掌者であった稲置を、国造の下の地方官として理解しても、けっして不当ということにはならないと思う。

なお、このようなミヤケ（コホリ）が設置されるようになった時期についてであるが、『日本書紀』によれば、それは安閑朝に集中することになるが、安閑紀のミヤケ設置記事の年代には編者による作為があるとみられており、(32)それをそのまま事実とすることはできない。しかし、先に掲げた白猪屯倉・児嶋屯倉に関する(1)〜(6)の記事の年代がほぼ信頼できるとするならば、欽明朝の中頃には設置されはじめていたということになろう。そうであれば、西日本に国造制が施行されてまもなくコホリが設置されるようになったということであり、東日本に国造制が施行される段階（六世紀末）では、それはすでに、国造―稲置（クニ―コホリ）制として施行されたというようにも考えられるであろう。しかし、先にも述べたように、その段階のコホリは、国造のクニ内部のすべてをそれに分割するような性格のものではなかったことに注意しなければならない。「大化」以前の国造制は、クニ内部に地方伴造など稲置以外の首長層も多く含んでいたのであり、それをそのまま国造―稲置（クニ―コホリ）の二段階の行政組織といいかえることはできないのである。ただ、二段階の行政組織としての国造―稲置（クニ―コホリ）制（すなわち、クニ内部をすべて稲置のコホリに分割して把握する制度）が、少なくとも七世紀初頭の中央権力にとって、あるべき行政組織として考えられていたことは、『隋書』の記事から推定されなければならない点であると思う。

第二節　国造と部民制

国造と部との関係を直接に示す史料は、それほど多くはないが、まず次の二つの史料が注目されるであろう。

(A)允恭紀十一年三月丙午条

（前略）先レ是衣通郎姫居二于藤原宮一。時天皇詔二大伴室屋連一曰。朕頃得二美麗嬢子一。是皇后母弟也。朕心異愛之。冀其名欲レ伝二于後葉一奈何。室屋連依レ勅而奏可。則科二諸国造等一。為二衣通郎姫一定二藤原部一。

(B)雄略紀二年十月丙子条

（前略）皇太后知二斯詔情一。奉レ慰二天皇一曰。群臣不レ悟下陛下因二遊猟場一置二宍人部一降中問群臣上。群臣嘿然。理且難レ対。今貢未レ晩。以レ我為レ初。膳臣長野能作二宍膾一。願以レ此貢。天皇跪礼而受曰。善哉。鄙人所レ云。貴レ相二知心一此之謂也。皇太后視二天皇悦一歓喜盈レ懐。更欲レ貢レ人曰。我之厨人菟田御戸部。真鋒田高天。以二此二人一請将加貢。為二宍人部一。自レ玆以後大倭国造吾子籠宿禰。貢二狭穂子鳥別一為二宍人部一。臣連伴造国造又随続貢。

(A)については、第一編第二章でも取りあげたが、諸国造に科して衣通郎姫のために藤原部を定めたというこの記事に対応する記述は、『古事記』にはみえない。したがってこれは、『日本書紀』編者による作文の可能性が高く、この記事から、允恭朝における国造の存在や、藤原部の設置を事実とみることはできない。ただし、このような作文を行なった『日本書紀』編者の認識から、部が国造の手を通して設置された、という事実を推測することは可能であろう。
(B)についても、第一編第二章で取りあげたが、これは、宍人部の貢上を、㈠皇太后（忍坂大中姫）による膳臣長野、㈡同じく皇太后による菟田御戸部・真鋒田高天、㈢大倭国造吾子籠宿禰による狭穂子鳥別、㈣「臣連伴造国造」による貢上、という四段の文章構成で述べたものである。[33] これも『古事記』にはみえない話であり、『日本書紀』編者の作文によるところが大きい記事と推定される。大倭国造吾子籠宿禰（倭直吾子籠）は、仁徳即位前紀からこの雄略紀まで、七代にわたってその活躍が伝えられる人物であり、実在の人物とは考えられないが、ここで吾子籠が「大倭国造」と記されているのは、この記事のみの表記であって、編者の潤色と考えてよいであろう。「臣連伴造国造」といった連称も、実際に雄略朝当時に存在したとは考え難い。また、「宍人部」という「部」の呼称も、当時は未成立であったと考えられる。

しかしここでも、『日本書紀』編者が右のような作文・潤色を行なった背後に、国造が部の貢上（設置）にかかわっていたという事実をうかがうことは可能であろう。そして、右の記事が四段階の宍人部の貢上を述べており、国造のかかわったのは第三・第四段階とされている点に注意するならば、宍人部の貢上は、はじめから国造によって行なわれたのではなく、その貢上は国造制成立以前にさかのぼる、という点も推測されてよいように思う。

ここにいう「宍人部」は、在地の部（べ）集団を指しているのではなく、伴（トモ）を指した表記であるが、朝廷の職務分掌の組織であるトモの制度は、国造制にさかのぼって存在していたとみて間違いあるまい。「部」称が成立し、トモを資養するべがトモと一体のものとして在地に設置されるようになった時期は、判然とはしないが、欽明朝以降の王族の名に部名を帯びた人名が現われることから、欽明朝にはすでに成立していたとされた津田左右吉氏の見解は、[34]今日においても支持されてよいであろう。六世紀後半の築造と推定される島根県松江市の岡田山一号墳出土の大刀銘に「額田部臣」とあることは、この段階の出雲地方に、額田部集団の存在していたことを示すものと思われる。一方、稲荷山古墳出土の鉄剣銘や江田船山古墳出土の大刀銘に示されるように、ワカタケル大王の時代（雄略朝）には、「部」称は未成立であり、トモの組織も原初的なものであったと考えられる(35)のであるから、部集団が設置されるようになったのは、五世紀末から六世紀中頃までの間に求めるのが妥当ということになろう。とするならば、西日本に国造制が施行された時期と、部集団が各地に設置されるようになった時期は、それほど大きな違いはないということになる。ただ東日本の場合は、国造制が施行される以前から、すでに部が設置されはじめていたとみてよいであろう。

国造制成立以前に設置された部はあったとしても、その成立後は、国造の手を通して部が設置されたであろうことは、右の(A)・(B)のほかに、次の諸史料からもうかがうことができよう。

(C)応神紀五年八月壬寅条

令二諸国一定二海人及山守部一。

(D)清寧紀二年二月条

天皇恨レ無レ子。乃遣二大伴室屋大連於諸国一。置二白髪部舎人。白髪部膳夫。白髪部靫負一。冀垂二遺跡一令レ観二於後一。

(E)継体紀元年二月庚子条

大伴大連奏請曰。（中略）白髪天皇無レ嗣。遣下二臣祖父大伴大連室屋一。毎レ州安中置三種白髪部上。言二三種一者。一白髪部舎人。二白髪部供膳。三白髪部靫負也。以留二後世之名一。（後略）

(F)安閑紀二年八月朔条

詔置二国国犬養部一。

(G)『新撰姓氏録』右京神別下、丹比宿禰条

（前略）奉レ号曰二多治比瑞歯別命一。乃定二丹治部於諸国一。為二皇子湯沐邑一。
（後略）

(H)『高橋氏文』

（前略）又此行事者。大伴立双天応二仕奉一物止在止勅天。日堅日横。陰面背面乃諸国人乎割移天。大伴部止号天賜二磐鹿六獦命一。又諸氏人。東方諸国造十二氏乃枕子。各一人令進天。平次比例給天依賜支。（後略）

これらの史料には、(H)を除き「国造」の名はみえないが、いずれも「国」に命じて、あるいは「国」（「州」）を単位に、部の設定されたことが書かれてある。もちろん、これらの史料の「国」「諸国」は、単に地方・全国各地といった程度の意味で用いられている可能性も高いのであるが、たとえそうであったとしても、『日本書紀』などの編者にとって、それぞれの時期における「国」といえば、それは国造のクニを指すとする認識は存在していたはずである。

一方、各地に部が設置されるにあたっては、(D)・(E)に示されるとおり、中央から使者が派遣されたと考えられるのであり、国造制成立後は、国造と使者の立ち会いのもとで、部の設置が行なわれたものと考えられる。その場合、在地首長としての国造自らの支配下の集団の一部が部に設定され、国造の一族が地方伴造に任ぜられるケースもあったであろうが、多くは、クニ内部の他の首長層の配下の集団が部に設定され、その首長の一族が地方伴造に任ぜられるというケースであったと推定される。そしてそのようなケースにおいても、地方伴造に任ぜられた一族の在地首長としての支配下の集団すべてが、そのまま一個の部に設定されたのではなく、個々の部に設定されたのは、その集団の一部であったとみてよいであろう。「改新詔」には「臣連。伴造。国造。村首所レ有部曲之民」を廃止せよとあるが、国造・村首（そこには地方伴造も含まれるとしてよいであろう）の所有している部曲というのは、部ではなく、部に設定された以外の、国造・村首らの私的支配下にあった民とする説[36]を妥当とすべきであり、このことからも、在地首長としての国造・村首（そして地方伴造）らの支配下の集団すべてが部に設定されたのではなかったことが、考えられるのである。

ただし、各地に設置されていった部の種類とその数は、かなりの数にのぼったはずであり、国造も含め、クニ内部の個々の首長のもとには、それぞれ複数の部の設置されるのがふつうであったと思われる。とすると、そこにおいては、首長の一族の複数の人物がそれぞれ異なった部の地方伴造に任ぜられるということになるのであり、孝徳紀大化二年八月癸酉条の品部廃止の詔に「始二王之名名一。臣連。伴造。国造。分二其品部一別二彼名名一。復以二其民品部一交雑使レ居二国県一。遂使下二父子一易レ姓。兄弟異レ宗。夫婦更互殊上レ名。一家五分六割」とあるのは、そのへんの事情を述べたものとみることができよう。もちろんこれは、主として中央の臣連伴造を指してのことであるが、国造・地方伴造の場合も、一族が多くの部の地方伴造に任ぜられることによって、こうした状況が生じていたと考えてよいであろう[37]。

さてそこで、これらのクニ内部に設置された部と、国造との関係についてであるが、部の設置に国造がかかわっていたとするならば、国造の行政権がこれらの部にも及んでいたことは間違いないと思われる。石母田正氏は、国造はクニ内部のすべての民戸に対して、裁判権、刑罰権、徭役賦課権、祭祀権、勧農をはじめとする行政権を有したと説かれたが[38]、従うべき見解であると考える。ただし、石母田氏も認められるように、部民制は国造制とは別個の収取形態を持つものであり、国造がクニ内部のすべての部を統轄し、各種の部の負担を一括して中央へ貢進した、というのではなかったと思う。こうした見解をとる八木充氏は、クニ内部の個々の部の管理者は、「国造に貢納物・労役を調達するための管理分担者」にすぎないとされ、地方伴造の存在を否定されるのであるが[39]、大化元年の東国「国司」らへの詔にみえる「伴造」は、東国における地方伴造とみるほかはなく、その存在を否定することはできないであろう。部民制における収取は、やはり中央伴造―地方伴造というタテ割り的形態のものであったとみるべきであり、収取の方式としては、国造制が部民制を包括していたのではなく、部民制と国造―稲置制（「大化」以前のクニ―コホリ制）とが併存していたと考えるべきであろう。

各地に設置された各種の部は、地方伴造をとおして、朝廷を構成する中央伴造のもとに統轄されたのであり、これに対してコホリ（田部の人間集団）は、国造―稲置をとおして朝廷機構そのものに属したということができるのである。「大化」の段階で、中央伴造、およびそれを系列下に組み込んだ臣連ら中央豪族の官僚化が意図されたならば、そこにおいて、部民制の廃止が打ち出され、一方で国造制がクニの内部をすべてコホリに分割するという形で再編されていったのは、当然のことといえるであろう。

最後に、「大化」以前のクニ内部（コホリに一元化される以前の）について、私見を図にして示しておくことにしたい。

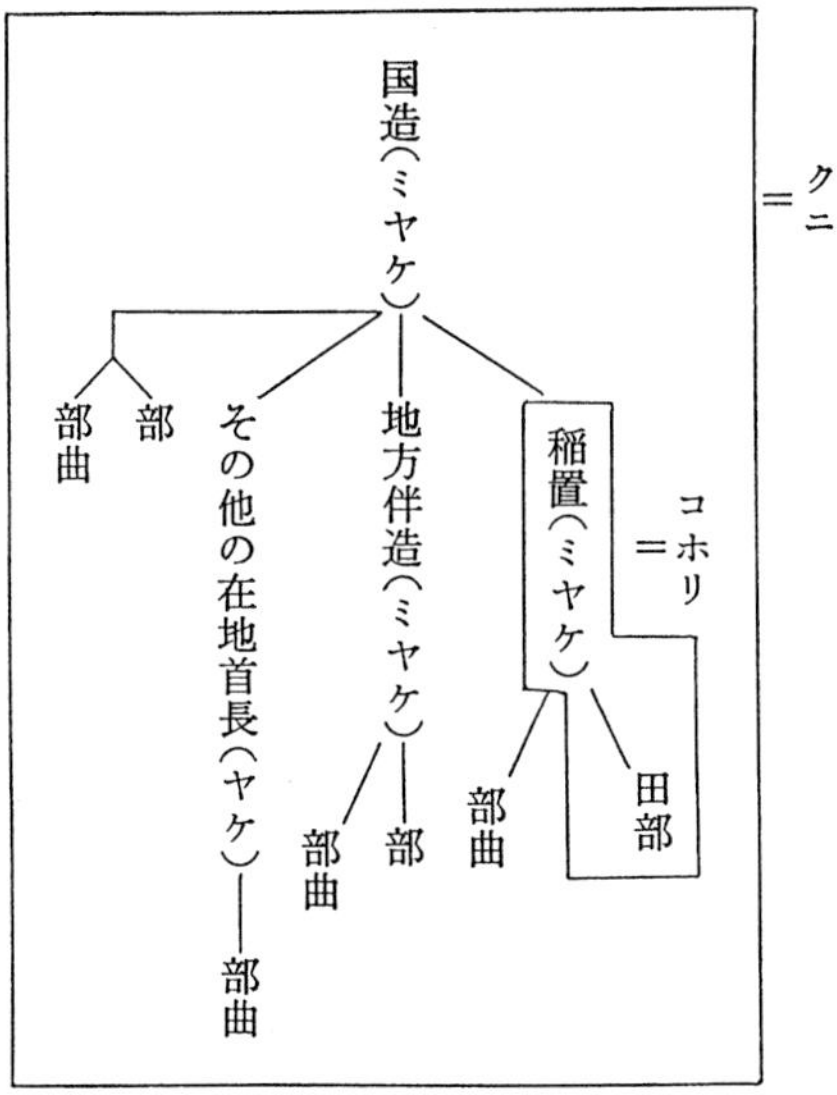

付論　部民制

(1)　部の種類と構造

古代の史料には、額田部・白髪部・土師部・馬飼部・蘇我部・和邇部等々、某部の呼称が数多くみえている。これらの部は、それぞれ何らかの役割をもって王権に奉仕することを義務づけられた集団であり、その奉仕の内容・形態から、いくつかの類型に分けることができる。また、『古事記』『日本書紀』などの文献には、御名代・子代・品部・部曲など、部にかかわる用語もいくつかみえており、これらの語がそれぞれどのような概念を表わすのかという問題は、部民制を理解する上で重要な問題である。

この点についての、今日最も一般的な理解は、それらを部の所有主体の違いを示すものとして、品部＝朝廷所属の部、御名代・子代＝王族所有の部、部曲＝豪族所有の部、とする理解であろう。すなわち、品部は、土師部・馬飼部など、職掌名を帯びる部（いわゆる職業部）であり、それぞれ土師連・馬飼造などの伴造に率いられて朝廷に奉仕した集団、御名代・子代は、額田部・白髪部など、王・王族名（宮名）を帯びる部で、やはり伴造に率いられて王族に奉仕した集団、部曲は、蘇我部・和邇部など、豪族名を帯びる部で、それぞれの豪族が領有した集団、とされるのである。

しかし一方では、こうした理解に対するさまざまな反論も行なわれている。なかでも有力なのは、部民は王権に従属奉仕する王民を、王族・豪族が分割所有した制度である、とする王民制論に基づいた見解である(40)。そこでは、部についての通説の分類方法自体に問題があるとされ、部曲は部民化されていない豪族の私有民を指す語であり、品部は職業部に限らず部全体を指す語であるとされる。またこれとは別に、子代は王族所有の部ではなく、諸豪族が領有した部であるとする説[41]も、かなり広く唱えられている。

部にかかわるこれらの用語は、『日本書紀』の大化年間の諸詔に集中的にみえる語であり、それぞれをいかなる概念でとらえるかという問題は、「大化改新」の評価とも直接関係した問題である。

まず、品部についてであるが、品部を朝廷に所属した職業部とする通説的理解は、律令制下の品部が特殊な技術をもって諸官司に配属された人々を指すこと、「大化」の諸詔において御名代（御名入部）・子代（子代入部）・部曲の廃止とは別に、品部の廃止が命ぜられていること、垂仁紀三十九年十月条の分注に「十箇品部」として列挙される楯部・倭文部などは、いずれも職業部と考えられることなどを、おもな理由としている。これに対して、品部を部の総称とみる論者の一人である鎌田元一氏は、これらはいずれも品部を職業部に限定しなければならない積極的理由にはならないとされ、孝徳紀大化二年（六四六）八月癸酉条のいわゆる品部廃止の詔に、「始二王之名名一。臣連。伴造。国造。分二其品部一別二彼名名一。復以二其民品部一交雑使レ居二国県一。」とあり、また「始二於今之御レ寓天皇一及二臣連等一。所レ有品部宜下悉皆罷為中国家民上」とあるのを素直に読めば、品部は部一般を指す用語と解するほかはないとされる[42]。この詔にいう「王之名名」の部が一般に御名代・子代とされる部に相当することは間違いなく、品部が御名代・子代を含んだ概念であることはそのとおりであろう。ただ鎌田説においては、「其民品部」とあるのを、「其の民の品部」（臣連伴造国造らの民であるところの品部）と読むのであるが、これについては「其の民と品部」と読む説もあり、次に「交雑使レ居二国県一」と続くことからすると、むしろこの読みの方が妥当のように思われる。鎌田氏の部民論は、カキ（民・民部・部曲）とベ（部＝品部）とを同一実体の人間集団とされるところにその眼目があるといえようが、なお疑問は残る。

また、通説的理解においても、大伴部・中臣部・忌部などは、朝廷に所属する品部であると同時に、その伴造である大伴氏・中臣氏・忌部氏らの部曲でもあるという二面性を持つことが説かれているのであるが、大伴部などを部曲とみること自体に問題があろう。部曲については、部（品部）に編成されていない諸豪族の所有民とする説が妥当と考えるが、この点については後にまた取りあげることにしたい。

次に、御名代・子代についてであるが、御名代というのは『古事記』にのみみえる用語であり、『日本書紀』にいう「御名入部」（大化二年三月壬午条）がこれに相当するとみられている。この御名代を王族所有の部とみることについては、ほとんど異論はみられない。御名代は舎人や靫負などのトモを資養する部であって、王族の所有民ではないとする説(43)もあるが、舎人や靫負が大王・王族に近侍したトモであるならば、それを資養する御名代を王族所有の部とみることに、さして問題はないであろう。

見解の大きく異なるのは子代についてであり、先に述べたように、それを豪族所有の部とする、通説とはまったく異なった説が出されているのである。この説は、子代の「子」は臣下を示す「子」であり、「代」（シロ）は「領有するもの」の意であるとするところに、その最大の論拠があるといってよい。『古事記』において、御名代の場合は必ず「御」をつけて記しているのに対し、子代には「御」をつけていない例（垂仁天皇段分注）があり、また『日本書紀』の子代はすべて「御」がつけられていないことからすると、子代の「子」は御子（皇子）の「子」ではないという考えが出されるのも、もっともなことである。しかし、『古事記』には「御子代」と記す例（武烈天皇段）もあり、『播磨国風土記』（揖保郡条）・『先代旧事本紀』（天孫本紀・神皇本紀）・『住吉大社神代記』などでも「皇子代」「御子代」の表記が用いられている点は注意される。また『日本書紀』の子代についても、それを諸豪族（臣下）の部とみるべき積極的理由は見出せないのであり、やはり、子代の「子」は、皇子の「子」を指すとみるのが妥当であろう。

御名代と子代が、いずれも王族を所有主体とした部であることは、通説にいうとおりであると思う。ただし、両者の関係や違いについては、これまで、それを同一のものとする説も含めて、多種多様な見解が示されており、いまだ通説と呼べるような理解は得られていないのであり、私もまた定見を持つことができないでいる。

ところで、「部」は「トモ」とも「ベ」とも読まれるが、部の実体は、朝廷に出仕し、何らかの職務に従事した人人と、そのような人々を出仕させ、またそれを資養する義務を負わされた在地の集団との、二つに分けてとらえることができる。そして、前者をトモ、後者をベと区別して呼ぶのがふつうである。平野邦雄氏は、部民制は朝廷に上番勤務するトモの制度にその原形があるとされ、トモを、ベとの関係から次の四つの類型に整理されている(44)。

(1)忌部連・阿曇連・土師連など、全国に貢納民であるベを持つ伴造の氏（ウジ）であり、各ベは各伴造の私有民的な性格を持つ。

(2)秦造・漢直（蔵部・史部）、車持君（殿部）、水取連（水部）など、後に負名氏といわれる畿内の中小豪族によって構成されるトモ（内廷的トモ）であり、貢納民としてのベは付属するが、それは(1)と異なり、各豪族の私有民的性格は希薄である。

(3)舎人・膳夫・靫負など、全国各地から上番した諸豪族の子弟・一族によって構成されるトモ（近侍的トモ）であり、それを資養するために置かれたベは、トモの出身集団とは直接関係がない。

(4)馬飼造（馬部）、鍛冶首（鍛部・雑工部）など、伴造が配下のベを率いて官司に上番勤務したトモ（生産的トモ）であり、ベそれ自体がトモでもある。

この分類に示されるように、トモとベとの関係は一様ではないが、トモには、それにかかわるベ集団が必ず存在したことは認められるであろう。部民制は、トモによる朝廷の職務分掌の組織に起源を持つものではあるが、そのトモを支えるベ集団を全国各地に設置していくことによって成立・発展していった制度とみるべきであり、全国的な人民支配のための制度であったことに、その本質があるといえよう。

なお、部の実体をトモとベとに分けて理解する通説に対して、部はふつういわれているところのトモのみを指す語であり、平野氏が(1)に分類されたような伴造（トモ）に貢納する集団は部ではない、とする説[45]がある。しかし、近年発見された岡田山一号墳（島根県松江市、六世紀後半の築造と推定される）出土の大刀銘に「各《額》田卩《部》臣」とあることは、当時の出雲地方に額田部集団が存在したことを示しているのであり、在地の集団もまた「部」と呼ばれていたことは確かであろう。

また、ベはトモを「部」と表記したことから生じた新しい読みにすぎないのであるから、部をトモとベとに分けて理解するのは正しくなく、一般にいわれているところの「ベ」もトモにほかならない、とする説[46]もある。たしかに、史料上の「部」は、上番勤務する人々と、在地の集団とを区別せずに指した語ではあろう。ただ「部」がこの二つの実体からなることは否定できないのであり、研究上、前者をトモ、後者をベと区別してとらえる方法は間違っていないと思う。この説においては、部民制（トモ制）はきわめて原始的な統治方式であり、その成立は王権の発生時にまでさかのぼるとされるのであるが、このような見方は、王権のもとでの職務分掌の組織と、全国的な人民支配の方式である部民制との違いを、あいまいなものにしてしまうのではなかろうか。

(2)　部民制の成立

部民制の成立を考える上で重要な史料に、埼玉県稲荷山古墳出土の鉄剣銘と、熊本県江田船山古墳出土の大刀銘がある。前者には、銘文の書かれた年が「辛亥年」と干支で明記されており、「乎獲居臣」（ヲワケの臣）なる人物が「杖刀人首」（杖刀人の首）として「獲加多支鹵大王」（ワカタケル大王）に「奉事」したことが書かれている。また後者には、「无利弖」（ムリテ）なる人物が「典曹人」として、同じく「獲加多支鹵大王」に「奉事」した旨が記されている。両者に共通して現われるワカタケル大王については、ふつういわれているとおり、『古事記』に大長谷若建命、『日本書紀』に大初瀬幼武天皇と記される雄略天皇にあたり、さらに『宋書』などの中国側史料にみえる倭国王武にあたるとみてよいであろう。したがって、前者の「辛亥年」は、四七一年に相当することになる。

二つの銘文の主人公であるヲワケの臣とムリテは、それぞれ稲荷山古墳、江田船山古墳の被葬者（地方の豪族）とみるのが自然であり、五世紀後半のワカタケル大王の時代には、地方の豪族が、杖刀人あるいは典曹人として、大王に仕える体制の成立していたことが知られる。杖刀人の首とあるヲワケの臣も、地方から出仕した杖刀人の一人であったことにかわりはないであろう。ヲワケの臣については、それを地方の豪族ではなく、中央の豪族とみる説も有力であるが、その場合も、稲荷山古墳の被葬者（もしくはその一族）が杖刀人として出仕し、杖刀人の首であるヲワケの臣の配下に置かれていたとするのであるから、地方の豪族が中央に出仕したとみる点では同じである。

「杖刀人」というのは、「刀を杖《つえつ》く人」の意であり、武人として大王の身辺警固にあたった人々を指す語とみられている。また「典曹人」は「曹（役所）を典《つかさど》る人」の意で、きわめて一般的な名称であるが、「典」の語義からすると、文筆をもって大王に仕えた人々を指すとみるのが妥当であろう。これらの人々は、まさしく大王に仕えるトモであり、トモをそれどれの職掌によって区分して呼ぶということが、当時すでに行なわれていたことが知られるのである。そこには杖刀人の首―杖刀人（トモノミヤツコ―トモ）という統属関係もすでに存在している。

雄略天皇の時代には、トノモリ（殿守）・モヒトリ（水取）・カニモリ（掃守）など、畿内の中小豪族によって構成される内廷的トモの制度はすでに成立しており、さらに『古事記』『日本書紀』や『新撰姓氏録』などにおいて、種々の「部」の成立を雄略朝にかけて語ることが多いのは、この時期に、トモの組織が一段と整備・拡充されたことを示す、とみるのが一般的な理解である。ただし、雄略朝段階におけるトモは、杖刀人・典曹人と呼ばれていたのであり、いまだ「部」の呼称は成立していなかったと考えられる。

一方、『日本書紀』雄略紀には、杖刀人・典曹人に通ずる「養鳥人」（トリカヒ）の呼称がみえるのをはじめとして、「舎人」「虞人」「宍人」「厨人」「湯人」「漢手人」「船人」など、「某人」の呼称が集中的に現われているが、その点に注目し、これら「某人」の呼称の多くは、杖刀人・典曹人とともに、当時実際に存在していたのではないか、とする指摘もなされている(47)。かつて直木孝次郎氏は、ヤマト政権の官職制度として、倉人・舎人・酒人・宍人など、「某人」によって構成される「人制」と呼ぶべき制度の存在したことを説かれた(48)。その時は、部民制から人制への移行が想定されたのであるが、稲荷山鉄剣銘が発見され、雄略朝における杖刀人・典曹人の存在が明らかになった以上、それは逆に考えた方が理解しやすい。

しかし、倉人・舎人・酒人・宍人などの呼称と、杖刀人・典曹人という呼称とを、同列にみることはできないであろう。前者は、いわゆる人姓として、律令制下の姓（セイ）に受け継がれた呼称であるが、後者の呼称はそれに継承されてはいない。また、前者が細分化された個々の職掌に対応した呼称であるのに対し、後者は、かなり一般的な名称である点も注意される。すなわち、後者の場合は、大王に仕えるトモを「武官」と「文官」の二つに区分したにすぎない、とみられるような呼称なのである。

杖刀人・典曹人として組織されたトモは、ヲワケの臣やムリテのような地方豪族に限られていたのではなく、畿内の中小豪族や渡来人なども含んでいたであろうが、雄略朝当時のトモの組織は、きわめて簡素な、原初的なものであったとみるのが妥当であろう。

また、杖刀人・典曹人の「杖刀」「典曹」は漢語と考えられるが、トモを漢語で呼ぶということは、倭の五王が安東（大）将軍という中国の将軍号を授与されたことと関係があったと推定される。『宋書』倭国伝によれば、倭国王珍は、南朝宋の皇帝に対し、使持節都督倭・百済・新羅・任那・秦韓・慕韓六国諸軍事、安東大将軍、倭国王という自称の将軍号の除正を求めるとともに、倭隋ら一三人についても、平西・征虜・冠軍・輔国の各将軍号の除正を求めているが、これは、珍が倭隋らに仮授した上で、正式な除授を求めたものである。その後、済の時には、倭国内の二三人が済の仮授に従って「軍郡」（将軍号と郡太守の号）の除正を受けており、さらに武の時は、四七八年の上表文に、自ら「開府儀同三司」を仮し、その余はみな仮授したと書かれてある。つまり倭王は、安東（大）将軍として将軍府を開き、そのもとに府官を置いていたことが考えられるのであり、この府官制の導入が、倭国内における統治組織の形成を促す(49)とともに、大王に仕えるトモを漢語で呼ばせることになったのではないかと思う。

杖刀人・典曹人の呼称が成立すれば、王権の発達にともなうトモの職掌の細分化に応じて、倉人・酒人などの呼称が生まれるのにさほど時間はかからなかったであろうが、それは雄略朝よりも、いま少し後のことであったと考えられる。そして、部称が成立し、トモを支える在地の集団が「べ」として組織されるようになるのは、さらに一段階おくれた時期に求められるであろう。

部の呼称が、百済の部司制・五部制にならって用いられるようになったことは、早く津田左右吉氏の指摘されたところである。(50)津田氏は、部称は最初、新たに百済から渡来した技術者集団をトモに編成し、そのトモを指す語として用いられ始め、ついで古来からのトモにも及び、さらに在地の集団を指す語としても用いられるようになったとされ、欽明天皇以降の王族に、石上部・穴穂部・泊瀬部などの部名を帯びた人名が現われることに注目して、欽明朝には「某部」の呼称が成立していたと説かれた。部称の成立過程については津田説のとおりであろうし、それが欽明朝にはすでに成立していたという点も承認できるであろう。

六世紀後半の築造と推定される岡田山一号墳出土の大刀銘に、「額田部臣」と記されていることは、遅くともそれ以前に部称が成立し、在地集団を部に設定することが始まっていたことを示している。ワカタケル大王の時代（雄略朝）には、いまだ部称は成立していなかったと考えられるのであるから、その成立時期は、五世紀の末から六世紀の中頃までの間に求められるということになろう。

また部称の成立は、単に従来からの各種のトモが「某部」と呼ばれるようになったという名称の問題にとどまるものではない。在地の集団を部＝べに設定したことに重要な意義が認められるのであり、それによって、人民支配の方式としての部民制が成立したといえるのである。ヲワケの臣やムリテが、杖刀人の首や典曹人としてワカタケル大王に奉事した段階では、豪族自身がトモとして組織されたのであり、その支配下の集団までが杖刀人・典曹人に組織されたのではあるまい。この段階のトモの制度は、基本的には大王と各地の豪族との統属関係にすぎず、当時の王権は豪族配下の集団にまでは及んでいなかったと考えられる。ムリテがワカタケル大王への「奉事」を述べると同時に、自らの統治権の安泰の願いをその銘文に込めているのは、その点のことを端的に示しているといえよう。

これに対して、岡田山一号墳出土の大刀銘からは、在地の集団そのものが額田部と呼ばれたことがうかがえるのである。「額田部臣」は、その集団の長、すなわち地方伴造の職にあった人物と推定されるが、臣のカバネを持つことからすると、出雲臣の同族（擬制的同族関係も含む）と考えてよいであろう。その配下の集団が、出雲部ではなく額田部と呼ばれていることは、出雲臣を頂点として形成された在地の政治集団がそのまま部に編成されたのではなく、その政治集団内部の小集団を単位に部が設定されたことを示している。額田部とされた小集団が、そのことによって出雲臣を頂点とした政治集団から分離・独立したということではあるまいが、中央に対する特定の義務を負った集団として設定されたことは、王権が間接的にせよ、豪族配下の集団にまで及んだことを意味する。なお、出雲地方には額田部以外にも各種の部が設置されており、こうした部の設置によって、王権の及ぶ範囲が拡大していったのであるが、出雲臣配下の集団が、すべて何らかの部に分割されたということではなかったであろう(52)。

一方、額田部は出雲地方に限らず各地に設置されたのであり、それらを統轄する中央伴造の職にあったのが額田部連であった。各地の額田部集団の在地における統属関係はさまざまなものがあったであろうが、部としては、中央豪族である額田部連の管轄下に置かれたのであり、こうした部のあり方は、額田部に限らず、一般的に認められるものである。

種々の部は、本来、朝廷および王族への上番・貢納の義務を持つ集団として、王権によって設置されたものと考えられるが、その当初から、それを管轄する中央伴造の所有に帰する傾向を持っていたと推定されるのであり、それが、部民制の一つの特徴でもあったといえよう。王権による全国人民の直接支配がめざされた段階で、このような特徴を持った部民制が廃止の対象とされたのは、当然のことであろう。

(3) 部民制の廃止

孝徳紀大化二年正月甲子条の「改新詔」には、「其一曰。罷二昔在天皇等所レ立子代之民。処々屯倉及別臣連。伴造。国造。村首所レ有部曲之民。処処田庄一」とあり、子代と部曲の廃止が述べられている。「改新詔」の信憑性をめぐっては種々の議論があるが、私は、「改新詔」の内容をすべて孝徳朝当時のものではないとして否定する立場はとらない。「改新詔」が令の条文などに依拠した『日本書紀』編者の大幅な潤色を受けていることは間違いないし、それが『日本書紀』に記すように、まさしく大化二年の正月元日に、四ヵ条からなる整った詔として出されたかどうかも疑問である。しかし、そこに述べられている内容は、多くが孝徳朝当時のものとみてよいと考えている(53)。

孝徳紀には、「改新詔」のほかにも、大化二年三月壬午条の皇太子奏や、同年八月癸酉条の品部廃止の詔など、部の廃止にかかわる記事がみえるが、「改新詔」を疑う説においても、これらについては孝徳朝当時のものとして認めることが多い。皇太子奏というのは、「其群臣連及伴造。国造所レ有昔在天皇日所レ置子代入部。皇子等私有御名入部。皇祖大兄御名入部。謂二彦人大兄一也。及其屯倉。猶如二古代一而置以不」という孝徳天皇の皇太子（中大兄皇子）に対する問いに対し、皇太子が「天無二双日一。国無二二王一。是故兼二并天下一。可レ使二万民一。唯天皇耳。別以二入部及所封民一簡二充仕丁一。従二前処分一。自余以外。恐私駈役。故献二入部五百廿四口。屯倉一百八十一所一」と答えた、というものである。

ここにみえる「入部」についてはさまざまな解釈が行なわれているが、五二四口と口数で示されていることからすると、それは在地のべ集団を指すのではなく、上番したトモを指すとする説が妥当であろう[54]。ただここでは、入部と屯倉がセットで取りあげられているのであるから、入部＝トモの廃止だけではなく、在地のべ集団の廃止も問題にされているとみるべきである[55]。ここにいう「屯倉」は、いわゆる「朝廷の直轄地」としてのミヤケではなく[56]、在地のべ集団を管轄する施設としてのミヤケ（現実には地方伴造の居宅）のことと考えられる。「改新詔」にいう「屯倉」も、これと同様であろう。

ここで注目すべきは、孝徳天皇が子代入部・御名入部とその屯倉を、「猶如二古代一而置以不」（猶古代《むかし》の如くにして置かむやいなや）と問うたと記されていることである。これを素直に解釈するならば、この孝徳天皇の問い以前に、部の廃止にかかわる何らかの方針が示されていたとみなければなるまい。つまり皇太子奏は、「改新詔」における子代の廃止を受けたものと考えられるのである。中大兄の答えにみえる「前処分」も、「改新詔」の「其四曰」に記される仕丁についての規定を指しているのであろう。

「改新詔」で子代の廃止が命ぜられ、再びここで子代の廃止が問題とされている点に疑問が持たれるかもしれないが、前者には単に「昔在天皇等所レ立子代之民」とあるのに対し、後者においては「臣連及伴造。国造所レ有昔在天皇日所レ置子代入部」と記されているのであって、ここでは諸豪族の所有に帰していた子代がとくに問題にされた、ということであろう。(57)

そして、皇太子奏の五ヵ月後に発せられたとされる品部廃止の詔は、先にも述べたように、職業部だけではなく、御名代・子代を含めた部全体の廃止を命じたものと解すべきである。ただし、この品部が部曲も含んだ概念であるかどうかは疑わしい。もしそうであるならば、品部廃止の詔と「改新詔」とは、内容的にまったく重なり合ってしまうことになり、このことを理由に「改新詔」が疑われてもいるのである。しかし、部曲を品部化（部民化）されていない豪族領有民とみるならば、「改新詔」は独自の内容を持ったものとなり、品部廃止の詔の存在を理由に、それを疑う必要はなくなるであろう。「大化」以前に、部民化されていない人々が広範に存在したことは、常識的にも認められようが、この点については、平野邦雄氏が律令制下の無姓者・族姓者などの存在を手がかりに、明快に論ぜられたところである。(58)

「大化」の時点では、こうした純然たる豪族領有民の廃止、すなわち公民化は意図されていなかった、という考えも成り立つかもしれないが、皇太子奏に「兼二幷天下一。可レ使二万民一。唯天皇耳」とあることなどに示される一君万民の考え方からすれば、当時まず廃止されるべきものとして認識されたのは、何らかの形で王権の及んでいる部民よりも、むしろ部民化されていない豪族領有民であった、と解する方が自然であろう。品部廃止の詔に先立つ「改新詔」において、豪族所有の部曲の廃止が述べられていることは、当然のこととして理解できるのである。

また、大化元年九月甲申条のいわゆる土地兼併禁止の詔には、「自レ古以降。毎二天皇時一。置二標代民一。垂二名於後一。其臣連等。伴造。国造各置二己民一。恣レ情駈使。又割二国県山海林野池田一。以為二己財一。争戦不レ已。或者兼二幷数万頃田一。

或者全無㆓容針少地㆒。及進㆓調賦㆒時。其臣連。伴造等先自収斂。然後分進。修㆓治宮殿㆒。築㆓造園陵㆒。各率㆓己民㆒随㆑事而作」とあり、諸豪族による「己民」の領有が非難されている。ここにいう「己民」が「改新詔」にいう「部曲之民」に相当し、「代民」が「子代之民」に相当することは間違いあるまい。そしてこの「己民」を、部民と解するのは困難であろう。なぜならば、諸豪族が部民を率いて「修㆓治宮殿㆒。築㆓造園陵㆒」するなどの朝廷の諸事にあたるのは当然のことであり、何ら非難の対象とされるべきことではないからである。またこの「己民」は、品部廃止の詔に「以㆓其民品部㆒交雑使㆑居㆓国県㆒」とある「民」に相当するとみてよいであろう。品部廃止の詔では、民＝部曲と品部との混同が問題とされているのであり、こうした状況のなかで全国人民の王権による直接支配（公民化）が指向されたならば、その双方の廃止が命ぜられてしかるべきである。

このように、「大化」の時点における品部や部曲の廃止を命じた詔の存在を、ほぼ『日本書紀』の記事どおりに認めるとするならば、天智天皇三年（六六四）の甲子の宣において、大氏・小氏・伴造らの氏（氏上）の「民部」「家部」が定められ、天武天皇四年（六七五）二月己丑条の詔に「甲子年諸氏被㆑給部曲者。自㆑今以後除之」とあることは、どのように理解されるのであろうか。最後に、この点について簡単に述べておくことにしたい。

まず、甲子の宣で定められた「民部」「家部」が、部曲と同様、諸豪族の領有民であることは一般にいわれるとおりであろう。また甲子の宣が、天智天皇九年の庚午年籍の作成と関連した政策であったことも間違いあるまい。つまりそこで定められた民部・家部は、国家によって戸別に掌握された民と考えられるのであり、天武四年詔で「諸氏被㆑給」とあることからすれば、国家が掌握した上で諸豪族（氏）に私的領有を認めた民ということになろう。いいかえれば、甲子の宣以前においては、諸氏の領有民を、国家はそれとして掌握していなかったといえるのである。掌握していない諸氏の領有民（部曲）を廃止（公民化）するということは、現実には不可能であろうから、「改新詔」における部曲の廃止は、当時すぐに実現が可能であった政策とは考えられない。しかしこのことから、大化の時点においては部曲の廃止が命ぜられなかったとみるのも正しくないであろう。

甲子の宣は、部曲の廃止を実現していく上で必要な措置であり、それを受けて天武四年詔で廃止が実現されたのである。豪族領有下の民を公民化するためには、国家がそれを個別（戸別）に掌握していなければならないが、そうするためには、公民化（廃止）の方針が先に立てられていなければならないであろう。甲子の宣および天武四年詔は、「改新詔」を前提としたものと理解されるのである。

なお、甲子の宣で公認された氏は、畿内の豪族（中央豪族）に限られていたとみるべきであろうが、「改新詔」では当然のことながら地方豪族の部曲の廃止も命ぜられている。地方豪族の領有民の公民化の過程ははっきりしないが、おそらくそれは、中央豪族のそれほどには厳密に行なわれなかったのであろう。

注

（1）石母田正『日本の古代国家』岩波書店、一九七一年、三六二〜三八六頁他。

（2）国造に性格の異なる「大国造」と「小国造」の二種類が存在したのではなく、『古事記』成務天皇段に「大国小国之国造」とあるのは、クニの規模に大小があったことを示すにすぎないと考える。大規模な国造と小規模な国造とでは、クニ内部に含む自立的首長層の数に多少はあったであろうが、内部に他の自立的首長層を含むという点では同じであったとみるべきであろう。

（3）なお、八世紀初め頃の摂津国造凡河内忌寸石麻呂、山背国造山背忌寸品遅、大倭国造大倭忌寸五百足、阿波国造粟凡直弟臣らは、天武末年に国造制の廃止が決定された時の現任国造の「生き残り」とみることができる。

（4）井上光貞「国造制の成立」（『史学雑誌』六〇―一一、一九五一年）。同『日本古代国家の研究』（岩波書店、一九六五年。石母田正『日本の古代国家』前掲、等。

（5）上田正昭『日本古代国家成立史の研究』青木書店、一九五九年。平野邦雄『大化前代政治過程の研究』吉川弘文館、一九八五年、等。

（6）『釈日本紀』巻十、述義第六に、稲置について「公望私記曰。案。今税長也」とあるのも、稲置を稲穀の収取にあたった職と考える際の参考になるであろう。税長が郡の正倉とそこに納められた官物・正税の管理にあたった職であったことについては、直木孝次郎『奈良時代史の諸問題』塙書房、一九六八年、Ⅱ―四「税長について」参照。

（7）「県稲置」を「県主稲置」の「主」が脱したとする説、またそれを「アガタのイナキ」と読む説もあるが、賛成できない。史料上の「県」については、県主のアガタと、稲置のコホリがあるとした中田薫氏の説に従うべきであると考える。中田薫「我古典の『部』及び『県』に就て」（『国家学会雑誌』四七―九・一〇、一九三三年）。

（8）山尾幸久「大化改新論序説」下（『思想』五三一、一九六八年）九三〜九五頁他。

（9）小林敏男『古代王権と県・県主制の研究』吉川弘文館、一九九四年、第四章「稲置・屯田の一考察」一四五〜一四七頁。

（10）平野邦雄「国県制論と族長の支配形態」（『古代の日本』9、角川書店、一九七一年、一〇一〜一〇二頁）は、東国「国司」らへの詔の中の「県稲置」を、「倭国六県」に遣わされた使者に対するものと解釈できるとするが、そのように解するのは、文脈上無理であろう。

（11）栄原永遠男「白猪・児嶋屯倉に関する史料的検討」（『日本史研究』一六〇、一九七五年）。

（12）角林文雄『日本古代の政治と経済』吉川弘文館、一九八九年、第二編第一章「白猪屯倉と児島屯倉」。笹川進二郎「白猪史と白猪屯倉」（日本史論叢会編『論究日本古代史』学生社、一九七九年）。山尾幸久「県の史料について」（同上）、等。

（13）笹川進二郎「白猪史と白猪屯倉」（前掲）一六六〜一六七、一七四〜一七五頁他。山尾幸久「県の史料について」（前掲）二〇九〜二一〇頁他。

（14）米沢康『日本古代の神話と歴史』吉川弘文館、一九九二年、Ⅱ―四「コホリの史的性格」。

（15）山尾幸久『日本国家の形成』岩波書店、一九七七年、一二八〜一三一頁参照。

（16）「丁籍」と「名籍」を異なるものとする解釈もあるが、両者は同一のものを指しており、田部の丁の名を連ねたものであったから「丁籍」とも「名籍」とも呼ばれたとみるのが妥当であろう。栄原永遠男「白猪・児嶋屯倉に関する史料的検討」

（前掲）二二三～二二四頁。ただし栄原氏は、「丁籍」「名籍」を「戸籍」とは異なるものとされるが、「丁籍」「名籍」も、やはり「戸」を単位に田部の丁の名を連ねたものとみてよいのではないかと思う。もちろんその場合の「戸」とは、庚寅年籍以降の均一的課税単位として編戸された戸とは異なるのであり、現実に存在した単位集団をそのまま「戸」としたものとみるのが妥当と考えている（なお第二編第三章参照）。

（17） 岸俊男『日本古代籍帳の研究』塙書房、一九七三年、I「日本における『戸』の源流」。

（18） この点も、笹川進二郎氏、山尾幸久氏の説かれたところである。笹川進二郎「白猪史と白猪屯倉」（前掲）一八〇頁。山尾幸久「県の史料について」（前掲）二一一～二一二頁。

（19） 山尾幸久氏も、その後国造についての考えは変えておられるが、「県の史料について」（前掲）の段階では、このように述べられている。私は、この点について右の段階の山尾説に従うものである。

（20） 石母田正『日本の古代国家』前掲、二八〇～二八二頁他参照。

（21） なお、在地におけるミヤケの管掌者の呼称としては、清寧紀二年十一月条・顕宗紀即位前紀に「縮見屯倉首」がみえ、『新撰姓氏録』河内国皇別、大戸首条に「河内国日下大戸村造二立御宅一。為レ首仕二奉行一。仍賜二大戸首姓一」とあるように、屯倉首という呼称も存在したことが知られる。ただ、屯倉首と稲置を、名称が異なるから実体も異なるとする必要はないと思うのであり、ミヤケの管理責任者・代表者といった面から屯倉首と呼ばれ、ミヤケの稲穀の収取・出挙などにかかわる官人といった面から稲置と呼ばれたとみることは、十分可能であると思う。一方、「田令」と同様の性格のものとして、畿内の「屯田」（いわゆる「前期（型）ミヤケ」）における「屯田司」があげられるであろう。「屯田」については、八木充氏が説かれるように、「屯田司」が派遣されて経営される後の令制官田（大宝令では屯田）につながる大王供御田としての「屯田」と、外廷官司が直接経営にあたる「官司処々屯田」（孝徳紀大化二年三月辛巳条）とがあり、いずれも田部は設定されずに、付近の農民の徭役労働によって耕作されたと考えるのが妥当であろうが（八木充『日本古代政治組織の研究』塙書房、一九八六年、後編第一章「国造制の構造」二二五～二二六頁）、こうした畿内の「屯田」においても、在地管掌者としての役目は、国造―稲置が果たしたものと考えられる。

（22） 湊哲夫「吉備氏始祖伝承の形成過程」（日本史論叢会編『歴史における政治と民衆』同会、一九八六年）四〇八～四一一頁参照。

(23)「国造本紀」の「国造」が国造氏であることについては、本編第四章参照。

(24) なお、一般には稲置は、孝徳朝の評制施行において評造に任ぜられていった在地首長と考えられるのであるが、「大化」以前の国造のクニ内部には、後にも述べるように、稲置のほかにも多くの在地首長層（評造に任ぜられていったような在地首長層）が含まれていたと考えられるのであり、このような場合があったとしても不思議ではないであろう。

(25) この場合の「屯倉」は、クラ（倉）そのものを指した用法とみてよいであろう。

(26) 黛弘道『律令国家成立史の研究』吉川弘文館、一九八二年、第一編第三「犬養氏および犬養部の研究」参照。

(27) 吉士集団などが東国のミヤケに派遣されていたことについては、原島礼二『日本古代王権の形成』校倉書房、一九七七年、第三部第五章「関東地方の屯倉と渡来氏族」参照。

(28) 田部が八十戸に固定化されていたとは考えられず、「八十戸」を実数とみることは困難である。おそらくそれは、角林文雄氏のいわれるように、「沢山の戸」という意味の「八十戸」を、中国側で実数と誤解したのではないかと思われる。角林文雄『日本古代の政治と経済』前掲、第二編第四章「大化の屯倉廃止」二三三頁。

(29)「倭国六県」（孝徳紀大化元年八月庚子条）の「県」は、県主のアガタではなく、これは「倭国造のクニにおける六つのコホリ」の意味に解するべきであろう。小林敏男『古代王権と県・県主制の研究』前掲、第三章「県・県主制の再検討(二)」参照。なお、県（アガタ）・県主制については、本書の序章で述べたように、国造制に先行した制度と考えているのであるが、県主によって大王に献上された田地であるアガタは、国造制施行後は、多くがコホリ（田部をともなう「後期(型)ミヤケ」）に転化していったのではないかと考えられる。アガタもコホリも、大王および大王を頂点に構成される朝廷機構そのものの直轄領といえるものであり、それだからこそ両者がいずれも、天皇制イデオロギーにかかわる用字とみられる「県」字（小林敏男、同右書、第二章「県・県主制の再検討(一)」六九〜七七頁他参照）で表記されたということであろう。

(30) 吉田孝『律令国家と古代の社会』岩波書店、一九八三年、Ⅱ「イヘとヤケ」参照。

(31) もちろん稲置だけではなく、国造や地方伴造の居宅もミヤケにあてられる場合が多かったと考えられるのであり、大化元年八月の東国「国司」らへの詔に「元非㆓国造。伴造。県稲置㆒而輙詐訴言。自㆓我祖時㆒。領㆓此官家《ミヤケ》㆒。治㆓是郡県㆒」とあるのは、このように解してよく理解できるものであろう。

(32) 原島礼二『日本古代王権の形成』前掲、第三部第一章~第三章。

(33) 日野昭『日本古代氏族伝承の研究』続編、永田文昌堂、一九八二年、第五部第五章「膳氏の伝承の性格」三七八~三七九頁参照。

(34) 津田左右吉『日本上代史の研究』岩波書店、一九四七年、第一篇第一章「部の一般的性質及び部の語の由来」。

(35) 第一編第一章、および本章の付論参照。

(36) 狩野久『日本古代の国家と都城』東京大学出版会、一九九〇年、第一部一「部民制」一七~一八頁。

(37) 関晃「いわゆる品部廃止の詔について」(坂本太郎博士古稀記念会編『続日本古代史論集』上巻、吉川弘文館、一九七二年)二三八~二四五頁参照。

(38) 石母田正『日本の古代国家』前掲、三七七~三八五頁他。

(39) 八木充『日本古代政治組織の研究』前掲、二二〇頁。

(40) 狩野久『日本古代の国家と都城』前掲、第一部一「部民制」。早川庄八「律令制の形成」(『岩波講座日本歴史』2、岩波書店、一九七五年)、等。

(41) 山尾幸久「七世紀前半の国家権力」(『日本史研究』一六三、一九七六年)。大山誠一「大化改新像の再構築」(井上光貞博士還暦記念会編『古代史論叢』上巻、吉川弘文館、一九七八年)。大橋信弥『日本古代の王権と氏族』吉川弘文館、一九九六年、第二編第五章「名代・子代の基礎的研究」。角林文雄『日本古代の政治と経済』前掲、第二編第二章「名代・子代・部曲・無姓の民」、等。

(42) 鎌田元一「『部』についての基本的考察」(岸俊男教授退官記念会編『日本政治社会史研究』上、塙書房、一九八四年)一二六~一三三頁他。

(43) 関晃「大化前代における皇室私有民」(彌永貞三編『日本経済史大系』1、東京大学出版会、一九六五年)。

(44) 平野邦雄『大化前代社会組織の研究』吉川弘文館、一九六九年、第二編「『部』の本質とその諸類型」。

(45) 武光誠『日本古代国家と律令制』吉川弘文館、一九八四年、第四章「姓の成立と庚午年籍」。

(46) 鎌田元一「王権と部民制」(『講座日本歴史』1、東京大学出版会、一九八四年)。
(47) 佐伯有清「雄略朝の歴史的位置」(佐伯有清編『古代を考える雄略天皇とその時代』吉川弘文館、一九八八年)二一～二三頁。
(48) 直木孝次郎『日本古代国家の構造』青木書店、一九五八年、第Ⅱ部二「人制の研究」。
(49) 鈴木靖民「東アジア諸民族の国家形成と大和王権」(『講座日本歴史』1、前掲)二一〇～二一二頁。同「倭の五王」(佐伯有清編『古代を考える雄略天皇とその時代』(前掲)四五～五一頁、等参照。
(50) 注(34)に同じ。
(51) 額田部は応神天皇の皇子の額田大中彦の名にちなむ部とされるが、このような五世紀以前の王族にちなむ御名代・子代の部が設置されたのは、「帝紀」の編纂がはじまった六世紀以降のことと考えられる。山尾幸久「日本古代国家の形成過程について」下(『立命館文学』二七九、一九六八年)三〇～四八頁参照。
(52) また、額田部臣をはじめ地方伴造に任ぜられた各在地首長層の直接の配下の集団が、そのまますべてそれぞれの部に設定されたということでもなかったと推定される(本章第二節参照)。
(53) なかには、孝徳朝をさかのぼる時期に発せられたとみられる内容のものも含まれていると考えられる(第二編第二章注(23)参照)。
(54) 大山誠一「大化改新像の再構築」(前掲)四七四頁。武光誠『日本古代国家と律令制』前掲、三〇二～三〇四頁。大橋信弥『日本古代の王権と氏族』前掲、二一七～二二五頁、等。
(55) 大山誠一氏や大橋信弥氏らもそのように解されている。注(54)に同じ。
(56) 従来いわれているところの「朝廷の直轄地」としてのミヤケは、畿内における「前期(型)ミヤケ」＝屯田と、田部をともなう「後期(型)ミヤケ」＝稲置のコホリとの二つに分けて解すべきであると考えている(本章第一節参照)。
(57) 平野邦雄『大化前代政治過程の研究』前掲、第六編「大化改新とその後」四三四～四三五頁、等参照。
(58) 平野邦雄『大化前代社会組織の研究』前掲、第六編「無姓と族姓の農民」。

第二章　『常陸国風土記』の建郡（評）記事と国造

はじめに

『常陸国風土記』にみえる四つの建郡（評）(1)記事は、建評の具体的経過を示した貴重な史料であり、これまで評制に関する議論の中では必ずといってよいほど取りあげられてきた史料である。これらの記事をどのように解釈するかというその違いによって、評制についての理解は大きく異なってくるのである。また、建評申請者の中に「国造」の名がみえることから、これらの記事は、国造制と評制との関係を考える上でも、きわめて重要な史料ということができる。

本章では、まず建評記事の解釈についての私見を述べ、次いでその解釈に基づき、常陸地方における評の成立と国造制の問題について、検討を加えていくことにしたい。

第一節　建評記事の解釈

(1)　建評記事の信憑性

第一に、建評記事の信憑性の問題を取りあげようと思うが、まずは『常陸国風土記』の当該部分を引用しておくことにしよう。

(A)多珂郡条

古老曰。（中略）其後至二難波長柄豊前大宮臨軒天皇之世一。癸丑年。多珂国造石城直美夜部。石城評造部志許赤等。請二申惣領高向大夫一。以二所部遠隔。往来不レ便。分二置多珂石城二郡一。（後略）

(B)香島郡条

古老曰。難波長柄豊前大朝馭宇天皇之世。己酉年。大乙上中臣□子。大乙下中臣部兎子等。請二惣領高向大夫一。割二下総国海上国造部内軽野以南一里。那賀国造部内寒田以北五里一。別置二神郡一。其処所レ有天之大神社。坂戸社。沼尾社。合二三処一惣称二香島天之大神一。因名レ郡焉。（後略）

(C)行方郡条

古老曰。難波長柄豊前大宮馭宇天皇之世。癸丑年。茨城国造小乙下壬生連麿。那珂国造大建壬生直夫子等。請二惣領高向大夫。中臣幡織田大夫等一。割二茨城地八里。（那珂地□里）(2)。合七百余戸一。別置二郡家一。（後略）

(D)信太郡条（『釈日本紀』巻十所引）

古老曰。御宇難波長柄豊前宮之天皇御世。癸丑年。小山上物部河内。大乙上物部会津等。請二惣領高向大夫等一。

分二筑波茨城郡七百戸一。置二信太郡一。（後略）

これらの記事の信憑性については、「郡」字に示されるように後世の用字はみられるものの、「己酉年」（大化五年＝六四九年）、「癸丑年」（白雉四年＝六五三年）と干支で記された建評年次も含め、その内容は信頼できるとするのが、今日の一般的な見解であろう。

ただし、この点を疑う説もあり、それによれば、(B)・(C)・(D)には「里」ないし「戸」の表記がみえるが、「里―戸」による全国的人民の把握は早くとも庚午年籍の作成をまたなければならないこと、(C)に行方評建評申請者の一人としてみえる那珂国造大建壬生直夫子の「大建」は、天智三年（六六四）制定の冠位（天武十四年＝六八五年まで）に限って使用されたものであること、などを理由に、実際の建評は天智朝ないし天武朝に行なわれたものとされるのである(3)。つまり、(A)～(D)に記される建評年次は、風土記編者の認識に基づく造作とされるのであるが(4)、しかしそれならば、なにゆえ「己酉年」「癸丑年」という具体的年次が造作されたかが説明されなければならないであろう。この点については、己酉年が『日本書紀』に「置二八省百官一」（大化五年二月是月条）とある年にあたること、癸丑年が風土記の撰進を命じた和銅六年（七一三）から干支一巡繰り上げた年にあたることを理由とする説(5)、また、己酉年が建郡（評）申請者（郡領の譜第）にはじめて冠位が与えられたその冠位の定められた年であることに注目する説(6)、などが示されているが、いずれも説得力に富んだものとは思われない(7)。

それでは、建評記事に「里」「戸」の表記のみえること、および「大建」の冠位を帯びた建評申請者の名のみえることは、どのように考えたらよいのであろうか。

まず後者の点であるが、これについては、建評申請者の名は、那珂国造大建壬生直夫子に限らず、そのすべてが風土記編纂当時からみての最終的身分・冠位をもって記されている、とみるべきであろう。(A)～(D)は、建評当時の記録をそのまま掲載したというような性格の記事ではなく、いずれも風土記編纂当時の古老の言として記されたものであって、そこに建評申請者が最終的身分で表記されるのは、むしろ当然のことといわなければならないと思う。(8)つまり、建評申請者の一人に「大建」の冠位がみえるということは、建評が「大建」の用いられていた天智三年から天武十四年の間になされたことを示すものではないのはもちろん、それが単なる追記であることを示すのでもなく、すべての建評申請者の表記が最終的身分表記であることを積極的に示しているもの、と解釈されるのである。その他の申請者の帯びている小山上・大乙上・大乙下・小乙下等の冠位にしても、これらはすべて大化五年制定のものと天智三年制定のものとの両方にみえる冠位であり、建評当時の冠位（大化五年制定の冠位）と断定することはできない。もし建評申請者が天智三年以降も存命であったならば（那珂国造大建壬生直夫子はその例である）、当然その冠位は、天智三年制定の冠位ということになるであろう。なお、天武十四年制定の冠位を帯びた申請者がみえないのは、そこまで長命であった申請者がいなかったからと考えられる。

次に前者の点、すなわち「里」「戸」の表記がみえるという点についてであるが、このことは、いうまでもなく、「里―戸」による人民の把握が庚午年籍をさかのぼらないという理解が正しい場合にのみ、(B)・(C)・(D)にいう建評年次を疑う理由になるのである。しかし、「里」という表記はともかくとして、五十戸単位の編成が庚午年籍をさかのぼることは、天智三年以前のものとみられる飛鳥京跡出土の「白髪部五十戸」木簡や、(9)「癸亥年」（天智二年）の年紀のある「山部五十戸」上代裂墨書銘(10)の存在から明らかである。

また、すでに第二編第一章～第三章で述べてきたとおり、評制の施行が五十戸単位の人民の把握を前提として、あるいはそれと一体のものとして行なわれたことは、『日本書紀』（孝徳紀）の東国「国司」らへの詔をはじめ、他の史料からも、うかがうことができるのである。つまり、(B)は海上国造部内の軽野以南一里と、那珂国造部内の寒田以北五里を割いて香島評が建てられたこと、(C)は茨城地八里と那珂地□里の合わせて七百余戸を割いて行方評が建てられたこと、(D)は筑波評と茨城評の七百戸を分けて信太評が建てられたことを述べているのであるが、これらの史料は、いずれもそこに述べられているとおり、建評が五十戸単位の人民の把握を前提とするものであったことを示す具体的史料とみるべきであって、「里」「戸」の表記がみえることを理由に、その記事内容の信憑性を疑う必要はないと思う(11)のである。

(2) 建評申請者と評の初代官人

第二に、四つの建評記事における各建評申請者と、その評の初代官人との関係について取りあげることにしたい。四つのうち、(B)の香島評建評記事と(D)の信太評建評記事の場合は、関晃氏が、後の郡領の史料に照らし、それぞれの建評申請者がその評の初代官人に任ぜられたと解釈できるとされて以来(12)、それに対する反論もなく、そのように解して問題はないといってよいであろう。いま参考までに後の郡領の名をあげておくならば、中臣□子、中臣部兎子らを申請者とする香島評(郡)の場合は、天平勝宝四年十月の調布墨書銘に擬少領として中臣鹿嶋連浪足の名がみえ(13)(天平十八年に中臣部二十烟・占部五烟が中臣鹿嶋連への改賜姓を受けている(14))、天安三年二月十六日の太政官符(15)にも大領として中臣連千徳の名がみえる。また物部河内・物部会津らを申請者とする信太評(郡)の場合は、『続日本紀』延暦五年十月丁丑条、同延暦九年十二月庚戌条に大領として物部志太連大成の名がみえ(養老七年に物部国依が信太連への改賜姓を受けている(16))、擬主政ではあるが、天平勝宝四年十月一日の調布墨書銘には物部大川の名もみえている(17)。

したがって、問題となるのは(A)の多珂・石城二評分置の記事と、(C)の行方評建評記事の場合である。

まず(A)については、建評申請者として多珂国造石城直美夜部と石城評造部志許赤の名が記されている(18)のであるが、この記事の解釈についても、従来一般的に認められてきたのは関氏の見解であった。氏の解釈は次のごとくである。[19]

この記事は、多珂国造のクニから癸丑年（白雉四年）に新しく石城評が建てられたことを示しており、その時に石城評の初代官人（評造）に任ぜられたのが石城評造部志許赤である。また多珂国造石城直美夜部の方は、石城評造部志許赤と併記されながらもわざわざ多珂国造と記されていることからすれば、白雉四年以降も依然として国造のままであり、石城評分置後の多珂の地も依然として国造のクニのままであったと解釈できる。

そしてこの解釈が、評制の段階的施行説（孝徳期以降における国造制と評制の地域的な併存説）の重要な論拠とされてきたのである。これに対して、孝徳期における評制の全面的施行を主張する立場から、この(A)の記事について明快な解釈を下されたのが鎌田元一氏である。

鎌田氏は、関氏をはじめとするそれまでの論者のほとんどが、多珂国造石城直美夜部を多珂の地にかけて読んでいたのに対し、多珂国造石城直美夜部も石城評造部志許赤とともに石城評の初代官人に任ぜられた人物と解釈されたのであり、その論拠はおよそ次の四点に要約される。[20]

(1)『常陸国風土記』の建評記事（(A)～(D)）は、いずれも建評申請者を二名ずつ掲げる同一の記載方法をとっており、しかも(B)・(D)では建評申請者がその評の初代官人になったと解せる以上、(A)・(C)の場合も同様に解釈するのが妥当であること。

(2)『常陸国風土記』においては、国造の名称を受け継ぎ、その本拠地において建てられた評については建評記事を載せないのが編纂当時の方針であり、(A)の建評記事は、多珂郡条に載せられてはいても専ら石城評の成立事情について語ったものであること。

(3)多珂国造石城直美夜部は、その姓からして石城の地を本拠とする首長と考えるべきであること。

(4)『続日本後紀』承和七年三月戊子条・同承和十一年正月辛卯条に磐城郡大領として磐城臣雄公の名がみえるが、このことは、直から臣への改賜姓があったとして、石城直美夜部の子孫が代々磐城郡の郡領職を世襲してきたことを示すものであること。

右の論拠のうち、とくに(1)の点は、(C)の行方評建評記事の解釈にも直接かかわる重要な点であるが、この鎌田氏の見解は、その後多くの論者によって支持されているところである。かつて私は、(1)の点を疑問としたのであるが[21]、現在では(1)〜(4)の点すべてを正当な指摘であったと考えている。

ただ鎌田氏は、大化五年の段階で全国的・全面的な評制施行がなされたと解されるため、多珂評はすでに成立しており、そこから白雉四年に石城評が分置されたと説かれるのであるが[22]、この点は問題であろう。(A)の記事は、先の引用の中略部分に多珂国造のクニのことが書かれてあり(この部分は次節で引用する)、それを受けて、「分₂置多珂石城二郡₁」と明記されているのであるから、この記事をすなおに読む限り、白雉四年に多珂のクニにそれを二分して多珂評と石城評が置かれた、と解釈するほかはないと思う。(A)の記事の主旨が石城評の成立事情を語るところにあり、二人の建評申請者が石城評の初代官人(いわゆる「立郡人」)であることは鎌田氏の説かれるとおりと考えられるが、(A)の記事から、白雉四年以前にすでに多珂評が成立していたと解釈するのは無理であろう。なお、石城評の方が先に成立しており、そこから白雉四年に多珂評が分置されたとする説[23]もあるが、この解釈も、(A)の文脈からは無理といわざるを得ないと思う。

そしてさらに、ここで私が主張したい点は、多珂・石城二評分置後も、多珂国造は存在し、その多珂国造のクニは、依然として二評を合わせた範囲で存在したと考えられる、という点である。前項で述べたとおり、建評申請者の表記は、いずれも風土記編纂当時からみての最終的身分表記と考えられるのであって、「多珂国造石城直美夜部」というのは、美夜部が建評申請時においてすでに多珂国造であったこと（もちろん(A)の記事からはその可能性も否定はできないのであるが）を示しているのではなく、建評後の最終段階で多珂国造であったということを示すのである。したがって、建評後も多珂国造が存在したことは明らかであり、しかもその多珂国造のクニは、石城の地を本拠地とする石城直美夜部が国造となっているのであるから、当然石城の地を含む範囲であったと考えるべきであろう。なおこの点については、第二節の(1)で改めて取りあげることにしたい。

さて次に、(C)の行方評建評記事の場合であるが、ここで建評申請者として名を連ねるのは、茨城国造小乙下壬生連麿と那珂国造大建壬生直夫子である。右に述べたように、この場合も鎌田氏が説かれたとおり、二人の申請者が行方評の初代官人に任ぜられたと解すべきなのであるが、ここで問題となるのは、二人の申請者の一人が「茨城国造」、もう一人が「那珂国造」と記されている点である。鎌田氏の見解が提出されるまでは、このことを理由に、行方評の初代官人に任ぜられたのは右の両名ではなく、いずれか一方の一族であろうと解釈されてきたのである。[24]後の行方・茨城・那賀郡の郡司に関する史料を掲げると、次のとおりである。[25]

行方郡

(イ)常陸国行方郡逢鹿郷戸主壬生直宮万調布壱端専当国司史生正八位上高志広道 郡司大領外正八位下壬生直足人　天平勝宝五年十月[26]

(ロ)常陸国行方郡行方郷戸主雀部根麻呂戸口雀部□調布壱端郡司主帳外大初位上他田舎人部□□(高麿カ)

茨城郡

(ハ)常陸国茨城郡大幡郷戸主大田部馬麻呂調壱端専当国司史生正八位上志貴連秋嶋 郡司擬主帳従八位□茨城□□　天平勝宝四年十月

那賀郡

(ニ)常陸国那賀郡大領外正七位上宇治部直荒山。以㆓私穀三千斛㆒。献㆓陸奥国鎮所㆒。授㆓外従五位下㆒。（『続日本紀』養

老七年二月戊申条）

(ホ)常陸国那賀郡大井郷戸主宇治部花麿戸宇治部□□（小中カ）調曝布壱端長四丈二尺広二尺四寸　専当国司大掾正六位上池原君豊石郡司擬少領大初位下宇治部大成　天平宝字元年十月

(ヘ)常陸国那賀郡大領外正七位下宇治部全成。並授二外従五位下一。以レ進二軍粮一也。（『続日本紀』天応元年正月乙亥条）

従来の解釈が、(イ)に行方郡大領として壬生直足人の名がみえるにもかかわらず、壬生直夫子を行方評の初代官人に任ぜられた人物としなかったのは、夫子が「那珂国造」と記されていることによるのであり、そこには、那珂国造であるならば、それは後の那賀評（郡）の地に本拠を置き、その評（郡）の官人に任ぜられた人物である、との理解が存在していたのである。ところが、(ニ)・(ホ)・(ヘ)からすれば、那賀郡の郡領には代々宇治部（直）を称する人物が任ぜられているのであり、従来の解釈に矛盾がみえるのは鎌田氏の説かれたとおりである。

そこで鎌田氏は、後の行方郡大領として壬生直足人の名がみえる以上、他の建評記事の場合と同様、那珂国造壬生直夫子も行方評の初代官人に任ぜられた人物と解すべきであるとされ、その上で、夫子が「国造」と記されている点については、「国造」とは従来解されてきたような官職的な意味での国造その人にのみ限って用いられた呼称ではなく、国造の一族全体にかかる身分的称号である、とする特異な「国造」観を打ち出されたのである。つまりこの場合でいえば、那珂国造一族の本宗家（国造その人の家）は、後の那賀評（郡）に本拠を置く宇治部（直）を称する家であり、那珂国造壬生直夫子は後の行方評（郡）の地を本拠とする那珂国造一族の一人にすぎない、とされるのである。そしてもう一人の建評申請者である茨城国造壬生連麿についても、同様に、行方の地を本拠とする茨城国造一族の一人であるとされ、茨城国造の本宗家は、(ハ)に茨城郡擬主帳として茨城□□がみえることから、茨城直を氏姓としたのではないかと推定されている。また、(A)の多珂国造石城直美夜部についても、石城在住の首長と考えられる美夜部を従来いわれてきたような「多珂国造」その人と考えるのはおかしいとされ、美夜部も国造一族の一人にすぎないと説かれるのである。(27)

しかし、「国造」の用法を、はたしてそのような広い意味に理解してよいものかどうか、この点についてはすでに多くの疑問が提出されているところである。(28)「茨城国造小乙下壬生連麿」「那珂国造大建壬生直夫子」あるいは「多珂国造石城直美夜部」というような、国造の下に個人名のくる表記において、その人物を国造一族の某という意味に解すべき史料は、ほかにも存在しないのではあるまいか。国造その人以外の一族の人物を表記する場合は、『日本書紀』安閑元年閏十二月是月条に「武蔵国造笠原直使主与同族小杵」という表現がみえること、同じく白雉元年二月戊寅条にも「国造首之同族贄」とあることなどからすれば、「同族」というような表記が入るのがふつうであったと考えられる。

第一編第二章でも述べたとおり、『日本書紀』の系譜記事の「某国造」のように、「某国造」で某国造の一族全体を指すということはあっても、某国造一族の個々人が、それぞれの身分的称号として「某国造」を称したというようなことはなかったとみるべきであろう。「某国造」の原義は、あくまで特定個人に与えられる官職ないし地位としての「某国造」にあるのであって、この場合の「国造」も、原義としての「国造」と解して問題はないと思うのである。

建評申請者の「茨城国造小乙下壬生連麿」「那珂国造大建壬生直夫子」という表記は、(A)の「多珂国造石城直美夜部」の場合と同様、壬生連麿・壬生直夫子が、それぞれ最終的に茨城国造・那珂国造であったことを示しているにすぎないのであり（それはそれで建評後も茨城国造・那珂国造が存在していたことを示す点で重要なのであるが）、もし二人が、建評申請時において国造その人ではなかったとするならば、すでに指摘があるとおり、この二人を初代行方評の官人とみることに、問題はなくなるといってよいであろう。(29)行方評の地は、もともとそのおよそ半分が茨城国造のクニ、残りの半分が那珂国造のクニに属していたのであり、行方評の初代官人になった二人が、さらにその後に、それぞれ評の官人から転じて茨城国造・那珂国造に任ぜられたとして、とくに不思議はないと思う。

(3) 評の成立時期

第三に、常陸地方における評の成立時期について考えておくことにしたい。注目されるのは、各建評記事にみえる建評の際の表現の違いである。

まず、(B)の己酉年（大化五年）における香島評建評記事の場合は、「那賀国造部内」と「海上国造部内」を割いて建てられたという表現がとられており、この表現によるならば、大化五年以前には那珂の地も海上の地もまだ評となっていなかったということになろう。一方、(D)の癸丑年（白雉四年）における信太評建評記事の場合は、「筑波茨城郡（評）」から建評されたとあり、これに従うならば、信太評建評以前に筑波・茨城の地はすでに評になっていたと解釈しなければならない[30]。ところが、同じく癸丑年（白雉四年）における(C)の行方評建評記事の場合は、「茨城地八里。（那珂地□里）」を割いて建てられたとあり、「茨城郡（評）」とは記されていないのである。そこでなぜこのような異なった表現がとられているのかという問題が生ずるのであるが、私は、行方評の場合は同じ白雉四年のことではあっても信太評より先に建評されたのであり、その時までは茨城の地も那珂の地もまだ評とはなっていなかったため、「茨城郡（評）」という表現がとられなかったのではないかと考えている。

この点について伊野部重一郎氏は、こうした解釈の成り立つ可能性を認めながらも、「わずか数か月の間に建評（茨城と筑波）と、その分割による新評（信太）設置が相次いでなされたというところに、やや不自然さがある」とされ、この解釈に否定的な立場をとられた[31]。しかし、建評が在地首長の申請を受けて「惣領」によってなされているという事情を考えるならば、それが在地首長層の具体的動向ときわめて密接に結びついた行為であったことは明らかであり、短期間のうちに相次いで建評がなされたとしても、そこには何の不自然さもないのではあるまいか。

一方、行方評が「茨城国造部内」を割いて建てられたという表現にもなっていないのは、香島評の場合とも事情が異なっていたからと推定される。すなわち、香島評も行方評も国造のクニの一部を割いて建評された点では同一であるが、香島評の場合は、那珂・海上の地が香島評の建てられた後もしばらく評とならなかったため「国造部内」を割いたという表現がとられ、これに対し行方評の場合は、茨城・那珂の地が行方評の建てられたのと同時に評となったため「茨城地八里。（那珂地□里）」を割いたという異なった表現がとられた、と解釈できるのではないだろうか。

ただ榎英一氏によれば、こうした表現の違いは、風土記編者の文辞にすぎず、「国造部内」も「郡」も「地」も実際上の違いはなかったとされる[32]。たしかに、『常陸国風土記』の「立郡記事の文章の整理や修飾などはまとめて同時に行なわれ、各郡部への配列は編纂過程の最後に近い段階になってからであった[33]」とする榎氏の指摘は妥当なものと考えられる。

しかし、己酉年の記事においてのみ「国造部内」という表現がとられ、癸丑年の記事では「郡」「地」と記されている違いは、やはり無視できないのではあるまいか。「国造部内」「郡」「地」という表現の違いが、単なる文辞ではなく、建評記事の原資料における内容の違いに基づいている可能性は、十分にあると思うのである。

さて、右のように解釈できるとするならば、常陸地方においては、白雉四年の段階で、国造のクニの名称を受け継いだ評も含めて、ほぼ全面的な建評がなされた、とみるのが妥当ということになろう。(A)の記事の場合も、白雉四年に、多珂国造のクニにそれを二つに分けて多珂評と石城評が建てられたと解すべきことは、先に述べたとおりである。

ただし、常陸地方における建評が白雉四年段階でほぼ全面的になされたからといって、それがただちに、全国的にもそうであったということにはならないと思う。史料性に問題のあるものも含まれているが、大化二年の建評と伝えられる因幡の水依評(34)、大化四年の「大領」任命の伝えられる但馬の養父郡(35)（評）、大化五年の建評と伝えられる伊勢の度相郡(36)（評）などの例も知られるのであり、法隆寺献納観音菩薩立像（東京国立博物館蔵）台座銘によれば、白雉二年に笠評(37)の存在していたことが明らかである。

また建評は、在地首長層の具体的動向と結びついた行為であったと考えられるのであるから、この点からも、それが一年、二年といった短期間のうちに全国一斉に実施されていったとは考え難いことが指摘できるであろう。第二編第三章で述べたとおり、私は孝徳期における全国的・全面的評制の施行を認める立場に立つのであるが、『皇太神宮儀式帳』にいう「難波朝庭天下立評給時」を、白雉四年、あるいは大化五年といった単一の年度に求めようとするのは無理であると思うのであり、「天下立評」には、やはり「難波朝庭」（孝徳朝）という一定期間が必要であったと考えるのである。

第二節　評の成立と国造

(1)　多珂・石城二評分置と多珂国造

前節で述べたとおり、(A)の多珂・石城二評分置の記事からは、①白雉四年に多珂のクニにそれを二分して多珂評と石城評が建てられたこと、②建評申請者の多珂国造石城直美夜部と石城評造部志許赤は、いずれも石城評の方の初代官人に任ぜられたと考えられること、③建評申請者の表記は風土記編纂段階からみての最終的身分表記とみるべきであり、石城直美夜部は建評後の最終段階で多珂国造であったと解されること、④したがって、建評後も多珂国造は存在したことになり、その多珂国造のクニは、石城の地を本拠とする石城直美夜部が国造となっているのであるから、建評以前と同じく石城の地と多珂の地とを合わせた範囲であったとみられること、などの諸点が指摘できたのであった。

ところで、多珂のクニの範囲については、(A)の引用で省略した多珂郡条冒頭の部分に、

斯我高穴穂宮大八洲照臨天皇之世。以二建御狭日命一。任二多珂国造一。兹人初至。歴二験地体一。以為二峯険岳崇一因名二多珂之国一。謂二建御狭日命一者。即是出雲臣同属。今多珂石城所レ謂是也。風俗説云二薦枕多珂之国一。建御狭日命。当二所レ遣時一。以二久慈堺之助河一。為二道前一去レ郡西南三十里。今猶称二道前里一。陸奥国石城郡苦麻之村。為二道後一。

とあり、「久慈堺之助河」から「石城郡苦麻之村」にいたる範囲であったとされている。「助河」は現在の日立市助川を、「苦麻之村」は福島県双葉郡大熊町熊をそれぞれ遺称地としており、[38] これによれば、多珂のクニは、現在の茨城県北部から福島県南部にかけた太平洋岸の細長い地域であったことになる。多珂のクニが、後の多珂郡と石城郡とを合わせた範囲であったことは、(A)の二評分置の記事自体から明らかであるが、ここに記された多珂のクニの境界は、日立市助川の南方と、大熊町熊の北方とには、それぞれ古墳分布上の一定の空白地帯が存在しているのであり、古墳群の存在形態からみても、蓋然性に富んだものということができる。

ところが、『古事記』の系譜記事にみえる「道尻岐閇国造」や「道奥石城国造」、また「国造本紀」にみえる「高国造」「道奥菊多国造」「道口岐閇国造」「石城国造」等は、もしこれらの「国造」が実在した国造であったとするならば、そのクニは、いずれも右の多珂国造のクニに含まれてしまうのである。もちろんそのようなことは考え難いのであり、右の諸「国造」は、第一編第二章で述べたとおり、大宝二年（七〇二）に認定された国造氏とみるべきなので

あるが、それにしても、それらの国造氏の本拠地が、多珂のクニの範囲内にあったことには変わりはないであろう。「国造本紀」の「高国造」氏の本拠地が、律令制下の多珂郡多珂郷を中心とした地域、すなわち現在の高萩市北部から北茨城市南部にかけての地域（関根川・大北川流域）[39]に求められること、同じく「国造本紀」の「道奥菊多国造」氏の本拠地が、律令制下の菊多郡（養老二年＝七一八年に多珂郡から分割して成立）[40]の地域、すなわち現在のいわき市勿来町一帯（鮫川流域）[41]に求められることは、ほぼ間違いないであろうし、また「国造本紀」の「石城国造」氏と、『古事記』の「道奥石城国造」氏とは、それぞれの伝える系譜を異にし、[42]別氏とみた方がよいと思われるが、その本拠地は、いずれも律令制下の石城郡の地域内に求めてよいであろう。[43]「国造本紀」の「道口岐閇国造」氏と、『古事記』の「道尻岐閇国造」氏については、それぞれの伝える系譜が一致していることから、[44]これを同一の国造氏と考え、その本拠地は、「岐閇」を木戸と解して[45]現在の木戸川流域一帯に比定するのが妥当と考えられる。[46]「岐閇」の地（木戸川流域一帯）は、ちょうど東海道からすれば道尻にあたり、陸奥からすれば道口にあたる地域なのである。[47]

そして、これらの国造氏は、国造氏に認定される以前の国造制下においても、それぞれ一定の自立性を持った在地首長として、多珂国造のクニの内部に存在していたと考えてよいであろう。このことは、右にみた各国造氏の本拠地において、古墳分布の上でそれぞれ独立したまとまりの認められることからも推定されるところである。[48]つまり、この地に国造制が施行されるにあたっては、こうした多くの自立的首長層を含んだ範囲で多珂のクニが設定されたと考えられるのである。

それでは、その中のどの首長が多珂国造に任命されたのかということであるが、おそらくそれは、多珂の地（後の多珂郡多珂郷を中心とした地域）を本拠とした首長、すなわち「国造本紀」にみえる「高国造」氏の祖先とみてよいのではなかろうか。先に引用した多珂郡条冒頭の記事によれば、多珂国造の祖は出雲臣の同族の建御狭日命とされているが、この系譜は、「国造本紀」の高国造条に「志賀高穴穂朝御世。弥都侶岐命孫弥佐比命。定二賜国造一」とあるのと一致しているのである。建御狭日命と弥佐比命とが同一人を指していることは明らかであろうし、「国造本紀」の弥佐比命も出雲臣の同属とされていることは、その祖父とされる弥都侶岐命が、同じく「国造本紀」の阿波国造条に「志賀高穴穂朝御世。天穂日命八世孫弥都侶岐孫大伴直大滝。定二賜国造一」とあることから知ることができる（出雲臣が天穂日命を祖と伝えることはいうまでもあるまい）。そして多珂国造に任ぜられたこの地の首長は、おそらく職名的称号として「多珂直」を称したのではないかと推定される(49)。

一方、多珂・石城二評分置（石城評建評）の申請者である多珂国造石城直美夜部は、その氏姓からして石城の地を本拠とした首長と考えられるのであり、かつ石城評の方の初代官人に任ぜられた人物とみられるのであるから、「国造本紀」にいう「石城国造」氏か、あるいは『古事記』にいう「道奥石城国造」氏にあたる一族の人物とみるべきであろう。すなわち、多珂国造石城直美夜部は、もとから多珂国造の職を世襲していた一族の人物ではないと考えられるのである。とするならば、その石城直美夜部が実際には多珂国造に任ぜられているその事情は、どのように理解されるのであろうか。

(A)の記事からは、石城直美夜部が建評申請時においてすでに多珂国造であったか否かはわからないのであるが、ただ第二編第三章で述べたとおり、国造は評の官人を兼任しないのが原則であったとするならば、石城評の官人になったと考えられる美夜部は、建評後もしばらくは国造に任命されなかったとみるのが自然であろう。おそらくその段階では、いまだ多珂の地を本拠とした一族の人物が多珂国造の職にあったとみてよいのではなかろうか。またそう考えてこそ、石城の地を本拠とする石城直美夜部が、評制の施行に際して、多珂・石城二評分置（石城評建評）を申請した理由がすなおに理解できると思われる。石城直美夜部は、石城評を建てその官人に任ぜられることによって、石城の地に対する支配的地位を公的に保障されようとしたと推定されるのである。そして、実際に石城評の官人となることによって、多珂のクニ内部におけるその地位を上昇させ、やがて、多珂国造職の交替（継承）にあたって、それまで多珂国造の職を世襲していた多珂の地を本拠とする一族に替わってそれに任命された、ということではないかと思う。

国造の職が世襲性の強いものであったことは、一般に認められているところであり、これまでの本書においてもしばしば述べてきたところであるが、一方では、国造が官職としての性格を強く有することも主張してきたのであり、この点に注意するならば、右にみたような国造職の交替（継承）があったとして、不思議はないであろう。

(2) 香島・行方・信太評建評と茨城国造・那珂国造

まず香島評の成立事情についてであるが、(B)の香島評建評記事によれば、大化五年に、中臣□子と中臣部兎子の二人が建評を申請し、「香島天之大神」の神郡（評）として香島評が建てられたとある。そして、建評申請者の二人が初代香島評の官人に任ぜられたと考えられることは、前節で述べたとおりである。

香島評の地は、現在の鹿島郡にほぼ相当し、北浦・利根川と太平洋とにはさまれた細長い地域であるが、その中心地は、鹿島郡衙跡と推定される神野向遺跡や鹿島神宮が存在し、かつ宮中野古墳群の営まれる現在の鹿島町の地域で[50]あったと考えて間違いないであろう。建評申請者の中臣□子・中臣部兎子は、その氏姓から中臣部の伴造（地方伴造）であったと考えられるが、同時に、宮中野古墳群を造営し、鹿島神宮を奉斎した一族の人物であったと考えられるのである。

宮中野古墳群は、古墳時代前期から終末期にいたるまで、首長墓の系列をたどることのできる大規模な古墳群であり(51)、香島評の地域には、ほかにこのような大規模な古墳群の存在は知られていない。中臣□子・中臣部兎子の一族は、古くから香島の地における最も有力な一族として存続してきたことが推定されるのであり、建評申請時においても、香島評の地域に対する実際上の支配権を有していたとみてよいであろう。

ここでは、評が、ヤマト政権の地方伴造であり、その地における伝統的支配権を持ったと考えられる首長を、評の官人に任ずることによって建てられている点に注目しておきたい。

なお、香島評が海上国造部内の一里と、那珂国造部内の五里を割いて建てられていることからすれば、建評（評制の施行）に際しては、国造のクニも実態に合わせた形での再編がなされたとみなければならないが、評制施行後の香島評は、その多くが那珂国造の部内から割かれたのであるから、那珂国造のクニに属したとみるのが自然であろう。

次に、行方評の成立事情についてであるが、この場合も、(C)の行方評建評記事から、①建評申請者である茨城国造壬生連麿と、那珂国造壬生直夫子の二人が行方評の初代官人に任ぜられたこと、②壬生連麿と壬生直夫子は、それぞれ建評申請時においてすでに茨城国造・那珂国造であったのではなく、行方評の官人となった後、最終的に茨城国造・那珂国造に任ぜられたこと、等が考えられたのであった。前節では、行方評の地は、もともとそのおよそ半分が茨城国造のクニ、残りの半分が那珂国造のクニに属していたのであるから、②のようなことが現実に行なわれたとしても不思議はないとしたのであるが、ここではそのことについていま少し考えてみることにしたい。

まず、建評以前は行方評のうちのどの部分が茨城のクニ、どの部分が那珂のクニに属していたのかという点であるが、行方評の地は、霞ヶ浦（西浦）と北浦とにはさまれた半島状の地域であり、地理的にみて、西浦側が茨城のクニ、北浦側が那珂のクニに属していたとみて大過はないであろう。また行方評（郡）南端の板来村（板来郷）の地は、風土記の行方郡条に、那珂国造の祖の建借間命にちなんだ地名説話が伝えられており、那珂のクニに属していたことが推定されよう。つまり、風土記にいう「板来村」「大生里」「相鹿里」「田里」「芸都里」「当麻之郷」等、行方郡の南端から北浦側に比定される「里」が那珂のクニ、「香澄里」「麻生里」「男高里」「行方里」「提賀里」「曾尼村」等、西浦側に比定される「里」が茨城のクニに属していたと考えられるのである。(52)

一方、建評後の行方評がどちらのクニに属したのかという点であるが、これは那珂国造の方のクニに属したとみるのがよいと考えられる。前節に引用した後の行方郡の郡領に関する史料(イ)には、大領として壬生直足人の名がみえるが、これによれば、行方郡の郡領職は、建評を申請しその初代官人に任ぜられた二人の人物のうち、壬生直夫子の方の一族が世襲したとみるべきであろう。また(イ)には、逢鹿郷戸主として壬生直宮万の名がみえるが、このことからは、壬生直を称する一族が、もとから那珂国造のクニに属していたと考えられる逢鹿郷(相鹿里)の地に居住していたことが知られるのである。相鹿里の南に隣接して大生里があるが、これら行方郡南端の地域は、大生古墳群・大生西部古墳群が存在し、行方郡の地域内においては最も多くの前方後円墳が営まれ、前期から後期を通じて最大規模の首長墓の系列がたどれる地域である。(53)

すなわち、行方郡の郡領職を世襲した壬生直一族は、古くから行方郡南端の地域(那珂のクニに属していた地域)を本拠とした、行方の地における最も有力な一族として存在していたことが考えられるのであり、その一族の人物である壬生直夫子が、建評後に那珂国造に任ぜられているのであるから、建評後の行方評の地は、当然、那珂国造のクニに属したということになろう。なお、壬生直一族が、建評以前から那珂国造の職を世襲していた一族であったかどうかは不明であるが、那珂というクニの名からすれば、本来の那珂国造一族は、後の那珂評(郡)の地を本拠とした一族とみるのがふつうであり、これに従うならば、壬生直夫子が那珂国造に任ぜられた事情については、先の多珂国造石城直美夜部の場合と同様のことが想定されるであろう。

また、壬生連麿については、茨城国造の一族として、いったんは茨城のクニのおよそ半分を割いて建てられた行方評の初代官人となったが、後には、一族の本拠地である茨城評の地にもどり、茨城国造の職を継承した、と考えてよいのではなかろうか。風土記の茨城郡条冒頭部分の割注には、「茨城国造初祖。多祁許呂命。仕₂息長帯比売天皇之朝₁。当₂至₂品太天皇之誕時₁。多祁許呂命。有₂子八人₁。中男筑波使主。茨城郡湯坐連等之初祖」とあるが、ここにいう「茨城郡湯坐連」は、壬生連麿の「壬生連」と同じ一族を指している可能性が高く、もしそうであるならば、壬生連麿は、もとから茨城国造を世襲していた一族（茨城の地を本拠とした一族）の人物ということになるであろう。(54)

行方評の建評は、茨城国造一族（壬生連一族）が、行方郡南端の地域を本拠地とした壬生直一族に協力し、壬生直一族が実質的に支配権を有していた地域（行方の地）を評とするよう建評を申請した、ということではないかと思われる。

さて最後に、信太評の成立事情についてであるが、この場合も、建評申請者である物部河内・物部会津の二人が初代信太評の官人に任ぜられたと考えられるのであり、香島評・行方評と同様、地方伴造であった一族が評の官人に任ぜられた例ということができる。信太評の地は、霞ケ浦（西浦）西南岸、ほぼ現在の稲敷郡に相当する地域であるが、物部河内・会津の一族が、この地域における伝統的な有力一族であったか否かを、具体的に明らかにすることはできない。ただ、この地域の大規模な前方後円墳や大型円墳は、現在の美浦村の地に集中的に営まれており、(55)物部河内・会津がこの地を本拠地とした可能性は高いといえよう。また信太評は、(D)の建評記事に「分₂筑波茨城郡七百戸₁。置₂信太郡₁」とあるとおり、筑波国造のクニに属していた地域（集団）と、茨城国造のクニに属していた地域（集団）とを合わせて建てられたのであるが、この場合は、信太評内のどの地域がそれぞれのクニから割かれたのか不明であり、建評後の信太評がどちらのクニに属したのかも、不明とせざるを得ない。

(B)・(C)・(D)の建評記事からは、いずれも建評（評制の施行）とともに国造のクニの再編の行なわれたことが考えられるのであるが、常陸地方における評制施行後の各国造のクニの範囲は、信太評を除いては、およそ推定することができるのであり、それは第7表のごとくに整理されるであろう。

以上、常陸地方における建評の事情について国造制との関係を中心にみてきたのであるが、評制の施行については、すでに石母田正氏や吉田晶氏らによって、現実に一定地域の人民を直接支配している首長層とその支配領域を、行政単位として編成しようとしたものとの理解が示されており(56)、その理解の正当性が、常陸地方においても具体的に検証されたといってよいと思う。ただ大町健氏は、(A)～(D)の建評記事、とくに(C)の記事から、「評制は、基盤の異なる複数の在地首長を編成する機構であった点に特質があったとしなければならない」とされ、評制を「在地首長制の支配・生産関係の制度化とする石母田説には疑問をもたざるをえない」と述べられている(57)。しかし、(C)の場合も、実質的には行方郡南端の地域を本拠とした首長層（壬生直一族）とその支配領域を行方評に編成しようとしたものと考えられるのであり、(B)の香島評の場合は、中臣□子も中臣部兎子も、明らかに宮中野古墳群を造営した同一基盤の在地首長とみてよいであろう。

建評が、在地首長層の具体的動向と結びついた行為であったことからすれば、個個の評の中には、基盤を異にする首長が評の官人に任ぜられた例もあったであろうが、評制の特質を「基盤の異なる複数の在地首長を編成する機構」とするのは疑問ではないかと思う。第二編第三章で述べたとおり、評制は、国造のクニの内部において、一定の自立性をもって存在していた在地首長層を評の官人に任命し、その支配領域を評という行政区に編成していこうとしたところに、その施行の目的の一つ

第7表　常陸地方における評制施行後のクニの範囲

国造のクニ	評(郡)制下のコホリ
多珂	多珂・石城
久慈	久慈
新治	新治・白壁
筑波	筑波・河内・信太?
茨城	茨城・信太?
那珂	那珂・香島・行方

があったと考えられるのである。

注

（1）『常陸国風土記』の建郡記事にみえる「郡」は、今日広く認められているように本来「評」とあるべきところを「コホリ」の表記を「郡」字に統一したため、「郡」に置き換えられたものと考えられる。したがって、以下「評」と解して論を進めていくこととする。

（2）諸本にこの部分を欠くが、前後の文章から判断して、ここに「那珂地□里」の脱字があることは認められる。通説では「那珂地七里」と補っている。

（3）天智朝とする説に、志田諄一『常陸風土記とその社会』雄山閣、一九七四年、第三章二「孝徳朝の評の設置」、関口裕子「『大化改新』批判による律令制成立過程の再構成」下（『日本史研究』一三三、一九七三年）等があり、天武十一年から十三年頃とする説に、山尾幸久「孝徳紀の東国国司詔の史料批判」（『日本史論叢』一一、一九八七年）、中村聡「『常陸国風土記』と立郡記事」（『日本思想史研究会会報』一二、一九九四年）等がある。

（4）なお山尾幸久氏は、風土記の資料となった郡領氏族の系譜に孝徳朝における郡の成立（郡領任命）が伝えられていたと推定されている。山尾幸久「孝徳紀の東国国司詔の史料批判」（前掲）四四頁。

（5）八木充『日本古代政治組織の研究』塙書房、一九八六年、前編第六章「律令制民衆支配の成立過程」一四五頁。ただし八木氏は、(A)〜(D)の建評が孝徳朝であったことは認めておられる。

（6）山尾幸久「大化年間の国司・郡司」（『立命館文学』五三〇、一九九三年）七二〜七三頁注⑤。中村聡「『常陸国風土記』と立郡記事」（前掲）一八〜一九頁。

（7）榎英一「常陸国風土記立郡記事の史料的性格」（『日本歴史』五五五、一九九四年）一二頁他参照。

（8）だからといって、風土記編纂段階において建評関係の資料・記録がなかったということをいおうとするものではない。

（9）この木簡については、岸俊男『日本古代文物の研究』塙書房、一九八八年、Ⅵ『白髪部五十戸』の貢進物付札」参照。

（10）この墨書銘の「癸亥年」を天智二年とすることについては、狩野久『日本古代の国家と都城』東京大学出版会、一九九〇

年、第二部二「額田部連と飽波評」一六一～一六二頁参照。

(11) 旧稿「律令制成立期の地方支配」（佐伯有清編『日本古代史論考』吉川弘文館、一九八〇年）一三四～一三五頁では、「里—戸」による人民の把握は庚午年籍をさかのぼらないと理解していたため、建評記事の「里」「戸」は、風土記編纂当時の「里」「戸」数を示すとしたが、本文に述べたように改めたい。

(12) 関晃「大化の郡司制について」（坂本太郎博士還暦記念会編『日本古代史論集』上巻、吉川弘文館、一九六二年）一九五～一九六頁。

(13) 松嶋順正『正倉院宝物銘文集成』吉川弘文館、一九七八年、三〇一頁。

(14) 『続日本紀』天平十八年三月丙子条参照。

(15) 『類聚三代格』巻三。

(16) 『続日本紀』養老七年三月戊子条参照。

(17) 松嶋順正『正倉院宝物銘文集成』前掲、二九八頁他。

(18) 「石城評造部志許赤」については、石城評の造部志許赤という読みも成り立つとの指摘もある（山田英雄「律令成立期の地方問題」（『古代の日本』9、角川書店、一九七一年）一一七頁）が、それならばなぜこの石城評の部分だけ評が郡に置き換えられなかったのかという疑問が生ずるのであり、やはり石城評造の部志許赤と読むべきであろう。そして「部志許赤」については、それをそのまま個人名と読む説も、また「某部志許赤」と何らかの欠字を補って読む説もあるが、ほかに、「部《トモ》」（多珂国造石城直美夜部のトモ）の「志許赤」という読み方も成り立つのではないかと思う。

(19) 関晃「大化の郡司制について」（前掲）一九八～一九九頁。

(20) 鎌田元一「評の成立と国造」（『日本史研究』一七六、一九七七年）五五～六二頁。

(21) 旧稿「律令制成立期の地方支配」（前掲）一三八～一四六頁。旧著『国造制の成立と展開』吉川弘文館、一九八五年、一七七～一八〇頁。

(22) 鎌田元一「評の成立と国造」（前掲）六四頁。

(23) 新野直吉「大化改新第二詔と令条文とにおける郡領任用の『国造』」（『古代学』九—四、一九六一年）。山尾幸久「国造について」（古代を考える会編『藤澤一夫先生古稀記念古文化論叢』藤澤一夫先生古稀記念論集刊行会、一九八三年）。大町健『日本古代の国家と在地首長制』校倉書房、一九八六年、第三章「律令制的郡司制の特質と展開」、等。

（24）かつて私は、鎌田氏の見解が提出された後においても、旧稿「律令制成立期の地方支配」（前掲、一四五～一四六頁他）では、那珂国造壬生直夫子のみが初代行方評の官人に任ぜられたとし、旧著『国造制の成立と展開』（前掲、一七九頁）では、茨城国造壬生連麿と那珂国造壬生直夫子のそれぞれの一族の誰かが初代行方評の官人に任ぜられた可能性が高いとした。ここに訂正したい。

（25）以下の史料のうち、(イ)(ロ)(ハ)(ホ)の調布墨書銘は、松嶋順正『正倉院宝物銘文集成』前掲、二九九～三〇一頁。

（26）行方郡大領として壬生直足人の名がみえる調布墨書銘はほかにも二例残されている。

（27）鎌田元一「評の成立と国造」（前掲）六一～六二頁他。

（28）伊野部重一郎「評制覚書」（『ヒストリア』八二、一九七九年）四五頁他。八木充『日本古代政治組織の研究』前掲、一四七頁。大町健『日本古代の国家と在地首長制』前掲、一六八頁、等。

（29）八木充『日本古代政治組織の研究』前掲、一四七頁。榎英一「常陸国風土記立郡記事の史料的性格」（前掲）一一～一二頁。

（30）この点については、すでに山田英雄氏の指摘がある。山田英雄「律令成立期の地方問題」（前掲）一一七～一一八頁。

（31）伊野部重一郎「評制覚書」（前掲）四三頁。

（32）榎英一「常陸国風土記立郡記事の史料的性格」（前掲）五～六頁。

（33）同右、一五頁。

（34）『因幡国伊福部臣古志』都牟自臣条。

（35）『日下部系図別本（朝倉系図）』日下部表米条。

（36）『神宮雑例集』巻一所引「大同本紀」。

（37）笠評は、後の丹後国加佐郡に相当する評か、あるいは吉備の笠臣氏（笠臣国造）にかかわる評とみられる。

（38）秋本吉郎校注『風土記』（日本古典文学大系）岩波書店、一九五八年、八八～八九頁頭注参照。

(39) この地域には、天王塚古墳群・矢指塚古墳群・赤浜古墳群等、多珂郡の地域内においては、前方後円墳を含む古墳群が集中的に存在する地域であり、多珂郡衙の所在地もこの地域に比定される。
(40) 『続日本紀』養老二年五月乙未条参照。
(41) この地域にはさしたる大型古墳の存在は知られていないが、鮫川流域を単位に、独立したまとまりを持った古墳群の分布が認められる。
(42) 「国造本紀」の石城国造条には「志賀高穴穂朝御世。以二建許呂命一。定二賜国造一」とあり天津彦根命系の系譜を伝えるのに対し、『古事記』の神武天皇段では、道奥石城国造の祖を神八井耳命とする。
(43) 石城郡の地域内には、北から、①富岡川・木戸川流域、②夏井川流域、③藤原川流域の三ヵ所に、それぞれ古墳分布上の独立したまとまりが認められる。①は次に述べる岐閇国造氏との対応関係が想定できるのであり、②と③を「国造本紀」の「石城国造」氏と『古事記』の「道奥石城国造」氏に対応させて考えてよい（どちらがどちらに対応するかは不明であるが）と思う。
(44) 「国造本紀」の道口岐閇国造条には「軽嶋豊明御世。建許呂命児宇佐比乃禰《(刀カ)》。定二賜国造一」とあり、『古事記』神代、天安河之宇気比段には道尻岐閇国造の祖を天津日子根命としており、どちらも天津日子根命（天津彦根命）系の系譜を伝えている。
(45) 吉田東伍『大日本地名辞書』参照。
(46) この地域には、注(43)で述べたとおり、古墳分布上の一定のまとまりが認められる。
(47) なお「道口岐閇国造」については、「道口」の語に注目して、これを多珂郡の道口郷を本拠とする「国造」にあてる説もあるが、「道口岐閇」の語の固有名を示す部分は「岐閇」と考えられるのであり、この説には賛同できない。
(48) 注(39)(41)(43)参照。
(49) 国造が、本来はクニの名（地名）＋カバネ（多くは直）の職名的称号を称したと考えられることについては、第一編第三章で述べた。
(50) 『常陸国風土記』の記事からすると、神野向遺跡は移転後の郡衙跡となるが、前の郡（評）衙もこの地域にあった。

(51) 茂木雅博「常陸南部の古墳群――宮中野古墳群――」(『古代学研究』六〇、一九七一年)。近藤義郎編『前方後円墳集成』東北・関東編、山川出版社、一九九四年、等参照。

(52) 風土記の地名の現地比定については、秋本吉郎校注『風土記』前掲、五一～六五頁頭注参照。

(53) 大場磐雄『常陸大生古墳群』雄山閣、一九七一年。近藤義郎編『前方後円墳集成』東北・関東編、前掲、等参照。

(54) なお、茨城国造に任ぜられた人物は、代々「茨城連」(あるいは「茨城直」)を職名的称号として称していたと考えられるのであるが、それを世襲した一族が「壬生連」を氏姓としているのは、一族が壬生部の伴造も兼ねており、庚午年籍の定姓の際に、国造に由来する「茨城連」ではなく、伴造に由来する「壬生連」を姓と定めたからと考えられる。

(55) この地域には、木原台古墳群中の六号墳(全長約八一㍍)、四号墳(同五五㍍)、一号墳(同三四㍍)、舟子塚原古墳群中の一号墳(同七四㍍)等の前方後円墳や、大型円墳の弁天塚古墳(径約六〇㍍)が営まれている。

(56) 石母田正『日本の古代国家』岩波書店、一九七一年、一四三～一四七頁他。吉田晶『日本古代国家成立史論』東京大学出版会、一九七三年、第七章「評制の成立過程」三九三～三九八頁他。

(57) 大町健『日本古代の国家と在地首長制』前掲、一七一頁。

第三章　吉備氏の始祖伝承と吉備の国造

はじめに

吉備地方の国造については、これまで大きく分けて二通りの考え方が示されている。一つは、単一の吉備国造が存在し、後の上道臣・下道臣氏等の一族の人物が交替でその職（地位）に就いたとする説[1]であり、いま一つは、吉備国造なるものは存在せず、『先代旧事本紀』巻十「国造本紀」にみえる上道国造・下道国造等（「国造本紀」には吉備地方の国造として九国造の名がみえる）が実在したとする説[2]である。こうした考え方の違いが生ずるのは、「国造本紀」の史料性や「国造本紀」の「国造」についての理解が異なるからであるが、一方この問題は、吉備国造が存在したならば上道国造・下道国造等は存在しなかった、あるいは逆に、上道国造・下道国造等が存在したならば吉備国造は存在しなかった、というような二者択一の問題として考える必要はないと思う。かつて単一の吉備国造が存在し、後にそれが分かれて上道国造・下道国造等が成立したとみることも可能なのであり、私はむしろそのようにみるべきではないかと考えている。

本章では、『古事記』『日本書紀』に記載される数種類の吉備氏の始祖伝承に検討を加え、それをとおして、改めて右の吉備地方の国造の問題を考えてみることにしたい。

吉備氏の始祖伝承としては、まず『古事記』の孝霊天皇段（孝霊記）に、孝霊と意富夜麻登玖邇阿礼比売命（亦名、蠅伊呂泥）との間に生まれた比古伊佐勢理毗古命（亦名、大吉備津日子命）を、「吉備上道臣」の祖とし、孝霊と意富夜麻登玖邇阿礼比売命の妹の蠅伊呂杼との間に生まれた若日子建吉備津日子命（若建吉備津日子命）を、「吉備下道臣・笠臣」の祖とする伝承がみえる。これに対して、『日本書紀』の孝霊天皇条（孝霊紀）では、孝霊と妃の絙某弟との間に生まれた稚武彦命を、「吉備臣」の始祖としている。また、『古事記』の景行天皇段（景行記）には、蝦夷討伐を命ぜられた倭建命に副えて遣わされた御鉏友耳建日子を、「吉備臣」らの祖とする別の伝承がみえている。そしてさらに、『日本書紀』の応神天皇条（応神紀）には、応神妃の兄媛の兄の御友別を「吉備臣」の祖とし、御友別の三子と兄弟を、それぞれ「上道臣」「下道臣」「香屋臣」「三野臣」「笠臣」「苑臣」の始祖とする伝承が載せられているのである。なおこのほかにも、「国造本紀」には応神紀とほぼ同様の系譜がみえており、『新撰姓氏録』『日本三代実録』などにも吉備一族の系譜が伝えられている。

古代氏族の始祖伝承（氏族系譜）が、大王（天皇）への奉仕の次第を語るものであり、それによって朝廷内の政治的地位を表示するものであったならば(3)、これらの始祖伝承には、それぞれが成立した段階における吉備一族と王権との関係が示されているといってよいであろう。これまでの研究において、吉備氏の始祖伝承の形成過程が問題にされてきたのも、そこに吉備一族の、王権とのかかわりにおける歴史が反映されているとの認識があったからである(4)。ただこれまでは、これらの始祖伝承が、そのそれぞれに古い要素と新しい要素とを含んでいるという点に、十分な注意がはらわれてこなかったように思われる。たとえば、応神紀の伝承を古く、孝霊紀の伝承を新しくみる説(5)と、逆に前者を新しく、後者を古くみる説(6)とが提出されているが、こうした意見の対立も、それぞれの伝承のどの要素に注目するかの違いによって生じているといえるのであり、個々の始祖伝承は、単純にそれらの前後関係を論ずることのできない内容を含んでいると思うのである。

第一節　始祖伝承の検討

(1)　孝霊記と孝霊紀の始祖伝承

孝霊記と孝霊紀の始祖伝承を図示すると次のとおりである。

孝霊記

意富夜麻登玖邇阿礼比売命（亦名、蝿伊呂泥）
＝孝霊
　├比古伊佐勢理毘古命（亦名、大吉備津日子命）……吉備上道臣祖

蝿伊呂杼
＝孝霊
　├若日子建吉備津日子命（若建吉備津日子命）……吉備下道臣・笠臣祖

孝霊紀

倭国香媛（亦名、絙某姉）
＝孝霊
　├彦五十狭芹彦命（亦名、吉備津彦命）

絙某弟
＝孝霊
　├稚武彦命……吉備臣始祖

両伝承における大きな相違点の一つは、孝霊記では「吉備上道臣」「吉備下道臣・笠臣」という、吉備一族内の個個の氏を示す表記がとられているのに対し、孝霊紀の方では「吉備臣」という、総称的な表記がとられている点である。吉備臣を上道臣・下道臣等の総称とみるか、あるいは吉備臣という単一の氏が後に上道臣・下道臣等に分氏したとみるかは、意見の分かれるところであるが、両伝承の前後関係を考えるためには、まずこの問題が解決されなければならない。

この点について湊哲夫氏は、『古事記』『日本書紀』にみえる吉備氏関係の人名・氏名表記を整理された上で、「百済本記」によったと考えられる継体・欽明紀の外交関係記事に「吉備」「吉備臣」とあること、孝徳紀の大化元年（六四五）九月戊辰条に「吉備笠臣垂」の表記がみえ、それ以降は「笠臣諸石」（天智紀六年十一月己巳条）、「下道臣・笠臣」（天武紀十三年十一月朔条）とあって、「吉備臣」とは表記されないことなどから、継体・欽明の頃の吉備の首長が「キビ」という単一の氏で呼ばれていたことは事実とみてよいとされ、吉備氏の分氏を六世紀後半から七世紀前半までの間に求められた(7)。そしてさらに、舒明紀二年（六三〇）正月戊寅条に「吉備国蚊屋采女」とあることから、この段階での香屋臣氏の存在が想定できるとされ、分氏はそれ以前になされたと考えられるとされている(8)。また吉田晶氏も、出雲地方などに「吉備部」の分布することに注目され、それはその領有主体としての単一の吉備氏が存在したことを示すものであるとされる(9)。おそらくこの点については、両氏の説かれるとおりと考えてよいであろう。

ただこのことから、「吉備臣」と表記する孝霊紀の伝承の方が、「吉備上道臣」などとある孝霊記の伝承よりも古いと、単純に判断するわけにはいかないのである。たしかに孝霊記の伝承が記録されたのは、吉備氏の分氏後のことと みなければならないであろう。しかしそれ以前単一の吉備氏が存在したといっても、吉備氏の実態は、現在の岡山平野の各地域を本拠とした首長らの連合体と考えられるのであり(10)、それらの首長が「吉備臣」という単一の氏として掌握されるようになる以前から、別個の始祖伝承を有しており、それが孝霊記の伝承に反映されているということも考えられなくはないであろう。

また、「吉備臣」と表記する孝霊紀の伝承が、分氏以前のものとも断定できないのではあるまいか。分氏後に、孝霊の皇子の稚武彦を各氏の共通の始祖とする伝承が成立し、そこにおいて、かつての「吉備臣」という呼称が用いられた可能性も考えられるのである。

両伝承におけるいま一つの大きな相違点は、孝霊記に「吉備上道臣」の祖とある比古伊佐勢理毗古命を、孝霊紀では「亦名吉備津彦命」としながらも、吉備一族の始祖と記していない点である。吉備津彦（キビツヒコ）の名からして、それを吉備一族と無関係とする所伝はいかにも不自然であり、この点に注意するならば、すでに志田諄一氏によって指摘されているとおり(11)、孝霊紀は、孝霊記の所伝を改変したものと考えるのが妥当ではなかろうか。

キビツヒコは、崇神紀に、いわゆる四道将軍の一人として「西道」に遣わされ（十年九月甲午条）、さらに武渟河別とともに出雲に遣わされて出雲振根を誅した（六十年七月己酉条）と伝えられる人物であり、『日本書紀』の伝承それ自体からも、吉備一族の始祖とするにふさわしい人物である。また、『続日本紀』天平神護元年（七六五）五月庚戌条には、

播磨守従四位上日下部宿禰子麻呂等言。部下賀古郡人外従七位下馬養造人上款云。人上先祖吉備都彦之苗裔。上道臣息長借鎌。於二難波高津朝庭一。家二居播磨国賀古郡印南野一焉。（中略）伏願。取二居地之名一。賜二印南野臣之姓一。国司覆審。所レ申有レ実。許レ之。

とあり、ここでも「吉備都彦」（キビツヒコ）は上道臣の祖とされているのである。史料的には問題もあるが、『先代旧事本紀』の「天皇本紀」孝霊天皇条に、

彦五十狭芹彦命。亦名吉備津彦命。吉備臣等祖。次彦狭嶋命。海直等祖。次稚武彦命。宇自可臣等祖。

とあるのも参考になるであろう。

つまり、孝霊紀では、孝霊記に上道臣の祖と伝えられていた大吉備津日子命（すなわち吉備津彦命）を、一族の祖から除外し、下道臣・笠臣の祖と伝えられていた若日子建吉備津日子命（すなわち稚武彦命）を、吉備一族全体（「吉備臣」）の始祖とする改変を加えた、と考えられるのである。そしてこのように考えてよければ、この改変が、下道臣・笠臣氏らの主張によってなされたものであることは明らかであろう。改変の時期については、吉備氏の分氏後、孝霊記の伝承が成立し、さらにその後、一族における上道臣氏の地位が低下して、下道臣・笠臣氏が優位に立つようになった時期が考えられなければならない。その時期を特定するのは困難であるが、天武十三年（六八四）の八色の姓制定に際し、吉備一族の中で下道臣氏と笠臣氏のみが朝臣に改賜姓されていることからすれば、少なくともその段階の中央政界において、右のような状況が存在していたことは確かである。このことと、『古事記』にはみられず、『日本書紀』にのみみられる改変であるということとを考え合わせるならば、改変の時期は、志田氏の説かれるように(12)、『日本書紀』の編纂段階に求めるのが適当であると思われる。

ただし、孝霊紀の所伝のすべてが、孝霊記よりも新しいとはいえないようである。孝霊紀において吉備一族の始祖から除外された「吉備津彦命」は、孝霊記においては「大吉備津日子命」と表記されるが、これは、本来キビツヒコという名で伝えられていた一人の人物を、「大吉備津日子」と「若日子建吉備津日子（若建吉備津日子）」の二人に分けた表記とみて間違いないであろう。したがってこの点は、孝霊紀の方に本来の人名表記が伝えられているといえるのである。孝霊記には、

大吉備津日子命与㆓若建吉備津日子命㆒。二柱相副而。於㆓針間氷河之前㆒。居㆓忌瓮㆒而。針間為㆓道口㆒以言㆓向‐和吉

備国一也。

という所伝が加えられているが、これは、崇神紀の、キビツヒコが四道将軍の一人として「西道」に遣わされたとする所伝と対応するものであり、このことからも、「大吉備津日子」と「若建吉備津日子」が、キビツヒコを二人に分けて作られた名であることがうかがえるであろう。

キビツヒコの名は、神武即位前紀にみえる菟狭津彦（ウサツヒコ）、景行紀十八年条にみえる阿蘇都彦（アソツヒコ）などの例と同様、本来、吉備地方の首長の始祖、ないしは国魂的な神を示す名であったと考えられるのであり[13]、孝霊記・孝霊紀の伝承の当初の形は、そのキビツヒコを、比古伊佐勢理毗古命（彦五十狭芹彦命）の亦名とすることで、皇統譜（大王系譜）に結びつけた、というところにあったと思われる。したがって現孝霊記の伝承は、その後の吉備氏の分氏という事実に基づいて、キビツヒコを二人に分けて成立したとみるのが妥当であろう。キビツヒコが大王系譜に組み込まれたのは、吉備一族がキビツヒコを始祖とする一つの氏として王権に掌握・認識された段階と考えるのが妥当であろうが、とするならばその時期は、単一の吉備臣氏の存在が確実視される欽明朝以前[14]にさかのぼるということになろう。

一方、孝霊記の若日子建吉備津日子（若建吉備津日子）の名は、単にキビツヒコを「大」と「若」に分けた「若」の方というだけではなく、そこに「建（タケ）」という別の要素の加わっている点も、注意しなければならないと思う。これは、若日子建吉備津日子が、孝霊紀では稚武彦（ワカタケヒコ）となっていることとも関係があろうが、ここで注目したいのは、景行紀にみえる吉備武彦（キビタケヒコ）の存在である。

景行紀によれば、キビタケヒコは、景行天皇から大伴武日連とともに日本武尊の蝦夷討伐に従うことを命ぜられ（四十年七月戊戌条）討伐のほぼ終わった段階で、碓日坂から日本武尊と別れて越国に向い、その状況を監察し、美濃にて日本武尊に再会して、尊の最後の言葉を天皇に奏上した（同年是歳条）と伝えられる人物である。このキビタケヒコは、景行記には御鉏友耳建日子（または吉備臣建日子）と表記され、はじめにも述べたとおり、「吉備臣等之祖」とされているのである。御鉏友耳建日子（ミスキトモミミタケヒコ）の名は、応神紀の御友別（ミトモワケ）の名にも通ずるが、右の記紀の伝承からは、キビツヒコだけではなく、キビタケヒコも吉備一族の始祖と伝えられていたことが推定されるであろう。

『日本書紀』においては、キビタケヒコは吉備一族の祖とはされておらず、稚武彦との関係も記されていないが、『新撰姓氏録』では、左京皇別上、下道朝臣条に「吉備朝臣同祖。稚武彦命之孫吉備武彦命之後也」とあり、右京皇別下、真髪部条に「同命（稚武彦命）男吉備武彦命之後也」、同じく廬原公条に「笠朝臣同祖。稚武彦命之後也。孫吉備建彦命。景行天皇御世。被ㇾ遣二東方一。伐二毛人及凶鬼神一。到二于阿倍廬原国一。復命之日以二廬原国一給ㇾ之」とあって、稚武彦の子ないし孫と伝えられているのである。このように、『日本書紀』では一族の祖とはされていないキビタケヒコが、『新撰姓氏録』において吉備氏系の氏族の祖として語られているということは、その伝えが本来的なものとして根強く存在していたから、とみることができよう。キビタケヒコという名が、本来吉備地方の英雄を表わす名と考えられることからも、その伝えは、キビツヒコを始祖とする伝承と同様、原初的な伝えであることがうかがえるように思われる。おそらく、キビタケヒコを始祖とする伝えは、吉備氏の分氏以前から存在していたと考えられるのであり、孝霊記の若日子建吉備津日子の名は、吉備氏の分氏という事実をうけて、キビツヒコを「大」と「若」とに分けるとともに、そこにキビタケヒコの名を取り入れて作った名とみることができるのである。

そこで改めて注意されるのは、孝霊記において、大吉備津日子（すなわちキビツヒコ）が上道臣の祖とされ、キビツヒコの分身であるとともにキビタケヒコの分身でもある若日子建吉備津日子が、下道臣・笠臣の祖とされていることである。つまり、吉備氏の始祖伝承としては、吉備氏の分氏以前から、キビツヒコを始祖とする後の上道臣氏の一族の伝承と、キビタケヒコを始祖とする後の下道臣・笠臣氏の一族の伝承とが併存していたと考えられるのである。孝霊紀の伝承が、下道臣・笠臣氏らの主張によって孝霊記の所伝を改変したものと考えられることは先に述べたが、こうした改変がなされたのも、上道臣氏と、下道臣・笠臣氏とが、それらの氏の成立する以前から、それぞれ別個の始祖伝承を有していたことに由来するのであろう。孝霊紀の稚武彦の名は、キビツヒコを一族の始祖から除外したのと同じ理由で、孝霊記の若日子建吉備津日子の名からキビツヒコの部分を取り除いて作った名、いわば純粋なキビタケヒコの分身として作った名、ということができるのではなかろうか。

『新撰姓氏録』において、キビタケヒコの名が語られるのは、いずれも下道朝臣・笠朝臣の一族の系譜においてであり、これに対してキビツヒコの方は、先に引用した『続日本紀』にみえる馬養造人上の款状にあるように、上道臣の祖として語られているのである。なお、『日本三代実録』元慶三年(八七九)十月戊寅条には、

(前略)左京人左大史正六位上印南野臣宗雄。男三人。女一人。妹一人。賜二姓笠朝臣一。其先。出レ自二吉備武彦命一也。宗雄自言。吉備武彦命第二男。御友別命十一世孫人上。天平神護元年取二居地之名一。賜二印南野臣姓一。第三男鴨別命。是笠朝臣之祖也。兄弟之後。宜二同姓一也。(後略)

とあり、この記事は、キビタケヒコを御友別らの父とすることで注目されるのであるが、また、『続日本紀』の款状では、キビツヒコの後裔と主張していた人上が、ここではキビタケヒコの後裔とされている点も注意される。これは、人上の後裔である印南野臣宗雄らが、笠朝臣の賜姓を申請したがゆえに、もとはキビツヒコを祖としていたのを改変して、キビタケヒコを祖としたということであろう。

このように、『古事記』『日本書紀』以外の史料からも、上道臣氏の一族がキビツヒコを始祖とし、下道臣・笠臣氏

の一族がキビタケヒコを始祖とする伝承を有していたことが知られるのであるが、キビツヒコやキビタケヒコは、『古事記』においても、また『日本書紀』においても、直接には吉備一族の始祖とはされていないのであり、この点は、先にも述べたとおり、両者を始祖とするそれぞれの伝承が、本来的な伝えとして根強く存在していたことを示すものであろう。おそらく二つの始祖伝承は、吉備地方の首長らが、「吉備臣」という単一の氏として王権に掌握される以前から存在していたのではなかろうか。キビツヒコ・キビタケヒコは、大王による全国平定に参加し活躍した人物と伝えられるのであり、こうした伝承も、吉備の政治勢力と大王を中心とした畿内の政治勢力とが、基本的には同盟の関係にあった段階の所産とみるのが妥当であるように思われる。

(2)　応神紀の始祖伝承

次に、応神紀の始祖伝承について検討を加えるが、はじめに当該部分を引用しておくことにしたい。

(A)廿二年春三月甲申朔戊子。天皇幸ニ難波一居ニ於大隅宮一。丁酉。登ニ高台一而遠望。時妃兄媛侍之。望レ西以大歎。兄媛者。吉備臣祖御友別之妹也。於レ是天皇問ニ兄媛一曰。何爾歎之甚也。（中略）

(B)秋九月辛巳朔丙戌。天皇狩ニ于淡路嶋一。（中略）自ニ淡路一転以幸ニ吉備一。遊ニ于小豆嶋一。庚寅。亦移ニ居於葉田葉田。此云ニ簸娜一。葦守宮一。時御友別参赴之。則以ニ其兄弟子孫一。為ニ膳夫一而奉レ饗焉。天皇於レ是看ニ御友別謹惶侍奉之状一。而有ニ悦情一。因以割ニ吉備国一封ニ其子等一也。

(C)則分ニ川嶋県一封ニ長子稲速別一。是下道臣之始祖也。次以ニ上道県一封ニ中子仲彦一。是上道臣。香屋臣之始祖也。次以ニ三野県一封ニ弟彦一。是三野臣之始祖也。復以ニ波区芸県一封ニ御友別弟鴨別一。是笠臣之始祖也。即以ニ苑県一封ニ兄浦凝別一。是苑臣之始祖也。即以ニ織部一賜ニ兄媛一。是以其子孫於レ今在ニ于吉備国一。是其縁也。

⒞部分を図示すると次のとおりである。

- 浦凝別（苑県）……………………苑臣始祖
- 御友別
  - 稲速別（川嶋県）…………下道臣始祖
  - 仲　彦（上道県）…………上道臣・香屋臣始祖
  - 弟　彦（三野県）…………三野臣始祖
- 鴨　別（波区芸県）……………笠臣始祖
- 兄　媛（織部）

まず⒜部分の分注に、御友別を「吉備臣祖」としているが、これを、稚武彦を始祖とする孝霊紀の伝承と、別個の始祖伝承と解する必要はないと思う。『日本書紀』においては、『古事記』とは異なり、ほとんどの場合、祖と始祖とは区別して用いられているからである。この場合も、御友別は「吉備臣」の始祖ではない祖の一人という意味であり、神功摂政前紀に「吉備臣祖鴨別」とあるのも、同じ意味と考えられる。『新撰姓氏録』右京皇別下、吉備臣条には、御友別を稚武彦の孫としており、また先にみたとおり、『新撰姓氏録』で稚武彦の子ないし孫とされるキビタケヒコが、『日本三代実録』では御友別の父となっているのである。『日本書紀』においても、これと同様の関係が想定されているとみてよいであろう[15]。

次に⒝部分は、吉備に行幸した天皇に、御友別が一族を率いて食膳奉仕したとあり、王権への服属伝承として広くみられる型の話になっている。その結果、吉備国を割いて御友別の子らに封じたというのであるが、その具体的内容を述べているのが⒞部分であり、そしてこの⒞部分が、上道臣・下道臣氏ら六氏の始祖伝承にもなっているのである。

したがって、応神紀の伝承は、吉備一族の服属伝承と始祖伝承とが結びついているのであり、この点にまず注意する必要があると思う。「上道臣」「下道臣」等の表記をとる始祖伝承は、明らかに分氏後の成立であるが、そのことから、五県に分封されたとする服属伝承まで分氏後の成立とみることはできないのである。

ところで、ここに記載された五県は、欽明紀十六年七月壬午条に「遣二蘇我大臣稲目宿禰。穂積磐弓臣等一。使下二于吉備五郡一置中白猪屯倉上」とある「吉備五郡」に対応するとみて間違いないであろう。[16]「白猪屯倉」については種々の議論があるが、本編の第一章第一節で述べたように、笹川進二郎氏・山尾幸久氏らの説かれるとおり、[17]吉備地方の五ヵ所に設置された五つのミヤケの総称が「白猪屯倉」であり、この時に設置された五ミヤケを中心とした行政範囲が「吉備五郡（五県）」である、と解するのが妥当であると思う。つまり、「吉備五郡（五県）」の成立は、欽明朝のミヤケ設置以降に求められることになるのであり、(C)部分における五県分封の伝承も、当然その後の成立ということになろう。

しかし、ここで注意したいのは、(C)部分の分封伝承は、はじめから五県として語られていたとは考え難いという点である。(C)の五県分封伝承は、明らかに次の二つに分けて考えることができると思う。

(C1)
川嶋県――稲速別（下道臣始祖）
波区芸県――鴨別（笠臣始祖）
苑　県――浦凝別（苑臣始祖）

(C2)
上道県――仲彦（上道臣・香屋臣始祖）
三野県――弟彦（三野臣始祖）

まず(C1)の人名が、いずれも別（ワケ）の称号を持ち、しかも固有の名を示しているのに対し、(C2)の人名は、仲彦・弟彦という、(C1)とは異質の、しかも一般的な名になっている点が指摘できるであろう。また(C1)の県名が、いずれも律令制下の郡名とは一致しないのに対し、Ⓒ$_2$の県名は、それと一致するという違いも認められる。すなわち、Ⓒ$_2$の上道県・三野県は、それぞれ備前国上道郡上道郷・備前国御野郡御野郷の郡郷名と一致しているが、Ⓒ$_1$の苑県は、備中国下道郡曾能郷の郷名とのみ一致し、川嶋県・波区芸県は、それに対応する郡郷（里）名を見出せないのである。

川嶋県・波区芸県の比定地については、仁徳紀六十七年是歳条に、笠臣の祖の県守が吉備中国（備中国）の川嶋河（現在の高梁川に比定される）の川股で大蛇を退治したという説話のみえることからすると、両県とも高梁川の下流域に比定するのが妥当であろう(18)。とすると、Ⓒ$_1$の三県はいずれも後の備中国南部に比定され、Ⓒ$_2$の二県は備前国南部に比定されることになり、地理的にみても、Ⓒ$_1$とⒸ$_2$との違いが指摘できるのである。

一方、もしⒸ$_1$・Ⓒ$_2$の県名が同時期の呼称であるならば、Ⓒ$_2$に「上道県」とある以上、Ⓒ$_1$にはそれと対応する「下道県」の名がみえていてしかるべきである。ところがそうはなっていないのであり、Ⓒ$_1$とⒸ$_2$の県名は、それぞれ別の段階での呼称とみるほかはないであろう。

つまり、Ⓒの分封伝承は、もとはⒸ$_1$の三県として語られていたものが、欽明朝に五ミヤケが設置され、五コホリが成立した以降に、Ⓒ$_2$の二県が加えられて五県の分封伝承になった、と考えられるのである。三県の分封伝承については、三県の所在地からして、後の備中国南部の首長ら、すなわち後の下道臣・笠臣氏らによって語られていた王権への服属伝承であったとみられるが、この伝承が、五コホリの成立以前から存在していたと考えられるならば、この三県は、本来、コホリではなくアガタとして伝承されていたとみてよいのではなかろうか(19)。大王に食膳奉仕することで、王権に服属した御友別の兄弟子孫が、それぞれ三つのアガタに封ぜられた、というのが、Ⓒの服属伝承の当初の形であったと思われる。そしてこの伝承は、吉備地方（後の備中国南部の地域）に、アガタが設置されたという事実に基づく伝承と考えてよいのではなかろうか。仁徳紀六十七年是歳条に笠臣の祖（始祖ではない）として県守（アガタモリ）

の名がみえること、後の備中国後月郡に県主（アガタ）郷の存在することなども、この地域にアガタが置かれていたことを示すものといえよう。

それでは、なにゆえ本来三つのアガタへの分封伝承であったものが、二つのコホリが加えられて、五県の分封に改変されたのであろうか。(C)の五県の名が、吉備地方に現実に存在していた五コホリの名をそのまま伝えているのではないことは、そこに上道県があって下道県がないといった不整合がみられることから明らかである。したがって、この改変が五コホリの起源を語るために行なわれたとは考え難いであろう。五県としたのは、五コホリと数を合わせたにすぎないと思うのであり、(C)の五県と欽明紀の「吉備五郡」が対応するといっても、(C)の五県の名がそのまま「吉備五郡」の名に対応するのではないのである。とするならば、改変の理由については、(C)が分氏後の吉備の各氏の始祖伝承でもある、ということから説明するほかはないと思う。

『日本書紀』においては、吉備一族の始祖は稚武彦（キビタケヒコの分身）に統一されているのであり、分氏後の各氏の始祖を語るにあたっても、それを稚武彦の系譜を引くと認識されている御友別の一族に、統一する必要があったのではなかろうか。キビツヒコを始祖とする伝承を持っていた上道臣氏らを、稚武彦―御友別の系譜、すなわち下道臣・笠臣氏らの氏族系譜に組み込んだのが、(C)の始祖伝承であったと思うのである。改変の時期についても、孝霊紀においてキビツヒコを一族の始祖から除外したのと同じ時期、おそらく『日本書紀』の編纂段階と考えるのが妥当であろう。

なおこのことは、(C)の稲速別・鴨別・浦凝別をそれぞれ下道臣・笠臣・苑臣の始祖とする伝承まで、『日本書紀』の編纂段階での所産であることをいっているのではない。天武十三年に朝臣と改賜姓された下道臣・笠臣氏が、改賜姓以前の呼称で表記されていることに注意するならば、その伝承の記録されたのは天武十三年以前とみてよいかもしれない。下道臣・笠臣・苑臣の各氏は、もともとキビタケヒコを共通の始祖とする伝承を有していたと考えられるが、吉備氏の分氏により右の三氏が成立した段階で、三県の分封伝承と結びついた三氏の始祖伝承が成立した可能性は高いと思う。また上道臣・香屋臣・三野臣の三氏についても、キビツヒコを共通の始祖とするほかに、各氏の始祖を持っていた可能性が考えられるが、応神紀において、三氏の系譜が御友別の系譜（すなわち下道臣氏らの系譜）に組み込まれているのは、孝霊紀にみられたのと同じ理由による改変とみて間違いないであろう。

以上、『古事記』『日本書紀』にみえる吉備氏の始祖伝承について検討してきたが、それぞれの伝承を古い要素と新しい要素とに分けて考えることによって、ある程度、始祖伝承の形成過程があとづけられたのではないかと思う。問題は、その始祖伝承の形成過程が、吉備地方における国造制の成立・展開とどのようなかかわりを持つのかという点であるが、この点は、節を改めて考えていくことにしたい。

第二節　始祖伝承と国造制

(1)　吉備国造と「国造本紀」の諸国造

まずは、吉備地方の国造関係史料を検討しなければならないが、律令制下の国造[20]についての史料を除くと、それは次のとおりである。

(1)『日本書紀』雄略天皇七年八月条

官者吉備弓削部虚空取急帰レ家。吉備下道臣前津屋（或本云。国造吉備臣山。）留二使虚空一。経レ月不レ肯三聴上二京都一。天皇遣二身毛君丈夫一召焉。虚空被レ召来言。前津屋以二小女一為二天皇人一。以二大女一為二己人一。競令二相闘一。見二幼女勝一。即抜レ刀而殺。復以二小雄鶏一呼為二天皇鶏一。抜レ毛剪レ翼。以二大雄鶏一呼為二己鶏一。著二鈴金距一。競令レ闘之。見二禿鶏勝一。亦抜レ刀而殺。天皇聞二是語一。遣二物部兵士卅人一。誅二殺前津屋幷族七十人一。

(2)『倭姫命世記』崇神天皇五十四年丁丑条

遷二吉備国名方浜宮一。四年奉レ斎。于レ時吉備国造。進二采女吉備都比売一。又地口御田一。

(3)『先代旧事本紀』巻十「国造本紀」

①大伯国造　軽嶋豊明朝御世。神魂命七世孫佐紀足尼。定二賜国造一。

②上道国造　軽嶋豊明朝御世。元封二中彦命児多佐臣一始国造。

③三野国造　軽嶋豊明朝御世。元封二弟彦命一次定二賜国造一。

④下道国造　軽嶋豊明朝御世。元封二兄彦命亦名稲建(速カ)別一定二賜国造一。

⑤加夜国造　軽嶋豊明朝御世。上道国造同祖。元封二中彦命一改定二賜国造一。

⑥笠臣国造　軽嶋豊明朝御世。元封二鴨別命八世孫笠三枝臣一定二賜国造一。

⑦吉備中県国造　瑞籬朝御世。神魂命十世孫明石彦。定二賜国造一。

⑧吉備穴国造　纏向日代朝御世。和邇臣同祖。彦訓服命孫八千足尼。定二賜国造一。

⑨吉備風(品カ)治国造　志賀高穴穂朝。多遅麻君同祖。若角城命三世孫大船足尼。定二賜国造一。

(1)の記事は、『日本書紀』に三種載せられる吉備氏の反乱伝承の一つであり、その主人公である吉備下道臣前津屋の分注に、「或本云。国造吉備臣山」の表記がみえるのである。この伝承は、前津屋が女性や鶏を闘わせて天皇を侮辱したという、いかにも説話的な内容になっていることや、前津屋が天皇への叛意を持ったにしては、一族七〇人とともに、物部兵士三〇人ばかりによって討たれたというのも不自然であることなどから、そのまますべてを事実の伝えとみることはできない。ただ、天皇への不敬をはたらいた前津屋が吉備弓削部虚空の密告によって討たれたという物語の骨子については、『日本書紀』の編纂段階ですでにそうした内容を伝える記録が存在していたことは認められよう。吉備下道臣前津屋・吉備弓削部虚空といった他にみえない人物が登場するのは、それが『日本書紀』編者の作文ではないことを示しているであろうし、前津屋について「或本云」との分注がつけられていることからは、前津屋の伝承自体も、すでに記録化されていたことが推測されるであろう。おそらく或本にも、国造吉備臣山を主人公とした本文の内容と近似した伝えが記されていたものと推定される。

しかし、だからといって、「国造吉備臣山」なる人物が、雄略朝の人物として実在したとまで主張することはできない。(1)の記事が雄略紀七年条に載せられているのは、続いて記される吉備上道臣田狭の反乱伝承とともに、清寧天皇即位前紀の星川皇子の反乱の記事に結びつけるため、『日本書紀』編者によって構成されたものとみるのが妥当であろう。[21] 吉備氏の反乱伝承についての私見は別に述べたことがあるが、[22] 三種の反乱伝承からは、雄略と吉備一族の女性(稚媛)との間に生まれた星川皇子が、雄略の死後、大伴室屋によって討たれたということは事実として推定されるものの、上道臣田狭が実際に反乱を起こしたか否か、また下道臣前津屋や吉備臣山が雄略朝の人物か否かなどは、不明とせざるを得ないのである。

ここで注意したいのは、国造吉備臣山が「吉備臣」という吉備氏の分氏以前の呼称で表記されているという点である。これに従えば、分氏以前の吉備地方にすでに国造制が施行されていたことになるのであり、その場合の国造吉備臣山の管したクニは、単一の「吉備国」とみるのが妥当ということになるであろう。問題は、右の表記がどの程度信頼できるかという点である。

まず前節でも述べたように、欽明紀二年四月条、同五年三月条・十一月条など、「百済本記」によったと考えられる記事に「吉備臣」の表記がみえることは、この段階では、まだ分氏がなされていなかったことを示すものと考えられる。一方この段階では、欽明紀十五年十二月条の「筑紫国造」、同二十三年七月是月条の「倭国造」、また敏達紀十二年是歳条にみえる「檜隈宮御寓天皇之世」（宣化朝）の「火葦北国造」の存在などから、少なくとも西日本においてはすでに国造制が施行されていたと考えられるのであり、(23)分氏以前の人物である吉備臣山が、国造（単一の吉備国造）であったことは、自然なものとして理解されるのである。

第8表　吉備地方における国造のクニと国郡郷名

	国造のクニ	『和名類聚抄』の国郡郷名
①	大伯	備前国邑久郡邑久郷
②	上道	備前国上道郡上道郷
③	三野	備前国御野郡御野郷
④	下道	備中国下道郡
⑤	加夜	備中国賀陽郡
⑥	笠臣（笠）	（備中国小田郡笠岡）
⑦	吉備中県	（備中国後月郡県主郷）
⑧	吉備穴（品カ）	備後国安那郡
⑨	吉備風治	備後国品治郡品治郷

また、(2)の『倭姫命世記』に「吉備国造」の名がみえることも、その史料性に問題はあるが、吉備国造の実在を考える上では参考になるであろう。なおこの点に関して、律令制下の国造についての記事であるが、『続日本紀』天平宝字元年閏八月癸丑条に「以二従四位上上道朝臣斐太都一為二吉備国造一。」とあるのも注意されよう。ここは、正しくは「備前国国造」とあるべきところであり、(24)それを「吉備国造」としているところに、かつての吉備国造の実在を想定することも可能と思われる。吉備国造のクニの範囲が、後の備前（美作を含む）・備中・備後を合わせた範囲であったのか、あるいはもっと狭く、現在の岡山平野を中心とした範囲に限られていたのかは不明であるが、単一の吉備国造が存在したこと自体は、事実とみてよいのではなかろうか。

それでは、(3)の「国造本紀」にみえる諸国造の実在についてはいかがであろうか。

吉備地方の国造としては、①〜⑨の九国造があげられているのであるが、(25)それぞれの国造の帯びるクニの名を、『和名類聚抄』の国郡郷名に対比させると第8表のとおりである。⑥の笠臣はウジ名であり、クニの名としては「笠」が考えられるが、「笠」の遺称地としては後の備中国小田郡笠岡（現在の笠岡市）があげられる。また⑦の吉備中県は、はっきりとした比定地を見出せないが、「国造本紀」の記載順からすれば、後の備中国ないし備後国内に求められることは間違いないであろう。

「国造本紀」の「国造」についての私見は、すでに第二編第五章で述べており、また次章でも改めて述べるところであるが、それは、原則として大宝二年に公認された国造氏を載せたものとみられるのであり、その国造氏は、多くが実際に国造を世襲していた一族であったと考えられるのである。したがって、①〜⑨の九国造も、原則として実在した国造と考えてよいということになるであろう。

またこのことは、吉備地方に存在した国造田の数からも推定されるところである、『別聚符宣抄』に引く延喜十四年八月八日の太政官符によれば、美作国に六町、備中国に一八町六段、備後国に一八町の国造田（闕国造田）の存在が知られ、『続日本後紀』承和元年十一月癸亥条に「依二兵部省所一レ請。以二国造田廿町地税一。永充下親王已下五位已上廿人調二習内射一之資上」とあり、『延喜式』兵部省式射田条に「凡射田廿町。近江国八町。丹波国六町。備前国六町。充二大射射手親王已下五位已上調習之資一」とあることからは、備前国にも六町の国造田の存在したことが知られる。吉備地方における国造田がこのほかにも存在した可能性は否定できないが、少なくとも、右の合わせて四八町六段の国造田が存在していたことは確実である。国造田は、これも第二編第五章で述べたところであるが、国造に対する一種の職分田として国造のクニごとに六町ずつ設置されたものと考えられるのであるから、吉備地方には、少なくとも八国造（後の美作国の地に一国造、備前国の地に一国造、備中国の地に三国造、備後国の地に三国造）が存在したことになるのである。この点からも、「国造本紀」の九国造（九国造氏）は、そのほとんどが実在した国造（実際に国造を世襲していた一族）とみることができよう。

ところで、右の九国造のうち、②上道国造・③三野国造・④下道国造・⑤加夜国造・⑥笠臣国造の五国造氏は、吉備氏の分氏によって成立した氏であり、これらの国造が実在し、一方では、分氏以前の吉備国造も実在したとするならば、当然それは、はじめにも述べたように、時間的な前後関係で理解するのが妥当ということになるであろう。以下、この点について、吉備氏の始祖伝承の形成過程とかかわらせて、いま少し具体的に考えていくことにしたい。

(2)　始祖伝承の形成過程と国造制

まず、前節で検討した始祖伝承の形成過程についての要点をまとめておくことにしよう。孝霊記・孝霊紀および景行記の始祖伝承からは、次の諸点が推定されたところである。

(1)吉備氏の分氏以前、さらには吉備臣氏という単一の氏が成立する以前から、キビツヒコを始祖とする後の上道臣氏らの一族の伝承と、キビタケヒコを始祖とする後の下道臣・笠臣氏らの一族の伝承とが併存していたこと。

(2)孝霊記・孝霊紀の伝承の当初の形は、キビツヒコを比古伊佐勢理毗古命（彦五十狭芹彦命）の「亦名」として大王系譜に組み込んだものであり、その伝承は、吉備一族がキビツヒコを祖とする単一の吉備臣氏として王権に掌握・認識された段階で成立したこと。

(3)吉備氏の分氏後、キビツヒコを「大」と「若」に分けるとともに、「若」の方にキビタケヒコを取り込んで、大吉備津日子命を上道臣氏の祖、若日子建吉備津日子命を下道臣・笠臣氏の祖とする現孝霊記の伝承が成立したこと。

(4)現孝霊紀の伝承は、下道臣・笠臣氏らの主張によって孝霊記の伝承を改変したものであり、上道臣氏らの祖のキビツヒコを吉備一族の祖から除外するとともに、自らの祖と伝えてきたキビタケヒコ系の稚武彦命を吉備一族全体の始祖としたのであって、その改変の時期は、『日本書紀』の編纂段階に求めるのが妥当であること。
また応神紀の始祖伝承からは、次の諸点が考えられたのである。
(5)後の下道臣・笠臣氏らの一族は、五コホリの成立する以前から、御友別を主人公とする王権への服属伝承（食膳奉仕と三アガタへの分封）を有していたこと。
(6)この服属伝承に、分氏後の各氏の始祖伝承を結びつけたのが応神紀の伝承であり、それはまず、三アガタへの分封伝承と結びついた下道臣・笠臣・苑臣三氏の始祖伝承として成立した可能性が高いこと。
(7)三アガタへの分封が「五県」（五コホリ）への分封と改変されたのは、上道臣・香屋臣・三野臣氏らの系譜を、下道臣・笠臣氏らの系譜に組み込むためであったこと。

さて、吉備地方における国造制が、単一の吉備国造から、「国造本紀」にみえるような複数の国造へと変化したとするならば、まずは、単一の吉備国造と、分氏以前の(2)の段階の始祖伝承との対応関係が想定されるであろう。吉備一族が単一の吉備臣氏として成立した時期は、吉備地方に国造制が成立した時期よりも早かったと考えられるが[26]、分氏以前の吉備臣氏の始祖伝承として想定されるのは、キビツヒコを始祖とする(2)の伝承のみである（(4)に述べたように、稚武彦命を「吉備臣」の始祖とする現孝霊紀の伝承は、『日本書紀』編纂段階の所産と推定される）。したがって、単一の吉備国造は、もともとキビツヒコを始祖と称していた後の上道臣氏らの一族によって世襲されていた可能性が高いと考えられるのである。

一方、(5)・(6)に述べたように、後の下道臣・笠臣氏らは、分氏以前から王権への服属伝承（食膳奉仕と三アガタへの分封）を有していたと考えられるのであるが、これはさらに、単一の吉備臣氏が成立する以前にさかのぼる伝承とみてよいのではなかろうか。この伝承は本来あくまで後の下道臣・笠臣氏らにのみかかわる伝承として語られていたとみられるのであり、吉備一族が後の上道臣氏らも含む一つの氏として王権に掌握されていた段階の伝承としてはふさわしくないと思われるからである。

吉備一族と王権とのかかわりは、両者が基本的には同盟関係にあった段階から、まず後の下道臣・笠臣氏らの一族（後の備中国南部を本拠地とした一族）が、三アガタに封ぜられる（実際には三ヵ所のアガタを献上する）形で王権に従属し、次いで後の上道臣氏らの一族（後の備前国南部を本拠地とした一族）を中心に、後の下道臣・笠臣氏らも含む吉備一族全体が単一の吉備臣氏として王権に掌握され、さらに後の上道臣氏らの一族が国造に任ぜられることによって、吉備地方が単一の吉備のクニとして掌握されて王権による支配が強化された、という推移が考えられるのではなかろうか。

それでは、「国造本紀」の複数の国造はいつ成立したのであろうか。それが吉備氏の分氏後であることは間違いないであろうが、吉備氏の分氏に関して注目できるのは、欽明朝における五ミヤケ（白猪屯倉）の設置とそれによる「吉備五郡」の成立である。分氏の時期が六世紀前半から七世紀前半の間に求められるとすれば、当然、分氏と「五郡」（五コホリ）の成立とが結びつくのではないかとの推測がなされるであろう。[27] ただ、五コホリの成立と複数の国造の成立とをイコールで結ぶことはできないと思う。五コホリの成立は、本編の第一章第一節で述べたように、単一の吉備のクニにおけるクニ―コホリ（国造―稲置）の組織の成立としてとらえるべきものと考えられるからである。

複数の国造の成立に関しては、やはり孝徳朝における国造制の再編の時期が注意されなければならないであろう。[28] この時期に単一の吉備国造にかわって複数の国造が任命されたと考えるのが、国造田の数がほぼ「国造本紀」の国造の数に対応した数だけ設置されていたと推定されることからしても、妥当であると思われる。

吉備地方における国造制の成立・展開過程については、さらに多方面からの検討が必要であろうが、始祖伝承の形成過程とのかかわりからすれば、右のように考えられると思うのである。

注

（1）井上光貞「国造制の成立」（『史学雑誌』六〇―一一、一九五一年）。八木充『日本古代政治組織の研究』塙書房、一九八六年、後編第一章「国造制の構造」、等。

（2）吉田晶『吉備古代史の展開』塙書房、一九九五年、第一部第一章「吉備地方における国造制の成立」。西川宏『吉備の国』学生社、一九七五年、等。

（3）溝口睦子『日本古代氏族系譜の成立』第一法規出版、一九八二年、第四章「氏族系譜に共通する形式と構造及び問題点」。吉田孝『律令国家と古代の社会』岩波書店、一九八三年、Ⅲ「律令時代の氏族・家族・集落」、等参照。

（4）なお、吉備氏始祖伝承についての研究史は、湊哲夫「吉備氏始祖伝承の形成過程」（日本史論叢会編『歴史における政治と民衆』同会、一九八六年）四〇五～四〇七頁に整理されている。

（5）岩本次郎「古代吉備氏に関する一考察」（『ヒストリア』二六）。吉田晶『吉備古代史の展開』前掲、第一部第一章「吉備地方における国造制の成立」、等。

（6）笹川進二郎「白猪史と白猪屯倉」（日本史論叢会編『論究日本古代史』学生社、一九七九年）。湊哲夫「吉備氏始祖伝承の形成過程」（前掲）、等。

（7）湊哲夫「吉備氏始祖伝承の形成過程」（前掲）四〇八～四一二頁。

（8）湊哲夫「吉備と伊予の豪族」（『新版古代の日本』第四巻、角川書店、一九九二年）一四七頁。

（9）吉田晶『吉備古代史の展開』前掲、第一部第二章「吉備氏伝承に関する基礎的考察」九一頁。

（10）吉田晶『吉備古代史の展開』前掲。西川宏『吉備の国』前掲、等参照。

（11）志田諄一『古代氏族の性格と伝承』（三版）雄山閣、一九七四年、第二章三「吉備臣」一三四～一三七、一六二～一六三頁他。

（12）同右。

（13）岡田精司「古代吉備氏の始祖伝承」（『歴史公論』四―一、一九七八年）。土橋寛「古代吉備の英雄と女性」（山陽新聞社編

『古代吉備国論争』上、同社、一九七九年)、等参照。

(14)　吉田晶氏や湊哲夫氏の指摘(注(7)・注(9))のとおり、欽明紀には「百済本記」によったとみられる記事に「吉備臣」とみえている(二年四月条・五年三月条・五年十一月条)。

(15)　湊哲夫「吉備氏始祖伝承の形成過程」(前掲)四二〇頁にこの指摘がある。

(16)　薗田香融『日本古代財政史の研究』塙書房、一九八一年、第八章「律令国郡政治の成立過程」。笹川進二郎「白猪史と白猪屯倉」(前掲)。山尾幸久「県の史料について」(日本史論叢会編『論究日本古代史』前掲)。湊哲夫「吉備氏始祖伝承の形成過程」(前掲)、等参照。

(17)　笹川進二郎「白猪史と白猪屯倉」(前掲)一六六〜一六七、一七四〜一七五頁他。山尾幸久「県の史料について」(前掲)二〇九〜二一〇頁他。

(18)　藤井駿『吉備地方史の研究』法蔵館、一九七一年、所収「加夜国造の系譜と賀陽氏」二六、三一頁他参照。

(19)　アガタおよびコホリ(評制施行以前のコホリ)についての私見は、序、および本編第一章第一節参照。

(20)　律令制下の国造としては、備前国国造上道朝臣正道(斐太都)と、美作備前二国国造和気朝臣清麻呂が知られる。

(21)　大橋信弥『日本古代の王権と氏族』吉川弘文館、一九九六年、第一編第一章「『吉備氏反乱伝承』の史料的研究」参照。

(22)　拙稿「吉備氏の反乱伝承の史実性」(『別冊歴史読本』五三、一九八七年)。

(23)　第一編第二章・第三章参照。

(24)　『続日本紀』神護景雲元年九月庚午条には「備前国国造従四位下上道朝臣正道」とある(上道朝臣斐太都と上道朝臣正道が同一人物であることは、斐太都の経歴と正道の卒伝の一致することから明らかである)。

(25)　ほかに「美作国造」の名もあげられているが、その伝文には美作国の設置のことのみが述べられているのであり、他の「和泉国司」「摂津国司」「出羽国司」「丹後国司」の例からすれば、ここも「美作国司」とあるべきところである。したがって、国造の例からは除いて考えてよいと思われる。

(26)　単一の吉備臣氏は欽明朝にはすでに成立していたと考えられるが、西日本の国造制が磐井の乱を画期とした六世紀中葉に成立したと考えられること(第一編第三章第一節・第二節参照)からすれば、右のことからは、吉備臣氏の成立が国造制の成立よりさかのぼるとはいえない。しかし、国造のカバネは直であり、直以外のカバネを称する国造は、国造に任ぜられる以前からそのカバネを称していたと考えられること（第一編第三章第三節参照）からすると、そのようにみてよいということになろう。

(27) 湊哲夫「吉備と伊予の豪族」（前掲）一四二～一四八頁にこの指摘がある。

(28) 孝徳朝において国造制の再編がなされたと考えられることについては、第二編第一章～第三章参照。

第四章　「国造本紀」の再検討

はじめに

「国造本紀」は『先代旧事本紀』の一巻であり、その最後の巻十に収められている。『先代旧事本紀』については、聖徳太子・蘇我馬子らの撰によるとの序文が付されているものの、それは後世の仮託であり、実際には、平安時代の前期から中期にかけてのある時期に、物部氏系の人物によって、『古事記』『日本書紀』『古語拾遺』などの記事を寄せ集めて編纂されたものと考えられている(1)。ただし、同書には独自の資料に基づいたとみられる部分も含まれており、とくに「国造本紀」に関しては、依拠すべき原資料の存在したことが指摘されている(2)。これらの点については、今日ほぼ異論のないところと思われるが、「国造本紀」およびその原資料の史料性の問題や、その成立過程については、いまなお共通した理解は得られていない。

「国造本紀」は、序文と本文からなり、本文にはおよそ一三〇ほどの国造名が掲げられ、そのそれぞれに国造の設置時期と、初代国造の系譜を記した伝文が載せられている。国造についてこれだけ包括的な記事を載せる「国造本紀」が、国造関係の原資料に基づくものであることは間違いないであろうが、このことは、現「国造本紀」の記載のすべてが原資料にも記載されていた、ということではけっしてない。現「国造本紀」の序文と本文、本文でもそこに掲げられた国造名とその伝文、さらに伝文の中でも国造の設置時期を記した部分と系譜を記した部分とでは、それぞれその史料性の異なっていることも考えられるであろう。

本章は、「国造本紀」をそれぞれの部分に分けて検討し、それをとおして、現「国造本紀」の史料性、およびその成立過程を考えようとしたものである。

第一節 「国造本紀」の「国造」

「国造本紀」の掲げる国造の条項は全部で一三五を数えるが、その中には国造とはなく、国司とある例が、和泉国司・摂津国司・出羽国司・丹後国司の四例存在し、それらの伝文にはいずれも国の設置のことのみが記されている。また美作国造の場合も、国造とはあるが、その伝文は美作国の設置を述べているだけであり、他の例からすると、美作国司とあるべきところである。また最後に掲げられている多褹嶋の場合は、「国造本紀」の中で唯一その伝文を欠く例であり、国造名ではなく「多褹嶋」という島名を掲げているのも異例である。これらの例を差し引くと、「国造本紀」には一二九の国造(伊吉嶋造・津嶋県直を含む)が掲げられていることになる。またこのほかに、独立した条項は欠いているが、火国造条に大分国造の名がみえている。

「国造本紀」に掲げられた国造名が、原資料に基づくものと考えられるという点については、私も異論のないところである。そこには、『古事記』『日本書紀』などの古文献にはみえない独自の国造名が多く含まれており、単にそれらの古文献の国造名を寄せ集めたものとは考えられない。またそれを、現「国造本紀」の著者による造作とみるのも困難である。もし造作であったならば、それは現「国造本紀」の成立した平安時代前期から中期における地名（国・郡・郷名）に基づいて作られたとみるのが妥当であろうが、そのどれとも一致しない国造名が十数例も含まれており(3)、一致する場合でも、その表記は『和名類聚抄』など他の文献とは異なった表記になっている例が少なくないからである。

ただこれまでは、「国造本紀」の「国造」は、特定個人に与えられる官職（ないし地位）としての国造を意味するものとみられてきたが、この点には問題があるのではないかと思う。

史料上の「国造」の語に多様な意味のあることは、すでにしばしば指摘されてきたとおりであり(4)、私見によれば、それは次の五通りに分類できると考える。

㈠　ヤマト政権の地方官としての国造（いわゆる旧国造）。
㈡　㈠の国造を出している（あるいは出していた）一族全体の呼称。
㈢　律令制下の国造（いわゆる新国造）。
㈣　姓としての国造（いわゆる国造姓）。
㈤　大宝二年に定められた国造氏。

㈠は、国造の原義であり、たとえば、『古事記』成務天皇段に「定㆓賜大国小国之国造㆒。亦定㆓賜国国之堺。及大県小県之県主㆒也」とある「国造」、また『日本書紀』安閑天皇元年閏十二月是月条に「武蔵国造笠原直使主与㆓同族小杵㆒相㆓争国造㆒」とある「国造」などは、明らかにこの用例である。これを「ヤマト政権の地方官」と定義することには若干の異論もあるかもしれないが、この国造を本来の意味での国造とみることには問題はないであろう。

㈡は、㈠から派生した用法であり、その用例としては、『日本書紀』の系譜記事の「国造」があげられると思う。

たとえば、神代（宝鏡開始）第三の一書に「天穂日命。此出雲臣。武蔵国造。土師連等遠祖也。次天津彦根命。此茨城国造。額田部連等遠祖也」とあり、孝元天皇七年二月丁卯条に「大彦命。是阿倍臣。膳臣。阿閇臣。狭狭城山君。筑紫国造。越国造。伊賀臣。凡七族之始祖也」とあるが、これらの「某国造」は、系譜記事という性格からして、また「凡七族之始祖也」とあることからして、一族全体を指す呼称とみなければならない。そしてそれは、㈣の国造姓や㈤の国造氏の用例とも考えられない。なぜならば、国造姓であったとすると、それを称する一族は、本来の意味でのその国造を出している（あるいは出していた）一族とみるのが妥当であろうが、武蔵国造・茨城国造・筑紫国造の職には、それぞれ笠原直・壬生連・筑紫君という他の氏姓を称する人物の任ぜられていたことが知られるからであり、また、国造氏であったとすると、それは大宝二年（七〇二）に定められたのであるが、右の系譜記事は、「土師連」「額田部連」「阿部臣」「膳臣」「阿閇臣」「伊賀臣」など、天武朝の改賜姓以前の呼称がとられており、それらとともに掲げられている「国造」も、やはりそれ以前（すなわち国造氏が定められる以前）の呼称と考えられるからである。[5]

㈢の用例としては、『続日本紀』『類聚国史』などにしばしばみえる国造の任命記事、国造への叙位の記事、また出雲国造の神賀詞奏上の記事などがあげられる。この律令制下の国造の性格については種々の議論があり、私はふつういわれているような「新国造（制）」は存在しなかったと考えているが、[6]律令制下において、特定個人に与えられる官職（ないし地位）としての国造の存在したことは確かである。

㈣の用例としては、たとえば、『続日本紀』天平五年（七三三）六月丁酉条に「多褹嶋熊毛郡大領外従七位下安志託等十一人。賜㆓多褹後国造姓㆒」とある「多褹後国造」、『日本三代実録』貞観四年（八六二）七月丁丑条に「安芸国高宮郡大領外正八位下三使部直弟継。少領外従八位上三使部直勝雄等十八人。復㆓本姓仲県国造㆒」とある「仲県国造」などがあげられる。この国造姓については野村忠夫氏の研究があり、㈠の国造を出していた一族（およびその系譜を引く一族）のうちの一部に対して賜与されたものであり、庚午年籍（六七〇年）ないし庚寅年籍（六九〇年）の作成の時点で成立したもの（もちろんその後に賜与された国造姓もある）と考えられている。[7]

㈤は、『続日本紀』大宝二年四月庚戌条に「詔定二諸国国造之氏一。其名具二国造記一」とあるところの「国造之氏」である。「国造」の語で国造氏を指す場合のあったことは、右の記事において、「国造之氏」の名を登録したものを「国造記」としていることからもうかがえるが、そのことは、選叙令郡司条の「先取二国造一」についての古記の文章（『令集解』巻十七）からも明らかである。すなわち、そこには「先取二国造一謂必可レ被レ給二国造之人一。所管国内不レ限二本郡一。非二本郡一任意補任。以外。雖二国造氏一不レ合」とあり、郡領への優先任用を規定された「国造」について、「国造之人」と対比させて、ことさら「国造氏」のことが問題にされているからである。この国造氏については、一族の人物が㈢の国造（「新国造」）に任命される資格を有した氏とする説[8]と、郡領への優先任用を規定された「国造」の氏とする説[9]とがあり、私は後者の説を妥当と考えているが[10]、ここで注意すべきことは、この国造氏と、㈠の国造（「旧国造」）を出していた一族（すなわち㈡の国造）とは、イコールでは結べないという点である。つまり、大宝二年における国造氏の認定というのは、律令国家の対氏族政策の一環として、当時在地において現実に支配力と権威を有していた豪族を国造氏に定め、地方豪族の編成をはかったという側面もあったと考えられるのであり[11]、実際には㈠の国造を出していなかった一族でも国造氏に認定された例や、その逆に、㈠の国造を出していた一族であっても、大宝二年当時に没落していたため国造氏に認定されなかったというような例は、当然あったと推定されるのである。

以上のほかにも、「国造」の語に地方豪族の汎称としての意味があったとする説[12]もあるが、史料上の「国造」に、そのような広い意味を認めるのは疑問であろう[13]。また少なくとも、「某国造」とある場合には、そのような意味にとることはできない。

さて、「国造本紀」の「国造」の語義であるが、各国造の伝文には必ずそのはじめに国造の設置時期が記され[14]、伝文の最後は「定二賜国造一」で結ばれるのが通例である[15]。このことからすれば、そこに掲げられた「国造」が、特定個人に与えられる官職（ないし地位）としての国造（㈠・㈢の国造）を指すとみられてきたのも当然であるといえよう。また、国造とならんで国司の掲げられる例のあることも、それが国司と同様の官職を指していることを考えさせるものである。しかし、「国造本紀」の国司記事は、明らかに原資料にあった記事とは考え難いのであり、現「国造本紀」が著わされた段階で書き加えられた可能性の高いものである。そして、国造の設置時期についての記述も、それが原資料にもあった記述とは限らないのであり、事実その多くが現「国造本紀」の著者による造作と考えられる点は、次節で述べるとおりである。したがって、現「国造本紀」の「国造」が官職（ないし地位）としての国造と考えられるからといっても、それは、現「国造本紀」の著者が原資料の国造をそのように理解した（あるいは見立てた）ということにすぎないのであり、原資料における「国造」の語義については、㈡・㈣・㈤の国造であった可能性も含めて、改めて検討されなければならないであろう。ただ「国造本紀」の原資料が残されているわけではないのであるから、この検討は、現「国造本紀」の国造名をとおして行なうほかはないのである。しかし、「国造本紀」の国造名が原資料に基づくものと考えられる以上は、その方法が無効ということにはならないであろう。

まず、㈣の国造姓の可能性であるが、これは否定されてよいと思われる。国造姓は、㈠の国造を出していた一族（およびその系譜を引く一族）のうちの一部が称したものであり、その数はけっして多くなかったと考えられるからである[16]。「国造本紀」に掲げられている一二九の「国造」を、この国造姓とみるのは明らかに無理であろう。また、「国造本紀」の「国造」の中には、その伝文の内容とそれに対応する記紀の記述から判断して、国造姓ではない他の氏姓を称していたことの推定される例がかなり認められるのであり、この点からも右のことはいえると思う。たとえば、

「大倭国造」は、その伝文に「橿原朝御世。以二椎根津彦命一。初為二大倭国造一」とあるが、このことは『日本書紀』（神武天皇二年二月乙巳条）にも記述があり、そこではまた、椎根津彦を倭直の始祖とも記しているのであって（同即位前紀）、この「大倭国造」は倭直という氏姓を称していたことが推定されるのである。(17)

次に、㈢の律令制下の国造の可能性であるが、この点については、吉田晶氏が、「国造本紀」の国造名と『和名類聚抄』の国・郡・郷名とを詳細に比較された上で、七世紀後半に分国して成立した越前・越中・越後、備前・備中・備後、筑前・筑後、豊前・豊後などの国名を称する国造が「国造本紀」にみえないこと、また陸奥・常陸・美濃など律令制下の国造の存在したことが確かめられる国名を称する国造もみえないこと、などを理由に、「国造本紀」の「国造」は律令制下の国造を記載したものではないと説かれており、(18)まさにそのとおりであると考える。

したがって、「国造本紀」の「国造」は㈠・㈡・㈤のいずれかということになるが、そこで取りあげたいことは、「国造本紀」には、山城国造と山背国造、无邪志国造と胸刺国造、加我国造と加宜国造という、同名（同音）の「国造」を掲げる例が三例存在するという点である。

(A)
山城国造
　橿原朝御世。阿多振命。為二山代国造一。
山背国造
　志賀高穴穂朝御世。以二曾能振命一。定二賜国造一。

(B)
无邪志国造
　志賀高穴穂朝世。出雲臣祖名二井之宇迦諸忍之神狭命十世孫兄多毛比命。定二賜国造一。
胸刺国造

一　岐閇国造祖兄多毛比命児伊狭知直。定㆓賜国造㆒。

(C)
加我国造
泊瀬朝倉朝御代。三尾君祖石撞別命四世孫大兄彦君。定㆓賜国造㆒。(19)
加宜国造
難波高津朝御世。能登国造同祖素都乃奈美留命。定㆓賜国造㆒。

これらの三例については、ふつう重複とみなされているが、そのようにみた場合は、各「国造」の伝文の内容の異なっている点が説明できないのではなかろうか。(B)の例は、胸刺国造の伝文が国造の設置時期を記さない唯一の例外であることからすると、伝写の過程で何らかの錯乱が生じた可能性もあるが、(A)・(C)の例については、それぞれの伝文にとくにそのようなことがあったとは思えない。国造の設置時期も、初代国造の出自や名も異にする「国造」を、単に同名（同音）であるからといって、重複とみなしてしまうのは、どう考えても無理であろう。したがってこれらの「国造」は、それぞれ別個の「国造」とみるべきなのであるが、その場合、それを(一)や(二)の国造の意味に解するならば、今度は、実際に国造制下において、同名（同音）の国造が隣接して併存するようなことがあったのか、という別の疑問が生じてくるのである。ヤマシロ・ムサシ・カガの各クニを、それぞれ二分するような形で二国造が併存したならば、それは、同じ「国造本紀」において、「三野前国造」と「三野後国造」が掲げられているように、区別した名で呼ばれてしかるべきであろう。

とするならば、これらの「国造」は、(五)の国造氏の意味に解するほかはないのではあるまいか。つまり、国造制下において現実に存在した国造は、ヤマシロ国造・ムサシ国造・カガ国造それぞれ一国造ずつであったが、それぞれの国造氏に認定された氏は二氏ずつ存在し、それが「国造本紀」に掲げられているということである。実際には国造を出していなかった一族でも、国造氏に認定される場合があったと考えられることは、先に述べたとおりである。

また、「国造本紀」の「国造」の中には、これらのほかにも、実際には国造ではなかった（つまり㈠や㈡の国造を意味するのではない）と考えられる例が含まれているのである。すなわち、「道奥菊多国造」「道口岐閇国造」「石城国造」などがそれである。これらの「国造」は、もしそれが実在した国造とするならば、その領域は、いずれも『常陸国風土記』に記される多珂国造のクニに含まれてしまうのである。『常陸国風土記』多珂郡条の冒頭の記載によれば、多珂国造のクニは「久慈堺之助河」（現在の日立市助川を遺称地とする）から「石城郡苦麻之村」（現在の福島県双葉郡大熊町熊を遺称地とする）にいたる地域であったとされており、続いて記載される多珂・石城二郡（評）分置の記事からも、後の多珂郡（養老二年には多珂郡からさらに菊多郡が分割される[20]）と石城郡を合わせた地域が多珂国造のクニであったことが知られるのであり、この『常陸国風土記』の記載による限り、「道奥菊多国造」「道口岐閇国造」「石城国造」を実在した国造とみるのは困難である。[21]この点からも、「国造本紀」の「国造」を国造氏とみることの妥当性が指摘できると思われる。

なお、「国造本紀」の各「国造」の伝文に、必ずその系譜が記載されているということも、それが国造氏であることを示しているといえるのではなかろうか。『新撰姓氏録』などの記載方法に照らして考えるならば、初代国造の出自と名を掲げるというのは、それぞれの国造氏の祖を掲げているということであろう。

現「国造本紀」の著者は、その「国造」を、本来の意味での国造（官職ないし地位としての国造）のつもりで掲げたものとみられるが、その原資料における「国造」は、そうではなく国造氏の意であったと考えられるのである。

第二節　「国造本紀」の国造設置時期

次には、「国造本紀」の各国造の伝文に記載される、国造の設置時期の史料性について検討したい。各国造の設置時期を、年代順に掲げると次のとおりである。

橿原朝（神武朝）

大倭・葛城・凡河内・山城・伊勢・素賀・紀伊・宇佐・津嶋

春日率川朝（開化朝）

三野前

瑞籬朝（崇神朝）

知々夫・上毛野・科野・久比岐・高志深江・出雲・石見・吉備中県・波久岐・波多・火・阿蘇

纏向日代朝（景行朝）

甲斐・那須・吉備穴・穴門・阿武・葦分

志賀高穴穂朝（成務朝）

山背・伊賀・嶋津・尾張・参河・遠淡海・珠流河・廬原・相武・師長・无邪志・須恵・馬来田・上海上・伊甚・武社・菊麻・阿波・新治・筑波・仲・久自・高・淡海・額田・三野後・斐陀・阿尺・思・伊久・染羽・浮田・信夫・白河・石背・石城・高志・三国・角鹿・能等・伊弥頭・佐渡・丹波・但遅麻・二方・稲葉・波伯・針間・針間鴨・吉備風（品カ）治・阿岐・大嶋・熊野・長・伊余・都佐・筑志・竺志米多・豊・国前・比多・末羅・天草・葛津立

筑紫香椎朝（仲哀朝）

久努

神功皇后御世

伊豆・怒麻

軽嶋豊明朝（応神朝）

印波・下海上・茨城・道奥菊多・道口岐閇・意岐・明石・大伯・上道・三野・下道・加夜・笠臣・周防・粟・讃岐・久味・小市・風速・日向

難波高津朝（仁徳朝）

下毛野・加宜・都怒・淡道・松津・大隅・薩摩

柴垣朝（反正朝）

江沼

遠飛鳥朝（允恭朝）

若狭

泊瀬朝倉朝（雄略朝）

穂・加我・羽咋

磐余玉穂朝（継体朝）

伊吉

一二八国造(22)のうち、半数の六四例が成務朝としているのであるが、このことは、「国造本紀」の国造の設置時期が、記紀の所伝に基づいて書かれたものであることを考えさせるであろう。次に多いのは応神朝の二〇例、次いで崇神朝の一二例、神武朝の九例と続くのであるが、それらの時期は、いずれも、記紀においても画期とされている時期である。ただそれ以外の時期に設置されたとする国造も存在するのであり、単純にすべてを記紀の所伝に基づく造作とみることもできない。しかし、それが確かな原資料に基づく記述であるかといえば、けっしてそうは考えられないのである。

現「国造本紀」には、各国造の伝文間に矛盾の認められる例がかなり存在するのであるが、そのほとんどは、国造の設置時期と、国造の系譜部分の記述とが食い違っているために生じた矛盾である。以下、それらの例をあげておくことにしたい。

(1)上海上国造条では、成務朝に天穂日命の八世孫の忍立化多比命を国造に定めたとあるが、出雲国造条では、崇神朝に天穂日命の十一世孫の宇迦都久怒を国造に定めたとある。

(2)上毛野国造条では、崇神朝に豊城入彦命の孫の彦狭嶋命を東方十二国に封じたとあるが、下毛野国造条では、仁徳朝に豊城命（豊城入彦命）の四世孫の奈良別を国造に定めたとある。

(3)阿尺国造条・白河国造条では、それぞれ成務朝に天湯津彦命（天由都彦命）の十世孫の比止禰命・十一世孫の伊乃己自直を国造に定めたとあるが、阿岐国造条では、同じ成務朝に天湯津彦命の五世孫の飽速玉命を国造に定めたとある。

(4)加我国造条では、雄略朝に石撞別命の四世孫の大兄彦君を国造に定めたとあるが、羽咋国造条では、同じ雄略朝に石撞別命の子の石城別王を国造に定めたとある。

(5)加宜国造条では、仁徳朝に素都乃奈美留命を国造に定めたとあるが、高志深江国造条では崇神朝に同じ素都乃奈美留命を国造に定めたとある。

(6)但遅麻国造条では、成務朝に彦坐王の五世孫の船穂足尼を国造に定めたとあるが、稲葉国造条では同じ成務朝に彦坐王の子の彦多都彦命を国造に定めたとある。

(7)意岐国造条では、応神朝に観松彦伊呂止命の五世孫の十挨彦命を国造に定めたとあるが、長国造条では、成務朝に観松彦色止命（観松彦伊呂止命）の九世孫の韓背足尼を国造に定めたとある。

(8)大伯国造条では、応神朝に神魂命の七世孫の佐紀足尼を国造に定めたとあるが、吉備中県国造条では、崇神朝に神魂命の十世孫の明石彦を国造に定めたとある。また、阿武国造・紀伊国造・淡道国造・久味国造・天草国造も初代国造を神魂命の後裔とする伝文を載せるが、いずれの場合も、互いに同様の矛盾が認められる。

(9)風速国造条では、応神朝に伊香色男命の四世孫の阿佐利を国造に定めたとあるが、松津国造条では、仁徳朝に伊香色雄命（伊香色男命）の孫の金弓連を国造に定めたとある。

(10)国前国造条では、成務朝に吉備都命（吉備津彦命）の六世孫の午佐自命を国造に定めたとあるが、葦分国造条では、景行朝に吉備津彦命の子の三井根子命を国造に定めたとある。

(11)宇佐国造条では、神武朝に高魂尊の孫の宇佐都彦命を国造に定めたとあるが、津嶋県直条では、同じ神武朝に高魂尊の五世孫の建弥己々命を「為レ直」したとある。(23)

このように、国造の設置時期と、国造の系譜部分との食い違いから生じた矛盾が多いということは、両者の史料性の異なっていることを示すものと考えられる。もし両者が同じ原資料に基づく記述であったならば、これほど多くの矛盾は存在しなかったであろう。

また、両者が異質なものであることは、別の面からも推定することができる。すなわち、国造の系譜部分の記述は、同一の人名（神名）・氏名・国造名を記す場合に、異なった表記になっている例が、第9表に示したとおり数多く存在するのであるが、これに対して、国造の設置時期の記述は、成務朝ならば「志賀高穴穂朝」、応神朝ならば「軽嶋豊明朝」というように、すべて同じ表記に統一されているのである。

したがって、国造の系譜部分の記述が、ふつういわれているとおり原資料に基づくものであるならば、国造の設置時期についての記述は、別の原資料に基づくか、あるいは「国造本紀」の著者による造作ということになるであろう。そしてそれは、後者の場合を考えた方が妥当であるように思われる。もし前者の場合であったとすると、二つの原資料の間においても上記のような矛盾が存在したことになるが、同じ国造関係の原資料において、そのような矛盾が存在したとは考え難いからである。

第9表「国造本紀」系譜部分における同一の人名（神名）・氏名・国造名表記

伊香色雄命（遠淡海・久自・松津国造条）、伊香色男命（久努・風速国造条）
建許呂命（師長・馬来田・道奥菊多・道口岐閇・石城国造条）、建許侶命（須恵・石背国造条）
弥都侶岐（阿波国造条）、弥都侶岐命（高国条造）、美都呂岐命（新治国造条）
豊城入彦命（上毛野国造条）、豊城命（下毛野国造条）
天湯津彦命（阿尺・阿岐国造条）、天由都彦命（白河国造条）
武内宿禰（江沼国造条）、建内足尼（伊弥頭国造条）
観松彦伊呂止命（意岐国造条）、観松彦色止命（長国造条）
高皇産霊尊（粟国造条）、高魂尊（宇佐国造条・津嶋県直条）
神魂命（大伯・吉備中県・阿武・天草国造条）、神魂尊（久味国造条）、神皇産霊命（紀伊国造条）、神皇産霊尊（淡道国造条）
吉備都命（国前国造条）、吉備津彦命（葦分国造条）
宗我臣（三国国造条）、蘇我臣（江沼国造条）、宗我（伊弥頭国造条）
大和直（久比岐国造条）、大倭直（明石国造条）
武刺国造（相武国造条）、无邪志国造（菊麻・大嶋国造条）、牟邪志国造（波伯国造条）

一方、各国造の設置時期の中には、明らかに造作と考えられる例も含まれているのである。たとえば、吉備地方の上道・三野・下道・加夜・笠臣の五国造の設置時期が応神朝とされているのは、『日本書紀』応神天皇二十二年条に記される吉備氏の分氏と「五県」への分封伝承に基づくものと考えられるが、笠臣国造条において、鴨別命（応神紀によれば応神朝頃の人）の八世孫の笠三枝臣を、応神朝に国造に定められた人物としているのは、応神紀の記述とも矛盾するのであり、著者による杜撰な作文とみるほかはあるまい。このほかにも、科野国造条において、神八井耳命（神武の子）の孫の建五百建命を崇神朝に国造に定めたとする例や、竺志米多国造条において、稚沼毛二俣命（応神の子）の孫の都紀女加を成務朝に国造に定めたとする例など、記紀・風土記などの伝えと矛盾する例がかなり認められるのである。(24) また、そもそも各国造の伝文間に上記したような矛盾がみられるということも、「国造本紀」の国造の設置時期が、著者による杜撰な作文であったことを示すものであろう。「国造本紀」の各国造の設置時期が、すべて著者による造作と断定できるわけではないが、少なくとも、それが系譜部分の記述とは異質なものであること、そしてそれは一つのまとまった原資料に基づく記述とも考えられないこと、その中には現「国造本紀」の著作による杜撰な作文としか考えられない例が多く含まれていること、これらの点は明らかであると思う。

第三節　「国造本紀」の序文

次に「国造本紀」の序文についてであるが、まずその全文を掲げると次のとおりである。

天孫天饒石国饒石天津彦火瓊々杵尊孫磐余尊。発レ自二日向一。赴二向倭国一。東征之時。於二大倭国一見二漁夫一。謂二左右一曰。浮二海中一者。何物之耶。①乃遣二粟忌部首祖天日鷲命一使レ見レ之。還来復命曰。是有レ人耳。名椎根津彦。即召率来矣。天孫問。汝誰哉。対曰。②吾是皇祖彦火々出見尊孫椎根津彦。勅曰。随レ朕為レ導耶。対曰。吾悉識二海陸之道一。故将導仕奉爾云。天孫勅。以二椎根津彦一為二導士一。来遂治二平天下一。既而初都二橿原一。即二天皇位一。勅褒二其功能一。寄二賜国造一。誅二其拒逆者一。亦定二県主一。即是其縁也。以二椎根津彦命一為二大倭国造一。即大和直祖。以二剣根命㆒。為㆓葛城国造㆒。即葛城直祖。③以㆓彦己蘇根命㆒。為㆓凡河内国造㆒。即凡河内忌寸祖。④以㆓天一目命㆒。為㆓山代国造㆒。即山代直祖。⑤以㆓天日鷲命㆒。為㆓伊勢国造㆒。即伊賀伊勢国造祖。⑥以㆓天道根命㆒。為㆓紀伊国造㆒。即紀河瀬直祖。誅㆓宇陀県主兄猾㆒。以㆓弟猾㆒為㆓建椋県主㆒。誅㆓志貴県主兄磯城㆒。以㆓弟磯城㆒為㆓志貴県主㆒。凡厥簡㆓遣三臣㆒。巡㆓察治否㆒。則有㆑功者。随㆓其勇能㆒。定㆓賜国造㆒。誅㆓戮逆者㆒。量㆓其功能㆒。定㆓賜県主㆒者矣。⑦惣任㆓国造百四十四国㆒。

この序文の大筋が記紀の神武東征伝説に基づくことは、一読して明らかであろうが、中には記紀にみえない記述も含まれており、傍線（①～⑦）をほどこしたのがその部分である。以下、それぞれについて簡単にみておくことにしたい。

①天日鷲命を粟忌部首の祖とする点は、『日本書紀』（神代紀）や『古語拾遺』にもみえており、それ自体は矛盾した記述ではない。ただし、『日本書紀』『古語拾遺』にみえる天日鷲命は、天石窟神話や天孫降臨神話にかかわって登場する神であり、「国造本紀」の序文が、それを神武東征伝説にかかわった人物とするのは明らかに矛盾である。(25)

②椎根津彦を皇祖彦火々出見尊の孫とするのは、記紀と矛盾した記述である。記紀では「国神」としており、『新撰姓氏録』においても、椎根津彦の後裔氏族は「地祇」に分類されている。ただし、『先代旧事本紀』の「皇孫本紀」においては、彦火々出見尊の子の武位起命を「大和国造等祖」としており、序文と「皇孫本紀」とは対応するといえる。(26)

③彦己蘇根命を凡河内国造としたとあるのは、「国造本紀」本文の凡河内国造条に「橿原朝御世。以㆓彦己曽保理命㆒。為㆓凡河内国造㆒」とあるのと対応している。ただし「彦己蘇根命」と「彦己曽保理命」の表記上の違いは存在する。また、彦己蘇根命を「凡河内忌寸」の祖としているが、凡河内忌寸は凡河内直が天武天皇十二年（六八三）

に連、同十四年に忌寸に改賜姓したものであり、それ以降の呼称であるが、序文の他の箇所には、「大和直」「葛城直」「山代直」といった天武朝の改賜姓以前の呼称がみえており、序文の氏の表記に統一性のない点が指摘できる。

④天一目命を山代国造としたとあるが、「国造本紀」本文には、山城国造条においても山背国造条においても、第一節で引用したとおり、そのようなことは述べられていない。ただし、天一目命を山代直の祖としている点は、『新撰姓氏録』山城国神別の山背忌寸条に「山背忌寸。天都比古禰命子天麻比止都禰命之後也」とあることと対応する。

⑤天日鷲命を伊勢国造としたとあるのは、本文の伊勢国造条に「橿原朝。以二天降天牟久怒命孫天日鷲命一。勅定二賜国造一」とあることと対応している。しかし、この伊勢国造条の「天日鷲命」は、「天日別命」の誤記である可能性が高いと思われる。なぜならば、第一に、『万葉集註釈』巻第一所引の『伊勢国風土記』逸文には、神武天皇の東征に従った天日別命が、天皇に遣わされて伊勢国を平定し、その国に封ぜられたとする伝承を載せており、伊勢国造の祖としては天日別命がふさわしいからであり、第二に、右の「天牟久怒命」は天牟羅雲命と同一神と考えられるが、『豊受大神宮禰宜補任次第』や『度会氏系図』によれば、天牟羅雲命の孫が天日別命とされており、天日別命の誤記と考えれば、「天牟久怒命孫」とある点が矛盾なく理解されるからである。したがって、「国造本紀」の原資料においては、なおさらのこと、「天日別命」と記されていた可能性が高いと思われる。とすると、この部分の序文は、必ずしも本来の伊勢国造条と対応しているとはいえないのであり、①において、天日鷲命を粟忌部首の祖としている点は、誤記された伊勢国造条に基づく記述ということになろう。

また、この部分では、天日鷲命を伊賀国造の祖ともしているが、この点は明らかに本文の伊賀国造条と矛盾している。伊賀国造条には、成務朝に意知別命（垂仁の子）の三世孫の武伊賀都別命を国造に定めたとある。⑥天道根命を紀伊国造としたとあるのは、本文の紀伊国造条に「橿原朝御世。神皇産霊命五世孫天道根命。定二賜国造一」とあることと対応している。ただし、天道根命を紀河瀬直の祖としている点は、本文はもとより、他の文献にもみえない。

⑦ここでは国造総数を「百四十四」としているが、現「国造本紀」の本文に掲げられる国造の条項は一三五（国司も含む）であり、両者は一致しない。この点については、序文の「百四十四」（百卌四）を「百卅四」の誤記として、本文の末尾に掲げる伝文を欠く「多褹嶋」を後人の追加とする栗田寛の説があり、(27)一つの解釈と考えられるが、その場合、序文の「百卅四」という数は本文に国司とある例も含めた数であり、国司関係記事が現「国造本紀」の著者による書き加えと考えられるならば、序文もその時に書かれた可能性が強いということになろう。また「百四十四」という数字が誤記でなかったとしても、その数には国司も含まれているとみるのが自然であろう。

これらの点からまず、「国造本紀」の序文には、本文と一致しない記述の多いことが指摘できるが、それはいずれも本文の系譜部分と一致しない記述であり、序文と系譜部分とが異なった性格を持つことは間違いないであろう。また、③で述べたように、序文には「凡河内忌寸」という天武朝の改賜姓以降の呼称がみられるが、本文の系譜部分における氏名はすべてそれ以前の呼称で記されており、この点も両者の違いを示すものといえよう。したがって、この序文が原資料にもあった序文とは考えられないのである。

次に、②の一ヵ所だけではあるが、序文の記述に、他の文献とは矛盾していながら、『先代旧事本紀』の「皇孫本紀」とは対応するという所のある点が注目される。つまり、この序文は、「国造本紀」が『先代旧事本紀』の一巻として成書化された段階、すなわち現「国造本紀」が著わされた段階で、書かれたものと推定されるのである。このことは、⑦に述べたことからも支持されるであろう。

一方、この序文と、本文における国造の設置時期の記述との関係についていえば、序文において神武朝に定められたとある大倭・葛城・凡河内・山代・伊勢・紀伊の六国造は、本文においても、すべて神武朝に設置されたとあり、両者に不一致は認められないのである。このことは、両者が同一の性格を有するものであることを推定させるが、もしそうであるならば、前節において国造の設置時期の記述について述べたことは、この点からも傍証されるということになろう。

第四節　「国造本紀」の国造系譜と記紀の系譜

次に、本節と次節において、「国造本紀」の系譜部分について検討することにしたい。第一節で述べたとおり、「国造本紀」には一二九の国造が掲げられており、火国造条にみえる大分国造を加えると一三〇の国造が記されていることになる。そしてこれらの国造が、国造氏を指していると考えられることも、すでに述べたところである。これら一三〇の国造氏のうち、『古事記』『日本書紀』にその系譜についての記載のみえるものは、半数近い五八例を数える。まずそれらを表にしてまとめておくと、第10表のとおりである。

第10表　「国造本紀」と記紀の系譜の対応関係

	国造名	氏姓	『古事記』	『日本書紀』
(1)	大倭国造	大倭直	◎(倭国造)	◎(倭直)
(2)	凡河内国造	凡河内直	×(凡川内国造)	×(凡川内直)
(3)	山城国造	山代直	×(山代国造)	×(山代直)
(4)	山背国造	山代直	×(山代国造)	×(山代直)
(5)	伊賀国造	伊賀臣？　阿保君？		×(伊賀臣)
(6)	尾張国造	尾張連		◎(尾張連)

表中の◎・○・△印は「国造本紀」の系

(7)	穂国造	穂別？	×（三川之穂別）	
(8)	遠淡海国造	？	×（遠江国造）	
(9)	廬原国造	廬原公	×（五百原君）	
(10)	甲斐国造	日下部直	◎（甲斐国造）	
(11)	无邪志国造	笠原直	○（无耶志国造）	○（武蔵国造）
(12)	胸刺国造	？	×（无耶志国造）	×（武蔵国造）
(13)	馬来田国造	湯坐連？	○（馬来田国造）	
(14)	上海上国造	檜前舎人直	△（上菟上国造）	
(15)	伊甚国造	春日部直？　伊甚直？	○（伊自牟国造）	
(16)	武社国造	武射臣	○（牟耶臣）	
(17)	下海上国造	海上国造他田日奉部直	○（下菟上国造）	
(18)	茨城国造	壬生連	◎（茨木国造）	◎（茨城国造）
(19)	仲国造	壬生直	○（常道仲国造）	
(20)	淡海国造	安直	△（近淡海之安直 近淡海之安国造）	
(21)	額田国造	額田国造？	○（近淡海国造）	
(22)	三野前国造	？	△（三野国造 三野国之本巣国造）	
(23)	三野後国造	牟宜都君？	×（牟宜都君）	×（身毛津君）
(24)	上毛野国造	上毛野君	◎（上毛野君）	◎（上毛野君）
(25)	下毛野国造	下毛野君	◎（下毛野君）	◎（下毛野君）
(26)	道口岐閇国造	？	○（道尻岐閇国造）	
(27)	石城国造	石城直？	×（道奥石城国造）	
(28)	科野国造	他田舎人？　金刺舎人？	◎（科野国造）	
(29)	高志国造	高志公？　道君？		○（越国造）
(30)	能等国造	能登臣	×（能登臣）	
(31)	羽咋国造	羽咋君	◎（羽咋君）	
(32)	但遅麻国造	多遅麻君？	△（多遅摩国造）	
(33)	出雲国造	出雲臣	△（出雲国造）	◎（出雲臣）

譜と記紀のそれとが符合する例であり、×印は系譜を異にする例である。前者を三つに分けたのは、同じく符合するといっても、「国造本紀」の系譜にいう始祖が記紀の始祖にまさしく一致する例（◎印）もあれば、それが記紀の始祖に直接には結びつけられていない例（○印）もあり、またそれが記紀の始祖よりさかのぼったところに求められている例（△印）もあるからである。たとえば、⑽の甲斐国造の場合は、『古事記』の欄に◎印をつけてあるが、これは、「国造本紀」の甲斐国造条に「纒向日代朝世。狭穂彦王三世孫臣知津彦公此宇(比子カ)塩海足尼。定二賜国造一」とあり、『古事記』（開化天皇段）にも「沙本毗古王者。日下部連。甲斐国造之祖。」とあって、両者に同一の始祖の名がみえている例である。また⒀の馬来田国造の場合は、『古事記』の欄に○印をつけてあるが、こ

（第10表つづき）

	国造名	氏姓	『古事記』	『日本書紀』
(34)	針間国造	針間別（後に佐伯直）		◎(播磨別)
(35)	上道国造	上道臣	×(吉備上道臣)	◎(上道臣)
(36)	三野国造	三野臣		◎(三野臣)
(37)	下道国造	下道臣	○(吉備下道臣)	◎(下道臣)
(38)	加夜国造	香屋臣		◎(香屋臣)
(39)	笠臣国造	笠　臣	○(吉備笠臣)	◎(笠臣)
(40)	吉備穴（品カ）国造	阿那臣？　安那公？	○(阿那臣)	
(41)	吉備風治国造	品遅君？	○(吉備品遅君)	
(42)	周防国造	周防凡直	○(周芳国造)	
(43)	都怒国造	都奴臣	◎(都奴臣)	
(44)	阿武国造	阿牟君？		×(阿牟君)
(45)	紀伊国造	紀　直	×(木国造)	×(紀直)
(46)	讃岐国造	讃岐凡直？　佐伯直？		◎(讃岐国造)
(47)	伊余国造	凡　直	○(伊余国造)	
(48)	久味国造	久米直？	×(久米直)	
(49)	筑志国造	筑紫君		◎(筑紫国造)
(50)	竺志米多国造	米多君	△(筑紫之米多君)	
(51)	宇佐国造	宇佐君		△(菟狭国造)
(52)	国前国造	国前臣	×(国前臣)	
(53)	火　国　造	火　君	○(火君)	
(54)	阿蘇国造	阿蘇君	◎(阿蘇君)	
(55)	日向国造	？	◎(日向国造)	◎(日向国造)
(56)	伊吉嶋造	壱岐直		×(壱伎直)
(57)	津嶋県直	津嶋県直？	×(津嶋県直)	
(58)	大分国造	大分君	○(大分君)	

れは、『古事記』（神代、天安河之宇気比段）には「天津日子根命者。……馬来田国造……等之祖也。」とあり天津日子根命を始祖とするが、「国造本紀」には「志賀高穴穂朝御世。茨城国造祖建許呂命児深河意弥命。定二賜国造一」とあって直接にはその始祖を天津日子根命に結びつけておらず、茨城国造条に「軽嶋豊明朝御世。天津彦根命孫筑紫刀禰（波カ）。定二賜国造一」とあることによってはじめて「国造本紀」においても天津彦根命（天津日子根命）系の系譜を称していることがわかる例である。また(51)の宇佐国造の場合は、『日本書紀』の欄に△印をつけてあるが、これは『日本書紀』（神武天皇即位前紀）に菟狭津彦・菟狭津媛を菟狭国造（宇佐国造）の祖とする伝えがみえるが、「国造本紀」では「橿原朝。高魂尊孫宇佐都彦命。定二賜国造一」とあり、宇佐国造の始祖を高魂尊

にさかのぼらせている例である。

さて、第10表をみてまず気がつくことは、「国造本紀」の系譜の多くは記紀のそれと符合しているということである。このことからは、「国造本紀」の系譜が記紀をはじめとする古文献に基づいて作られたということも考えられるが、「国造本紀」の系譜にいう始祖が直接記紀の始祖に結びつけられていない例（○印）がかなり存在することや、それが記紀の始祖と一致する例（◎印）でも、そこには記紀にみえない独自の記載があることなどからすると、すでに指摘されているとおり、[28] 国造関係の原資料が存在し、記紀の系譜も「国造本紀」の系譜も、ともにその原資料に基づいている、と考えた方がよいであろう。また「国造本紀」の伝文に氏の名が記される場合は、物部連・膳臣・阿閇臣などというように、必ず天武朝の改賜姓以前の表記がとられているのであり、この点も右のように考える際の論拠になろう。

ただし一方において、記紀と異なる系譜を伝える例（×印）のあることは、「国造本紀」の系譜の史料性を疑わせることにもなるであろうし、また記紀の系譜よりも始祖をさかのぼらせている例（△印）のあることは、それがより新しい伝えであることを考えさせるものでもあろう。したがってこれらの例については具体的に検討しておく必要があるが、表の『古事記』『日本書紀』の欄の双方、ないしいずれか一方に×印のある国造は、(2)(3)(4)(5)(7)(8)(9)(12)(23)(27)(30)(35)(44)(45)(48)(52)(56)(57)の一八例であり、△印のある国造は、(14)(20)(22)(32)(33)(50)(51)の七例である。以下、両者を合わせて番号順にみていくことにしたい。

(2)凡河内国造

『古事記』（神代、天安河之宇気比段）に「天津日子根命者。凡川内国造。……等之祖也。」とあり、『日本書紀』（神代紀、瑞珠盟約）の本文にも「天津彦根命。是凡川内直。山代直等祖也。」とあって、両者ともに凡川内国造（凡川内直）の祖を天津日子根命（天津彦根命）としている。また凡川内直は天武天皇十二年に連、さらに同十四年に忌寸に改姓しているが、『新撰姓氏録』（摂津国神別）には「凡河内忌寸。額田部湯坐連同祖」とみえ、額田部湯坐連は同書（左京神別下）に「天津彦根命子明立天御影命之後也」とあるから、『新撰姓氏録』の系譜も記紀のそれと符合していることになる。これに対して、「国造本紀」には「凡河内国造。橿原朝御世。以二彦己曾保理命一。為二凡河内国造一」とあり、天津彦根命の名はみえない。しかしここには、初代国造に任ぜられた彦己曾保理命の名があげられているだけであり、それが天津彦根命系であるか否かは不明である。したがって、表には×印をつけたものの、この場合は必ずしも記紀と系譜を異にする例とはいえないのである。

(3)山城国造、(4)山背国造、(56)伊吉嶋造は、この凡河内国造と同様の例である。[29]

(5)伊賀国造

「国造本紀」には「志賀高穴穂朝御世。皇子意知別命三世孫武伊賀都別命。定二賜国造一」とあり、ここにいう意知別命は垂仁天皇の皇子で、『古事記』には落別王につくり、「落別王者。小月之山君。三川之衣君之祖也。」とある。[30] 記紀に伊賀国造の名はみえないが、伊賀国造の氏姓については伊賀臣とも阿保君ともみられており、伊賀臣であったとすると、『日本書紀』（孝元天皇七年二月丁卯条）には伊賀臣は孝元天皇の皇子の大彦命を祖とするとあるから、「国造本紀」の系譜と『日本書紀』のそれは異なることになる。また阿保君であったとすると、記紀には阿保君についての系譜記事はみえないが、『新撰姓氏録』（右京皇別下）に「阿保朝臣。垂仁天皇皇子息速別命之後也。息速別命幼弱之時。天皇為二皇子一。築二宮室於伊賀国阿保村一。以為二封邑一。子孫因家レ之焉。允恭天皇御代。以二居地名一。賜二阿保君姓一。廃帝天平宝字八年。改レ公賜二朝臣姓一」とあることから、今度は『新撰姓氏録』と系譜を異にすることになる。[31] しかし阿保君であった場合は、「国造本紀」も『新撰姓氏録』も垂仁天皇の皇子にその出自を求めているのであるから、それほど大きく系を異にするわけではない。また『古事記』に落別王の後裔とする小月之山君（小槻山公）氏の一族が、貞観十七年に阿保朝臣に改姓していること(32)を考えると、「国造本紀」の系譜は、けっして不自然なものとはいえないであろう。「国造本紀」の伊賀国造の氏姓は阿保君であったとみた方がよいと思うが、もしそうであるならば、伊賀国造氏についての系譜は記紀に載せられていないことになり、この場合も、記紀と系譜を異にする例には入らないのである。

(7)穂国造、(23)三野後国造、(44)阿武国造は、これと同様の例である(33)。

(8)遠淡海国造

「国造本紀」には「志賀高穴穂朝。以二物部連祖伊香色雄命児印岐美命一。定二賜国造一」とあるが、『古事記』（神代、天安河之宇気比段）には「天菩比命之子。建比良鳥命。此遠江国造等之祖也。」とあって、「国造本紀」と『古事記』の系譜は明らかに異なっている。『先代旧事本紀』が物部氏系の人物によって編纂されたと考えられることからすると、「国造本紀」の系譜は、その時に造作されたものとみられなくはない。しかし、ここで伊香色雄命の子とされている印岐美命は、『先代旧事本紀』の「天孫本紀」では伊香色雄命の子の十市根命の子とされており、「国造本紀」の系譜が『先代旧事本紀』編纂の際の造作であるならば、このような不整合は生じなかったのではなかろうか。また『先代旧事本紀』には、「国造本紀」以外の巻に一四の国造についての系譜を載せているが、そのうち約半数にあたる六例は「国造本紀」の系譜と符合しないのであり(34)、この点からも、「国造本紀」の系譜が『先代旧事本紀』の編者による造作でないことは確かめられると思う。なお「国造本紀」の掲げる国造の中に、物部氏と同祖とする国造は一〇例存在するが、「国造本紀」の系譜が物部氏系の人物によって意図的に作られたものならば、その数はもっと多くなってよいようにも思われる。遠淡海国造の場合は、たしかに記紀と系譜を異にする例であるが、なぜこのような異伝が存在するのかという点については、『古事記』の遠江国造と「国造本紀」の遠淡海国造とが別々の国造氏を指している可能性、同一の国造氏であったとしても、その称する系譜が『古事記』のそれから「国造本紀」のそれへと変化した可能性、またその逆の可能性、さらには『古事記』の系譜が誤っている可能性等々、さまざまのことが考えられるであろう。「国造本紀」の遠淡海国造の系譜が記紀のそれと異なるからといって、それは必ずしも「国造本紀」の系譜の信憑性を疑わせるものとはいえないのである。

(27)石城国造、(57)津嶋県直は、これと同様の例である。

(9)盧原国造

盧原国造の名は記紀にみえないが、『新撰姓氏録』(右京皇別下)に「盧原公。笠朝臣同祖。稚武彦命之後也。孫吉備建彦命。景行天皇御世。被レ遣二東方一。伐二毛人及凶鬼神一。到二于阿倍盧原国一。復命之日以二盧原国一給レ之」とあることから、盧原国造の氏姓は盧原公と考えられ、この盧原公(五百原君)については、『古事記』(孝霊天皇段)に孝霊天皇の皇子の日子刺肩別命を祖とする伝えがみえている。「国造本紀」の伝文には、「志賀高穴穂朝代。以二池田坂井君祖吉備武彦命児思加部彦命一。定二賜国造一」とあるから、この系譜は、『古事記』の五百原君の系譜とは異なることになる。ただし、『新撰姓氏録』の盧原公の系譜とは符合しているのであり、「国造本紀」では始祖を稚武彦命までさかのぼらせていないだけである。稚武彦命は『古事記』の日子刺肩別命と同様、孝霊天皇の皇子と伝えられる人物であり、「国造本紀」と『古事記』の系譜は大きく異なるのではないが、その稚武彦命は、『日本書紀』(孝霊天皇二年二月丙寅条)には「稚武彦命。是吉備臣之始祖也」とみえ、『古事記』(孝霊天皇段)には若日子建吉備津日子命(若建吉備津日子命)につくり、「若日子建吉備津日子命者。吉備下道臣。笠臣祖。」とみえている。『古事記』と『日本書紀』とで吉備氏関係の系譜に違いのあることはよく知られており、日子刺肩別命の名も『日本書紀』には伝えられていない。この場合、「国造本紀」の系譜は、『新撰姓氏録』を介して『日本書紀』の方の系譜に符合しているといえるのであり、『古事記』

の系譜と異なるからといって、一概にその信憑性を疑うことはできないであろう。また『古事記』と『日本書紀』の系譜の新旧は単純には判断できないであろうから、「国造本紀」の伝えが『古事記』の伝えより新しいとも断言できないのである。

(35)上道国造、(52)国前国造は、これと同様の例である。

(12)胸刺国造

『古事記』(神代、天安河之宇気比段)に、天菩比命の子の建比良鳥命を出雲国造・无邪志国造などの祖とする伝えがみえ、『日本書紀』(神代紀、宝鏡開始)の一書にも、「天穂日命。此出雲臣。武蔵国造。土師連等遠祖也」とみえる。一方、「国造本紀」には、この胸刺国造の前に无邪志国造が掲げられており、その伝文には「志賀高穴穂朝世。出雲臣祖名㆓井之宇迦諸忍之神狭命十世孫兄多毛比命。定㆓賜国造㆒」とある。したがって无邪志国造の系譜は、記紀の无耶志国造(武蔵国造)の系譜と符合しているのである。しかし胸刺国造の場合は、「岐閇国造祖兄多毛比命児伊狭知直。定㆓賜国造㆒」とあって、无邪志国造と同じく兄多毛比命の名をあげながらも、その系譜を異にしている。すなわち「岐閇国造祖」とあるが、岐閇国造は、『古事記』(神代、天安河之宇気比段)に道尻岐閇国造としてみえ、そこでは天津日子根命の後裔とされているのであり、また「国造本紀」には道口岐閇国造として掲げられており、やはり天津彦根命(天津日子根命)系の系譜が伝えられているのである[35]。无邪志国造と胸刺国造とがそれぞれ別個の国造氏であるならば、両者の系譜が異なる点に何ら不思議はないのであるが、ただこの場合、両者の伝文に同じく兄多毛比命の名をあげながら、その系譜を異にしているのは、明らかに「国造本紀」の矛盾である。胸刺国造の伝文に、国造の設置時期を記さないのも異例であり、この部分については、伝写の過程において何らかの混乱が生じた可能性も考えられる。現在の「国造本紀」には、このほかにも伝写の誤脱と思われる部分がかなり認められるのである。しかし、

「国造本紀」の系譜間に矛盾のある例は、ほかに上毛野国造と能等国造の場合にもみられるのであり、これを伝写の過程での誤りとみるのは困難である。(36) したがってこうした例のあることは、一見「国造本紀」の系譜の史料性を疑わせるもののように思われるが、逆にこのことから、「国造本紀」が各国造（国造氏）の称する系譜をそのまま載せている、ということも考えられるのではなかろうか。少なくとも、「国造本紀」の系譜がある時期に中央においてまとめて作られたものであったならば、このような矛盾は生じなかったと思われる。

⒁上海上国造

「国造本紀」には「志賀高穴穂朝。天穂日命八世孫忍立化多比命。定㆓賜国造㆒」とあり、天穂日命を祖としているが、『古事記』では「天菩比命之子。建比良鳥命。此……上菟上国造。……等之祖也。」とあって、上菟上国造（上海上国造）の祖は天菩比命（天穂日命）の子の建比良鳥命とされている。したがって、これは「国造本紀」の系譜が『古事記』のそれよりも始祖をさかのぼらせている例ということになる。しかしこの場合、『古事記』にも建比良鳥命が天穂日命の子であることは明記されており、しかも『古事記』で上菟上国造と同じく建比良鳥命を祖とするとされている出雲国造・无耶志国造などは、先にみたとおり『日本書紀』では直接天穂日命を祖とすると伝えられているのである。『古事記』の伝えが『日本書紀』の伝えより古いとは断言できないであろうから、この場合は、「国造本紀」が『古事記』よりも始祖をさかのぼらせているからといって、「国造本紀」の系譜が『古事記』のそれよりも新しいとはいえないのである。

⒇淡海国造、㉒三野前国造、㉜但遅麻国造、㉝出雲国造、㊿竺志米多国造は、これと同様の例である。

㉚能等国造

「国造本紀」には「志賀高穴穂朝御世。活目帝皇子大入来命孫彦狭嶋命。定㆓賜国造㆒」とあるが、ここに活目帝

（垂仁天皇）の皇子とされる大入来命は、『古事記』（崇神天皇段）には大入杵命につくり、崇神天皇の皇子とされ、「大入杵命者。能登臣之祖也。」とみえている。能等国造の氏姓は能登臣と考えてよいであろうから、この場合は、「国造本紀」も『古事記』も大入来命（大入杵命）を祖とすることでは一致しており、異なるのは、それを垂仁天皇の皇子とするか崇神天皇の皇子とするかという点である。また「国造本紀」には大入来命の孫として彦狭嶋命の名をあげているが、この彦狭嶋命は、『日本書紀』（景行天皇五十五年二月壬辰条、同五十六年八月条）には彦狭嶋王とあり、崇神天皇の皇子の豊城入彦命の孫とされている。また「国造本紀」の上毛野国造条にも彦狭嶋命の名がみえ、やはり「豊城入彦命孫彦狭嶋命」とある。したがって、この能等国造の系譜は、『古事記』とも『日本書紀』とも矛盾し、「国造本紀」の中でも上毛野国造条と矛盾することになる。しかしこの場合も、それだからといって、「国造本紀」の能等国造の系譜を誤りとするのが唯一の解釈ではなく、それを能等国造氏自身が称していた異伝、とみる余地は残されているであろう。

(45)紀伊国造

「国造本紀」には「橿原朝御世。神皇産霊命五世孫天道根命。定㆓賜国造㆒」とあるが、『古事記』（孝元天皇段）には「木国造祖宇豆比古」とあって、両者は一致しない。また紀伊国造（木国造）の氏姓は紀直と考えられるが、『日本書紀』（景行天皇三年二月朔条）には「紀直遠祖菟道彦」とあり、やはり「国造本紀」とは異なっている。しかし、『新撰姓氏録』（河内国神別）には「紀直。神魂命五世孫天道根命之後也」とみえ、この紀直の系譜は、「国造本紀」の紀伊国造の系譜とまさしく一致している。この場合は、記紀と系譜を異にする例というよりは、始祖を記紀のそれよりもさかのぼらせている例とみた方がよいかもしれないが、いずれにせよ、「国造本紀」の紀伊国造の系譜（『新撰姓氏録』の紀直の系譜）が、記紀にみえる木国造・紀直の始祖伝承に比べて、より新しい伝えであることは認めなくてはなるまい。ただこのことから、「国造本紀」の系譜が記紀の編纂段階には未成立であった、と断定することはできないと思う。なぜならば、ここで始祖とされている神皇産霊命(神魂命)は、『古事記』や『日本書紀』の一書においては、天之御中主神(天御中主尊)、高御産巣日神(高皇産霊尊)とともに最初に生成したとされる神であり、いわば皇祖神(天照大神)よりも高い地位におかれている神なのであって、こうした神を始祖とする伝えについては、記紀の編者が故意に採用しなかった、ということも考えられるからである。

(48)久味国造は、これと同様の例である。(37)

(51)宇佐国造

先に例としてあげたとおり、「国造本紀」の系譜は、『日本書紀』にいう菟狭国造(宇佐国造)の始祖よりもさかのぼったところに、その始祖を求めている。ただ「国造本紀」が宇佐国造の始祖とするのは高魂尊であり、この場合についても、先の紀伊国造と同様のことが考えられるであろう。

以上、表において、記紀と系譜を異にするとした例(×印)と、始祖を記紀よりもさかのぼらせているとした例(△印)について検討してきたが、前者の例があっても、それは「国造本紀」の系譜の史料性を疑わせるものではないこと、後者の例があっても、それは必ずしも「国造本紀」の系譜が記紀の編纂段階以降の成立であることを示してはいないこと、この二点はほぼ明らかにできたのではないかと思う。つまり、「国造本紀」の国造系譜が、記紀と共通の原資料に基づくと考えて支障のないことを述べてきたのである。

またその中で、「国造本紀」の系譜は、ある時期に中央においてまとめて作られたというようなものではなく、個々の国造(国造氏)の称した系譜をそのまま伝えたもののように考えられる、ということも述べたが、この点は「国造本紀」の原資料の性格を考える上で重要な点であろう。次節では、やや視点をかえ、「国造本紀」の国造の同族関係について取りあげ、その検討をとおして改めてこの問題を考えてみることにしたい。

第五節 「国造本紀」の同系国造

「国造本紀」の国造の中から、同族関係を有する国造を、その系譜（出自）によって分類すると、およそ次のとおりである。[38]

〔皇別系〕

① 神武天皇裔

印波国造・仲国造・科野国造・伊余国造・火国造・阿蘇国造・（大分国造）

② 孝昭天皇裔

武社国造・額田国造・吉備穴国造

③ 孝霊天皇裔

廬原国造・角鹿国造・上道国造・三野国造・下道国造・加夜国造・笠臣国造・国前国造・葦分国造

④ 孝元天皇裔

穂国造・那須国造・若狭国造・高志国造・三国国造・江沼国造・伊弥頭国造・都怒国造・筑志国造

⑤ 開化天皇裔

甲斐国造・淡海国造・三野前国造・但遅麻国造・稲葉国造・吉備風（品カ）治国造

⑥ 崇神天皇裔

上毛野国造・下毛野国造・浮田国造・針間鴨国造

⑦　垂仁天皇裔

伊賀国造・加我国造・加宜国造・能等国造・羽咋国造・高志深江国造

⑧　景行天皇裔

針間国造・讃岐国造・日向国造

〔天神系〕

⑨　高魂尊系

葛城国造・知々夫国造・粟国造・宇佐国造・比多国造・津嶋県直

⑩　神魂尊系

石見国造・大伯国造・吉備中県国造・阿武国造・紀伊国造・淡道国造・久味国造・天草国造・葛津立国造

⑪　饒速日命系

参河国造・遠淡海国造・久怒国造・珠流河国造・伊豆国造・久自国造・三野後国造・熊野国造・小市国造・風速国造・松津国造・末羅国造

⑫　天湯津彦命系

阿尺国造・思国造・伊久国造・染羽国造・信夫国造・白河国造・佐渡国造・阿岐国造・波久岐国造・怒麻国造

〔天孫系〕

⑬　天穂日命系

嶋津国造・相武国造・无邪志国造・上海上国造・伊甚国造・菊麻国造・阿波国造・下海上国造・新治国造・高

国造・二方国造・波伯国造・出雲国造・大嶋国造・豊国造

⑭ 天津彦根命系

師長国造・胸刺国造・須恵国造・馬来田国造・茨城国造・道奥菊多国造・道口岐閇国造・石背国造・石城国造・周防国造

⑮ 天火明命系

尾張国造・斐陀国造・丹波国造

〔地祇系〕

⑯ 椎根津彦命系

大倭国造・久比岐国造・明石国造

〔その他〕

⑰ 観松彦伊呂止命系

意岐国造・長国造

ここに名のあがった国造は一一七を数えるから、「国造本紀」の国造のほとんどは、互いに同系の国造を持っていることになる。そしてそれは、一応右の一七の系譜に分けられるのであるが、中にはさらに細かく分けなければならない例もあり、また各国造の伝文には、同系であることを明記するものも、しないものもあって、その内容はかなり複雑である。そこでやや煩雑にはなるが、それぞれについて各国造の伝文を引用し、具体的にみていくことにしたい。

① 神武天皇裔

印波国造

軽嶋豊明朝御代。神八井耳命八世孫伊都許利命。定㆓賜国造㆒。

仲国造

志賀高穴穂朝御世。伊予国造同祖建借馬命。定㆓賜国造㆒。

科野国造

瑞籬朝御世。神八井耳命孫建五百建命。定㆓賜国造㆒。

伊余国造

志賀高穴穂朝御世。印幡国造同祖敷桁（彦カ）波命児速後（建カ）上命。定㆓賜国造㆒。

火国造

瑞籬朝。大分国造同祖志貴多奈彦命児遅（建カ）男（組カ）江命。定㆓賜国造㆒。

阿蘇国造

瑞籬朝御世。火国造同祖神八井耳命孫速瓶玉命。定㆓賜国造㆒。

これらの国造はすべて神八井耳命系（多氏系）であるが、そのうち仲・伊余・火の三国造は、直接その名をあげていない。阿蘇国造条に「火国造同祖神八井耳命」とあることをみれば、これら三国造の場合は神八井耳命の名が省略されたとも考えられるが、それにしても仲国造が「伊予国造同祖」とし、その伊余国造は「印幡国造同祖」としていることなど、各国造の伝文に統一性のみられないことは明らかである。また、印波国造が伊余国造条には「印幡国造」と表記され、伊余国造が仲国造条に「伊予国造」と表記されており、国造名の表記にも統一性が認められない。「国造本紀」の同系国造の各国造条には、当然のことながら同一の人名（神名）・氏名・国造名のみえることが多いが、その中には、このほかにも表記の統一されていない例がかなり存在するのである。[39] このことは、現「国造本紀」の著者が、原資料（ないしは原「国造本紀」）の表記をほぼそのまま踏襲したことを示すものであろうし、その原資料（ないしは原「国造本紀」）自体が統一性を持った表記になっていなかったということであろう。

一方、この同系国造の地理的分布は、関東地方から九州地方にまで広がっているが、印波国造と仲国造、火国造と阿蘇国造および大分国造は、互いに近接した地域の国造である。後者の三国造が同族関係を持つようになったのは、火国造が「大分国造同祖」とし、阿蘇国造が「火国造同祖」としていることからも、在地における国造間の関係によると考えてよいであろう。逆にいえば、これらの国造を同族とする「国造本紀」の系譜が自然なものである、ということである。

② 孝昭天皇裔

武社国造
志賀高穴穂朝。和邇臣祖彦意祁都命孫彦忍人命。定㆓賜国造㆒。

額田国造
志賀高穴穂朝御世。和邇臣祖彦訓服命孫大直(真カ)侶(子カ)宇命。定㆓賜国造㆒。

吉備穴国造
纏向日代朝御世。和邇臣同祖彦訓服命孫八千足尼。定㆓賜国造㆒。

これらの三国造の系譜は、いずれも和邇氏と同祖であることを明記している。また三国造は地理的にはかけ離れて存在するから、この同族関係は、中央豪族である和邇氏を介して形成されたものとみるのが自然であろう。和邇（和珥・丸邇）氏は、『日本書紀』の孝昭天皇六十八年条に孝昭天皇の皇子の天足彦国押人命を始祖とすることが記されており、『古事記』の孝昭天皇段でも孝昭天皇の皇子の天押帯日子命（『日本書紀』の天足彦国押人命）を、和邇氏が後に改称したと考えられる春日氏らの祖としている。しかし『古事記』の開化天皇段や『日本書紀』の開化天皇六年条には、日子国意祁都命（姥津命）を和邇氏の祖とする別の伝えがみえており、さらに『古事記』の崇神天皇段や『日本書紀』の崇神天皇十年条・垂仁天皇二十五年条には、日子国夫玖命（彦国葺）を和邇氏の祖とする伝えもみえている。日子国意祁都命（姥津命）は武社国造条にいう彦意祁都命であり、日子国夫玖命（彦国葺）は額田国造条・吉備穴国造条にいう彦訓服命であるが、これらの人物を祖とする伝えの方が、孝昭天皇の皇子の天押帯日子命（天足彦国押人命）にまで祖をさかのぼらせている伝えよりは古いものと考えてよいであろうから、これらの三国造についての「国造本紀」の系譜は、記紀の中でも古い方の伝えと一致しているということになる。なお、和邇氏が春日氏と改称するのが欽明朝頃と考えられている[40]ことは、これらの系譜伝承がそれ以前に成立したことを考えさせるものである。

③　孝霊天皇裔

盧原国造
志賀高穴穂朝代。以㆓池田坂井君祖吉備武彦命児思加部彦命㆒。定㆓賜国造㆒。

角鹿国造
志賀高穴穂朝御代。吉備臣祖若武彦命孫建功狭日命。定㆓賜国造㆒。

上道国造
軽嶋豊明朝御世。元封㆓中彦命児多佐臣㆒始国造。

三野国造
軽嶋豊明朝御世。元封㆓弟彦命㆒次定㆓賜国造㆒。

下道国造

軽嶋豊明朝御世。元封二兄彦命亦名稲建《(速カ)》別一定レ賜国造一。

加夜国造

軽嶋豊明朝御世。上道国造同祖。元封二中彦命一改定レ賜国造一。

笠臣国造

軽嶋豊明朝御世。元封二鴨別命一八世孫笠三枝臣定レ賜国造一。

国前国造

志賀高穴穂朝。吉備臣同祖吉備都《(彦脱カ)》命六世孫午佐自命。定レ賜国造一。

葦分国造

纏向日代朝御代。吉備津彦命児三井根子命。定レ賜国造一。

これらの九国造はいずれも吉備氏系であるが、まず吉備地方の五国造（上道・三野・下道・加夜・笠臣）についてみてみると、その伝文は、『日本書紀』の応神天皇二十二年条の記事と対応することが明らかである。そこには、吉備に行幸した応神天皇が、吉備臣の祖の御友別が一族を率いて食膳奉仕したことをよろこび、吉備国を割いて御友別の子・兄弟に分封したとあり、次のような系譜を載せている。

浦凝別（苑臣の始祖）
御友別
　稲速別（下道臣の始祖）
　仲　彦（上道臣・香屋臣の始祖）
　弟　彦（三野臣の始祖）
鴨　別（笠臣の始祖）

「国造本紀」の五国造の伝文が、国造の設置時期をすべて軽嶋豊明朝（応神朝）としていること、また決まって「元封二……一」といった記載方法をとっており、それは他にみえない特徴であること、などから考えて、これらの伝文が『日本書紀』に従って書かれたものであることは、まず間違いないであろう。しかし、その系譜部分には、上道国造条の多佐臣や笠臣国造条の笠三枝臣のように独自の記述も含まれているのであり[41]、そのすべてが『日本書紀』からの作文であるとは考えられない。おそらくこの場合も、各国造についての原資料は存在していたのであり、「国造本紀」の五国造の伝文は、その原資料に基づきながらも、『日本書紀』の応神天皇二十二年条に従って書き換えられたのであろう。

次にその他の四国造（廬原・角鹿・国前・葦分）については、角鹿国造条と国前国造条に「吉備臣」の表記のみえることが注意される。吉備氏が上道氏・下道氏・笠氏などに分氏するのは六世紀後半から七世紀前半頃のことと考えられており[42]、ここに「吉備臣」とあることは、これらの系譜伝承がそれ以前に成立した可能性を考えさせるからである。なおこの四国造が同族関係を持つにいたったのは、各国造間の関係によるというよりも、それぞれが吉備氏と関係を持った結果とみた方がよいであろう。

④　孝元天皇裔

穂国造

泊瀬朝倉朝。以二生江臣祖葛城襲津彦命四世孫菟上足尼一。定二賜国造一。

那須国造

纏向日代朝御代。建沼河命孫大臣命。定二賜国造一。

若狭国造

遠飛鳥朝御代。膳臣祖佐白米命児荒礪命。定二賜国造一。

高志国造

志賀高穴穂朝御世。阿閇臣祖屋主田心命三世孫市入命。定二賜国造一。

三国国造

志賀高穴穂朝御世。宗我臣祖彦太忍信命四世孫若長足尼。定二賜国造一。

江沼国造

柴垣朝御世。蘇我臣同祖武内宿禰四世孫志波勝足尼。定二賜国造一。

伊弥頭国造

志賀高穴穂朝御世。宗我(臣脱カ)同祖建内足尼孫大河音足尼。定二賜国造一。

都怒国造

難波高津朝。紀臣同祖都怒足尼児男嶋(田鳥カ)足尼。定二賜国造一。

筑志国造

志賀高穴穂朝御世。阿倍臣同祖大彦命五世孫日(田カ)道命。定二賜国造一。

これらの国造は大彦命系と武内宿禰系とに分かれるが、さらにそれぞれがいくつかの系に分かれている。したがって、厳密な意味での同系国造といえるのは、阿倍氏系の那須国造・筑志国造と、蘇我氏系の三国国造・江沼国造・伊弥頭国造、の二例である。前者の同族関係は阿倍氏を介して形成されたものであろうし、後者のそれも蘇我氏を介してのものとみるのが妥当であろう。ただ後者の場合は、いずれも北陸地方の近接した地域の国造であり、在地における国造間の関係から形成された可能性も考えられる。

⑤　開化天皇裔

甲斐国造

纏向日代朝世。狭穂彦王三世孫臣知津彦公此(比子カ)宇塩海足尼。定₂賜国造₁。

淡海国造

志賀高穴穂朝御世。彦坐王三世孫大陀牟夜別。定₂賜国造₁。

三野前国造

春日率川朝。皇子彦坐王子八爪命。定₂賜国造₁。

但遅麻国造

志賀高穴穂朝御世。竹野君同祖彦坐王五世孫船穂足尼。定₂賜国造₁。

稲葉国造

志賀高穴穂朝御世。彦坐王児彦多都彦命。定₂賜国造₁。

吉備風(品カ)治国造

志賀高穴穂朝。多遅麻君同祖若角城命三世孫大船足尼。定₂賜国造₁。

甲斐国造条の狭穂彦王は彦坐王の子であり、吉備風治国造条の多遅麻君は但遅麻国造のことと考えられるから、これらの国造はすべて彦坐王系である。中央の有力豪族の中で彦坐王系の系譜を称する氏はみあたらず、またこれらの国造は地理的に近接して存在するのでもないから、この同族関係がいかなる理由で形成されたのか不明である。ただ彦坐王は、記紀には、開化天皇と、和邇氏の祖の日子国意祁都命（姥津命）の妹である意祁都比売命（姥津媛）との間に生まれた皇子とされており、和邇氏系の額田国造・吉備穴国造が、それぞれこの彦坐王系の淡海国造・吉備風治国造に隣接していることからすると、この同族関係は和邇氏を介して形成されたものとも考えられる。

⑥　崇神天皇裔

上毛野国造

瑞籬朝。皇子豊城入彦命孫彦狭嶋命。初治二平東方十二国一為レ封。

下毛野国造

難波高津朝御世。元毛野国分為二上下一。豊城命四世孫奈良別。初定二賜国造一。

浮田国造

志賀高穴穂朝。瑞籬朝五世孫賀我別王。定二賜国造一。

針間鴨国造

志賀高穴穂御世。上毛野国造同祖御穂別命児市入別命。定二賜国造一。

浮田国造条の賀我別王は、『日本書紀』（応神天皇十五年八月丁卯条）に「上毛野君祖。荒田別。巫別」とみえる巫別と同一人物と考えられるから、これらの国造はすべて豊城入彦命系（上毛野氏系）である。東北地方南部の浮田国造が上毛野氏と同族関係を持つようになったのは、上毛野氏がヤマト政権の蝦夷経略にかかわっていたことによるのであろうし、遠く離れた針間鴨国造が「上毛野国造同祖」とするのは、上毛野氏が中央においても一定の勢力を有していたと考えられることと関係するのであろう。また、上毛野国造条には「初治二平東方十二国一為レ封」という異例な表記がとられているが、これが、彦狭嶋王を「東山道十五国都督」に任じたという『日本書紀』（景行天皇五十五年二月壬辰条）の記事に対応することは明らかである。おそらくこの表記は、原資料にあったものではなく、先にみた吉備氏系の五国造の場合と同様、現「国造本紀」の著者が書き換えたものであろう。なお、『日本書紀』に右のように伝えられているわりには、「国造本紀」に上毛野氏系の国造が少ないように思われる。

⑦　垂仁天皇裔

伊賀国造

志賀高穴穂朝御世。皇子意知別命三世孫武伊賀都別命。定㆓賜国造㆒。難波朝御世。隷㆓伊勢国㆒。飛鳥朝代割置如㆑故。

加我国造

泊瀬朝倉朝御代。三尾君祖石撞別命四世孫大兄彦君。定㆓賜国造㆒。難波朝御代。隷㆓越前国㆒。嵯峨朝御世。弘仁十四年。割㆓越前国㆒。分為㆓加賀国㆒。

加宜国造

難波高津朝御世。能登国造同祖素都乃奈美留命。定㆓賜国造㆒。

能等国造

志賀高穴穂朝御世。活目帝皇子大入来命孫彦狭嶋命。定㆓賜国造㆒。

羽咋国造

泊瀬朝倉朝御世。三尾君祖石撞別命児石城別王。定㆓賜国造㆒。

高志深江国造

瑞籬朝御世。道君同祖素都乃奈美留命。定㆓賜国造㆒。

これらの国造は、意知別命系の伊賀国造、石撞別命系（三尾氏系）の加我国造・羽咋国造、大入来命系の加宜国造・能等国造・高志深江国造、に分かれる。したがって、厳密な意味では伊賀国造は他に同系の国造を持たないことになる。この伊賀国造を除くと、垂仁天皇裔の国造はすべて北陸地方の国造である。まず石撞別命系の加我国造と羽咋国造は、いずれも三尾氏と同祖であることを明記しており、三尾氏も後の越前国坂井郡三尾駅を本拠とした豪族と考えられるから、この同族関係が在地の関係の中から生じたものであることは間違いないであろう。また、大入来命系の加宜国造・能等国造・高志深江国造についても、これと同様に考えてよいと思われる。ただ高志深江国造は、「道君同祖」とあり、道君（道公）は『新撰姓氏録』（右京皇別上）には「大彦命孫彦屋主田心命之後也」とあるから、これに従えば他の二国造と系を異にすることになる。しかし「国造本紀」の原資料が成立した段階で、すでに道君が大彦命系の系譜を有していたかどうかは不明であり、高志深江国造条の素都乃奈美留命が、加宜国造条に「能登国造同祖素都乃奈美留命」とあるからには、同系の国造としてよいであろう。

なお、伊賀国造条と加我国造条には、それぞれ伊賀国・加賀国の設置を述べた部分が加えられており、加我国造条に弘仁十四年（八二三）とあるのは、現「国造本紀」（また『先代旧事本紀』全体）の成立時期の上限を示すものである(43)が、これらの部分が原資料にあったと考えられないことはいうまでもない。同様の部分はほかに伊豆国造条にもみえるが、これらの記述は、はじめに述べた某国司とある四例、および美作国造の例を含め、すべて現「国造本紀」の著者が付け加えた記述とみてよいであろう。

⑧　景行天皇裔

針間国造

志賀高穴穂朝。稲背入彦命孫伊許自別命。定賜国造。

讃岐国造

軽嶋豊明朝御世。景行帝児神櫛王三世孫須売保礼命。定賜国造。

日向国造

軽嶋豊明朝御世。豊国別皇子三世孫老男。定二賜国造一。

これらの三国造は、同じく景行天皇の皇子を祖とするが、その系はそれぞれ別であり、これを同系国造とするのは正確ではない。ここで注意したいことは、記紀には景行天皇の皇子を各地に分封したとする伝承がみえており、しかも『古事記』（景行天皇段）には「悉別二賜国国之国造。亦和気。及稲置。県主一」とあるにもかかわらず、「国造本紀」には景行天皇裔の国造が三例しか存在しないという点である。つまり、先に述べた上毛野氏系の国造が意外に少ないという点と合わせてみると、「国造本紀」の系譜は、必ずしも記紀の伝承と対応していないと考えられるのである。これは、「国造本紀」の系譜が中央で作られたものではなく、それぞれの国造（国造氏）の伝え、すなわち在地の伝承に基づいていることを端的に示すものと思われる。なお、讃岐国造条に「景行帝」という表記があるのは、現「国造本紀」の著者の書き換えであろう。

⑨　高魂尊系

葛城国造

橿原朝御世。以二剣根命一。初為二葛城国造一。

知々夫国造

瑞籬朝御世。八意思金命十世孫知知夫彦命。定二賜国造一。拝二祠大神一。

粟国造

軽嶋豊明御世。高皇産霊尊九世孫千波足尼。定二賜国造一。

宇佐国造

橿原朝。高魂尊孫宇佐都彦命。定㆓賜国造㆒。

比多国造

志賀高穴穂朝御世。葛城国造同祖止波足尼。定㆓賜国造㆒。

津嶋県直

橿原朝。高魂尊五世孫建弥己々命。改為㆑直。

葛城国造と比多国造は「国造本紀」の伝文からは高魂尊系であると判断できないが、葛城国造については、『新撰姓氏録』（大和国神別）の葛木忌寸条に「高御魂命五世孫剣根命之後也」とあり、葛木忌寸の旧姓である葛城直は葛城国造の氏姓と考えられるから、高魂尊系と考えて間違いないであろう。したがって「葛城国造同祖」とする比多国造も高魂尊系ということになる。また知々夫国造は八意思金命を祖とするが、これは高魂尊の子と伝えられる神である。これらの国造が同族関係を持つにいたった理由は不明であるが、宇佐国造と比多国造は隣接している。

⑩　神魂尊系

石見国造

瑞籬朝御世。紀伊国造同祖蔭佐奈朝命児大屋古命。定㆓賜国造㆒。

大伯国造

軽嶋豊明朝御世。神魂命七世孫佐紀足尼。定㆓賜国造㆒。

吉備中県国造

瑞籬朝御世。神魂命十世孫明石彦。定㆓賜国造㆒。

阿武国造

纏向日代朝御世。神魂命十世孫味波々命。定二賜国造一。

紀伊国造

橿原朝御世。神皇産霊命五世孫天道根命。定二賜国造一。

淡道国造

難波高津朝御世。神皇産霊尊九世孫矢口足尼。定二賜国造一。

久味国造

軽嶋豊明朝。神魂尊十三世孫伊与主命。定二賜国造一。

天草国造

志賀高穴穂朝御世。神魂命十三世孫建嶋松命。定二賜国造一。

葛津立国造

志賀高穴穂朝御世。紀直同祖大名茅彦命児若彦命。定二賜国造一。

これらの国造は、いずれも西日本の沿海地域に位置しており、この同族関係は、海上交通を通じて形成された可能性が高い。また石見国造が「紀伊国造同祖」、葛津立国造が「紀直同祖」としていることからすると、同族関係の中心は紀伊国造であったと考えられるが、紀氏については、瀬戸内海航路を掌握し、ヤマト政権の朝鮮経略に活躍したことが考えられており[44]、このことと、「国造本紀」の同族関係とは、うまく対応している。

⑪　饒速日命系

参河国造

志賀高穴穂朝。以二物部連祖出雲色大臣命五世孫知波夜命一。定二賜国造一。

遠淡海国造

志賀高穴穂朝。以㆓物部連祖伊香色雄命児印岐美命㆒。定㆓賜国造㆒。

久怒国造

筑紫香椎朝代。以㆓物部連祖伊香色男命孫印播足尼㆒。定㆓賜国造㆒。

珠流河国造

志賀高穴穂朝世。以㆓物部連祖大新川命児片堅石命㆒。定㆓賜国造㆒。

伊豆国造

神功皇后御代。物部連祖天蕤桙命八世孫若建命。定㆓賜国造㆒。難波朝御世。隷㆓駿河国㆒。飛鳥朝御世。分置如㆑故。

久自国造

志賀高穴穂朝御代。物部連祖伊香色雄命三世孫船瀬足尼。定㆓賜国造㆒。

三野後国造

志賀高穴穂朝御代。物部連祖出雲大日命孫臣賀夫良命。定㆓賜国造㆒。

熊野国造

志賀高穴穂朝御世。饒速日命五世孫大阿斗足尼。定㆓賜国造㆒。

小市国造

軽嶋豊明朝御世。物部連同祖大新川命孫子到命。定㆓賜国造㆒。

風速国造

軽嶋豊明朝。物部連祖伊香色男命四世孫阿佐利。定二賜国造一。

松津国造

難波高津朝御世。物部連祖伊香色雄命孫金弓連。定二賜国造一。

末羅国造

志賀高穴穂朝御世。穂積臣同祖大水口足尼孫矢田稲吉。定二賜国造一。

これらの一二国造のうち、一〇国造は物部氏と同祖であることを明記しているが、熊野国造は物部氏との結びつきを直接に記してはおらず、末羅国造は「穂積臣同祖」としている。「国造本紀」に物部氏系の国造が多いからといって、その系譜が『先代旧事本紀』の編者（物部氏系の人物）による造作と考えられないことは先に述べたとおりであり、もし造作であったならば、この熊野国造・末羅国造についても物部氏と同祖であることが明記されていたであろう。

これらの物部氏系の国造の分布は、その約半数が東海地方に集中しているが、全体の分布は関東地方から九州地方にまで及んでおり、この同族関係が形成されたのは、やはり物部氏を介してのことであったと思われる。

⑫　天湯津彦命系

阿尺国造

志賀高穴穂朝御世。阿岐国造同祖天湯津彦命十世孫比止禰命。定二賜国造一。

思国造

志賀高穴穂朝御世。阿岐国造同祖十世孫志久麻彦。定二賜国造一。

伊久国造

志賀高穴穂朝御世。阿岐国造同祖十世孫豊嶋命。定二賜国造一。

染羽国造
志賀高穴穂朝御世。阿岐国造同祖十世孫足彦命。定㆓賜国造㆒。
信夫国造
志賀高穴穂朝御世。阿岐国造同祖久志伊麻命孫久麻直。定㆓賜国造㆒。
白河国造
志賀高穴穂朝御世。天降天由都彦命十一世塩伊乃己自直。定㆓賜国造㆒。
佐渡国造
志賀高穴穂朝。阿岐国造同祖久志伊麻命四世孫大荒木直。定㆓賜国造㆒。
阿岐国造
志賀高穴穂朝。天湯津彦命五世孫飽速玉命。定㆓賜国造㆒。
波久岐国造
瑞籬朝。阿岐国造同祖金波佐彦孫豊玉根命。定㆓賜国造㆒。
怒麻国造
神功皇后御代。阿岐国造同祖飽速玉命三世孫若弥尾命。定㆓賜国造㆒。

天湯津彦命の名は記紀にはみえず、「国造本紀」のほかには、同じ『先代旧事本紀』の「天神本紀」に、天孫降臨の際に供奉した三二神のうちの一神としてみえ、そこにも「安芸国造等祖」と記されている。これらの一〇国造のうち、阿尺・思（思太、あるいは日利か）・伊久・染羽・信夫・白河の六国造は東北地方南部の互いに近接した地域の国造であり、これらの国造が同族関係を持つのは、在地における関係によるとみてよいであろう。また阿岐・波久岐・

怒麻の三国造の場合も、それらがいずれも西部瀬戸内海沿岸地域の国造であることから、同様に考えられるであろう。そして、後者の三国造が阿岐国造を中心とした同族関係を有することに不審はないが、前者の六国造が白河国造を除いて「阿岐国造同祖」と明記し、佐渡国造もまた「阿岐国造同祖」としていることの理由は、明らかではない。それを大伴氏を介してのものとみる説[45]もあるが、大伴氏と阿岐国造との関係は明確ではなく、また東北地方南部の国造は大伴氏よりも阿倍氏とのつながりが深い[46]。この点からすると、阿倍氏を介したものとも考えられるが、この場合も阿倍氏と阿岐国造との関係は明確にできない。ただ、明確にできないことを理由に、これらの国造の系譜を疑う必要はないであろう。

⑬　天穂日命系

嶋津国造
　志賀高穴穂朝。出雲臣祖佐比禰足尼孫出雲笠夜命。定㆓賜国造㆒。

相武国造
　志賀高穴穂朝。武刺国造祖神伊勢都彦命三世孫弟武彦命。定㆓賜国造㆒。

无邪志国造
　志賀高穴穂朝世。出雲臣祖名二井之宇迦諸忍之神狭命十世孫兄多毛比命。定㆓賜国造㆒。

上海上国造
　志賀高穴穂朝。天穂日命八世孫忍立化多比命。定㆓賜国造㆒。

伊甚国造
　志賀高穴穂朝御世。安房国造祖伊許保止命孫伊己侶止直。定㆓賜国造㆒。

菊麻国造
志賀高穴穂朝御代。无邪志国造祖兄多毛比命児大鹿国直。定㆓賜国造㆒。
阿波国造
志賀高穴穂朝御世。天穂日命八世孫弥都侶岐孫大伴直大滝。定㆓賜国造㆒。
下海上国造
軽嶋豊明朝御世。上海上国造祖孫久都伎直。定㆓賜国造㆒。
新治国造
志賀高穴穂朝御世。美都呂岐命児比奈羅布命。定㆓賜国造㆒。
高国造
志賀高穴穂朝御世。弥都侶岐命孫弥佐比命。定㆓賜国造㆒。
二方国造
志賀高穴穂朝御世。出雲国造同祖遷狛一奴命孫美尼布命。定㆓賜国造㆒。
波伯国造
志賀高穴穂朝御世。牟邪志国造同祖兄多毛比命児大八木足尼。定㆓賜国造㆒。
出雲国造
瑞籬朝。以㆓天穂日命十一世孫宇迦都久怒㆒。定㆓賜国造㆒。
大嶋国造
志賀高穴穂朝。无邪志国造同祖兄多毛比命児穴委古命。定㆓賜国造㆒。

豊国造

志賀高穴穂朝御代。伊甚国造同祖宇那足尼。定二賜国造一。

これらの天穂日命系の国造は、(a)无邪志国造を中心とする兄多毛比命系のグループ（相武・无邪志・菊麻・波伯・大嶋国造）、(b)阿波国造を中心とする弥都侶岐命系のグループ（伊甚・阿波・新治・高・豊国造）、(c)出雲国造を中心とするグループ（嶋津・二方・出雲国造）、(d)上海上国造を中心とするグループ（上海上・下海上国造）、の四つに分けることができる。また四グループ内の国造は、地理的に近接する例が多いが、必ずしもそうした例ばかりではなく、同じ天穂日命系といっても、これらの国造の同族関係は実に複雑な様相を示している。

一方、(a)グループにみえる兄多毛比命は、『高橋氏文』に「無邪志国造上祖大多毛比」とある大多毛比と同一人物と考えられ、これらの国造の系譜は『高橋氏文』の記述と符合している点が指摘できる。また、(b)グループの新治国造条にみえる比奈羅布命は、『常陸国風土記』の新治郡条に「新治国造祖名曰二比奈良珠命一」とみえており、高国造条の弥佐比命も、『常陸国風土記』の多珂郡条に「以二建御狭日命一。任二多珂国造一。……謂二建御狭日命一者。即是出雲臣同属。……。」とみえている。さらに、豊国造条の宇那足尼は、『豊後国風土記』の総記に、景行天皇に遣わされて豊国の統治を任され、豊国直の姓を賜わったと伝えられる菟名手と同一人物であろう。これまで逐一指摘はしてこなかったが、このように「国造本紀」の各国造条の記事内容が、記紀以外の他の史料と符合する例は、他にも数多く存在するのであり、こうした例のあることは、「国造本紀」の系譜の信憑性を示すものと考えてよいであろう。それが記紀以外の他の史料に基づく造作であったならば、両者の間に右にみたような各人物の表記上の違いは生じなかったと思われる。

ところで、『古事記』には天菩比命（天穂日命）の子の建比良鳥命の後裔として、出雲国造・无耶志国造・上菟上国造・下菟上国造・伊自牟国造・津嶋県直・遠江国造が列記されており、それは津嶋県直・遠江国造を除いて「国造本紀」の系譜と符合するのであるが、こうした『古事記』の記述の基になった資料は、まさに「国造本紀」の各国造条に記載されているような系譜資料であったと推定されるのではなかろうか。つまり、各国造の系譜資料があり、それは現「国造本紀」の系譜に示されるような、各国造ごとに不統一な複雑な内容を持つもの（いいかえれば、各国造の提出した系譜そのもの）であったが、『古事記』はそれを整理・選択して系譜記事を作成したのに対し、「国造本紀」（ないしその基となった編纂物）は、それをほぼそのまま集めた、というような状況が推定されるのである。

⑭ 天津彦根命系

師長国造
志賀高穴穂朝御世。茨城国造祖建許呂命児宮富（意カ）鷲意弥命。定二賜国造一。

胸刺国造
岐閇国造祖兄多毛比命児伊狭知直。定二賜国造一。

須恵国造
志賀高穴穂朝。茨城国造祖建許侶命児大布日意弥命。定二賜国造一。

馬来田国造
志賀高穴穂朝御世。茨城国造祖建許呂命児深河意弥命。定二賜国造一。

茨城国造
軽嶋豊明朝御世。天津彦根命孫筑紫（波カ）刀禰。定二賜国造一。

道奥菊多国造
軽嶋豊明御代。以二建許呂命児屋主乃（刀カ）禰一。定二賜国造一。

道口岐閇国造
軽嶋豊明御世。建許呂命児宇佐比乃(刀カ)禰。定㆓賜国造㆒。
石背国造
志賀高穴穂朝御世。以㆓建許侶命児建弥依米命㆒。定㆓賜国造㆒。
石城国造
志賀高穴穂朝御世。以㆓建許呂命㆒。定㆓賜国造㆒。
周防国造
軽嶋豊明朝。茨城国造同祖加米乃意美。定㆓賜国造㆒。

これらの国造は、そのほとんどが関東地方と東北地方南部の国造であり、周防国造だけが離れて存在する。また胸刺国造を例外として、この同族関係が茨城国造を中心としたものであることは明らかである。ただ、道奥菊多・道口岐閇・石背・石城の東北地方南部の四国造は、建許呂命（建許侶命）の名をあげるだけであって、直接茨城国造と同祖であるとは記していない。その建許呂命は、『常陸国風土記』には多祁許呂命につくり、茨城郡条の割注に「茨城国造初祖。多祁許呂命。仕㆓息長帯比売天皇之朝㆒。当㆑至㆓品太天皇之誕時㆒。多祁許呂命。有㆓子八人㆒。中男筑波使主茨城郡湯坐連等之初祖」とみえているが、この記事は、「国造本紀」の系譜と対応しているといえよう。また、『新撰姓氏録』（大和国神別）の三枝部連条に「天津彦根命十四世孫達己呂命」とみえる達己呂命、同じく奄智造条に「同神（天津彦根命）十四世孫建凝命」とみえる建凝命は、この建許呂命と同一人物であろうし、同書（和泉国神別）の高市県主条には、「天津彦根命十二世孫建許呂命」とみえている。このことからすると、建許呂命は本来、中央において伝えられていた人物とも考えられるが、そうであったとしても、そのことからこれらの系譜を中央で作られたものとみるのは無理であろう。

⑮　天火明命系

尾張国造

志賀高穴穂朝。以二天別天火明命十世孫小止与命一。定二賜国造一。

斐陀国造

志賀高穴穂朝御世。尾張連祖瀛津世襲命孫大八椅命。定二賜国造一。

丹波国造

志賀高穴穂朝御世。尾張（連脱カ）同祖建稲種命四世孫大倉岐命。定二賜国造一。

これらの三国造は尾張国造（尾張連）を中心とした同族関係を持つが、それがどのようにして形成されたかは判然としない。ただそれは、尾張氏が大王家との関係が深く、中央においても勢力を有していたと考えられること(47)と、関係があるであろう。

⑯　椎根津彦命系

大倭国造

橿原朝御世。以二椎根津彦命一。初為二大倭国造一。

久比岐国造

瑞籬朝御世。大和直同祖御戈命。定二賜国造一。

明石国造

軽嶋豊明朝御世。大倭直同祖八代足尼児都弥自足尼。定二賜国造一。

これらの国造は大倭国造（大倭直）を中心とした同族関係を持つが、その理由についてはこの場合もはっきりしない。なお、明石国造条にみえる八代足尼は、『新撰姓氏録』（摂津国神別）の物忌直条に「椎根津彦命九世孫矢代宿禰」とみえている。

⑰　観松彦伊呂止命系

意岐国造

軽嶋豊明朝御代。観松彦伊呂止命五世孫十挨彦命。定ㇾ賜国造。

長国造

志賀高穴穂朝御世。観松彦色止命九世孫韓背足尼。定ㇾ賜国造。

観松彦伊呂止命（観松彦色止命）は他の史料にはみえない。また、意岐国造と四国地方東南部の長国造とがなぜ同族関係を持っているのか、この場合も不明である。

以上、「国造本紀」の同系国造について長々と述べてきたが、それをここで要約する必要はないであろう。ただ、一つ付け加えておきたいことは、「国造本紀」の国造の中には、中臣氏系（天児屋命系）や大伴氏系（天忍日命系）の系譜を称する国造が一例も存在しないという点である。中央の有力豪族と同族関係にあることを明記する国造は、物部氏系が一〇例で一番多く、次いで和邇氏系と蘇我氏系が三例である。個々の国造の系譜は、それぞれその成立の事情を異にしているであろうが、この特徴は、「国造本紀」の系譜が形成されてきたおおよその時期を示しているように思われる。たとえば、中臣氏（藤原氏）が大きな勢力を持つようになるのは七世紀後半以降であるが、その時期に「国造本紀」の系譜が形成されたならば、そこに中臣氏系の国造が一例も存在しないというようなことはなかったと思うのである。もちろんこの特徴は、各氏の性格の違いによって生じたということも考えられるのであるが、同じくヤマト政権の軍事にかかわっていたと考えられる大伴氏と物部氏との間に、このような極端な違いがみられることは、それが、氏の性格の違いというだけでは説明できないことを示しているといえよう。

大伴氏・中臣氏・物部氏・蘇我氏などの中央の有力豪族の動向について簡単に述べることは困難であるが、大伴氏の勢力が衰えて物部氏・蘇我氏が台頭するのは、およそ六世紀前半から中頃にかけてのことと考えられ、物部氏が蘇我氏らによって討たれるのは六世紀の末であるから、「国造本紀」の系譜は、その間の六世紀中頃から後半の時期に形成されたとみるのが、右の特徴からすると最も自然ということになろう。「国造本紀」の系譜の中に「吉備臣」「和邇臣」などの表記がみえることも、それがこの時期に形成されたとする推定を支持するものである。また国造制の成立時期が、ちょうどこの六世紀中頃から後半の時期に求められる点も注意されるであろう。[48]

ただし、ここに述べた「国造本紀」の系譜の形成時期というのは、「国造本紀」に記載されている系譜が、個々の国造の伝承として成立した時期のことであり、それが文字化され、記紀や「国造本紀」(ないしその基となった編纂物)の原資料として成立した時期については、また別の問題として考えなければならない。

第六節　「国造本紀」の成立過程

現「国造本紀」の国造系譜が、個々の国造(国造氏)の称していた系譜をほぼそのまま伝えているとみられるような内容・表記になっていること、そしてそれは、実際に個々の国造(国造氏)によって提出された系譜が、「国造本紀」(ないしその基となった編纂物)の原資料として存在したからと考えられること、これらの点はすでに述べた。そこで次に問題となるのは、現「国造本紀」が直接その原資料に基づいて書かれたものであるのか、あるいは現「国造本紀」と原資料との間に、両者を結ぶ編纂物が存在したのか、という点である。しかし、前者の可能性はほとんどないように思われる。なぜならば、個々の国造（国造氏）によって提出された系譜は、記紀の系譜記事の資料にもなったと推定されるものであり、それが現「国造本紀」が書かれた時点、すなわち『先代旧事本紀』が編纂された時点までそのまま残されていたとは考え難いからである。それよりは、後者の場合を想定した方が理解しやすいのであり、従来も、そのようにみられてきている。そしてその場合、現「国造本紀」の基になった編纂物として、大宝二年の「国造記」をあげるのがふつうであり、私もまた、そのように考えている。すでに繰り返し述べてきたとおり、「国造本紀」の国造は国造氏を掲げたものとみられるのであるが、「国造記」は、「詔定二諸国国造之氏一。其名具二国造記一」（『続日本紀』大宝二年四月庚戌条）とあるように、国造氏を記録したものであることが明らかであり、「国造本紀」の国造を国造氏とみることによって、その考えは一層妥当性を持つことになった、といえるのである。

なお、この「国造記」については、右に引用した『続日本紀』の記事の「其名具二国造記一」の部分を、「その名を国造記に具す」と読めば、大宝二年に国造氏が認定された段階で「国造記」も作成されたことになるが、「その名は国造記に具なり」と読めば、必ずしもこの時に「国造記」が作成されたということにはならず、「国造記」はその後のある時期に作られ、『続日本紀』の編纂時点に存在していた、と解釈することも可能である。しかし、国造氏を認定した際に、それをまとめて登録するということは当然行なわれたであろうから、後者の読みに従った場合でも、「国造記」は大宝二年の段階で作成され、それが『続日本紀』の編纂時にも残されていた、と解するのが妥当であろう。また、「国造記」は国造氏を記録したものなのであるから、そこに各国造氏の系譜が記されていた可能性はきわめて高いと考えられる。「国造本紀」の国造系譜が、「国造記」に基づくものであることは、ほぼ間違いないと思われる。

それでは、この「国造記」はどのようにして作られたのであろうか。『続日本紀』には、国造氏を認定する二ヵ月前のこととして、「為㆑班㆓大幣㆒。馳㆑駅追㆓諸国国造等㆒。入㆑京」（大宝二年二月庚戌条）という記事が載せられており、諸国の国造らを入京させたことと、国造氏を認定したこととが、密接な関係にあることは明らかであろう。したがって、「国造記」が入京した国造らの主張を入れて作成された(49)、ということは十分に考えられることである。「国造本紀」の系譜が、各国造氏の称する系譜をそのまま載せたようなものになっているのは、この点と関係があるのではなかろうか。すなわち、国造氏が認定されるにあたって、旧来の国造一族(50)は自らの伝える系譜を中央政府に提出したことが推定されるのであり、これに基づいて国造氏が認定され、「国造記」が作成されたとみられるのである。また、「国造本紀」の系譜に天武朝の改賜姓以前の氏の表記がとられているのは、各国造の提出した系譜が、それぞれの有していた古くからの伝承に従って文字化されたものであり、「国造記」がその表記を変えずに作成されたものであったからであろう。この点、記紀の系譜も同様であり、大宝二年の段階で各国造一族によって提出された系譜が、同時に記紀の国造関係の系譜記事の原資料にもなったということが考えられるのである(51)。

もちろん、このように述べてきたからといって、現「国造本紀」には、国司のことなども記載されているのであるから、そのすべてが「国造記」に基づくものでないことはいうまでもあるまい。「国造記」に基づくといえるのは、「国造本紀」に掲げられている国造氏の名と、その系譜部分についてのみである。

「国造本紀」の序文や、国造の設置時期を記した部分のほとんどが、「国造本紀」が『先代旧事本紀』の一巻として成書化された段階で付け加えられたものと考えられることは、第二節・第三節で述べたとおりであり、現「国造本紀」と「国造記」とでは、その体裁はかなり異なっていたことが推定されるのである。現「国造本紀」が国造の配列において、无邪志国造・胸刺国造を東海道に配していることも、武蔵国が東山道から東海道に所属の変更された宝亀二年（七七一）以降の知識によるとみてよく(52)、そのことを示すものといえるであろう。したがって、「国造記」は原

「国造本紀」といえるような体裁のものではなかったと考えられるのであるが、「国造記」と現「国造本紀」との間に、原「国造本紀」といえるような編纂物が作成されたか否かについては、現在のところ私は定見を持つまでにいたっていない。

しかし、現「国造本紀」にみえる各国造（国造氏）の系譜が、たとえ間接的であったにせよ、「国造記」に基づくものと考えられることには変わりはないのであり、その「国造記」が、各国造の提出した系譜を原資料としており、さらにその系譜が、各国造の古くから持っていた伝承（それは六世紀中頃から後半に形成されたと推定される）に従って提出されたものであるならば、その間に多少の改変はあったとしても、「国造本紀」の系譜は、国造制下の国造を研究する際の史料として、十分使用できるということになるであろう。ただこのことは、けっして「国造本紀」の国造系譜の内容までが事実であるということをいっているのではなく、それはあくまで各国造が称していた系譜であって、それを「国造本紀」が伝えているにすぎないという点を、最後に蛇足ながら付け加えておくことにしたい。

注

（1）坂本太郎『大化改新の研究』至文堂、一九三八年、第一編第三章「研究の資料」。松村武雄『日本神話の研究』第一巻、培風館、一九五四年、第三章第五節「旧事紀の検討」。鎌田純一『先代旧事本紀の研究』研究の部、吉川弘文館、一九六二年。吉田晶『日本古代国家成立史論』東京大学出版会、一九七三年、第二章「国造本紀における国造名」、等参照。

（2）鎌田純一『先代旧事本紀の研究』研究の部、前掲、六「国造本紀の成立とその史料性」。

（3）吉田晶『日本古代国家成立史論』前掲、五九頁参照。

（4）たとえば、磯貝正義『郡司及び采女制度の研究』吉川弘文館、一九七八年、第一編第一章「郡司任用制度の基礎的研究」。佐伯有清・高嶋弘志編『国造・県主関係史料集』近藤出版社、一九八二年、の高嶋弘志「解題」、等。

（5）第一編第二章第三節参照。

(6) 第二編第五章参照。

(7) 野村忠夫『奈良朝の政治と藤原氏』吉川弘文館、一九九五年、Ⅲ—一「国造姓についての一試論」。国造姓の具体例としては、本文にあげた多褹後国造・仲県国造のほかに、額田国造・飛驒国造・針間国造・因幡国造・伊豆国造伊豆直・千葉国造大私部直・海上国造他田日奉（部）直があり、単に「国造」を姓とする例は、摂津国・近江国・美濃国・播磨国・因幡国に認められる。このほかにも、史料に残されなかった国造姓の存在した可能性は高いが、いずれにせよ国造姓を称した氏はそう多くはなかったと考えられる。

(8) 植松考穆「大化改新以後の国造に就いて」（早稲田大学史学会編『浮田和民博士記念史学論文集』六甲書房、一九四三年）。磯貝正義『郡司及び采女制度の研究』前掲、第一編第一章「郡司任用制度の基礎的研究」。新野直吉『日本古代地方制度の研究』吉川弘文館、一九七四年、第二章第一節「大化改新以後の国郡制」、等。

(9) 虎尾俊哉「大化改新後の国造」（『芸林』四—四、一九五三年）。同「大化改新後国造再論」（『弘前大学国史研究』六、一九五七年）。八木充『律令国家成立過程の研究』塙書房、一九六八年、第二編第一章「国郡制の成立」。米田雄介「国造氏と新国造の成立」（『続日本紀研究』一六二、一九七二年）、等。

(10) 第二編第五章参照。

(11) 米田雄介「国造氏と新国造の成立」（前掲）三〜五頁。熊谷公雄「天武政権の律令官人化政策」（関晃教授還暦記念会編『日本古代史研究』吉川弘文館、一九八〇年）七二〜七三頁、等参照。

(12) たとえば、虎尾俊哉、注(9)論文。

(13) 磯貝正義『郡司及び采女制度の研究』前掲、一五〜一八頁参照。

(14) 胸刺国造条に国造の設置時期の記されていないのが唯一の例外である。

(15) 他の表記で結ばれる例は九例存在するが、全体の一割にも満たない。なおそのうちの大倭・葛城・凡河内・山城の四国造は、「為二某国造一」で結ばれている。

(16) 注(7)参照。

(17) 同様の例として、ほかに尾張国造・上毛野国造・下毛野国造・羽咋国造・出雲国造・針間国造・上道国造・三野国造・下道国造・加夜国造・笠臣国造・都怒国造・火国造・阿蘇国造等があげられる。

(18) 吉田晶『日本古代国家成立史論』前掲、五五～八二頁。

(19) 加我国造の伝文には、これに続けて「難波朝御代。隷㆓越前国㆒。嵯峨朝御世。弘仁十四年。割㆓越前国㆒。分為㆓加賀国㆒」とある。

(20) 『続日本紀』養老二年五月乙未条参照。

(21) 本編第二章第二節参照。

(22) 第一節で述べたとおり、「国造本紀」には一二九の国造（津嶋県直・伊吉嶋造を含む）が掲げられているが、そのうち胸刺国造の伝文には国造の設置時期が記されていないので、一二八国造となる。

(23) このほかにも、一・二世代のずれの認められる例は多いが、それは必ずしも矛盾した例とまではいえないであろうから、ここでは取りあげていない。

(24) ほかに、茨城国造条・仲国造条・羽咋国造条・松津国造条・阿蘇国造条などがその例である。なおここでも、一・二世代のずれのあるものは含めていない。

(25) 佐伯有清『新撰姓氏録の研究』考証篇第三、吉川弘文館、一九八二年、一六三頁参照。

(26) なお序文冒頭の「天饒石国饒石天津彦火瓊々杵尊」の表記も、「皇孫本紀」における「天饒石国饒石天津彦々火瓊々杵尊」の表記と対応している。

(27) 栗田寛『国造本紀考』序。

(28) 鎌田純一『先代旧事本紀の研究』研究の部、前掲、二八九～二九四頁。

(29) 以下、同様の例については具体的検討を省略する。

(30) 意知別命（落別王）は、『日本書紀』垂仁天皇三十四年三月丙寅条には祖別命につくる。

(31) 息速別命は、『古事記』垂仁天皇段に伊許婆夜和気命、『日本書紀』垂仁天皇十五年八月朔条に池速別命とみえており、意知別命（落別王・祖別命）とは明らかに別人である。

(32) 『日本三代実録』貞観十七年十二月丙子条参照。

(33) なお(23)三野後国造について、簡単に述べておくことにしたい。美濃（三野）地方の国造としては、「国造本紀」に三野前国造・三野後国造の二国造の名がみえるほか、『古事記』開化天皇段に本巣国造、『上宮記』「一云」に牟義都国造の名がみえており、これらの四国造について、それぞれ別個の国造とみる説と、三野前国造と本巣国造、三野後国造と牟義都国造を同一の国造として二国造とみる説とがある。「国造本紀」の三野後国造の系譜が記紀の系譜と異なることになるのは、後者の説に従った場合であるが、『別聚符宣抄』に載る延喜十四年八月八日の太政官符によれば、美濃国には二四町の国造田が存在しており、国造田は本来、国造（いわゆる旧国造）に対する一種の「職分田」としてクニごとに六町ずつ設置されたものと考えられるから（第二編第五章参照）、後の美濃国の範囲には少なくとも四国造が存在していたことになり、前者の説に従うべきであると考える。したがってこの三野後国造の場合も、記紀と系譜を異にする例には入らないと考えるのである。

(34) 『先代旧事本紀』の「国造本紀」以外の巻には、大和・山代・三河・遠江・駿河・秩父・斐陀・丹波・但馬・安芸・讃岐・豊国・宇佐・大分の一四国造についてその系譜を載せているが、そのうちの大和・山代・但馬・豊国・宇佐・大分の六国造の系譜が、「国造本紀」にみえるそれぞれの系譜と符合しない。

(35) 道口岐閇国造の系譜が天津彦根命系であることについては、後の本文を参照。

(36) この例については、後の本文で具体的に述べる。

(37) なお、久味国造については、その伝文に「軽嶋豊明朝。神魂尊十世孫伊与主命。定賜国造」とあり、久味国造の氏姓が久米直であった場合は、ここで述べた(45)紀伊国造と同様の例ということになるが、もしそうでなかったとしたら、それは(5)伊賀国造と同様の例ということになる。

(38) 以下の分類では、「国造本紀」の記載からだけではどの系に属するのか不明の場合は、記紀など他の史料に従って分類してある。ただし、「国造本紀」と他の史料の系譜が異なる場合は、「国造本紀」に従っている。

(39) このことは、第二節においても表にして示しておいたところである（第9表）。以下、同系国造の引用文には、表記の統一されていない部分に傍線をほどこしてある。

(40) 岸俊男『日本古代政治史研究』塙書房、一九六六年、Ⅰ「ワニ氏に関する基礎的考察」四八～五〇頁他。

(41) 多佐臣は『日本書紀』雄略天皇七年是歳条にみえる吉備上道臣田狭と同一人物であろうが、『日本書紀』では中彦命（仲彦）の子とはされていない。

（42）吉田晶『吉備古代史の展開』塙書房、一九九五年、第一部第二章「吉備氏伝承に関する基礎的考察」九〇〜九二頁。湊哲夫「吉備氏始祖伝承の形成過程」（日本史論叢会編『歴史における政治と民衆』同会、一九八六年）四〇八〜四一二頁、等。なお、本編第三章参照。

（43）坂本太郎『大化改新の研究』前掲、六二頁にこの指摘がある。

（44）岸俊男『日本古代政治史研究』前掲、Ⅱ「紀氏に関する一試考」。

（45）新野直吉「東北氏姓国造の系譜」（『歴史』三、一九六一年）。

（46）阿尺国造の氏姓は丈部直、染羽国造・信夫国造の氏姓は丈部、白河国造の氏姓は奈須直と推定されるが、これらはいずれも阿倍氏系である。

（47）新井喜久夫「古代の尾張氏について」上・下（『信濃』二一―一・二、一九六九年）参照。

（48）第一編第三章参照。

（49）吉田晶『日本古代国家成立史論』前掲、九六頁にこの指摘がある。

（50）そこには、国造氏に認定されることを求めた、旧来の国造以外の一族も含まれていたと考えられる。

（51）このことは、記紀の国造関係の系譜記事の原資料となったのが、この時に提出された系譜だけであったということを述べているのではない。

（52）坂本太郎『大化改新の研究』前掲、六五頁にこの指摘がある。

あとがき

本書は、先に吉川弘文館の古代史研究選書の一冊として刊行した拙著『国造制の成立と展開』（一九八五年）を土台に、その後に発表したいくつかの論文と、新稿を加え、国造制についての現在の私見を改めて一冊にまとめたものである。本書の執筆にあたって、旧稿はその多くを書き改めたが、両者の関係を示すと、およそ次のとおりである。

序章「国造制研究の現状と課題」は、「国造と県主」（『古代史研究の最前線』第1巻、雄山閣、一九八六年）を補訂したものであり、補訂にあたっては、「国造はどのようにして地域を支配したか」（『新視点日本の歴史』2、新人物往来社、一九九三年）で述べたことも、一部加えてある。

第一編「国造制の成立」は三章からなり、第一章「五世紀後半の政治組織」は、「鉄刀銘の世界」（佐伯有清編『古代を考える雄略天皇とその時代』吉川弘文館、一九八八年）を書き改めたものである。論旨は旧稿と変わりないが、他の章と体裁をそろえるため、注を整備し、文体を改めるなどの補訂を加えた。第二章「記紀の国造関係記事の検討」は、旧著『国造制の成立と展開』の第一―一「『古事記』『日本書紀』（巻一～巻二十四）の国造」を補訂したものである。やはり論旨に変更はないが、第一節でワケについての私見を加えた点が、旧稿とのおもな違いである。第三章「国造制の成立過程」は、旧著の第一―二「国造制の成立過程」をもとにしているが、このたび大幅に改訂を加え、第三節「国造のカバネ」をはじめ、新たに書き加えた部分が多い。

第二編「国造制の展開」は五章からなり、第一章「東国『国司』らへの詔の検討」は、旧著の第二―一「東国『国司』らへの詔の検討」を補訂したものである。その後に公表された関係論文を受けて、説明を加えた部分は多いが、ここでも論旨に変更はない。第二章「『大化改新』と国造制」は、旧著の第二―二「『大化』期の国造」、第二―三「その他の孝徳紀の国造関係記事」、および第三―一「斉明紀以降の国造関係記事」を、それぞれ補訂して一つの章にまとめたものである。第三章「評制の成立と国造」は、本書執筆に際して新たに書き下ろした部分であるが、ただ第一節「評制の成立過程」は、「評制の成立過程について――国造制との関係を中心に――」と題して、『成城文藝』一五四号（一九九六年三月）に掲載したものである。第四章「国宰制の成立と国造」は、「国司制成立過程の再検討」（佐伯有清編『日本古代中世史論考』吉川弘文館、一九八七年）を書き改めたものであり、とくに令制国の成立と国造制の廃止の関係について書き加えてある。第五章「律令制下の国造」は、旧著の第四「律令制下の国造」を補訂したものであり、その後に発表された関係論文を受けて、一部に書き換えの手を加えている。

第三編「国造制の構造と諸相」は四章からなり、第一章「国造制の内部構造」は、付論を除き新稿である。付論の「部民制」は、「部民制とは何か」（『争点日本の歴史』2、新人物往来社、一九九〇年）を書き改めたものであり、注を整備するなどの補訂を加えた。第二章「『常陸国風土記』の建郡（評）記事と国造」は、「律令制成立期の地方支配――『常陸国風土記』の建郡（評）記事をとおして――」（佐伯有清編『日本古代史論考』吉川弘文館、一九八〇年）がもとになってはいるが、ほとんど原形をとどめていない。『常陸国風土記』の建郡（評）記事については、右の旧稿での解釈を旧著において改め、さらに旧著の解釈の一部を、このたび本書において改稿した。第三章「吉備氏の始祖伝承と吉備の国造」は、前半の第一節は「吉備氏始祖伝承小考」（『成城短期大学紀要』一九、一九八七年）を書き改めたものであり、後半の第二節は新たに書き加えた部分である。第四章「『国造本紀』の再検討」は、「『国造本紀』についての二・三の問題」（『成城短期大学紀要』二〇、一九八九年）と、「『国造本紀』の国造系譜」（『国立歴史民俗博物館研究報告』

四四、一九九二年）を合わせて一章としたものである。一章にまとめるにあたって重複部分を削除したが、そのほかはほぼ旧稿のままである。

本書と旧稿との関係は右のとおりであり、旧稿にはすべて手を入れ、新稿を加えて一書としたのであるが、不充分な点はなお多い。ただ従来の新旧国造論を批判したものとして、本書にも若干の価値はあるのではないかと思う。

本書ができあがるまでには、諸先学をはじめ多くの方々にお世話になったが、本書執筆の直接の契機となったのは、今から三年ほど前に、恩師佐伯有清先生から、既発表の論文をまとめてみてはとのお話をいただいたことである。その時、先生には、おそらく別の内容の論文集を想定されていたのではないかと思われるが、それでは国造制について改めてまとめさせていただきたいと我儘を申し上げたところ、それをお認め下さり、さらに本書の出版を吉川弘文館に御推薦下さった。そして吉川弘文館には、厳しい出版事情の中、しかも旧著と内容的に重なる部分が多いにもかかわらず、快く本書の出版をお引き受けいただいた。本書刊行にあたって、佐伯有清先生ならびに吉川弘文館社長吉川圭三氏に、まず御礼申し上げる次第である。また吉川弘文館編集部の大岩由明氏には種々お世話になり、多くの御苦労をおかけした。心から感謝を申し上げたい。

なお最後になったが、本書の刊行にあたっては、成城大学文芸学部出版助成費の交付を受けた。文芸学部長の我妻建治先生をはじめ、教授会構成員の方々、および関係各位に篤く御礼申し上げる。

一九九六年三月

篠川　賢

日本古代国造制の研究（オンデマンド版）

Digital Publishing

2018年10月1日　発行

著　者　篠川《しのかわ》　賢《けん》
発行者　吉川道郎
発行所　株式会社 吉川弘文館
〒113-0033 東京都文京区本郷7丁目2番8号
TEL 03(3813)9151(代表)
URL http://www.yoshikawa-k.co.jp/

印刷・製本　株式会社 デジタルパブリッシングサービス
URL http://www.d-pub.co.jp/

篠川　賢（1950～）
ISBN978-4-642-72293-3

著者略歴

一九五〇年　神奈川県生れ
一九八一年　北海道大学大学院文学研究科博士課程修了
成城短期大学（現成城大学短期大学部）助教授、同教授を経て
現在　成城大学文芸学部教授

〔主要著書・論文〕
「律令制成立期の地方支配」（『日本古代史論考』所収、一九八〇年、吉川弘文館）
『国造制の成立と展開』（一九八五年、吉川弘文館）
「遣隋使の派遣回数とその年代」（『成城短期大学紀要』一七、一九八六年）
「六・七世紀の王権と王統」（『日本歴史』五二九、一九九二年）

日本古代国造制の研究

平成八年五月二十日　第一刷発行

著者　篠《しの》川《かわ》賢《けん》

発行者　吉川圭三

発行所　株式会社　吉川弘文館
郵便番号一一三
東京都文京区本郷七丁目二番八号
電話〇三―三八一三―九一五一〈代〉
振替口座〇〇一〇〇―五―二四四番

印刷＝平文社・製本＝誠製本

索　　引

一般項目

う

え

お

か

き

く

け

こ

さ

し

ち

つ

て

と

な

に

ぬ・の

は

ひ

ふ

へ

ゆ・よ

り・る

わ・を

研究者名

あ　行

か　行

さ　行

た　行

な　行

は　行

ま　行

や　行

わ　行